개정

한국 전기소설 연구

안창수 지음

부산대학교 출판부

머리말

전기소설(傳奇小說)은 조선 시대의 소설이다. 그러나 『한국 전기소설 연구』라고 하여 조선이라는 왕조 이름 대신 한국이라는 명칭을 사용했다. 국제화 시대에는 조선 시대의 소설이든 현대의 소설이든 모두 우리나라의 소설이라는 의미를 갖는 이름을 붙이는 것이 옳다고 생각했기 때문이다.

우리나라의 소설사는 전기소설로 시작했다. 뿐만 아니라 전기소설은 우리나라 초기 소설사의 흐름을 주도하고 있었기 때문에 전기소설을 통하지 않고는 초기 소설사의 모습을 제대로 알 수 없다. 그런데 전기소설은 『수이전(殊異傳)』 계열의 설화 작품까지 포괄하는 개념으로 사용되며 우리나라 소설사의 기원을 신라 시대까지 소급해야 한다는 논쟁을 불러일으키기도 했다. 그러나 필자는 전기(傳奇)와 전기소설(傳奇小說)을 구분하여, 전기는 『수이전(殊異傳)』 계열의 설화 작품을 지칭하는 용어로, 전기소설은 『금오신화』류의 소설을 지칭하는 용어로 사용했다.

전기소설은 환상성(幻想性)과 사실성(事實性)을 두 축으로 해서 만들어진 소설이다. 환상성은 현실 세계에서는 경험할 수 없는 가상의 세계를 꾸며서 보여주는 것이다. 환상성이 전기소설의 한 축을 담당하게 된 것은 초기 소설사에서 작가들이 현실 세계에서의 삶의 모습을 사실적으로 드러낼 수 있는 여건이 조성되어 있지 않았기 때문이다. 이 때문에 전기소설은 가상의 세계를 꾸며서 드러내고 있음에도 현실 세계의 문제와 긴밀하게 연결되어 있었던 것이고, 전기소설의 환상성은 언제나 사실성의 바탕 위에 서 있게 되었다.

사실을 바탕으로 하기 때문에 전기소설의 환상성은 가상의 세계를 꾸며서 보여주는 데에 머무르지 않고, 현실 세계에서의 삶을 문제 삼고 있다. 전기소설에서 우의(寓意)를 찾는 것이 중요한 독법이 되는 까닭이고, 이런 점에서 환상성이 전기소설의 형식이라면 사실성은 내용이 되는 것이다.

자신이 부딪치고 경험했던 삶의 문제를 다루고 싶었음에도 이것을 직접 다룰 수 있는 여건이 조성되지 않았기 때문에 전기소설은 환상의 세계를 다루고 있음에도 삶의 문제를 치열하게 문제 삼고 있다. 이 때문에 전기소설은 우리나라 소설사의 첫 시기를 장식하고 있음에도 뛰어난 문학적 성취를 이루고 있다.

전기소설의 문학적 성취는 치열한 작가의식의 소산이다. 사회적 모순에 맞서 온몸으로 저항하고, 삶의 문제와도 치열하게 맞서며 진실을 밝히기 위해 노력했던 삶의 과정과 방식을 작품으로 다루었기 때문이다. 이런 점에서 전기소설은 지금 이 시대의 독자들에게도 가슴을 울리는 감동을 준다. 그리고 이 시대의 우리 소설이 지향해야 하는 방향과 좌표를 제시해 주기도 한다. 전기소설이 조선 시대의 소설에 머무는 것이 아니라 지금 이 시대의 소설사와 접맥되며 살아서 움직이는 생명력을 갖게 되는 것이다.

본서에 수록된 글들은 그동안 필자가 여러 학회지에 발표했던 것들이다. 그러나 지금 다시 읽어 보니 미숙한 점들이 많이 눈에 들어왔다.

설명이 부족하거나 논증이 미흡했던 것들이 대부분이다. 그냥 두는 것도 생각해 보았지만 미숙한 부분들이 논지를 제대로 드러내지 못할 수 있다는 생각에 손을 보기로 했다. 그래서 설명이 부족한 부분을 채우고, 미흡했던 논증을 보완하는 선에서 수정했다. 각 본문이 시작되는 부분 하단에 논문이 게재되었던 학회지에 대한 서지 정보를 밝혔으니 참고하기 바란다.

2016년 여름, 금정산 연구실에서

안 창 수

차 례

제 1장

전기(傳奇)

제 1절
태평통재(太平通載) 소재 최치원의 소설성 검토

1. 머리말

『태평통재(太平通載)』에 실려 있으면서 『수이전』의 일문(逸文)으로 알려져 있는 <최치원>은 설화에서 한 걸음 더 나아가 작가에 의한 창의성과 문식이 가미된 전기(傳奇)로 인정되고 있는 작품이다. <최치원>은 일찍부터 『금오신화』나 중국의 전기(傳奇) 작품과 비교되며 소설임이 논증되었고,[1] 나아가 그 자체의 갈래 검토를 통해서도 소설이라는 것이 논증되어 왔다.[2]

---

* 이 글은 『영남어문학』32집(영남어문학회, 1997)에 발표된 것이다.

1) 조수학, 최치원전의 소설성(영남어문학 2집, 영남어문학회, 1975)
김중렬, 한국소설의 발생고(어문론집 22집, 고려대, 1981)
이헌홍, 최치원전의 전기소설적 구조(수련어문론집 9집, 부산여대, 1982)
정학성, 전기소설의 문제(황패강 외 공편, 한국문학연구입문, 지식산업사, 1982)

2) 임형택, 나말여초의 전기문학(한국한문학연구 5집, 한국한문학연구회, 1981)
박일용, 소설의 발생과 <수이전> 일문의 장르적 성격(조선시대의 애정소설, 집문당, 1993)
박희병, 한국전기소설의 미학(돌베개, 1997)
박태상, <태평통재> 소재 최치원전 연구(고소설연구 1집, 한국고소설학회, 1995)

이러한 연구는 자연스럽게 전기에 대한 관심을 불러일으키며 소설의 발생을 9~10세기로 소급시켜야 한다는 주장을 제기하는가 하면 소설에 대한 갈래 논쟁을 재연시켰다. 소설의 발생과 관련하여 전기(傳奇)가 새롭게 주목되며 갈래의 귀속과 특성에 대한 논란이 일고 있다고 하겠는데, 지금까지 이 문제에 대한 연구자들의 견해는 전기의 갈래 속성을 어떻게 인식하느냐에 따라서 두 가지 대립되는 입장으로 갈라지고 있다. 전기까지 소설로 취급하려는 견해와 전기를 설화의 범주에 묶어 두려는 것이 그것인데, 문제의 핵심은 설화나 소설과 비교하여 전기의 갈래 특성을 어떻게 정리하여야 하는가 하는 데에 모아져 있다.

이 글은 일단 이러한 논쟁의 연장선 위에서 출발하며 논의를 구체화하기 위해서 서술의 층위라는 개념을 사용하여 <최치원>의 갈래 특성을 검토해 보려 한다. <최치원>은 전기의 소설성을 인정하려는 모든 연구자들에 의해 소설로 인정되는 대표적인 작품이므로, 이 글에서 얻어지는 결과는 전기의 갈래 귀속과 특성을 알아보는 데에도 중요한 지침을 제공해 줄 것이다.

서술의 층위는 서사문학의 본질적 속성에 바탕을 둔 개념이다. 서사문학은 사건을 서술하는 과정에서 필연적으로 몇 개의 분절 마디를 갖게 되는데, 하나의 분절 마디가 다시 하위의 분절 마디로 갈라지는 계층적인 분화과정을 거쳐서 한 편의 이야기를 완결하게 된다. 다수의 분절 마디가 피라밋과 같이 층위를 이루며 하나의 이야기가 서술되는 것인데, 이것을 서술의 층위라 부르기로 하겠다.

층위의 개념으로 보았을 때, 한 편의 서사문학 작품을 이루고 있는 다수의 분절 마디가 어떻게 층위를 이루고 있으며 서로 작용하여 이야기 서술과 의미 형성의 기능을 담당하고 있는가 하는 것은 사건이 서술되는 방법이며 양상에 해당된다. 서사문학이 설화, 전기, 소설 등의 하위 갈래로 갈라지는 것은 필요에 따라 서술자가 이야기 서술의 방법 즉 사건을 서술하는 방법을 서로 다르게 하기 때문이다. 그러므로 서술의 층위를 파악해 보는 것은 서사문학에 있어서 하위 갈래의 양식적 차이와 공통점을 추출해 낼 수 있는 한 단서를 제공해 줄 수 있을 것이다.

『보한집』 소재의 <이인보 전설>과 『금오신화』의 <만복사저포기>를 <최치원>의 소설성을 검토하기 위한 보조 자료로 선정했다. <최치원>과 <이인보 전설> 그리고 <만복사저포기>는 각각 전기, 설화, 소설로 인식되고 있는 작품이면서, "누군가 죽은 여인을 만나서 사랑을 나누다가 헤어졌다."는 동일한 이야기 줄거리와 산 사람이 죽은 여자와 정을 통했다는 동일한 모티프를 갖고 있다.

하나의 유형과 줄거리로 포괄될 수 있는 이야기가 서로 다른 갈래로 분화되고 있는 것이다. 이에 따라 서술의 층위를 사용하여 각 작품의 서사구조를 추출해 본 다음 <최치원>의 서사구조를 다른 두 작품의 구조와 비교해 본다면 갈래의 특성이 밝혀질 수 있을 것이다.

2. 사건 서술의 층위

세 작품은 모두 "누군가 죽은 여인을 만나 사랑을 나누다가 헤어졌다."는 줄거리로 요약된다. 산 사람이 죽은 여인과 만나 사랑을 나누었다는 것은 세 작품을 동일 유형의 이야기로 묶는 변별적 축이 되기도 한다. 그런데 세 작품은 서로 다른 갈래로 인식되고 있다.

동일한 유형, 동일한 줄거리로 묶여질 수 있는 이야기가 서로 다른 갈래로 작품화되어 있는 까닭은 무엇일까. 세 작품에는 인물과 장소며 배경이 다르고 이야기의 구체적인 내용도 서로 다르게 나타나고 있다. 그러나 서로 다른 인물, 장소, 배경 등이 갈래의 차이를 파생시키지는 않는다. 그렇다면 동일한 유형과 줄거리로 묶여질 수 있는 세 작품이 서로 다른 갈래로 나타난 것은 이야기를 서술하는 방법 즉, 사건 서술의 방법이 서로 다르기 때문이라고 할 수 있다.

세 작품의 공통된 줄거리는 "만났다", "사랑을 나누었다", "헤어졌다"는 세 개의 사건으로 구성되어 있다. 이것을 기준으로 본다면 세 작품은 모두 세 개의 큰 단락으로 나누어진다.

1. 누군가 죽은 여인을 만났다.
2. 서로 사랑을 나누었다.
3. 마침내 헤어졌다.

위의 세 단락은 세 작품에 공통적으로 나타나며 동시에 작품 서술의 근간이 되는 것이다. 세 작품에 나오는 모든 사건들은 모두 세 단락의 어느 한 곳에 예속되게 된다. 이런 점에서 위의 세 단락을 서술의 제 1층위라 부르기로 하겠다.

그런데 동일한 줄거리의 이야기가 설화, 전기, 소설로 나타나듯이 일정한 줄거리를 가진 이야기는 영화로도 나타낼 수 있다. 서사적 줄거리를 갖는다는 점에서 영화는 설화, 전기, 소설과 상통한다. 영화는 서사적 줄거리를 장면과 시퀀스 그리고 쇼트라는 분절 단위로 나누어 소화해 낸다. 장면은 이야기를 보여주는 공간으로서 일정한 시간과 장소에서 일어나는 일련의 사건들로 짜여 있는데, 장면은 이 사건들을 수많은 쇼트로 보여준다. 그리고 시퀀스는 같은 생각에 따라 연결되는 몇 개의 장면을 이야기의 단위로 묶은 것이다.[3] 시퀀스가 상위의 분절

단위라고 한다면 장면은 시퀀스의 하위 분절 단위가 되고, 쇼트는 다시 장면의 하위 분절 단위가 된다. 하위의 분절 마디가 상위의 분절 마디에 통합되어 피라밋과 같은 층위를 이루며 한 편의 영화가 만들어지는 것이다.

사건전개의 과정에서 필연적으로 분절되고 통합되며 층위를 이루는 영화의 계층적 구조는 서사문학의 구조를 잘 대변해 준다고 할 수 있다. 서사문학 또한 다수의 사건 단락이 모여 보다 상위의 사건 단락을 구성하고, 상위의 사건 단락이 모여서 더 큰 단위의 사건 단락을 구성해 나가는 분절과 통합의 계층적 구조를 통해서 완결되는 것이다. 이런 점에서 장면과 시퀀스 그리고 쇼트는 서사문학에서 상위와 하위의 사건 단락의 개념을 효과적으로 보여주는 단위로 이용될 수 있다.

이 글에서는 시퀀스와 장면 두 가지의 개념을 빌어와서 서사문학의 계층적 구조를 분석하는 데 이용하려고 한다. 시퀀스와 장면은 서사문학에서 사건 단락의 계층적 구조를 대변해 줄 뿐 아니라, 각 용어에 대한 개념이 비교적 잘 정리되어 있기 때문에, 서사문학을 사건 단락으로 갈라서 분석할 때 생기는 자의성의 폐단을 줄여 주기도 한다. 그렇다면 앞에서 정리한 단락 1은 만남의 시퀀스, 단락 2는 사랑 나누기의 시퀀스, 단락 3은 헤어짐의 시퀀스라고 이름 붙일 수 있다.

이제 단락 1, 2, 3의 하위단락 즉, 각 시퀀스의 장면에 해당되는 단락을 찾아보기로 한다. 먼저 단락 1의 하위단락부터 찾아보기로 하며, 이를 위해 단락 1에 해당하는 각 작품의 내용을 개략적으로 살펴보면 다음과 같다.

---

3) 장면과 시퀀스의 개념에 대해서는 사이드 필드, 시나리오란 무엇인가(유지나 옮김, 민음사, 1992.1)을 참조했음.

"이인보가 경주도제고사로 산천에 제사지내고 오는 길에 부석사에 들렀다. 그날 저녁 이인보는 절의 객실에 머물다가 한 여인을 만났다." (이인보 전설)

"최치원이 12세에 당나라에 유학하여 과거에 급제하고 율수 현위를 제수받았다. 그는 매양 초현관에 가서 놀았는데, 그곳에 있는 쌍녀분에 시를 써 두고 돌아온 어느 날 밤 한 여인을 만나게 되었다." (최치원)

"전라도 남원부에 양씨 서생이 살고 있었다. 그는 늦도록 장가를 들지 못해 울적하게 지내고 있었는데, 어느 날 밤 부처님의 도움으로 한 여인을 만나게 되었다." (만복사저포기)

인물이며 장소 등은 서로 다르지만 세 작품의 단락 1은 모두 '누군가 죽은 여인을 만났다'는 것으로 나타나고 있다는 것을 알 수 있다. 개략적으로 살펴본 <이인보 전설>의 내용으로 보건데 이 작품의 단락 1은 이인보가 제사를 지내는 부분, 부석사에 당도하는 부분, 그리고 여인을 만나는 세 부분으로 나눌 수 있다. 그리고 세 부분은 모두 독립된 시공간과 의미를 지니고 있으므로 장면에 해당하는 분절 단위가 된다. 그렇다면 <이인보 전설>의 단락 1은 1.1 이인보가 제사지내는 장면, 1.2 부석사에 당도하는 장면, 1.3 여인을 만나는 장면 등 세 개의 장면으로 분절될 수 있다.

<최치원>의 단락 1은 최치원이 유학하는 부분, 과거에 급제하여 출세하는 부분, 초현관에서 놀이하는 부분, 그리고 여인을 만나는 부분으로 갈라질 수 있고, 각 부분들은 모두 장면의 조건을 갖추고 있다. 그러므로 <최치원>의 단락 1은 1.1 최치원이 유학하는 장면, 1.2 과거에 급제하여 출세하는 장면, 1.3 초현관에서 놀이하는 장면, 1.4 여인을 만나

는 장면의 넷으로 분절된다.

동일한 방법에 의하면, <만복사저포기>의 단락 1은 1.1 양생을 소개하는 장면, 1.2 장가를 못가서 애태우는 장면, 1.3 여인을 만나는 장면의 셋으로 분절될 수 있다. 장면으로 분절한 단락들은 모두 단락 1의 하위 분절 단위이므로 서술의 제 2층위라고 할 수 있다.

이제 제 2 층위에 속해 있는 사건들을 가급적 모두 추출해서 제 2층위의 하위 분절 마디를 찾아보기로 한다. <이인보 전설>에서 단락 1.1의 본문은 "승안 3년 무오년에 사천감 이인보가 경주도제고사로서 산천에 두루 제사지냈다."[4]고 되어 있다. 여기에서 추출할 수 있는 사건은 1.1.1 이인보가 산천에 제사지냈다는 것 하나뿐이다.

단락 1.2의 본문은 "마치고 돌아오다 저녁에 부석사에 닿았다. 중이 그를 객실로 맞이했다."[5]고 되어 있다. 이 부분은 1.2.1 (제사를 마치고) 돌아오는 길에 부석사에 닿았다, 1.2.2 중이 이인보를 객실로 맞아들였다는 두 개의 사건으로 짜여 있다.[6]

단락 1.3의 본문은 다음과 같다.

---

4) 承安三年戊午 司天監李寅甫 以慶州道祭告使 歷祈山川(이인보 전설)
<이인보 전설>은 아래 문헌의 것을 대본으로 했으며, 앞으로 작품의 본문을 인용할 때에는 별도의 표시를 하지 않는다.
최자, 『보한집』(『한국의 사상 대전집』 3, 동화문화사, 1977).

5) 卽畢將還 暮抵浮石寺 有僧迎入客宇(이인보 전설)

6) 단락 1.2.1은 가)(제사를) 마쳤다, 나)돌아 왔다, 다)저녁에 부석사에 닿았다는 세 개의 사건으로 가를 수도 있다. 그러나 가),나),다)는 연속되어 이어지는 행위를 하나의 문(sentence)으로 서술한 것이며, 다)를 드러내는 것으로 끝난다. 이것은 다)가 핵심되는 사건이고 가)와 나)는 다)를 드러내기 위한 보조적인 행위에 지나지 않는다고 할 수 있다. 따라서 가)와 나)를 다)에 포함시켜 하나의 사건으로 묶었다. 작품에 나타나는 행위라고 해서 모두 단위 사건으로 취급하지는 않는다는 것인데, 이같은 기준은 앞으로 계속될 사건 나누기에도 동일하게 적용될 것이다.

쓸쓸하게 좌우에 사람이 없는데 홀연히 한 여인이 골마루 사이에 보였다. 이인보는 인근 고을의 원이 보낸 기생이라 여기고 의심하지 않았다. 조금 있다가 너풀너풀 뜰 아래로 와서 절을 하며 몸을 굽히고 펴는데 창기와는 달랐다. 절을 마치고 섬돌을 올라 방으로 들어왔다. 자세히 보니 화식하는 자가 아니었다. 이인보는 괴이하게 생각했지만 자색이 빼어나서 차마 거절하지 못했다. 이에 옷을 걷고 문을 나서 보니 오래된 우물이 하나 있었다. 괴이하게 여기고 다시 들어와 앉으며 깜짝 놀라와했다.[7)]

본문에 의거해 보건데 단락 1.3은 1.3.1 쓸쓸하게 있는데 여인 하나가 잠깐 보였다, 1.3.2 이인보는 여인을 고을 원이 보낸 기생이라 생각했다, 1.3.3 여인이 뜰에 와서 절을 했다, 1.3.4 절을 마치고 방으로 들어왔다, 1.3.5 이인보가 자세히 보니 귀신이었지만 자색이 빼어나 물리치지 못했다, 1.3.6 옷을 걸치고 밖으로 나와 보니 오래된 우물이 하나 있었다, 1.3.7 다시 방으로 들어와서 놀라워했다는 7개의 사건으로 짜여져 있다. 이처럼 단락 1.1, 1.2, 1.3의 장면들에 나타나고 있는 일련의 사건들은 제 2층위를 구성하는 하위의 분절 단위이므로 서술의 제 3층위라 부르기로 한다.

<이인보 전설>에서 서술의 제 3층위는 장면을 구성하는 다수의 사건들로 되어 있고, 각각의 사건들은 더 작은 하위의 분절 마디로 나누어지지 않는다. 이제 단락 1에 나타난 서술의 층위를 간추려 정리해 보

---

7) 蕭然無左右 忽有女 見廊廡間 監謂爲近方州牧送妓 未之訝也 小遷蹁躚來庭下拜之屈伸 頗不類娼輩 訖升自階 經就入室焉 細視之 非煙火食者 監雖怪之 以其姿色絕代 不忍拒也 乃攝衣出戶周覽 獨有一古 井 可怪復座愕然久之(이인보 전설)

면 다음과 같다.

1. 누군가 죽은 여인을 만났다.

1.1 이인보가 제사 지내는 장면

1.1.1 이인보가 산천에 제사 지냈다.

1.2 부석사에 당도하는 장면

1.2.1 (제사를 마치고) 돌아오는 길에 부석사에 들렀다.

1.2.2 중이 이인보를 객실로 맞아들였다.

1.3 여인을 만나는 장면

1.3.1 쓸쓸하게 있는데 여인 하나가 잠깐 보였다.

1.3.2 이인보는 여인을 고을 원이 보낸 기생이라고 생각했다.

1.3.3 여인이 뜰에 와서 절을 했다.

1.3.4 절을 마치고 방으로 들어왔다.

1.3.5 이인보가 자세히 보니 귀신이었지만 자색이 빼어나 물리치지 못했다.

1.3.6 옷을 걸치고 밖으로 나와 보니 오래된 우물이 하나 있었다.

1.3.7 다시 방으로 들어와 놀라워 했다.

<최치원>의 단락 1은 1.1 최치원이 유학하는 장면, 1.2 과거에 급제하여 출세하는 장면, 1.3 초현관에서 놀이하는 장면, 1.4 여인을 만나는 장면의 넷으로 분절되고 있었다. 이제 각 장면의 하위 분절 마디를 찾기 위해 작품의 본문을 검토해 보면, 단락 1.1의 본문은 "최치원이 12세에 당나라에 유학했다."[8]고 되어 있다. 여기에서 추출할 수 있는

---

8) 崔致遠 字孤雲 年十二 西學於唐(최치원).
<최치원>의 본문은 아래 문헌의 것을 대본으로 했으며, 앞으로 작품의 본문을 인용할 때에는 별도의 표시를 하지 않는다.
김현양 외 공역, 『수이전 일문』, 박이정, 1996.

사건은 1.1.1 최치원이 12세에 당나라에 유학했다는 것뿐이다. 단락 1.2의 본문은 "건부갑오년 배찬이 주관한 과거에서 한 번에 급제하여 율수현위를 제수받았다."[9]고 되어 있다. 여기에서 추출할 수 있는 사건은 1.2.1 건부갑오(乾符甲午)에 과거에 급제했다, 1.2.2 율수현위를 제수받았다는 것이다.

단락 1.3의 본문은 다음과 같다.

> 일찍이 현 남쪽에 있는 초현관에 놀러 갔었다. 관 앞 언덕에 쌍녀분이라 불리우는 오래된 무덤이 있었는데 명현들의 유람처였다. 치원이 시를 지어 석문에 붙였다. 시에는 '어느 집 두 여자 이 무덤에 버려져 적막한 지하에서 몇 번이나 봄을 원망했을까. 형체는 헛되이 시냇가 달을 짝해 남아있건만 무덤 앞 티끌에서 이름을 묻기 어렵구나. 꽃다운 마음 진실로 그윽한 꿈에서나마 만날 수 있다면 긴 밤 나그네를 위로하는 것이 무슨 허물이리오. 고관에서 운우의 만남을 이룰 수 있다면 그대와 더불어 낙천신을 이어 부르리'라고 했다.[10]

시가 나와서 분량이 많아졌지만, 단락 1.3에서는 1.3.1 최치원이 초현관에 가서 놀았다, 1.3.2 그곳에 있는 쌍녀분의 석문에 시를 써놓았다는 사건을 추출할 수 있을 뿐이다. 놀이의 대목이 몇 개의 장면으로 분절될 수도 있겠지만, 본문에는 이 대목을 새로운 장면으로 분절할 수 있는 어떠한 사건의 서술도 나오지 않고 있다.

---

9) 乾符甲午 學士裴瓚掌試 一擧登魁科 調授溧水縣尉(최치원)

10) 嘗遊縣南界招賢館 館前岡有古塚 號雙女墳 古今名賢遊覽之所 致遠題詩石門曰 誰家二女此遺墳 寂寂泉扃幾怨春 形影空留溪畔月 姓名難問塚頭塵 芳情儻許通幽夢 永夜何妨慰旅人 孤館若逢雲雨會 與君繼賦洛川神(최치원)

단락 1.4의 본문은 다음과 같다. 분량이 많아서 인용하기가 번거롭지만 명확한 근거를 얻기 위해 모두 인용한다.

쓰기를 마치고 관으로 돌아오니 이때 달이 밝고 바람이 맑았다. 최치원이 지팡이를 잡고 거닐다가 홀연히 한 여인를 보았는데 용모가 꽃처럼 아름다웠다. 여인은 손에 붉은 보자기를 들고는 앞으로 나와서, "팔 낭자와 구 낭자가 수재에게 말씀을 전하라고 하셨는데 아침에 특별히 어려운 걸음을 하시고 겸하여 좋은 글까지 주셨으니 각기 화답하여 바친다고 하였습니다"고 하였다. 공이 돌아보고 놀라 어떤 여인인가를 재차 물었다. 여인은 "아침에 덤불과 돌을 헤치고 시를 쓰신 곳이 두 낭자가 사는 곳입니다"고 하였다. 공이 이윽히 깨닫고 첫째 보자기를 보니 이것은 팔 낭자가 수재에게 화답한 시였다. 그 시에 이르기를 '그윽한 혼백 이별의 한이 외로운 무덤에 부쳤어도 고운 뺨 가는 허리에는 오히려 봄이 어렸구나, 학 타고 삼도 가는 길 찾기 어려워 봉황 비녀 헛되이 구천에 떨어졌네, 살아서는 나그네를 몹시도 부끄러워했건만 오늘은 알지 못하는 사람에게 교태를 품는구나, 부끄럽게도 시의 글이 첩의 마음을 아니 한편으로는 고개를 늘이고 한편으로는 마음이 상하네'라고 하였다. 이어서 두 번째 보자기를 보았는데 이것은 구 낭자의 것이었다. 그 시에는 '오가는 사람 누가 길가의 무덤을 돌아보리. 난새거울 원앙이불에는 먼지만 쌓이네. 한 번 죽고 사는 것이 하늘의 명이요 꽃이 피고 지니 세상엔 봄이로구나. 매양 진녀가 세상 버린 것을 흠모해 임희의 사랑 배우지 않았네. 양왕께 천거하여 운우의 꿈을 이루고자 하나 천만 가지 생각에 정신이 산란하네'라고 쓰여 있었다. 또 뒷면에는 '이름을 숨긴 것을 이상하게 여기지 마십시오. 외로운 혼백이 세상 사람을 두려워합니다. 마음의 일을 다 말씀드리려 하니 잠깐 만나는 것을 허락해 주십시오'라고 쓰여 있었다. 공이 아름다운 글을 보고 자못 얼굴에 기쁜 빛을 띠고 그 여자에게 이름을 물어 보았다. 여인은 취금이라고 했다. 공이 기뻐하며 추근거리자 취금이 화를 내어 말했다. "수재께서는 회답이나 주시고 공연히 사람을 욕보이지 마십시오". 치원이 시를 지어 취금에게 주니 시에 이르기를 '우연히 어지러운 글귀를 무덤에 부쳤으나 어찌 선녀의 돌아보심을 기약했으리오. 취금조차 꽃다운 아름다움을 가졌으니 붉은 소매 그대들은 응당 고결한 봄기운을 머금었겠지요. 이름을 숨겨 속인을 속이시고 공교로운 글로 사람을 괴롭히시니 오직 바라기는 기쁜 웃음 더하기를 천만신께 기원합니다.'라고 하였다. 그리고 끝에 계속하여 쓰기를 '파랑새가 뜻밖의 소식을 전하니 그리운 생각에 눈물이 흐르네. 오늘 밤 선녀를 만나지 못한다면 남은 생을 버려 땅속에서 구하리.'라고 했다. 취금이 시를 받고는 돌아가는데 신속하기가 바람 같았다.[11)]

인용문을 보면 여러 편의 시가 나오고 인물들의 대화도 풍부하게

---

11) 題罷到館 是時 月白風淸 杖藜徐步 忽覩一女 姿容綽約 手操紅帒 就前曰 八娘子九娘子 傳語秀才 朝來特勞玉趾 兼賜瓊章 各有酬答 謹令奉呈 公回顧驚惶 再問何姓娘子 女曰 朝間披榛拂石題詩處 卽二娘所居也 公乃悟 見第一帒是八娘子奉酬秀才 其詞曰 幽魂離恨寄孤墳 桃柳眉猶帶春 鶴駕難尋三島路 鳳空墮九泉塵 當時在世長羞客 今日含嬌未識人 深愧詩詞知妾意 一回延首一傷神 次見第二帒 是九娘子 其詞曰 往來誰顧路傍墳 鸞鏡鴛衾盡惹塵 一死一生天上命 花開花落世間春 每希秦女能抛俗 不學任姬愛媚人 欲薦襄王雲雨夢 千思萬憶損精神 又書於後幅曰 莫怪藏姓名 孤魂畏俗人 欲將心事說 能許暫相親 公旣見芳詞 頗有喜色 乃問其女名字曰 翠襟 公悅而挑之 翠襟怒曰 秀才合與回書 空欲累人 致遠乃作詩付翠襟曰 偶把狂詞題古墳 豈期仙女問風塵 翠襟猶帶瓊花艶 紅袖應含玉樹春 偏隱姓名欺俗客 巧裁文字惱詩人 斷腸唯願陪歡笑 祝禱千靈與萬神 繼書末幅云 靑鳥無端報事由 暫時相憶淚雙流 今宵若不逢仙質 判卻殘生入地求 翠襟得詩還 迅如飇逝(최치원)

나타나고 있다. 그러나 길게 서술되어 분량이 많아졌음에도 단락 1.4에는 장면의 전환에 해당할 만한 분절의 마디를 찾을 수 없다. 산책을 하던 뜰에서 최치원과 여인이 수작하는 하나의 장면이 설정되어 있을 뿐이다.

단락 1.4에서 찾아낼 수 있는 사건은 1.4.1 그날 밤 산책을 하는데 한 여인이 나타났다, 1.4.2 여인은 붉은 보자기를 들고나와 팔 낭자와 구 낭자의 글을 올린다고 했다, 1.4.3 최치원이 어느 낭자인가를 물어보았다, 1.4.4 여인은 최치원이 시를 지어 읊은 곳이 두 낭자의 처소라고 대답했다, 1.4.5 최치원이 문득 깨닫고 팔 낭자가 보낸 보자기를 펼쳐 보았다, 1.4.6 보자기에는 최치원을 사모하는 팔 낭자의 글이 있었다, 1.4.7 최치원이 구 낭자가 보낸 보자기를 보았다, 1.4.8 그곳에도 역시 최치원을 사모하는 구 낭자의 글이 있었다, 1.4.9 최치원이 글을 보고 기뻐하며 앞에 있는 여인의 이름을 물어보았다, 1.4.10 여인은 이름을 취금이라고 했다, 1.4.11 최치원이 취금에게 추근거렸다, 1.4.12 취금이 화를 내며 답장이나 써 달라고 했다, 1.4.13 최치원이 두 낭자를 보고 싶다는 시를 써서 주었다, 1.4.14 취금이 시를 받아 들고는 홀연히 사라졌다는 것을 들 수 있다.

분석의 결과 <최치원>도 <이인보전설>과 마찬가지로 서술의 제 3 층위가 장면을 구성하는 다수의 사건들로 구성되어 있어서 더 작은 하위의 분절 마디로 나누어지지 않는다는 것을 알 수 있다. 단락 1에 나타난 <최치원>의 서술의 층위를 간추려 보면 다음과 같다.

1. 누군가 죽은 여인을 만났다.

  1.1 최치원이 유학하는 장면

    1.1.1 최치원이 12세에 당나라에 유학했다.

1.2 과거에 급제하여 출세하는 장면

1.2.1 건부갑오(乾符甲午)에 과거에 급제했다

1.2.2 율수현위를 제수받았다.

1.3 초현관에서의 놀이 장면

1.3.1 최치원이 초현관에 가서 놀았다.

1.3.2 그곳에 있는 쌍녀분(雙女墳)의 석문(石門)에 시를 써놓고 돌아왔다.

1.4 여인을 만나는 장면

1.4.1 그날 밤 산책을 하는데 한 여인이 나타났다.

1.4.2 여인은 붉은 보자기를 들고 나와 팔 낭자와 구 낭자의 글을 올린다고 하였다.

1.4.3 최치원이 어느 낭자인가를 물어보았다.

1.4.4 여인은 최치원이 시를 지어 읊은 곳이 두 낭자의 처소라고 대답했다.

1.4.5 최치원이 문득 깨닫고 팔 낭자가 보낸 보자기를 펼쳐 보았다.

1.4.6 보자기에는 최치원을 사모하는 팔 낭자의 글이 있었다.

1.4.7 최치원이 구 낭자가 보낸 보자기를 보았다.

1.4.8 그곳에도 역시 최치원을 사모하는 구 낭자의 글이 있었다.

1.4.9 최치원이 기뻐하며 앞에 있는 여인의 이름을 물어보았다.

1.4.10 여인은 이름을 취금이라고 했다.

1.4.11 최치원이 취금에게 추근거렸다.

1.4.12 취금이 화를 내며 답장이나 써 달라고 했다.

1.4.13 최치원이 두 낭자를 보고 싶다는 내용의 시를 써서 취금에게 주었다.

1.4.14 취금이 시를 받아 들고는 홀연히 사라졌다.

<만복사저포기>는 분량이 방대해서 분석의 과정을 모두 기술하면 너무 번거로워진다. 따라서 <이인보 전설>과 <최치원>을 분석한 방

법에 의해 분석의 결과만을 정리해 보면 다음과 같다.

1. 누군가 죽은 여인을 만났다.

1.1 양생을 소개하는 장면

1.1.1 전라도 남원부에 양씨 성을 가진 서생이 살고 있었다.

1.2 장가를 못가서 애태우는 장면

1.2.1 방황의 장면

1.2.1.1 양생은 일찍이 부모를 잃고 만복사 동쪽 방에서 홀로 살고 있었다.

1.2.1.2 달 밝은 밤이면 양생은 시를 지어 외로운 심사를 토로하곤 했다.

1.2.2 감응의 장면

1.2.2.1 어느 날 시를 읊으니 공중에서 배필을 구해주겠다는 목소리가 들려왔다.

1.2.2.2 양생은 그 소리를 듣고 기뻐했다.

1.3 여인을 만나는 장면

1.3.1 축원의 장면

1.3.1.1 남원에서는 만복사에 가서 등불을 켜고 복을 비는 풍습이 있었다.

1.3.1.2 저녁 불공이 끝난 뒤 양생은 저포를 품고 부처님을 찾아갔다.

1.3.1.3 양생은 저포를 던지며 부처님에게 배필을 얻기 위한 내기를 걸었다.

1.3.1.4 양생이 내기에서 이겼다.

1.3.1.5 양생은 기뻐하며 불좌 밑에 숨어서 배필이 나타나기를 기다렸다.

1.3.2 출현의 장면

1.3.2.1 잠시 후 아름다운 여인이 나타났다.

1.3.2.2 여인은 세 번 절하고 앉아 자신의 박명을 탄식하는 말을 했다.

1.3.2.3 여인은 품속에서 축원문을 꺼내어 불탁 위에 얹어 놓았다.

1.3.2.5 여인은 축원을 마치고 흐느껴 울기 시작했다.

1.3.3 만남의 장면

1.3.3.1 이때 양생이 불좌 밑에서 나와 우는 사연을 물어보았다.

1.3.3.2 양생은 여인이 올린 축원문을 읽어 보고 오게 된 사연을 물어 보았다.

1.3.3.3 여인은 의심하지 말라고 하며 양생을 달랬다.

1.3.3.4 그들은 서로 이야기를 주고받았다.

작품에 나타난 서술의 층위를 분석한 결과 <만복사저포기>는 <이인보 전설>이나 <최치원>과는 서로 다른 양상을 드러내고 있었다. 다시 말해서 <이인보 전설>과 <최치원>은 서술의 층위가 제 3층위까지만 존재하는데, <만복사저포기>에서는 서술의 제 4층위가 나타난다는 것이다.

문제의 제 4층위는 제 2층위에 속하는 단락 1.2 장가를 못 가서 애태우는 장면과 단락 1.3 여인을 만나는 장면에서 나타난다. 그러나 논의의 편의상 <이인보 전설>과 <최치원>, <만복사저포기>의 세 작품에 공통적으로 나타나는 단락 1.3 여인을 만나는 장면을 대상으로 삼아 논지를 전개하도록 하겠다.

앞에서 분석 정리한 서술의 층위를 보면, <이인보 전설>과 <최치원>에서는 여인을 만나는 장면이 각각 7개(이인보 전설)와 14개(최치원)의 사건들로 분절되며 제 3 층위를 형성하는데 머무르고 있었다. 그러나 <만복사저포기>에서는 여인을 만나는 장면이 다시 축원의 장면과 출현의 장면 그리고 만남의 장면으로 갈라져 제 3층위가 형성되고 있고, 제 3층위의 장면이 다수의 사건들로 분절되며 제 4층위가 형성되어 있음을 알 수가 있다.

<만복사저포기>에서 제 4층위가 형성될 수 있었던 것은 제 2층위의 장면이 다시 몇 개의 장면으로 분절될 수 있었기 때문이다. 예컨대 <만복사저포기>에서 제 2층위의 단락 1.3 여인을 만나는 장면은 독립된 장면으로 갈라질 수 있는 다수의 분절 마디를 갖고 있다. 다시 말해서 여인을 만나는 장면이 다시 축원의 장면, 출현의 장면, 만남의 장면으로 나누어지며, 하나의 커다란 장면 속에 다시 장면에 해당되는 다수의 분절 마디가 나타나는 것이다.

축원의 장면은 양생이 만복사의 법당에서 부처님과 저포로 내기를 하며 배필을 구해 달라고 하는 장면이다. 법당이란 공간 속에서 양생이 홀로 부처님과 대작하고 있다. 출현이 장면은 축원의 장면에서 일정한 시간이 흐른 뒤에 나타난다. 즉 양생이 불좌 밑에 숨어서 배필을 기다리는 기다림의 시간이 지난 뒤에 나타나고 있다. 등장인물도 바뀌어 이번에는 여인만이 부처님과 대좌하는 형태를 취하고 있다. 만남의 장면은 출현의 장면에 이어서 나타난다. 등장인물도 바뀌어서 양생과 여인을 한꺼번에 등장시키며, 두 사람의 만남을 성취시키는 기능을 하고 있다.

그런데 만남의 장면은 독립된 장면으로서의 자격을 갖추지 않았다고 할 수도 있다. 앞의 장면인 출현의 장면에서 설정되었던 장소와 시간대가 그대로 유지되고 있기 때문이다. 그러나 장면은 특정한 분위기를 만들거나 테마나 명제를 표현하기 위해 또는 등장인물과 인물의 관계에 대해 무언가를 드러내기 위해 설정되는 것이기도 하다.[12] 이런 점에서 만남의 장면 또한 앞서서 차례로 한 명씩 등장했던 인물들을 함께 등장시키며, 양생과 여인의 만남을 성취시키는 기능을 하고 있다

12) William Miller,드라마 구성론(전규찬 역, 나남출판, 1995, 217쪽).

는 점에서 독립된 장면으로서의 요건을 갖추고 있다고 할 수 있다.

그런데 제 1층위의 각 단락을 시퀀스, 제 2층위의 단락을 장면으로 보았던 앞에서의 기준에 의한다면, 하나의 장면이 또 다른 다수의 장면으로 갈라지고 있다는 것은 논리의 전개에서 문제를 드러내게 된다. 장면은 그 자체로 하나의 독립된 시간과 공간에 의해 형성되는 것이므로 새로운 장면으로의 분절을 허용하지 않기 때문이다.

그렇다면 <만복사저포기>에서 단락 1.2 장가를 못 가서 애태우는 장면이나 단락 1.3 여귀를 만나는 장면 등 제 2층위의 단락은 장면이 아니라 시퀀스에 해당하는 것으로 보아야 한다. 그리하여 제 1층위를 상위의 시퀀스라고 하고, 제 2층위인 단락 1.2와 단락 1.3을 상위의 시퀀스에 대한 하위의 시퀀스로 보아야 한다. 시퀀스는 같은 생각에 의해 연결되는 몇 개의 장면을 이야기의 단위로 묶은 것이므로, 이야기의 단위를 어떻게 묶느냐에 따라 새로운 분절의 단위를 만들어 갈 수 있기 때문이다. 따라서 <만복사저포기>는 제 1층위와 제 2층위에서 상위의 시퀀스와 하위의 시퀀스가 만들어지고, 제 3층위에서 장면이 형성된 다음 장면의 구체적인 정황이 제 4층위의 사건 단락으로 나타나는 서술구조를 취하고 있다는 것을 알 수 있다.

<이인보 전설>과 <최치원>이 제 3층위의 분절에 머무르고 있는 것은 두 작품에서 제 2층위의 단락이 새로운 장면으로 분절되지 않기 때문이다. 예컨대 두 작품에서 가장 자세하게 서술되어 있고 따라서 가장 많은 사건들로 채워져 있는 '여인을 만나는 장면'을 보자. 앞에서도 살펴보았듯이 <이인보 전설>에서는 이 장면이 7개의 사건들로 채워져 있고, <최치원>에서는 14개의 사건들로 채워져 있을 뿐이다. 이 사건들은 동일한 시공간에서 벌어지고 있다는 점에서, <만복사저포기>에서처럼 독립된 장면으로 다시 갈라질 수 있는 분절의 단위를 형성하

지 않고 있다.

다시 말해서 <이인보 전설>에서 여인을 만나는 장면은 뜰과 방이 함께 나타나는 공간에서 이인보와 여인과의 수작이 있을 뿐이고, <최치원>에서는 산책하던 뜰에서 최치원과 여인이 만나 수작하는 사건들로 채워지고 있을 뿐이다. 장소와 시간의 바뀜도 나타나지 않거니와 별개의 분위기나 의미 등을 전달하기 위한 장면 분절의 마디를 나눌 수 없다.

서술의 층위가 제 3층위까지만 존재한다는 점에서 <최치원>은 <이인보 전설>과 동일한 서술구조를 갖고 있는 작품임을 알 수 있다. 그런데 이 같은 양상은 작품의 도입부에 해당하는 단락 1에 한정된 현상은 아닐까. 이 문제를 해결하기 위해 작품의 중심 부분이라고 할 수 있는 대목, 즉 주인공이 여인과 사랑을 나누는 대목인 단락 2에 나타난 서술의 층위를 분석해 보겠다.

앞서와 같은 방법으로 먼저 이 부분의 내용을 개략적으로 살펴보면 다음과 같다.

> "이인보가 절의 주지를 방문하고 돌아와 여인과 동침하며 정을 나누었다. 부석사에서 사흘을 머물다가 발행하여 우정(郵亭)에서 자는데 여인이 또 찾아와서 정을 나누고는 헤어졌다." (이인보 전설)
>
> "최치원이 팔 낭자와 구 낭자를 만나 그들의 내력을 들은 뒤 두 여인을 유혹하여 정을 나누었다."(최치원)
>
> "양생이 여인과 만복사의 판자방에서 정을 나눈 뒤 여인의 처소를 방문하여 정을 더욱 깊이 나누고 여인이 베푸는 잔치에 참여하기도 했다." (만복사저포기)

각 작품의 줄거리를 바탕으로 보건데 <이인보 전설>의 단락 2는 2.1 주지를 방문하는 장면, 2.2 여인과 교통하는 장면, 2.3 사흘을 머무는 장면, 2.4 우정에서 재회하는 장면, 2.5 이별하는 장면으로 가를 수 있고, <최치원>은 2.1 두 낭자를 만나는 장면, 2.2 유혹하는 장면, 2.3 교통하는 장면으로, <만복사저포기>는 2.1 여인과 교통하는 장면 2.2 여인의 처소를 방문하는 장면, 2.3 잔치에 참여하는 장면으로 가를 수 있다. 이 장면들은 제 1층위인 단락 2의 하위 분절 단위들로서 서술의 제 2층위에 해당되는 것들이다.

<이인보 전설>에서 단락 2.1의 본문은 “어린 중이 주지의 명을 가져와 말하기를 대감께서 매우 수고하셨는데 다행히 지금 여기에 왔으니 장실(丈室)에 왕림하시면 차를 올리겠다고 하였다. 이인보가 부득이 가면서 여인을 억지로 따라오게 하였지만, 재삼 사양하며 문밖으로 나갔다. 이인보가 주지와 은근히 즐기다가 밤이 깊어서 마치고 돌아왔다.”[13)]고 되어 있다.

본문에 의하면 단락 2.1의 내용은 장소와 시간의 이질성 그리고 의미의 독립성 등에 의해 2.1.1 초청의 장면과 2.1.2 대담의 장면 그리고 2.1.3 돌아오는 장면으로 가를 수 있다. 단락 2.1이 다시 세 개의 장면으로 분절되며 제 3층위가 설정되고 있다.

이런 점에서 <이인보 전설>의 단락 2.1도 장면이 아니라 시퀀스의 개념에 해당된다. 이 경우 장면 2.1.1은 2.1.1.1 어린 중이 이인보를 초청하는 말을 전해 왔다. 2.1.1.2 이인보가 따라가면서 여인을 데려가려 했다, 2.1.1.3 여인은 사양하고 밖으로 나갔다는 세 개의 사건 단락으로

13) 有一沙彌 將主公命來報日 大監甚努苦 幸今戾止 請臨丈室 敢以茶湯奉之 監不得已往 强以女侍從 讓再三 躡出於戸 監與主公 接殷勤之歡 至昏夜乃罷歸 (이인보 전설)

분절되며 서술의 제 4층위가 형성된다. 장면 2.1.2도 2.1.2.1 이인보가 주지와 은근히 즐겼다는 사건 단락을 갖게 되고, 장면 2.1.3 또한 2.1.3.1 밤이 깊어서 돌아왔다는 사건 단락을 가지며 서술의 제 4층위가 형성된다. 단락 1과 달리 단락 2.1에서 <이인보 전설>은 <만복사저포기>와 마찬가지로 서술의 층위가 제 4층위까지 분절되어 있는 것을 알 수 있다.

단락 2.2의 본문을 보면 다음과 같다.

> 잠시 후에 아까의 여인이 다시 오므로 이인보가 가까이 다가가서 어루만졌다. 여인이 말하기를 대감은 이미 나를 다 알았으니 의심하지 마십시오. 제가 거처하는 곳이 여기에서 멀지 않은데 대감의 높은 뜻을 사모하여 왔습니다고 하며, 그 응대하는 것이 영리하고 어여뻤다. 드디어 동침하면서 정을 곡진히 했다.[14)]

본문에 의하면 단락 2.2는 단락 2.1과 달리 동일한 장소와 시간대에서, 즉 이인보의 방에서 이루어지는 일련의 행위만으로 채워짐으로써, 하위의 장면으로 다시 갈라질 수 있는 분절의 마디를 지니지 않는다. 이에 따라 단락 2.2는 2.2.1 여인이 다시 왔다, 2.2.2 이인보가 가까이 다가가서 여인을 어루만졌다, 2.2.3 여인이 사모하는 정을 표시했다, 2.2.4 교통하며 정을 나누었다는 사건 단락으로 채워져 있고, 서술의 층위도 3층위까지만 분절되고 있을 뿐이다.

단락 2.3의 본문은 "그를 위해 사흘을 머물다 떠났다."[15)]고 되어 있

---

14) 俄而向女復來 監稍近狎焉 女曰 大監旣悉我無疑也 妾所居去此不遠 竊慕高義 以是來耳 其應對慧利甚閑 遂同衾 曲盡綢繆之意(이인보 전설)

15) 爲留三日而出(이인보 전설)

다. 사흘을 머무는 대목을 몇 개의 장면으로 가를 수 있겠지만, 그럴만한 사건이 전혀 나타나지 않고 한 마디의 설명적 서술로 끝나고 있다. 단락 2.3 또한 하위의 장면으로 더 분절되지 않고, 2.3.1 사흘을 머물다 떠났다는 하나의 사건 단락을 추출할 수 있을 뿐이다.

단락 2.4의 본문은 다음과 같다.

> 우정에 이르러 자는데 그 여인이 다시 왔다. 이인보가 이미 갔거늘 어찌하여 다시 왔느냐고 했다. 여인이 말하기를 배에 당신의 자식이 하나 있으므로 다시 하나를 더 얻고자 하여 왔다고 했다. 인하여 전과 같이 잠자리를 모셨다.[16)]

본문에 의거해 보면 단락 2.4도 하위의 장면으로 다시 분절되지 않고, 동일한 장소와 시간대에서 이루어지는 일련의 행위로만 채워져 있다. 사건 단락을 분절하여 보면, 2.4.1 우정으로 여인이 다시 찾아왔다, 2.4.2 이인보가 다시 온 까닭을 물어보았다, 2.4.3 여인은 자식을 하나 더 보태러 왔다고 했다, 2.4.4 전과 같이 잠자리를 함께했다는 4개의 사건 단락을 추출해 낼 수 있다.

단락 2.5의 본문은 "아침이 되어 헤어지는데 정의가 매우 애틋했다."[17)]고 되어 있다. 여기에서도 새로운 장면 분절이 이루어지지 않으며, 추출할 수 있는 사건은 2.5.1 아침이 되어 다시 헤어졌다는 것뿐이다.

지금까지 분석한 결과를 바탕으로 <이인보 전설>의 서술의 층위를 정리하고, 같은 방법에 의해 <최치원>과 <만복사저포기>의 서술의

---

16) 止郵亭宿焉 向之女 苒苒來至 監曰 已去矣 何復來 爲女曰 腹有君之息一矣 乞復添一 所以至耳 仍薦枕如故(이인보 전설)

17) 以曉告別 雲情雨意甚繾綣然(이인보 전설)

층위를 찾아서 정리해 보면 다음과 같다.

<이인보 전설>

2. 서로 사랑을 나누었다

2.1 주지를 방문하는 장면

2.1.1 초청의 장면

2.1.1.1 어린 중이 이인보를 초청하는 말을 전해 왔다

2.1.1.2 이인보가 따라가면서 여인을 데려가려 했다.

2.1.1.3 여인은 사양하면서 밖으로 나갔다

2.1.2 대담의 장면

2.1.2.1 이인보가 주지와 은근히 즐겼다

2.1.3 돌아오는 장면

2.1.3.1 밤이 깊어서 돌아왔다

2.2 여인과 교통하는 장면

2.2.1 여인이 다시 찾아왔다

2.2.2 이인보가 가까이 다가가서 어루만졌다

2.2.3 여인이 사모하는 정을 표시했다

2.2.4 교통하며 정을 나누었다

2.3 사흘을 머무는 장면

2.3.1 사흘을 부석사에서 머물다 떠났다

2.4 우정에서 재회하는 장면

2.4.1 우정으로 여인이 다시 찾아왔다

2.4.2 이인보가 다시 온 까닭을 물어보았다

2.4.3 여인은 자식을 하나 더 보태러 왔다고 했다

2.4.4 전과 같이 잠자리를 함께 했다

2.5 이별하는 장면

2.5.1 아침이 되어 헤어졌다.

<최치원>

2. 서로 사랑을 나누었다

2.1 두 낭자를 만나는 장면

2.1.1 최치원이 우두커니 서 있는데 홀연히 두 여인이 나타났다

2.1.2 최치원이 뜻하지 아니한 만남을 기리는 말을 했다

2.1.3 두 여인이 미소만 띠고 대답을 하지 않자 치원이 시를 지어 희롱했다

2.1.4 자색 옷을 입은 여인이 짐짓 화를 내며 대꾸했다

2.1.5 최치원이 어느 집 규수인가를 물어보았다

2.1.6 자색 옷의 여인이 자신들의 내력을 밝혔다

2.1.7 최치원이 자신을 찾아오게 된 까닭을 물어보았다

2.1.8 붉은 옷의 여인이 최치원의 빼어난 기개에 이끌렸기 때문이라고 대답했다

2.2 유혹하는 장면

2.2.1 최치원이 술을 내어 권했다

2.2.2 두 여인이 받아 마셨다

2.2.3 술을 마시며 최치원이 시를 지어 읊었다

2.2.4 두 여인도 뒤따라서 시를 지어 읊었다

2.2.5 최치원이 두 여인에게 운우의 정을 맺을 것을 제안했다

2.2.6 두 여인이 모두 허락했다

2.3 교통하는 장면

2.3.1 최치원이 잠시 자리를 비우고 두 여인이 세 명의 이부자리를 폈다

2.3.2 세 명이 그윽한 정을 나누었다

2.3.3 최치원이 시를 지어 두 여인을 희롱했다

2.3.4 두 여인도 시를 지어 화답했다

<만복사저포기>

2. 서로 사랑을 나누었다

2.1 여인과 교통하는 장면

2.1.1 결연의 장면

2.1.1.1 법당 앞에는 행랑방이 하나 있었다

2.1.1.2 양생이 그곳으로 여인을 이끌었다

2.1.1.3 그곳에서 그들은 정을 나누었다

2.1.1.4 그때 문밖에서 발자국 소리가 들렸다

2.1.1.5 여인이 시녀가 온 것임을 확인하고 주과를 가져오게 했다

2.1.2 술자리 장면

2.1.2.1 얼마 뒤에 뜰에 술자리가 베풀어졌다

2.1.2.2 여인은 술을 권하며 시녀에게 노래를 부르게 했다

2.1.2.3 시녀의 노래가 미흡하자 여인은 자신이 노래를 지어서 부르게 했다

2.1.2.4 노래가 끝난 뒤 여인은 옛 인연을 말하고 함께 지낼 것을 다짐했다

2.1.2.5 이 때 날이 밝아오므로 여인은 시녀를 집으로 보냈다

2.1.2.6 여인은 양생을 자기의 집으로 초대했다

2.2 여인의 처소를 방문하는 장면

2.2.1 마을 통과 장면

2.2.1.1 양생이 여인과 함께 마을을 지나갔다

2.2.1.2 사람들은 여인은 못 보고 양생에게 가는 곳을 물어보았다

2.2.1.3 양생은 친구의 집에 가는 길이라고 얼버무렸다

2.2.2 유희 장면

2.2.2.1 날이 새자 여인은 풀섶을 헤치며 양생을 인도했다

2.2.2.2 양생은 여인의 거처가 거치른 까닭을 물어보았다

2.2.2.3 여인은 시경의 시를 인용해서 농담으로 대답했다

2.2.2.4 두 사람은 함께 웃으며 여인의 집으로 향했다

2.2.3 도착 장면

2.2.3.1 양생이 여인의 집에 도착했다

2.2.3.2 가시나무 우거진 곳에 아담한 집이 한 채 있었다

2.2.3.3 여인이 인도하여 양생은 집 안으로 들어갔다

2.2.3.4 이부자리며 휘장이 잘 정돈되어 있었다

2.2.4 체류 장면

2.2.4.1 양생은 여인의 집에서 사흘을 머물렀다

2.2.4.2 즐거움은 평소와 같았고, 대접도 융숭했다

2.2.4.3 양생은 이상한 느낌이 들었지만, 여인의 정에 이끌려 잊어버리고 말았다

2.3 잔치에 참여하는 장면

2.3.1 통지의 장면

2.3.1.1 사흘 후 여인은 양생에게 인간 세상으로 돌아갈 때가 되었다고 했다

2.3.1.2 양생은 이별의 빠름을 한탄했다

2.3.1.3 여인은 가기 전에 이웃 친척들을 만나보는 것이 어떠냐고 했다

2.3.1.4 양생이 좋다고 하자 여인은 그들을 초대했다

2.3.2 잔치의 장면

2.3.2.1 잔치에는 아름답고 총명한 네 명의 여인들이 초대되었다

2.3.2.2 네 명의 여인은 이별의 시를 지어 양생에게 주었다

2.3.2.3 먼저 정씨 여인이 즉흥시를 지어 주었다

2.3.2.4 이어서 오씨 여인이 신세를 한탄하는 시를 지어 읊었다

2.3.2.5 김씨 여인이 그 시의 음란함을 책망하고 자기의 시를 읊었다

2.3.2.6 뒤를 이어 류씨 여인이 시를 지어 읊었다

2.3.2.7 여인이 류씨의 시에 감동되어 시를 지어 읊었다

2.3.2.8 양생도 여인들의 시에 감동하여 시를 지어 읊었다

2.3.2.9 잔치를 끝내고 모두 헤어졌다

세 작품에서 여인과 사랑을 나누는 대목인 단락 2는 작품의 중심 되는 부분이다. 이야기 전개의 핵심이 되는 부분이며, 따라서 가장 밀도 있게 서술되어 있는 부분이기도 하기 때문이다. 이런 점에서 단락 2에 나타난 서술의 양상은 각 작품의 구조적 특성을 잘 대변해 준다고 볼 수 있다.

단락 2를 검토해 본 결과 <만복사저포기>의 단락 2는 단락 1과 동일한 서술구조를 갖고 있다. 즉, 제 2층위의 단락이 모두 여러 개의 장면으로 다시 분절되며 제 3층위를 형성한 뒤 여기에 제 4층위에 해당되는 사건 단락들이 채워져 있었다. 이것은 서술의 층위가 제 4층위까지 분절되는 것이 <만복사저포기>의 주된 양상이라는 것을 알려주는 것이다.

<최치원>의 단락 2는 단락 1과 마찬가지로 제 3층위까지만 분절되어 있었다. 제 2층위의 장면이 어느 것도 새로운 장면으로 다시 분절되지 않았기 때문이다. 이것은 서술의 층위가 제 3층위까지만 분절되는 것이 <최치원>의 중요한 특징이라는 것을 보여주는 것이다.

그러나 <이인보 전설>에는 부분적이기는 하지만 서술의 제 4층위가 나타나고 있었다. 제 4층위가 나타나는 곳은 '2.1 주지를 방문하는 장

면'이다. 이 같은 결과는 단락 1의 양상과 서로 상반되는 것이어서 주목된다. 즉, 단락 1에서는 서술의 층위가 제 3층위까지만 분절된다는 것으로 해서 <이인보 전설>과 <최치원>이 동일한 서술구조를 보이고 있었는데, 이제는 서술의 제 4층위를 갖는다는 점에서 <이인보 전설>과 <만복사저포기>가 유사한 구조를 보여주고 있기 때문이다.

3. 층위의 기능과 의미

<이인보 전설>에서 서술의 제 4층위가 나타나고 있다는 것은 서술의 층위를 분석해 봄으로써 갈래의 양식적 특징을 알아낼 수 있다는 전제를 혼란스럽게 하고 있다. 그러나 <만복사저포기>와 비교해 볼 때 <이인보 전설>에 나타나는 제 4층위는 문제점을 지니고 있다. <만복사저포기>에서 제 4층위는 어느 것 할 것 없이 모두 다수의 사건 단락으로 분절되며 인물들의 구체적인 행위에 의해 채워져 있는데, <이인보 전설>에서는 대체로 장면의 개략적 내용이 설명적 서술로 채워져 있었기 때문이다. 예컨대 단락 2.1.2 대담의 장면이 간략하게 "이인보가 주지와 은근히 즐겼다."[18]라고 되어 있는가 하면, 단락 2.1.3 돌아오는 장면도 "밤이 깊어 마치고 돌아왔다."[19]라고만 서술되어 있다.

이인보가 주지와 대담을 나누는 단락 2.1.2의 장면은 이인보가 주지를 방문하는 단락 2.1에서 가장 중요한 부분이다. 방문의 목적과 의미가 모두 대담의 장면에서 드러나기 때문이다. 그러나 작품에서 대담의 장면은 "이인보가 주지와 은근히 즐겼다."는 한 마디의 설명적 서술로

18) 監與主公 接殷勤之歡(이인보 전설)
19) 至昏夜乃罷歸(이인보 전설)

채워져 있다. 이 때문에 작품에는 주지가 왜 이인보를 초청하고, 이인보는 왜 주지를 방문했는가 하는 문제들에 대해 아무런 정보도 제공해 주지 않는다.

이 문제는 <이인보 전설>에 나타난 서술의 층위를 분석하는 데 중요한 단서를 제공해 준다. 단락 2.1 주지를 방문하는 장면은 초청의 장면과 대담의 장면 그리고 돌아오는 장면의 세 장면으로 구성되어 있었다. 단락 2.1은 "이인보가 주지의 초청을 받고 가서 대담을 나누다가 돌아왔다"는 줄거리를 갖고 있다. 줄거리를 보아도 알 수 있듯이 이런 경우 이야기는 "누가 누구에게 초청을 받았다 → 대담을 나누었다 → 돌아왔다"는 순차를 거침으로써 완결된다. 그러므로 초청의 장면과 대담의 장면 그리고 돌아오는 장면은 이야기의 형식 논리를 완결 짓기 위해 필수적으로 설정되어야 했던 장면이라고 할 수 있다.

<이인보 전설>은 이인보와 여인 사이에 일어났던 사건을 작품화한 것이다. 이인보와 여인과의 관계라는 단일한 이야기의 선으로 작품이 짜여져 있다는 것이다. 그런데 주지를 만나는 대목이 설정됨으로써 <이인보 전설>은 이인보와 여인 사이의 관계에 이인보와 주지 사이의 관계가 추가됨으로써 이야기의 선이 두 가닥으로 갈라지게 되었다. 그럴 경우, 이인보와 주지 사이에서 일어났던 사건은 어떻게든 이인보와 여인 사이의 관계에 영향을 끼쳐서 작품의 전개에 일정하게 기여해야 하는 것이고, 작품은 이인보가 주지와 만나는 것으로 인해 중요한 전환의 국면을 맞이해야 하는 것이다. 그러나 이인보는 주지를 만남으로써 어떠한 심경의 변화를 일으키지도 않았고, 이로 인해 여인과의 관계가 뒤틀어지거나 발전되지도 않았다. 주지를 방문하는 장면이 사건의 전개에 아무런 영향을 끼치지 않고 있는 것이다.

주지를 만나는 것이 작품의 전개에 영향을 끼치기 위해서는 대담의

장면과 돌아오는 장면이 사건의 전개에 영향을 줄 수 있는 다양한 사건으로 채워져 있어야 한다. 그러나 단락 2.1.2와 단락 2.1.3은 장면 전체의 내용을 개략적으로 진술하는 한 마디의 설명적 서술로 채워져 있을 뿐 국면을 전환하기 위한 어떠한 사건도 나타나지 않는다.

이것은 대담의 장면과 돌아오는 장면이 단지 이야기의 형식 논리를 완결지어야 하는 필요에 의해 설정되었을 뿐 작품의 전개과정에서 별다른 중요성을 부여받지 않았다는 것을 입증해 주는 것이다. 이처럼 이인보가 주지를 만났다는 것이 사건의 전개에 아무런 영향을 주지 못하게 됨으로써, 단락 2.1은 작품에서 불필요한 부분이 되고 말았다. 작품은 불필요하게 이야기의 선을 두 가닥으로 가름으로써 구성을 산만하게 하였고, 설정된 이야기의 한 부분을 무용지물로 만들어 버림으로써 형식 논리에도 중대한 결함을 노증시켰다.

결과적으로 <이인보 전설>에서 이인보가 주지를 방문하는 단락 2.1은 불필요한 부분이었으며 이 부분이 삭제되더라도 작품은 아무런 지장을 받지 않을 것이고, 삭제하는 것이 오히려 작품의 긴밀성을 증대시킬 수 있었으리라는 것이다. 작품의 전개에 아무런 역할도 하지 못하는 단락 2.1이 첨가되지 않았더라면 그 당연한 결과로 서술의 제 4층위도 나타나지 않았을 것이다.

지금까지의 논의를 통해서 보면 <이인보 전설>에는 서술의 제 4층위가 설정되어 있었음에도, 이것은 불필요한 것이었거나 잘못 설정되어진 것이었다는 것을 알 수 있었다. 여기에서 우리는 <이인보 전설>과 <최치원>은 서술의 층위가 제 3층위까지 분절되는 것이 작품전개의 중심되는 서술의 양상이고, <만복사저포기>는 제 4층위까지 분절되는 것이 서술의 주된 양상이라는 것을 알 수 있다. 그렇다면 이런 차이가 생기는 까닭은 무엇이고, 이것은 갈래의 특성에 의한 것일까? 이런 의문을 해결하기 위해 이제부터 층위의 기능과 의미를 찾아보기로 하겠다.

"누군가 죽은 여인을 만나서 사랑을 나누다가 마침내 헤어졌다"는 것이 제 1층위의 내용이었다. 죽은 여인과의 사랑이라는 것이 소재가 되어 있고, 만남과 사랑 나누기 그리고 헤어짐이 세 개의 단락을 형성하며 이야기를 완결시키고 있다.

죽은 여인과의 사랑이라는 소재는 많은 사람들에게 관심의 대상이 될 수 있고, 이런 소재로 이야기를 서술할 때 만나서 사랑을 나누다가 헤어졌다는 순서에 의해 이야기를 짜는 것 또한 보편적인 것일 수 있다. 그러므로 제 1층위의 단락은 죽은 여인과의 사랑이라는 소재로 쓰여진 다수의 작품들에 공통적으로 나타날 수 있다. 갈래의 특성을 드러내는 것이 아니라, 같은 유형의 이야기를 변별적으로 묶어 내는 기준이 된다고 할 수 있다. <이인보 전설>과 <최치원>, <만복사저포기>가 서로 다른 갈래의 작품임에도 동일한 줄거리를 가진 같은 유형의 이야기로 묶여질 수 있었던 것도 이 때문이다. 서사문학에서 서술의 제 1층위는 무엇에 대해 쓰겠다는 창작의 소재를 선별하여 결정하는가 하면, 이것을 작품화하기 위한 기본 골격을 짜서 제시해 주는 부분이라는 것을 알 수 있다.

제 2층위는 제 1층위의 단락을 다수의 장면으로 분절한 것이다. 그런데 제 2층위의 단락은 제 1층위 단락의 개략적인 내용을 정리해서 분절해 낸 것이었다. 이런 점에서 제 2층위의 단락을 연결하면 각 작품의 개략적인 줄거리가 드러난다는 것을 알 수 있는데, 이것이 바로 제 2 층위의 역할이라고 할 수 있다. 참고로 각 작품의 제 2 층위를 정리해 보면 다음과 같다.

<이인보 전설>

1.1 이인보가 산천에 제사 지내는 장면

1.2 부석사에 당도하는 장면

1.3 여인을 만나는 장면

2.1 주지를 방문하는 장면

2.2 여인과 교통하는 장면

2.3 사흘을 머무는 장면

2.4 우정에서 재회하는 장면

2.5 이별하는 장면

<최치원>

1.1 최치원이 유학하는 장면

1.2 과거에 급제하여 출세하는 장면

1.3 초현관에서의 놀이 장면

1.4 여인을 만나는 장면

2.1 두 낭자를 만나는 장면

2.2 유혹하는 장면

2.3 교통하는 장면

<만복사저포기>

1.1 양생을 소개하는 장면

1.2 장가를 못 가서 애태우는 장면

1.3 여인을 만나는 장면

2.1 여인과 교통하는 장면

2.2 여인의 처소를 방문하는 장면

2.3 잔치에 참여하는 장면

정리된 제 2 층위의 단락을 연결하면 각 작품의 개략적인 줄거리가 된다. 예컨대 <이인보 전설>에서 제 2층위의 단락을 연결하면, "이인보가 산천에 제사지내고 부석사에 당도하여 한 여인을 만났다. 주지를 방문하기도 하며 여인과 정을 나누고 사흘을 머물렀는데 우정에서 여인을 다시 만났다가 헤어졌다"는 줄거리가 형성된다.

줄거리가 만들어지기 위해서는 먼저 등장인물이 설정되어야 하고, 행위가 드러나야 하며, 등장인물들이 행동할 수 있는 장소가 부여되어야 한다는 것을 알 수 있다. 줄거리가 형성되면서 세 작품에는 등장인물, 행위, 장소가 서로 달리 설정되어 있다. 이것은 각 작품이 독립된 작품으로서의 존재가치를 획득하게 되었다는 것을 의미하는 것이다. 줄거리를 형성함으로써 서사문학에서 서술의 제 2층위는 동일한 소재의 이야기를 서로 다른 작품으로 형상화 시키고 있다는 것을 알 수 있다.

서사문학 작품은 그것이 어떤 갈래의 작품이라고 할지라도 모두 줄거리를 갖고 있다. 줄거리는 시작에서 종결에 이르기까지 이야기의 전체적인 뼈대를 짜서 보여준다는 점에서, 모든 서사문학 작품이 기본적인 착상을 작품화하기 위해 갖추어야 하는 필수적인 장치라고 할 수 있다. 따라서 줄거리를 형성하는 제 2층위에서도 아직 갈래의 차이는 드러나지 않는다.

그런데 이야기의 개략적인 줄거리만을 제시해 주는 제 2층위로서는 보다 자세하고 생동감 넘치는 이야기를 하기를 원하고 듣기를 요구하는 작가와 독자들의 욕구가 충족되지 않는다. 작가와 독자의 욕구가 충족되려면 이야기의 줄거리가 인물들의 행위에 의해 드러나는 구체적인 사건들로 채워져야 한다. 지금까지의 분석을 통해서 보면 구체적인 사건들은 서술의 제 3층위와 제 4층위에서 나타나고 있었다.

예컨대 <최치원>에서 최치원이 여인을 만나는 단락 1.4의 장면이나 그들과 교통하는 장면인 2.1, 2.2, 2.3의 단락들에는 인물들의 구체적인 행동이 다양한 사건으로 드러나며 제 3층위를 구성하고 있고, 이 때문에 줄거리의 내용이 좀 더 자세하게 드러나는가 하면 이야기에도 사실성과 생동감을 불어 넣고 있다.

제 3층위가 다수의 사건들로 채워지고 있는 것은 <이인보 전설>에서도 대체로 그대로 유지되고 있었다. 그러나 <만복사저포기>에는 제 3층위가 제 2층위에서 다시 분절된 다수의 장면으로 나타남으로써, 제

2층위보다 한 차례 더 세분된 줄거리를 형성하고 있었다. 이에 따라 <최치원>과 <이인보 전설>과 달리 <만복사저포기>에서는 제 3층위가 다시 분절된 제 4층위에서 장면의 구체적인 양상이 나타나고 있었다.

이렇게 본다면 서사문학에서 서술의 제 3층위와 제 4층위는 줄거리를 구체적으로 자세하게 보여주어 이야기에 사실성과 생동감을 불어넣기 위해서 설정되었다고 할 수 있다. 그러나 제 3층위까지 분절된 <이인보 전설>이나 <최치원>의 한 대목을 제 4층위까지 분절된 <만복사저포기>의 한 대목과 비교해 보면 이 작품들에 나타나는 사실성이나 생동감의 차이를 전혀 감지할 수 없다.

> 이인보가 주지와 더불어 은근하게 즐기다가 밤이 깊어 돌아왔다. 잠시 후에 아까 왔던 계집이 다시 왔다. 이인보가 가까이 다가가 어루만지니 계집이 말하기를
>
> "대감이 이미 나를 알았으니 의심하지 마십시오. 첩이 있는 곳이 여기에서 멀지 않은데 높으신 덕을 사모하여 왔습니다."
>
> 하며 그 응대하는 것이 영리하고 법도가 있었다. (이인보 전설)[20]

> 마침 달이 밝게 빛나고 바람이 서늘하여 지팡이를 끌며 걷고 있는데 홀연히 한 아리따운 여인이 나타났다. 여자는 손에 붉은 보자기를 들고 앞에 나와
>
> "팔 낭자와 구 낭자가 수재에게 말을 전하기를 아침에 오셔서 위로해 주시고 겸하여 훌륭한 글을 내려주셨으니 이에 삼가 수답하여 받들어 올린다 합니다."

---

20) 監與主公 接殷勤之歡 至昏夜乃罷歸 俄而向女復來 監稍近狎焉 女曰 大監旣悉我無疑也 妾所居去此不遠 竊慕高義 以是來耳 其應對慧利甚閑(이인보 전설)

하였다. 공이 돌아보고 놀라 어느 성씨를 가진 낭자인가를 물었다. 여자가 말하길

"아침나절에 검불을 헤치고 돌에 시를 쓰신 곳이 곧 두 낭자의 처소입니다"

하였다. 공이 그제야 깨닫고 첫째 보자기를 열어 보니 곧 팔 낭자가 수답한 글이었다. (최치원)[21]

잠시 후에 한 아리따운 여인이 나타나는데 나이는 열대여섯 가량되어 보였다. 머리를 두 가닥으로 갈라서 쪽찌고 깨끗한 차림을 했는데 얼굴과 태도가 흡사 하늘나라의 선녀같았으며 바라볼수록 엄전했다. 그녀는 고운 손으로 등잔에 기름을 따라 불을 켜고 향로에 향을 꽂은 후 세 번 절하고는 꿇어앉아 한숨을 짓고 탄식하여 말했다.

"인생이 박명한들 어찌 나 같을 수 있을까?"

여인은 품속에서 축원문을 꺼내더니 불탁 위에 놓았다. (만복사저포기)[22]

인용문은 각각 <이인보 전설>, <최치원>, <만복사저포기>에서 인용한 것인데 모두 주인공이 여인을 만나는 장면의 한 대목이다. 어느

21) 是時 月白風淸 杖藜徐步 忽覩一女 姿容綽約 手操紅帒 就前曰 八娘子九娘子 傳語秀才 朝來特勞玉趾 兼賜瓊章 各有酬答 謹令奉呈 公回顧驚惶 再問何姓娘子 女曰 朝間披榛拂石題詩處 卽二娘所居也 公乃悟 見第一帒 是八娘子奉酬秀才(최치원)

22) 俄而有一美姬 年可十五六 鬟淡飾 儀容婥妁 如仙姝天妃 望之儼然 手携油瓶添燈揷香 三拜而跪 噫而歎曰 人生薄命 乃如此耶 手出懷中狀辭 獻於卓前(만복사저포기).
<만복사저포기>의 본문은 김시습, 『매월당전집』, 성균관대 대동문화연구소, 1973의 것을 대본으로 했다.

작품을 막론하고 사건의 진행이 잘 서술되어 있고 대화도 나타나 있어서 인물들의 행동이 눈에 보이듯이 선명하게 드러나 있다.

이 때문에 제 3층위까지 분절된 <이인보 전설>, <최치원>과 제 4층위까지 분절된 <만복사저포기>에 나타난 사실성과 생동감의 차이를 감지할 수 없다. 단순히 개략적인 줄거리를 구체적으로 자세하게 드러내어 이야기에 사실성과 생동감을 불어 넣기 위한 것이라면 굳이 작품을 제 3층위와 제 4층위로 나누어 서술할 필요가 없었다는 것을 알 수 있다.

그렇다면 이야기의 분절이 제 3층위에 머무르기도 하고, 제 4층위까지 나아가기도 한 까닭은 무엇일까? 이 물음은 제 3층위까지의 분절에 만족하지 않고 제 4층위까지 분절함으로써 작품이 어떤 효과를 거두게 되었을까 하는 의문과 연결되는 것이다.

이야기의 분절이 제 3층위에서 머무는 <최치원>과 <이인보 전설>의 경우 제 2층위의 장면에서 이야기의 줄거리가 제시되다가 자세한 서술이 필요하다고 여겨지는 대목에서 그 장면의 구체적인 양상을 드러내는 서사의 방법을 취하고 있다. 제 2층위의 장면이 인물들의 구체적인 행위를 드러내는 다수의 사건 단락으로 채워지고 있다는 것에서 이것을 알 수 있다. 이야기의 줄거리를 제시하다가 중간중간 필요한 대목에서 인물들의 행위를 자세하게 보여주는 것은 이야기를 서술하는 가장 단순하며 쉬운 방법이다.

그러나 <만복사저포기>는 이같이 단순한 서사 문법에서 벗어나고 있다. 제 2층위의 줄거리를 새로운 장면으로 다시 분절하여 제 3층위의 장면을 설정했던 것이다. 그러나 이런 변화 때문에 <만복사저포기>에는 제 4층위의 사건들이 일련의 의미의 망에 연결되어 서술되게 하였고, 그 결과 인물들의 구체적인 행위들이 나름대로의 의미를 가지며 하나의 의미를 향해 모아 질 수 있도록 했다.

누군가 죽은 여인을 만났다는 것으로 되어 있는 제 1층위의 단락 1을 보면 이러한 사실이 보다 분명해진다. 먼저 <이인보 전설>과 <최치원>을 보도록 한다.

<이인보 전설>

1.1 이인보가 제사 지내는 장면

1.2 부석사에 당도하는 장면

1.3 여인을 만나는 장면

1.4 여인을 만나는 장면

<최치원>

1.1 최치원이 유학하는 장면

1.2 과거에 급제하여 출세하는 장면

1.3 초현관에서의 놀이 장면

<이인보 전설>을 보면 이인보가 제사를 지내고 부석사에 가서 여인을 만났다고 했는데, 그런 일련의 행위가 어떤 의미를 지니고 있는가 하는 것이 나와 있지 않다. 따라서 왜 이인보가 제사를 지내고 부석사에 가서 이상한 사건에 말려들었는가 하는 것은 계속적인 의문으로만 남겨진 채 이인보의 행위가 순차적으로 제시되고 있을 뿐이다. 이것은 결과적으로 여인을 만나는 장면이 의미를 알 수 없는 주인공과 여인의 행위로 채워지게 하였다.

<최치원>에서도 사정은 같다. 힘들게 당나라까지 가서 과거에 급제한 최치원이 어째서 초현관에 가서 여인을 만나게 되었던가 하는 것이 드러나지 않는 상태에서 무슨 일이 벌어졌던가 하는 것만 순차적으로 제시되고 있을 뿐이고, 이 때문에 여인을 만나는 장면도 청춘 남녀의 사랑 놀음 정도의 의미를 지니고 있을 뿐이다.[23]

---

23) 최치원이 여인을 만나는 행위에 대해서는 뛰어난 재주를 갖고 있음에도 말단 관리에 머물러야 했던 울적함이나 소외된 자가 느끼는 외로움의 결과라는 사

인물들의 행위나 구체적인 사건이 일정한 목적의식이나 의미를 지니기 위해서는 이들을 묶어주는 상위의 분절 단위들이 일정한 의미를 지니도록 구성되어야 한다. 그러나 <이인보 전설>과 <최치원>에서 다수의 사건들을 묶어주는 상위의 분절 마디인 제 2층위는 이야기의 줄거리만을 드러내고 있을 뿐 그것이 어떤 의미를 지니고 있는가 하는 것은 제시하지 않고 있었다. 이인보와 최치원이 여인을 만나는 사건이 의미를 알 수 없는 행동으로 채워지고 있는 것은 이 때문이다.

그러나 <만복사저포기>에서는 인물들의 행위와 사건들이 그들을 묶어주는 상위 단락의 의미에 연결되어 나타난다.

<만복사저포기>

1.1 양생을 소개하는 장면

1.2 장가를 못 가서 애태우는 장면

  1.2.1 방황의 장면

  1.2.2 감응의 장면

1.3 여인을 만나는 장면

  1.3.1 축원의 장면

  1.3.2 출현의 장면

  1.3.3 만남의 장면

서술의 층위를 통해서 알 수 있듯이, <만복사저포기>에는 제 2층위

회적 의미를 부여할 수 있다. 그러나 소외된 자로서 최치원의 고독은 그의 행위에 의해서 드러나는 것이 아니라 작품의 말미에서 한 마디의 詩句로 드러나고 있을 뿐이다. 그러므로 최치원이 이와 같은 의미를 갖고 행동했다는 근거는 어디에서도 찾을 수 없는데, 이에 대해서는 4. 갈래에 대한 검토에서 자세하게 다루기로 하겠다.

의 줄거리가 제 4층위에서의 구체적인 사건으로 채워지기 전에 다시 분절되어 제 3층위를 형성하고 있다. 그 결과 단락 1에서 양생이 여인을 만나는 일련의 행위는 일정한 의미를 지니게 된다. 장가를 가고자 하는 간절한 소망의 결과 여인을 만나게 되었다는 것이 그것인데, 이것은 제 3층위에서 양생이 장가를 가지 못해서 방황하고 여기에 부처님이 감응하는 장면이 설정되어 있기 때문이다. 여인을 만나는 대목도 다시 세 개의 장면으로 분절됨으로써, 양생이 여인을 만나게 되는 것이 단순히 부처님이 도와준 결과라기보다 배필을 만나려는 간절한 축원에 따른 결과라는 의미가 드러나고 있는데 이것은 장가를 못 가서 애태우는 양생이 갖고 있는 고민의 깊이를 더해주는 역할을 하기도 한다.

그리고 제 3층위의 단락이 일정한 의미를 지님으로써 제 3층위의 장면을 채우는 제 4층위의 사건들도 상위 단락의 의미에 연결될 수 있었다. 다시 말해서 방황의 장면인 단락 1.2.1을 구성하는 제 4층위의 사건들이 양생이 장가를 가지 못해 방황하는 사건들로 채워짐으로써 양생의 행위가 일정한 의미를 지니게 되는 것이다. 물론 이러한 현상은 단락 1.2.1 에서 뿐만 아니라 제 3층위의 모든 단락에서 나타나며 양생이 여인을 만나는 모든 행위와 사건들이 일정한 의미를 지니게 하고 있다. 이것은 여인을 만나는 장면이 홀연히 나타난 여인과 주인공이 만나서 수작하는 내용으로만 채워짐으로써 그 행위의 의미가 드러나지 않는 <이인보 전설>이나 <최치원>과 비교되는 것이다.

제 3층위의 단락은 서로 긴밀한 인과관계에 의해 연결되어 있기도 하다. 양생이 장가를 못 가서 배회하는 장면은 부처님의 감응을 불러일으키는 원인이 되었고, 부처님의 감응이 있었기 때문에 양생은 배필을 만나려는 간절한 축원을 드릴 수 있었다. 그리고 양생의 간절한 축원이 배필을 나타나게 하였고, 그 결과 둘의 만남이 성사될 수 있었던 것이다. 앞의 장면은 뒤따라 나오는 장면의 원인이 되고 뒤의 장면은 그 결과로 나타나게 되었던 것을 알 수 있다. 이처럼 제 3층위의 단락들이 나름대로의 의미를 갖고 긴밀한 인과관계에 의해 연결되어 있다는 것은 제 3층위의 단락들이 서로 유기적으로 긴밀하게 연결되어 하나의 커다란 의미를 드러내도록 조직되어 있다는 것을 보여주는 것이다. 이것은 당연히 제 3층위의 의미에 연결되어 있는 제 4층위의 사건들도 일정한 의미를 가지며 하나의 의미를 향해 모아지도록 서술되어 있다는 것을 보여주는 것이다.

인물들의 행위가 일정한 의미를 가지며 하나의 의미를 향해 모아지도록 서술되었다는 것은 작중인물이 문제의식을 갖고 있으며 그것을 해결하기 위해 일관된 행위를 보이고 있다는 것을 보여주는 것이다. 이렇게 볼 때 서사문학에서 이야기의 서술이 제 3층위의 분절에 머무르지 않고 제 4층위까지 나아갔다는 것은 중요한 사건이다. 문제의식을 갖고 있는 인물이 어떻게 문제의 해결에 이르게 되는가 하는 과정을 보여줄 수 있는 서사적 장치를 개발하게 되었기 때문이다.

서술의 층위가 제 4층위까지 설정되어 있다는 것은 이 외에도 작품에서 매우 다양한 효과를 거둘 수 있게 하였다. 무엇보다 <만복사저포기>에는 다른 두 작품보다 월등히 많은 수의 장면이 설정될 수 있었다. 작품의 중심 부분이라고 할 수 있는 여인과 사랑을 나누는 단락 2를 예로 들어보면, <이인보 전설>이 4개의 장면(앞에서 논의했던 것처럼 주지를 만나는 부분을 불필요한 것으로 보았다), <최치원>이 3개의 장면으로 분절되어 있는데 비해 <만복사저포기>는 8개의 장면으로 분절되어 서술되고 있었다.

<최치원>과 <이인보 전설>에서는 이야기의 분절마디가 제 3층위까지만 갈라짐으로써 장면의 설정이 제 2층위에서 이루어지고 있었

다. 제 2층위는 제 1층위의 내용을 개략적으로 살펴본 줄거리에 의거해서 설정된 것이었다. 개략적인 줄거리는 양적인 면에서 축약이 불가피하고, 축약된 내용에서 추출해 낼 수 있는 장면의 숫자에도 한계가 있게 마련이다. 그러므로 제 3층위까지 분절되는 작품에서는 장면을 나누는데 일정한 한계를 지닐 수밖에 없었던 것이다.

그러나 <만복사저포기>에서는 장면의 설정이 제 3층위에서도 이루어지고 있었다. 제 3층위는 제 2층위의 내용을 다시 분절하여 세분한 것이므로 더 자세한 줄거리가 만들어질 수 있고, 이 때문에 보다 더 많은 수의 장면이 설정될 수 있었던 것이다. 많은 수의 장면을 설정하기 위해서 제 4층위까지의 분절이 불가피했었다는 것을 알 수 있다.

다른 작품보다 두 배 이상 많은 장면이 설정됨으로써, <만복사저포기>는 동일한 내용의 이야기를 훨씬 다양한 시간과 공간대로 나누어서 서술할 수 있었다. 이것은 <만복사저포기>가 삶의 다채로운 여러 국면을 보여줌으로써 이야기의 내용을 풍부하게 서술하기에 적합한 장치를 갖추고 있다는 것을 의미하는 것이다. 살면서 겪는 수많은 경험이나 인생살이에서의 갖가지 사건들을 하나의 작품에 담아낼 수 있게 되었던 것이다.

이에 비해 장면의 수가 3, 4개 정도로 국한된다면 드러낼 수 있는 삶의 국면도 제한될 수밖에 없다. 이것은 삶의 다채로운 여러 국면을 보여주기보다 특정한 경험이나 사건에 한정시켜 이야기를 서술하기에 적합한 방식이다. 이 때문에 <만복사저포기>가 여인과의 만남을 통해 펼쳐지는 다양한 삶의 이야기를 드러내고 있는데 비해, <최치원>과 <이인보 전설>은 여인과의 만남이라는 단편적인 사건을 서술하는데 머무를 수밖에 없었다.[24)]

서술의 층위가 제 4층위까지 분절됨으로써 <만복사저포기>는 질적인 면에서도 이야기를 훨씬 밀도 있게 드러낼 수 있었다. 앞에서도 보았듯이 여인과 사랑을 나누는 동일한 대목의 이야기를 서술함에 있어서 <만복사저포기>에는 제 3층위까지 분절된 작품에 비해 두 배 이상 많은 장면이 설정되어 있었다. 동일한 대목의 이야기를 셋 또는 네 장면으로 나누어 서술하는 것보다 여덟 장면으로 나누는 것이 보다 더 서술의 밀도를 높일 수 있다는 것은 자명한 사실이다.

밀도 있게 서술한다는 것은 무엇보다 동일한 대목의 이야기를 보다 더 많은 장면으로 분절하여 서술함으로써, 등장인물 사이에 얽혀 있는 인간적인 관계에 대하여 좀 더 많은 정보를 제공할 수 있게 된 것을 의미한다. 앞에서 보았듯이 여인과 사랑을 나누는 제 1층위의 단락 2가 <이인보 전설>에서는 4개의 장면, <최치원>에서는 3개의 장면으로 분절되어 있는 데 비해 <만복사저포기>에서는 8개의 장면으로 분절되어 있었다.

주인공과 여인이 만나 사랑을 나누는 대목을 서술하고 있는 단락 2는 세 작품 모두에서 중심되는 부분이다. 가장 관심을 기울여 서술할 수밖에 없는 부분이어서 양적으로나 질적으로도 핵심이 되는 부분이다. 세 작품이 누군가 죽은 여인과 사랑을 나누었다는 것이 근간이 되어 성립하기 때문이다.

그런데 <이인보 전설>과 <최치원>은 모두 주인공이 여인과 만나서 교통했다는 것을 드러내는 데에 주안점을 두고 있다. 자연히 작품은 정을 통하게 되기까지의 과정이 중점적으로 서술되어 있을 뿐 정을 통하고 난 후의 사정이나 관계에 대해서는 헤어졌다는 것 외에 이렇다 할 정보를 제공해 주지 않는다. <이인보 전설>과 <최치원>에서 단락

24) 이에 대해서는 계속해서 작품의 質的인 면을 분석하는 데에서 자세하게 다루어질 것이다.

2가 모두 여인과 정을 통하는 장면으로 끝나고 있는 것이 이것을 입증해 준다.

그러나 사람들의 관계는 정을 나누고 난 뒤 본격적인 궤도에 오르게 된다. 정을 통했다는 것은 본격적인 관계가 시작되는 것을 알리는 서곡쯤 되는 것이다. 그러므로 정을 나누게 되기까지의 과정도 중요하지만 정을 나누고 난 뒤 펼쳐지는 인간관계야말로 더욱 중요한 관심의 대상이 되는 것이다. 여기에 이르러서야 작품은 비로소 인간들의 삶을 본격적으로 문제 삼을 수 있게 된다.

그런데 정을 나눈 이후의 관계를 문제 삼지 않는 것은 작가의 관심이 산 사람이 죽은 여인과 교통했다는 기이한 사건을 드러내는 데 맞추어져 있음으로써 이후의 인간관계에까지 관심의 폭을 확대시킬 수 없었기 때문이다. <최치원>과 <이인보 전설>이 여인과의 만남이라는 일회적 사건을 드러내는 데에 서술의 초점이 모아져 있었다는 것을 알 수 있는데, 단편적이며 일회적인 사건을 다루는 데에는 서너 개의 장면으로도 충분했던 것이다.

물론 <만복사저포기>에도 양생이 여인과 정을 통하게 되기까지의 과정이 자세하게 나타난다. 그러나 작품의 중심은 정을 통하고 난 이후의 관계를 드러내는 데 모아져 있다. 단락 2를 구성하는 8개의 장면 가운데 여인과 정을 통하는 것은 맨 처음 하나의 장면으로 처리되고 있는데 비해 나머지 7개의 장면이 그 이후의 관계를 문제 삼고 있는 데에서 이것을 알 수 있다.

먼저 술자리의 장면을 설정하여 양생이 여인과 정을 통한 후 첫 만남의 어색한 관계를 개선하려는 장면이 나오고, 술자리를 끝낸 후 두 사람이 정답게 손잡고 마을을 통과하는 장면이 나오며, 정담을 주고받으며 여인의 처소(무덤)로 가는 장면이 설정되는가 하면 처소에 도착하여 극진한 환대를 받는 장면이 설정되어 있다. 이처럼 다양한 장면이 설정됨으로써 작품에는 처음 만난 이후에도 두 사람이 계속적인 유대관계를 가짐으로써 점차 사랑의 밀도를 높여가는 과정이 단계적으로 서술되어 있다. 그리고 양생이 여인의 처소에서 극진한 환대를 받는 장면에 이어서 작품에는 양생이 여인과 헤어질 수밖에 없는 사정이 이야기된 후 이별을 아쉬워하는 잔치를 여는 장면이 설정되며 이별하는 연인들의 애끊는 심경이 충분히 토로될 수 있는 기회를 만들어 주기도 한다.

서너 개의 장면으로는 이렇게 변화를 거듭해 나가는 인물들의 관계를 보여준다는 것이 불가능했을 것이다. 그러나 보다 많은 장면을 설정함으로써 <만복사저포기>는 작중 인물 사이에 얽혀 있는 관계의 망을 보다 밀도 있게 보여줄 수 있게 하였다. 무엇보다 인간적인 유대의 관계가 강조됨으로써 작품은 산 사람이 죽은 여인과 교통했다는 사건을 다루고 있음에도 불구하고 단순히 기이한 이야기를 전달하는 데 머무르지 않고 사랑하는 두 사람 사이에 펼쳐지는 인간들의 삶을 본격적으로 문제 삼고 있다. 인간들이 살아가는 삶의 이야기는 서너 개의 장면으로는 담아내기 어려운 서사적 넓이와 깊이를 지니고 있다고 할 수 있고, 이것을 드러내기 위해 <만복사저포기>는 장면의 수를 늘릴 수밖에 없었던 것이다.

밀도 있게 서술한다는 것은 이야기의 내용을 입체적으로 드러낸다는 것을 의미하기도 한다. 입체적으로 드러내는 것은 이야기를 다양한 관점이나 각도에서 드러내도록 하는 것이다. 예컨대 세 작품에는 모두 주인공들이 처음으로 여인을 만나는 동일한 대목이 나온다. <이인보 전설>에는 단락 1.3이, <최치원>에는 단락 1.4가, <만복사저포기>에는 단락 1.3이 여기에 해당된다. 그런데 <이인보 전설>과 <최치원>에는 이 대목이 제 2 층위에서 하나의 장면으로 처리되고 있다. 그러나 4층위까지 분절됨으로써 <만복사저포기>에는 제 2층위의 단락 1.3이 다시 3개의 장면, 즉 1.3.1 축원의 장면, 1.3.2 출현의 장면, 1.3.3 만남의 장면으로 나누어져 있다.

<이인보 전설>과 <최치원>에서 여인을 만나는 부분은 하나의 장면으로 처리됨으로써 모두 주인공이 여인과 만나 수작을 벌이는 단일한 내용을 드러내는 데 머무르고 있다. 두 작품에는 주인공과 여인과의 관계만이 나타나고 이 외의 다른 사람이나 주변 세계와의 관계는 나오지 않는다.[25] 이에 비해 세 개의 장면으로 나누어지며 <만복사저포기>에는 주인공과 여인 외에 다른 인물이 등장하여 이들이 서로 복합적으로 관계 맺으며 얽혀 있는 양상을 드러내고 있다.

먼저 축원의 장면은 양생이 부처님과 저포놀이를 하며 배필을 구해줄 것을 축원하는 장면이다. 양생과 부처님이 등장인물로 나오며, 양생의 삶이 부처님에 의해 예비되고 주도될 수밖에 없다는 것이 예시된다. 출현의 장면은 양생의 배필이 될 여인이 출현하는 장면이다. 역시 배필을 찾지 못해 애타는 여인이 부처님께 자신의 박명을 한탄하고 짝을 구해줄 것을 하소연하는 장면이다. 여인의 삶 또한 부처님이 예비해 놓은 삶의 범주 내에서 이루어질 수밖에 없다는 것이 드러나고 있다. 만남의 장면은 양생과 여인이 만나는 장면이다. 배필을 구하려는 두 사람의 인간적 욕망이 성취되는 순간이다. 그러나 그들의 만남은

25) 물론 <이인보 전설>과 <최치원>에도 여인 이외의 다른 인물이 나타난다. 부석사의 주지와 동자승 그리고 시비인 취금 등이 그들이다. 그러나 앞서의 논의에서 드러났듯이 주지와 동자승은 이야기의 전개에 불필요한 인물이었고, 시비 취금은 최치원에게 두 여인의 서신을 전달하는 역할을 하는 데 머무르고 있을 따름이다. 따라서 작품은 주인공과 여인와의 관계에 의해서만 전개되는 것이다.

앞의 두 장면에서 예시된 것처럼 부처님에 의해 예비된 것이었다. 이처럼 양생과 여인의 만남을 세 장면으로 분절하여 보여줌으로써, 작품은 이들의 만남을 양생과 부처님과의 관계, 여인과 부처님과의 관계 그리고 양생과 여인과의 관계라는 세 측면에서 입체적으로 보여주고 있다.

인간들의 삶을 다양한 측면에서 입체적으로 조명해 볼 수 있었던 것은 제 2층위가 여러 개의 장면으로 다시 분절되며 다양한 인간관계의 망을 형성할 수 있었기 때문이다. 이에 비해 제 2층위에서 새로운 장면의 분절을 허용하지 않고 있는 <이인보 전설>과 <최치원>에는 주인공과 여인과의 관계만이 나타나고 있을 뿐이었다. 서사문학에서 인간들의 삶을 다양한 측면에서 입체적으로 조명해 보기 위해서는 구조적으로 제 2층위에서의 장면 분절이 중요한 조건이 된다는 것을 알 수 있다.

<이인보 전설>을 보면 이것이 보다 분명하게 드러난다. 이 작품에는 이인보가 부석사에서 여인을 만났을 때 주지의 초청을 받아 그를 방문하고 돌아오는 장면이 나온다. 이 부분에서 <이인보 전설>은 제 2층위가 다시 세 개의 장면(2.1.1 초청의 장면, 2.1.2 대담의 장면, 2.1.3 돌아오는 장면)으로 분절되며 서술의 제 4층위를 드러내고 있었다. 이인보가 주지를 방문하도록 했다는 것은 이인보와 여인 사이에 주지가 일정한 영향력을 행사하도록 하려는 복선이다. 이렇게 되면 작품은 이인보와 여인과의 관계에 이인보와 주지, 여인과 주지와의 관계가 추가되며 이들 사이의 복합적인 관계에 의해 전개된다. 다양한 인간관계가 형성되며 이야기의 내용이 입체적으로 전개될 수 있게 되는 것이다.

그러나 이인보가 주지를 방문한 것이 작품의 전개에 아무런 영향을 주지 않음으로써, 이 부분은 불필요한 부분이 되고 말았다. 작품은 결국

이인보와 여인과의 관계만으로 전개되고 있었고, 이인보와 여인과의 관계만으로 전개될 때 제 2층위는 새로운 장면으로 분절되지 않고 있었다. 그러나 불필요한 것으로 드러났음에도 불구하고 이인보와 여인과의 관계에 또 다른 인간관계가 추가되려 할 때 제 2층위가 다수의 장면으로 다시 분절되고 있었다는 것을 <이인보 전설>은 보여주고 있다.

여러 인물 사이의 다양한 인간관계가 형성되며 이들 사이의 복합적인 상호관계에 의해 이야기가 전개되는 입체적인 방법, 그리고 주인공과 대상 인물만의 단일한 인간관계에 의해 이야기가 전개되는 평면적인 방법 가운데 어느 것이 더 좋은 것이라고 단정지을 수는 없다. 모두 그것 나름대로의 특징을 지니고 있을 뿐인 것이다. 그러나 인간들은 여러 사람들과 서로 얽혀서 다양한 관계를 맺고 사는 사회적 존재이며, 초월적인 힘과도 일정한 교감을 유지하는 존재이기도 하다. 우리들의 삶이 여러 가지 요소들에 의해 복합적으로 구성되어 있음을 보여주는 것이다. 그러므로 복합적일 수밖에 없는 인간들의 삶을 다루려고 할 때 다양한 관계의 망을 통해서 입체적으로 조명해 보는 것이 평면적으로 다루는 것보다 더 적절하고 밀도 있는 방법인 것은 분명하다.

삶의 제 국면을 입체적으로 보여줌으로써 <만복사저포기>에는 다양한 이야기의 선(線)이 형성되고 있었다. 양생과 부처님, 여인과 부처님, 양생과 여인의 관계는 <만복사저포기>를 구성하는 이야기의 세 가닥 선이다. 이 가운데 양생과 부처님의 이야기 선과 여인과 부처님의 이야기 선은 작품의 처음 부분 즉, 양생과 여인이 배필을 구하는 대목에서 나타난 뒤 작품의 이면으로 사라져 버린다. 이후 작품은 양생과 여인 사이의 이야기 선으로 채워지게 된다. 그러나 양생과 여인의 관계는 부처님의 보이지 않는 힘에 의해 통제되고 있음으로 해서 이들이 부처님과 맺고 있는 이야기의 선은 드러나지 않는 가운데 작품의 전개에 중요한 역할을 담당하고 있다.

다양한 이야기의 선은 주인공과 대상 인물 사이에 제 3의 인물을 개입시킨다. <이인보 전설>과 <최치원>에는 주인공과 대상 인물만이 설정되어 있다. 제 3의 인물이 설정되지 않고 주체와 대상과의 관계만이 문제되고 있는데, 이 때문에 두 작품에는 사건의 전개 양상이 단조롭다. 그러나 <만복사저포기>에는 두 인물 사이에 제 3의 인물이 개입함으로써 작품에 역동감을 불러일으킨다. 이른바 삼각관계가 형성되면서 한 인물이 나머지 두 인물의 관계를 변화시키는 것이다. 제 3의 인물이 개입하면 지금까지 유지되어왔던 주체와 대상의 관계가 흔들리며 불확실성이 증폭되기 시작한다. 제3의 인물이 주인공과 대상 인물과의 관계를 뒤틀어 놓기 때문이다.

<만복사저포기>에서 양생과 여인은 처음 만나는 순간부터 서로에게 이끌려 사랑을 나누게 된다. 그러나 이들의 행복한 만남은 산 사람과 죽은 여인과의 계속적인 만남을 허용하지 않는 부처님이 개입하면서 깨어지게 된다. 평화로웠던 장미 빛 하늘이 흐려지고 이별의 폭풍우가 몰아치면서 이들은 사랑함에도 헤어져야 하는 고통스런 순간을 맞이해야 한다. 작품에는 돌연히 긴장감이 감돌고 양생과 여인의 관계는 한 치 앞을 예측하기 어려운 불확실성 속으로 빨려들게 된다.

부처님은 양생을 도와 배필을 구해 주지만 그 배필을 다시 빼앗아 가기도 한다. 여인 또한 죽음과 삶의 경계를 무너뜨리고 양생을 만나 사랑을 나누는 엄청난 집념을 발휘하기도 하지만 양생을 버리고 갈 수밖에 없는 자기모순에서 벗어나지 못한다. 그러나 여인이 양생에게서 떠나야 했던 것은 자기의 의지가 아니었기 때문에 모순은 깊어질 수밖에 없었다. 양생은 배필을 구하려는 자신의 욕망에 충실하여 부처님과 내기를 걸어 이긴다. 그 결과 그는 역시 배필이 없어 외로워하던 여인

을 만나 깊은 사랑에 빠지게 된다. 그러나 여인은 죽은 사람이었기 때문에 부처님의 의지에 의해 결국 자신의 욕망을 억누르고 저승으로 떠나야 했다. 양생 또한 여인을 통해 운명처럼 다가오는 부처님의 의지를 거역하지 못하고 여인과 헤어져야 했지만, 그 사랑을 잊지 못해 세상을 등지고 만다.

이처럼 제 3의 인물이 개입하면 주체와 대상 사이의 관계가 흔들리며 갈등이 분출된다. 이것은 결국 인간들의 삶이 여러 가지 힘의 작용으로 뒤틀어지고 해결되기도 하는 과정에서 온갖 우여곡절을 겪게 되는 것을 보여주며, 작품 전개에서 긴장감을 높여준다. <만복사저포기>에는 배필을 구하려는 양생과 여인의 욕망이 있고, 초월적인 힘으로 그들의 삶을 통어하는 부처님의 의지가 나타나고 있었다. 양생과 여인 그리고 부처님이 힘의 세 정점인데, 세 힘 사이의 역학 관계가 서로 얽히면서 작품은 배필을 만나 사랑을 이루려는 두 인물의 인간적 욕망이 부처님의 의지와 부딪치며 갈등을 일으키는 이야기로 채워지게 된다.

지금까지의 논의를 통해서 본다면 <만복사저포기>는 서술의 제 4층위가 형성됨으로써 사건이나 인물들의 행위가 일정한 의미를 갖고 긴밀하게 연결되는 서사적 장치를 갖추게 되었다는 것을 알 수 있다. 그리고 이러한 서사적 장치로 해서 문제의식을 갖고 있는 인물들이 펼쳐가는 삶의 과정을 다룰 수 있게 하였고, 기이한 사건을 전달하는 데 머무르지 않고 인간들의 삶을 본격적으로 문제 삼을 수 있는 서사구조를 갖추게 되었다는 것을 알 수 있다. 이것은 거꾸로 <만복사저포기>가 만남으로 야기되는 다채로운 경험을 제시하고, 사랑하는 두 사람 사이의 인간관계를 계속 추적하며 사랑을 통해 인간들의 삶을 본격적으로 다룸으로써 서술의 제 4층위를 형성할 수밖에 없었다고 할 수도 있다.

4. 갈래에 대한 검토

<최치원>과 <이인보 전설>은 서술의 층위가 제 3층위까지만 분절됨으로써 이야기의 개략적인 줄거리가 제시되다가 중간중간 필요한 대목에서 인물들의 행위가 서술되는 단순한 서사 문법에 의해 전개되고 있었다. 그래서 삶의 다채로운 국면을 통해 드러나는 자세한 이야기를 전달하기보다 단편적인 경험이나 사건을 전달하는 데 치중하고 있었고, 인간들의 삶을 문제 삼기보다 기이한 이야기를 전달하는 데에 주력하고 있었으며, 주인공과 대상 인물과의 관계만을 문제 삼음으로써 이야기의 전개가 일면적이고 단조로울 수밖에 없었다. 이것은 사건 전개에 있어서 <최치원>이 <이인보 전설>과 동일한 서사구조를 갖고 있고, 이 때문에 동일한 갈래적 특성을 드러내고 있다는 것을 의미하는 것이다.

이에 비해 <만복사저포기>는 서술의 층위가 제 4층위까지 분절됨으로써 이야기에서의 사건과 인물들의 행위가 나름대로의 의미를 가지며 하나의 의미를 향해 긴밀하게 연결되어 있었다. 이 같은 서사구조는 문제 의식을 가진 인물이 문제를 해결하기 위해 벌이는 일련의 행위를 작품으로 드러낼 수 있었으며, 다른 두 작품에서보다 월등하게 많은 수의 장면이 설정되게 함으로써 삶의 다채로운 국면을 담아낼 수 있는 공간을 확보하고 있었고, 다양한 인간관계의 망을 통해 인간들의 삶을 밀도 있게 보여줄 수 있었다. 그리고 주인공과 대상 인물 사이에 제 3의 인물을 개입시켜 갈등을 통해 표출되는 파란만장한 삶의 여정을 드러낼 수 있었다.

숱한 역경 속에서도 굴하지 않고 살아온 사람들의 이야기는 우리를 감동시킨다. 그들은 문제의식을 갖고 역경을 헤쳐 나온 사람들이기에 세계에 대한 인식의 깊이를 지니고 있고, 그들이 살아온 삶의 여정은 세계와의 갈등과 투쟁으로 점철되어 있다. 그들이 자신들의 삶에 대해 이야기를 할 때 그것은 몇 마디의 짧은 말이나 개략적인 서술로는 진술되지 않는다. 그렇게 요약되기에는 그들의 삶이 너무도 가슴 아프고 파란만장한 사건들로 채워져 있고, 가슴에는 세계의 잘못된 질서에 대한 항변으로 가득 차 있기 때문이다.

그들의 파란만장했던 삶에 대해 이야기를 하면 그것은 소설이 된다. <최척전>, <유연전>, <김영실전> 등은 모두 이렇게 하여 소설이 된 작품들이다. 이런 점에서 소설은 인간들이 살아가는 삶의 이야기를 사회적인 문맥 속에서 펼쳐 나가는 갈래라는 정의가 성립되며, <만복사저포기>는 소설로서의 조건을 충족시키고 있다는 것을 알 수 있다. 이것은 <만복사저포기>가 <이인보 전설>이나 <최치원>과 같은 작품의 구조에서 벗어나며 발생하게 되었다는 것을 보여준다.

그러나 동일한 서술구조를 갖고 있음에도 불구하고 <최치원>은 <이인보 전설>과 상이한 면을 드러내고 있다. 무엇보다 <최치원>에는 <이인보 전설>에 비해 사회의식이 더 강하게 표출되고 있다는 점을 들 수 있다. 미약하지만 <이인보 전설>에도 사회의식은 투영되어 있다. 여인은 부석사에 머무는 이인보에게 높은 덕을 사모하여 왔다고 하며 접근해 온다. 여인의 접근은 단순히 외로움을 이기지 못한 풍정의 발로일 수도 있고 보기에 따라서는 고관과의 결합을 원하는 신분의식의 결과로 해석될 수도 있다. 이에 대해 이인보는 여인이 귀신인 줄 알면서도 자색에 미혹되어 정을 나누었고 여인이 자신의 아이를 가졌다고 했음에도 매정하게 물리친다. 자색에 혹하여 신분고하를 가리지 않고 책임질 수 없는 사랑을 남발하는 지배층의 횡포를 드러내고 있다고 할 수도 있다.

그러나 여인이 무슨 이유로 이인보에게 접근해 왔는가에 대한 설명은 작품의 어디에도 나오지 않는다. 당사자인 이인보조차 여인이 자신에게 접근해 온 이유를 알지 못해 불안해한다. 여인이 이인보에게 접근해 온 행위는 처음부터 끝까지 불가사의한 것으로 남겨진다. 그러므로 작품에서 문제가 되는 것은 작중인물들의 행위가 갖는 현실 문맥에서의 의미가 아니라 산 사람이 죽은 여인과 교통했다는 이해할 수 없는 기이한 이야기를 전하는 것이었다.

이에 비해 <최치원>에는 뛰어난 재주를 갖고 있음에도 지방의 말단 관리 노릇이나 해야 하는 최치원의 울적한 심사가 토로되며[26] 세상에서 소외된 자의 외로움이 드러나 있고, 신분 질서의 벽에 막혀 장사치에게 시집가야 하는 처지를 비관하여 꽃다운 나이에 요절한 여인들의 한이 응어리져 나타난다. 최치원이 쌍녀분의 여인들과 만날 수 있었던 것은 소외된 자의 외로움을 가누기 어려웠던 최치원의 쓸쓸함과[27] 뛰어난 인물을 만나지 못해 요절했던 여인들의 한이 마주칠 수 있었기 때문이라고 할 수 있다.

이처럼 <최치원>은 세계의 잘못된 질서로 인해 고통 받고 있는 인간들의 삶을 문제 삼고 있다. 행위의 사회적 의미가 드러남으로써 <최치원>에서 최치원과 죽은 여인들과의 만남은 더 이상 이해할 수 없는 신비의 베일에 가려져 있지 않고, 이해할 수 있고 공감할 수 있는 것으로 드러나고 있다. 이런 점에서 <최치원>은 현실 세계의 질서를 문제적인 것으로 파악하고 그것의 극복을 바라는 세계관에 입각해서 쓰여진 소설이라는 평가를 받고 있다.[28] 애정의 사회적인 의미를 파악하

---

26) 自恨雄才爲遠吏 偶來孤館尋幽邃(최치원)
27) 芳情儻許通幽夢 永夜何妨慰旅人 孤館若逢雲雨會 與君繼賦洛川神(최치원)
28) 부조리하고 불평등한 사회현실을 비판적으로 반영하고 있다는 점에서 <최치

려는 시도에 의해 작품이 쓰여지고 있다는 점에서 소설로 취급되고 있는 것이다.

그러나 애정의 사회적 의미를 파악하여 삶에 대한 가치관을 모색해 가기 위해서는 이 같은 의미와 가치관이 인물들의 행위에 의해 구체화되어야 한다. 애정을 통하든 다른 매개 장치를 통하든 인물들이 세계의 질서를 문제 삼고 그것에 대해 반응하는 일련의 행위에 의해 작품이 전개되어야 한다는 말이다. 그러나 <최치원>에서 사회적 의미와 인물들의 행위는 서로 유리되어 있다. 최치원은 작품의 어디에서도 잘못된 세상의 질서를 문제 삼는 구체적인 행위를 보여주지 않는다. 세상이 자신의 재능을 제대로 대접해 주지 않는 데에서 생기는 괴로움이니 소외된 자의 외로움은 작품의 말미에서 한 마디의 시구(詩句)로 드러나고 있을 뿐이다. 여인들 또한 자신들의 내력을 밝히는 과정에서 넋두리 삼아 신분 질서의 횡포를 문제 삼고 있을 뿐 그것을 지금 자신의 문제로 다루지 않는다. 그 결과 작품에는 최치원과 여인들이 하룻밤 만나서 회포를 풀며 외로움을 해소하는 애정행각만이 드러나고 있을 뿐 행위를 통해 사회적 의미에 접근할 수 있는 길이 사실상 차단되어 있다.

세계의 잘못된 질서를 문제 삼기 위한 자각에서 작품이 쓰여졌다는 사회적인 의미를 배제하고, <최치원>이 단순히 남녀 사이의 애정 관계를 문제 삼고 있는 소설이라고 할 수도 있다. 남녀 사이의 애정 문제는 그 자체만으로도 충분히 소설의 주제가 될 수 있는 것이다. 그러나

원>을 소설로 본 것은 임형택(나말여초의 전기문학, 한국한문학연구 5집, 1981)이다. 이후 박일용은 <최치원>이 현실 세계의 질서를 문제적인 것으로 보고 그것의 극복을 바라는 새로운 세계관에 입각한 서술시각을 바탕으로 한 소설이라고 보았고(박일용, 앞의 글, 83쪽), 박희병은 시간적이며 공간적 환경을 구체적으로 드러내고 사회현실을 풍부하게 반영하며 사회적, 현실적 의미를 함축한 고독한 인간을 그리고 있다는 점에서 <최치원>을 소설로 보았다(박희병, 앞의 책).

그러기 위해서라면 작품은 애정의 문제를 삶의 중심과제로 상정하여 다루어야 한다. 그런데 <최치원>에서 애정은 일시적인 장난과 유희의 대상으로 다루어지고 있다. 최치원은 쌍녀분에서 지은 시가 장난이었다고 했고,[29] 그 시에 대한 두 여인의 화답시를 받아 보았음에도 불구하고 심부름을 온 시녀인 취금을 희롱하기도 한다.[30] 두 여인과 만나서도 희롱을 멈추지 않았고,[31] 두 여인도 최치원을 바람둥이로 취급하기도 한다.[32]

사랑이 장난이 아닐터인데 사랑에 임하는 인물들의 태도에는 진지성이 결여되어 있다. 사랑이 유희의 대상으로 다루어지고 있을 뿐 존재의 의미를 가늠할 수 있는 것으로 등장하지 않는다. 이런 상태에서 애정문제가 더구나 산 사람과 죽은 여인 사이에서 벌어지는 그래서 가슴 아픈 이별을 동반할 수밖에 없는 애절한 사랑 이야기가 제대로 다루어질 수는 없는 것이다. 이 때문에 <최치원>에는 애정 문제가 삶의 중심 되는 것으로 다루어지지 않고 하룻밤 만나 회포를 푸는데 머무는 일회적인 애정행각으로 드러나고 있을 뿐이다. 비극적인 사랑을 해야 하는 사람들의 사랑과 고뇌를 통해 삶의 의미에 접근하려는 어떠한 행위도 나오지 않고, 만남으로 해서 복잡하게 전개될 수밖에 없는 인간관계에 대한 서술도 나오지 않는다.

---

29) 戱將詞句向門題 感得仙姿侵夜至(최치원). 따라서 쌍녀분 시에 나오는 최치원의 외로움도 여인을 유혹하기 위해 꾸며낸 상투적인 수법일 뿐이라는 의미를 넘어서기 어렵다.

30) 公旣見芳詞 頗有喜色 乃問其女名字 日 翠襟 公悅而挑之 翠襟怒日 秀才合與回書 空欲累人(최치원)

31) 최치원은 만나는 과정에서 두 여인을 식부인에게 비겨 정조를 희롱하는가 하면(將謂得知秦室婦 不知元是息夫人), 진씨의 여자에 비겨 희롱하기도(不向閨中作黃公之子婿 翻來塚側 夾陳氏之女奴) 했다.

32) 無端嫁得風狂漢 强被輕言辱地仙(최치원)

이것은 <만복사저포기>에서 사랑이 인물들에게 절대적인 가치를 지니는 대상으로 인식되고 있는 것과 잘 대비된다. <만복사저포기>의 인물들은 사랑을 위해 자신의 전 존재를 투사하며, 사랑을 통해 존재의 의미에 도달한다. 작품은 인물들의 이 같은 행위에 의해 채워짐으로써 사랑이 삶의 중심 되는 문제로 다루어지는 것이다.

이처럼 <최치원>에는 애정의 사회적 의미가 제시되고 있음에도 불구하고 이것이 인물들의 행위와 유리되어 있고, 애정문제를 다루고 있음에도 이것이 삶의 중심이 되는 문제로 다루어지지 않고 있다. 이것은 <최치원>이 애정 문제를 사회적 의미나 존재의 의미와 연결시켜 다루고 있는 작품이 아니라, 최치원이 죽은 여인과 만나 하룻반 사랑을 나누었다는 기이한 이야기를 전달하는 데 머무르고 있는 작품이라는 것을 보여주는 것이다. 물론 이렇게 된 것은 <최치원>의 서술의 층위가 제 3층위까지의 분절에 머무름으로써 삶이나 애정의 사회적 의미를 다룰 수 있는 서사적 장치를 갖추지 못했기 때문이다.

그러나 소설이 인간들의 삶을 사회적인 문맥 위에서 문제 삼는 것이라면, 비록 단편적인 것일지라도 최치원의 행위가 지니는 사회적인 의미를 제시하며 그런 사랑을 다루고 있다는 점에서 <최치원>에는 소설적 사유의 모형이 발견되고 있다. 그러나 그럼에도 불구하고 애정의 사회적 의미를 추구하지 않고 기이한 이야기를 전하는 데 머무르게 됨으로써 <최치원>은 설화의 형식에서 벗어나지 못하고 있다. 서술의 층위 분석에서 드러났듯이 <최치원>이 <이인보 전설>과 동일한 서사구조를 갖고 있었던 것도 이 때문이다.

5. 맺음말

서술의 층위라는 개념을 사용하여『태평통재』에 실려 있는 <최치원>의 서사구조를 <이인보 전설>과 <만복사저포기>와 대비시켜 보았다. 이 과정에서 서술의 층위는 다수의 분절 마디가 피라밋과 같이 층위를 이루며 이야기를 완결하는 서사문학의 본질적 속성에 바탕을 둔 개념으로서 작품의 서사구조를 파악하는 데에 일정하게 기여할 수 있다는 것이 논증되었다.

<최치원>은 전기가 소설이라는 것을 주장하거나 그 소설성을 입증해 주는 대표적인 작품으로 간주되어 왔다. 그러나 작품의 서사구조를 파악하고 그로 인한 갈래의 특성을 비교해 본 결과 <최치원>은 <이인보 전설>과 동일한 갈래에 속하는 작품이며, <만복사저포기>와는 다른 갈래의 작품이라는 것이 밝혀졌다.

이것은 <최치원>이 소설이 아니라 설화라는 것을 입증해 주는 것이다. 그럼에도 <최치원>에는 비록 단편적인 설명으로 제시되었을지라도 인물의 행위가 지니는 사회적인 의미를 드러내고 있다는 점에서 소설적 사유의 모형이 발견되는 것을 알 수 있었다. 이것은 전기의 갈래 귀속과 특성을 알아보는 데에 중요한 지침을 제공해 줄 것으로 생각한다. 뿐만 아니라 우리 소설사에서 전기가 차지하는 위상을 가늠해 보는 데에도 일정하게 기여할 것이다.

그러나 <최치원>에 대한 분석의 결과가 다른 전기 작품에도 동일하게 적용될 수 있는지의 여부는 아직 충분히 밝혀지지 않았다. 또한, 비교 논증의 방법을 취하여 상대적인 특징을 밝히는 데 주력함으로써 전기 그 자체의 갈래 특성을 명료하게 보여주지 못했는데, 이에 대한 연구는 전기 작품에 대한 포괄적인 검토를 전제로 하는 후속 연구에서 이루어질 것이다.

제 2절
전기(傳奇)의 서술구조와 작가의식

1. 머리말

전기는 근래 소설사의 편년을 다시 정리하려는 일련의 시도에 의해 중요하게 취급되어 왔다. 이 과정에서 전기가 소설임이 논증되며 소설사의 기원을 9~10세기로 소급시켜야 한다는 주장이 상당한 설득력을 얻어가고 있다.

그러나 아직 전기의 갈래 개념, 특히 설화나 소설과 관련된 갈래의 차이가 명료하게 정립되지 않았으므로 소설사의 기원을 소급시키려는 논의는 이 문제에 대한 해결을 전제로 하지 않을 수 없다. 이에 대해 필자는 『수이전(殊異傳)』의 일문으로 『태평통재(太平通載)』에 실려 전해오는 <최치원>의 서술구조를 분석하여 이 작품이 소설이 아니라 설화에 속하는 작품이라는 것을 논증한 바 있다.[1] <최치원>은 전기가 소설임을 입증해 주는 가장 대표적인 작품으로 손꼽히는 것이다. 그럼에도 앞의 결과는 <최치원>만을 대상으로 한 것이어서 논의의 결과를 전

---

* 이 글은 『한민족어문학』33집(한민족어문학회, 1998)에 발표된 것이다.

1) 안창수, 태평통재 소재 최치원의 소설성 검토(『영남어문학』 32집, 영남어문학회, 1997.12).

기 전체에 적용시키는 문제에서 일정한 한계를 갖고 있었다. 따라서 본 논문은 일단 라말여초에 쓰여진 것으로 추정되는 전기 작품을 두루 대상으로 삼아 전기의 서술구조를 재검토해 보기 위해 쓰여진다.

<최치원>의 서술구조는 "서술의 층위"라는 개념을 사용하여 분석한 것이었다. 서술의 층위는 서사문학이 다수의 분절 마디로 나뉘어서 서술되고 있고, 각 분절의 마디가 피라밋과 같은 층위를 이루는 데에서 따온 용어인데,[2] 서사문학의 갈래 특성과 갈래의 차이를 밝히는 데 일정하게 기여하고 있었다. 그러나 이것 또한 아직 그 실효성이 충분히 검증된 것이 아니므로, 라말여초의 전기를 포괄적으로 검토하는 과정에서 서술의 층위가 서사문학의 갈래 특성과 갈래의 차이를 밝히는 유용한 방법으로 이용될 수 있다는 것도 다시 입증될 수 있을 것이다.

전기는 일찍부터 중국 서사물의 한 형식인 전기를 모방한 것이거나 그 영향을 받아서 나타난 것으로 이야기되어 왔다. 이것은 어느 정도 사실일 것이고, 이러한 논의는 우리의 문학사에서 나타난 전기의 특성이나 개념을 정리하는 데에도 일정하게 기여할 수 있을 것이다. 그러나 이것은 전기를 우리 문학사의 전통 속에서 다루지 못하는 문제점을 안고 있었다. 이런 점에서 임형택은 전기의 생성을 라말여초의 사회상과 연결시켜 해석함으로써 이 문제를 해결하기 위한 노력을 기울였다.[3]

임형택은 라말여초의 전기가 소설이라는 전제에서 이 시기의 사회가 소설을 발생시킬 만한 사회적 기반을 갖추었다고 하며 그 근거를 찾기에 고심했는데, 전기가 소설이라는 것은 중국 전기의 특성을 끌어와서 입증했다. 그런데 이것은 우리 문학사에서 전기가 나타나게 된

2) 서술의 층위에 대한 보다 자세한 설명은 안창수, 앞의 논문을 참고할 것.
3) 임형택, 라말여초의 전기문학(『한국한문학연구』 5집, 한국한문학연구회, 1981).

사회적 배경을 외국 문학의 현상에 맞추어 해석해 버리는 잘못을 범하는 것인데,[4] 이후의 연구자들에 의해 그대로 받아들여져 전기가 소설임을 입증해 주는 근거로 즐겨 인용되었다. 따라서 라말여초의 전기를 대상으로 그 서술구조를 면밀하게 분석해 본 다음 이것을 작가층의 의식구조와 연결시켜 검토해 보는 일이 다시 시작되어야 한다.

2. 작품의 선정

전기는 작가의 창의에 의해 만들어진 의식적인 창작품으로서 지괴(志怪)에 문식을 가미하고 파란을 확대시켜 서술을 길고도 상세하게 하였으며, 그 시대의 사회현실을 반영하여 우의를 보탠 것으로 알려져 있는데,[5] 전기의 이 같은 개념은 대체로 우리에게도 그대로 받아들여지고 있다.

우리나라에서 전기는 이미 신라 말과 고려 초기에 쓰여졌는데, 『삼국유사』의 일부 작품과 『수이전』에 실려 있었다고 전해지는 작품들에서 그 실체가 확인되고 있다.[6] 그러나 『삼국유사』 소재의 작품들과 『수이전』의 일문들을 모두 전기라 할 수 없으므로 전기에 해당하는 작품을 선정하는 일이 우선되어야 한다. 그런데 『수이전』은 유실되어 전해지지 않고 있으며, 여기에 실려 있던 작품들이 여러 곳에 흩어져서 전해지

---

4) 이 문제는 박일용, 전기계 소설의 양식적 특징과 그 소설사적 변모 양상(『민족문화연구』 28집, 고대 민족문화연구소, 1995)에서 적절하게 검토된 바 있다.
5) 노신, 『중국소설사략』(정범진 역, 학연사, 1987, 79～80쪽).
6) 이 외에도 논자에 따라서는 『삼국사기』 열전에 실려 있는 <온달>과 <설씨녀>, 『삼국사절요』에 있는 <백운 제후> 등을 전기의 범주에 넣기도 한다(박희병, 『한국전기소설의 미학』, 돌베개, 1997, 116~121쪽).

고 있을 따름이다. 이 과정에서 『수이전』에 실려 있던 애초의 작품들이 각 자료집의 편찬 목적에 따라 본래의 모습을 잃어버리게 됨으로써 지금으로서는 『수이전』에 실려 있던 원작품에 대한 전기성을 확인해 볼 길이 없다는 것이 문제로 남는다.[7)]

전기에 대한 앞에서의 개념은 전기의 세 가지 조건을 제시해 준다. 하나는 작가에 의해 창작되어진 작품이라는 것이고, 다른 하나는 사회현실을 반영하며 우의를 보탰다는 것이며, 마지막의 것은 문식을 가미시키고 파란을 확대시켜 서술이 길고도 상세하다는 것이다.

창작품이라는 것부터 살펴보기로 하겠다. 창작품이라는 것은 두 가지 의미를 내포하고 있다. 먼저 전기가 지괴와 마찬가지로 실제의 사실이 아니라 작가의 상상력에 의해 꾸며진 기이하고 신이한 이야기라는 것이다. 이 경우 창작품이라는 것은 비현실적이며 초현실적인 세계의 이야기라는 의미를 가진다. 창작품이라는 것의 또 다른 의미는 전기가 역사의 기술처럼 사실을 진술하거나 기록한 것이 아니라 작가에 의해 꾸며진 허구적인 이야기라는 의미이다. 여기에서 사실과 허구에 대한 논쟁이 벌어질 수 있는데, 사실과 허구를 대립적으로 파악하려는 논쟁은 무의미한 것이다. 문제의 핵심은 허구를 작가의 상상력에 의한 창조적 행위로 인식하는 데 있다. 무슨 일이 있었다는 것을 전달하는 데 머무는 것이 아니라, 작가 나름대로 시작에서 종결에 이르기까지 이야기의 전 과정을 재구성하는 한편 그 과정에서 사람들이 살아가는 삶의 구체적인 양상을 꾸며서 보여주는 것을 의미한다.

따라서 창작품으로서 전기는 기록하여 전달하기 위해 어떤 사실들을 연대기적인 기술에 의해 순차적으로 기술해 놓거나 단편적인 일화

---

7) 이런 문제에도 불구하고 이 글에서는 지금까지 전해 오는 문헌자료를 대상으로 삼아 논의를 전개할 것이다.

들을 몇 개 모아 놓은 것이 아니다. 예컨데 『삼국유사』 권일(卷一) 내물왕조 김재상 이야기는 김재상이 고구려와 왜국에 볼모로 잡혀가 있는 왕의 아우들을 구출하기 위해 목숨까지 버리는 이야기이다. 작품에는 이 과정에서 김재상이 겪었던 다양한 사건들이 나타나고 있는데, 이들은 김재상의 충성을 드러낸다는 점에서 서로 연결되어 유기적으로 관계 맺으며 시작에서 종결까지 한 편의 이야기를 완결짓고 있다. 그러나 김재상 이야기는 언제 무슨 일이 있었다는 것을 기록해 놓은 것이다. 사실을 충실하게 기록하는 데 주력하고 있을 뿐 작가의 상상력에 의해 재구성된 이야기가 아니다.

권삼(卷三)의 황룡사 구층탑 연기설화에는 자장법사가 오대산에서 문수보살을 만나서 수작하는 이야기, 용왕을 만나 수작하는 이야기, 백제의 공장인 아비지가 구층탑을 세우며 겪는 신이(神異)한 이야기 등이 나온다. 이들은 모두 신이한 세계를 그리고 있다는 점에서 허구적인 창작물이다. 그러나 각각의 이야기는 구층탑에 얽혀 있는 기이한 이야기들을 모아놓은 데 지나지 않는다. 단편적인 일화들이 나열되어 있을 뿐 한 편의 이야기로서 갖추어야 하는 유기성이 결여되어 있다. 따라서 김재상 이야기나 황룡사 구층탑 연기설화와 같은 것을 전기라고 할 수 없다.

전기가 사회현실을 반영하여 우의를 보탠 것이라는 것은 사회적인 문제의식이 작품에 드러나야 한다는 것을 의미하는 것이다. 이런 점에서 기이한 사건을 전달하는 데 머무는 작품이나 특정 인물의 위대함을 드러내려 한 작품들은 전기의 대상에서 제외되어야 한다. 예컨데, 『삼국유사』 권일(卷一)의 연오랑 세오녀 이야기는 사실의 기록이 아니라 허구적인 창작물이다. 한 편의 이야기로서 시작에서 종결까지의 이야기가 유기적으로 짜여 있어 단편적인 일화들을 모아놓은 것과도 다르다. 그러나 이 작품은 일월의 변괴에 얽혀 있는 기이한 이야기일 뿐이다. 『삼국유사』 권이(卷二)의 수로부인과 거타지 이야기, 그리고 이들과 함께 실려 있으면서 『수이전』에 실려 있던 작품으로 알려져 있는 원광법사전도 이와 같은 부류에 속하는 것으로 모두 이상한 사실을 기록한 것일 뿐이다.

이에 비해 도화녀 비형랑(桃花女 鼻荊郎) 이야기에는 임금과 서녀(庶女)의 갈등이 나타나면서 사회적인 문제의식이 드러나기도 한다. 그러나 작품에서 임금과 서녀의 갈등은 비형랑의 비정상적이고 신이한 출생을 보여주는 역할을 담당하는 데 머물러 있을 뿐 사회적인 의미의 망을 형성하지 않는다. 따라서 작품은 벽사(辟邪)의 풍습에 얽혀 있는 기이한 사건을 전달하고 있을 뿐이다. 『삼국유사』 권일(卷一)의 사금갑(射琴匣), 처용랑과 망해사 등도 같은 범주에 속하는 작품들이다. 사금갑에는 궁녀와 이승(異僧) 사이에 벌어지는 남녀의 애정 문제가 다루어지고 있고, 처용랑과 망해사에는 처용과 역신 사이에 벌어지는 애정갈등이 나타난다. 그러나 사금갑에서 남녀의 애정 문제는 불신(佛神)의 도움으로 위기를 벗어났다는 이적(異蹟)을 드러내는 자료로 이용되고 있고, 처용과 역신 사이의 애정갈등도 처용의 위대함을 드러내면서 벽사(辟邪)의 풍습에 얽혀 있는 이상한 사실을 드러내는 데 기여하고 있을 뿐이다.

사회적인 문제의식이 드러나지만, 이것이 개인의 위대함을 드러내는 보조 자료로 사용되면서 그 의미가 소멸되어 버린 작품들도 있다. 『삼국유사』 권일(卷一)의 탈해왕 이야기나 권이(卷二)의 무왕 이야기 등이 여기에 해당되는 작품들이다. 탈해왕 이야기에는 탈해가 택지(宅地)를 놓고 과공과 대결하는 이야기를 통해 유이민이 정착하는 과정에서 토착 세력과 겪게 되는 갈등이 나타나고 있으며, 무왕 이야기에도 남녀의 신분관계로 인한 계급 간의 갈등이 나타나고 있다. 그러나 작품은 모두 탈해와 무왕이 보여주었던 위대함이나 신이한 능력을 드러내는 데 치중하고 있으며, 계급 간의 갈등마저도 이들의 뛰어난 능력을 보여주는 자료로 사용되고 있을 뿐이다.

사회현실을 반영하여 우의를 보탠 것이므로, 전기에는 사회적인 문제의식이 작품 창작의 중요한 계기가 된다. 이런 점에서 전기는 사람들이 살아가는 삶의 구체적인 양상을 꾸며서 보여주게 된다. 문제의식을 갖고 쳐다보게 될 때, 삶의 이야기는 간단하게 서술할 수 없는 서사적 넓이와 깊이를 지니고 우리에게 다가오게 된다. 따라서 전기는 이야기의 개략적인 줄거리만 제시하는 데 머무르지 않고, 보다 상세한 내용까지 드러내야 하므로 서술이 길고도 자세하게 나타날 수밖에 없게 된다. 전기가 문식을 가미시키고 파란을 확대해서 서술이 길어지게 되었다는 것은 이런데 연유하는 것이라고 할 수 있다.

그러나 작품의 길고 짧음 그 자체는 전기를 구분하는 판단의 적절한 기준이 되지 않는다. 작품의 길고 짧음을 잴 수 있는 기준을 정하기 어려울 뿐 아니라, 사회의식과는 무관하게 기이한 사건을 전달하는 데 머무는 이야기도 하기에 따라서는 길이를 얼마든지 늘일 수 있기 때문이다. 뿐만 아니라 『수이전』의 일문들은 후대의 문헌에 채록되는 과정에서 축약된 것이 있는데,[8] 이런 작품들은 서술의 길이만으로 전기의 여부를 판정하기 어려운 난점이 있다. 따라서 작품의 길이는 앞의 두 조건 즉, 작가의 창의에 의해 만들어진 의식적인 창작품이라는 것과 사회

---

8) 이것을 잘 보여주는 것이 『대동운부군옥』 소재의 작품들이다. 『대동운부군옥』은 사전의 성격을 지니고 있기 때문에 『수이전』의 작품들을 전재할 때 대략적인 줄거리만 추려서 실었다는 것이 『태평통재』 소재 <최치원> 등의 작품을 통해 밝혀졌다.

현실을 반영하여 우의를 보탠 것이라는 조건과 함께 논의되어질 때 의의를 지니게 될 것이다. 이런 점에서 라말여초의 전기를 다룰 때 서술이 길어지게 되었다는 것은 일단 전기의 필수적인 조건으로 간주하기는 어렵다고 할 수 있다.

이상과 같은 조건에 의해 라말여초의 전기로 다룰 수 있는 작품들은 『삼국유사』 권삼(卷三)에 있는 <남백월이성(南白月二聖)>과 <조신(調信)>, 그리고 『수이전』의 일문으로 『태평통재』에 실려 있는 <崔致遠>, 『삼국유사』와 『대동운부군옥』에 실려 있는 <김현감호(金現感虎)>,[9] 『대동운부군옥』에 실려 있는 <수삽석남(首揷石枏)> 등을 들 수 있다.

이들은 모두 기이(奇異)에 바탕을 두고 창작되어진 허구적 창작물이면서, 사회적인 문제의식을 지니고 있는 작품들이다. <남백월이성>은 노힐부득(努肹夫得)과 달달박박(怛怛朴朴)이라는 두 사람이 백월산에 은거하며 관음보살의 현신을 만나 성도(成道)의 과정에서 생기는 인간적인 고뇌를 극복해 가는 이야기이고, <조신>은 세규사의 중 조신이 태수의 딸을 사랑하면서 겪게 되는 기구한 인생살이를 한 마당의 꿈으로 엮어 제시하는 작품이다. <최치원>은 탁월한 능력을 갖고 있었음에도 소외된 자의 외로움을 가누기 어려웠던 최치원이 뛰어난 인물을 만나지 못한 한을 품고 요절했던 여인들을 만나 하룻밤의 사랑을 나누는 이야기이고, <김현감호>는 호랑이가 변한 여인과 김현이 나누는 사랑의 이야기인데, 서로 다른 신분으로 해서 생기는 애정갈등을 드러내고 있는 작품이다. <수삽석남>은 부모의 반대로 죽음마저도 초월해서 만나는 남녀의 이야기를 다루고 있는 작품이다.

9) 이 작품이 『대동운부군옥』에는 <虎願>이라는 제목으로 실려 있다.

3. 작품 분석

작품의 분석은 전기의 갈래 특성을 찾아낼 수 있어야 한다는 전제 위에서 이루어져야 한다. 이 같은 목적을 달성하기 위해 사용할 수 있는 유용한 방법 가운데 하나는 서술의 층위를 분석해 보는 것이다. 서술의 층위는 서사문학이 다수의 분절 마디로 나뉘어서 이루어지는 속성을 이용한 것이다. 즉 서사문학은 다수의 사건 단락이 모여서 상위의 사건 단락을 구성하고, 상위의 사건 단락이 모여서 다시 더 큰 단위의 사건 단락을 구성해 나가는 분절과 통합의 계층적 구조에 의해 이루어진다. 이때 각 분절의 단위는 피라밋과 같은 층위를 이루게 되는데 이것을 서술의 층위라 부르려는 것이며, 이것은 서사문학의 갈래 특징을 밝히는 데에 일정하게 기여한다는 것이 논증된 바 있다.[10)]

앞에서 전기로 간주되어진 다섯 편의 작품 가운데 <수삽석남>과 <남백월이성>을 제외한 <조신>, <김현감호>, <최치원>의 세 편은 "누군가 여인을 만나 사랑을 나누다가 마침내 헤어졌다"는 동일한 이야기의 틀을 갖고 있다. 여기에는 '만났다', '사랑을 나누었다', '헤어졌다'는 세 가지의 행위가 나오는데 이들을 중심으로 나누면, 세 편의 작품들은 다음과 같이 서술의 제 1층위를 이루는 세 개의 단락이 바탕이 되어 구성된 작품이라는 것을 알 수 있다.

1. 누군가 여인을 만났다.
2. 사랑을 나누었다.

---

10) 안창수, 태평통재 소재 최치원의 소설성 검토(영남어문학 32집, 영남어문학회, 1997. 12).

3. 마침내 헤어졌다.

서술의 제 1층위는 작품을 구성하는 가장 기본이 되는 뼈대 또는 틀이라고 할 수 있다. 따라서 남녀의 만남과 사랑을 다루는 세 편의 작품들은 모두 제 1층위의 단락을 바탕으로 하면서 이들을 다시 하위의 단락으로 분절하면서 이루어졌다고 할 수 있다.

이제 제 1층위의 단락이 어떻게 하위의 단락으로 분절되는가 하는 것을 알아보기 위해 먼저 단락 1에 해당하는 각 작품의 내용을 개략적으로 정리해 보면 다음과 같다.[11)]

> "세규사의 중 조신이 태수의 딸을 사모하였으나 그녀는 다른 사람에게 시집가고 말았다. 낙담한 조신이 낙산대비전에서 슬피 울다가 잠이 들었는데 시집을 갔던 태수의 딸이 조신을 찾아와 함께 고향으로 갔다." (조신)
>
> "흥륜사에서 탑돌이가 있던 날 김현이 탑을 돌다가 어떤 여인과 눈이 맞아 정을 통했다." (김현감호)

개략적으로 살펴본 <조신>의 내용으로 보건데 이 작품에서 제 1층위의 단락 1은 조신이 여인을 사랑하게 되는 부분, 사랑이 이루어지지 않아서 방황하는 부분, 드디어 만나서 사랑을 이루는 부분으로 갈라진다. 세 부분은 모두 독립된 시공간과 의미를 갖고 있다는 데에서 각각 장면으로 부를 수 있다. 그렇다면 단락 1은 1.1 사랑에 빠지는 장면, 1.2 방황하는 장면, 1.3 사랑을 이루는 장면이라는 세 개의 하위단락이

---

11) <최치원>에 대한 층위 분석은 안창수, 앞의 논문에서 분석했던 결과를 가져올 것이므로 여기에서는 <조신>과 <김현감호>만을 다룬다.

모여서 이루어졌다는 것을 알 수 있다. 이들은 단락 1의 하위단락이므로 서술의 제 2층위라고 할 수 있다.

<김현감호>에서 단락 1은 김현이 흥륜사의 탑을 도는 부분과 여인과 정을 통하는 부분으로 나누어진다. 여기에서 단락 1은 1.1 탑돌이 장면, 1.2 정을 통하는 장면이라는 두 개의 하위단락이 모여서 이루어졌다는 것을 알 수 있고, 이들을 서술의 제 2층위로 잡을 수 있다.

이제 제 2층위의 본문을 검토하여 제 2층위의 단락이 어떻게 다시 하위의 분절 마디를 갖게 되는가 하는 것을 살펴보기로 하겠다. 먼저 <조신>의 단락 1.1의 본문은 "옛날 신라가 서울이었을 때 세규사(世逵寺)의 장원이 명주(溟州) 날이군(捺李郡)에 있었다. 본사에서 중 조신(調信)을 보내어 지장을 삼았다. 조신이 장사(莊舍)에 와서 태수 김흔공의 딸을 좋아하여 깊이 빠졌다."[12]고 되어 있다. 여기에서 추출할 수 있는 사건은 1.1.1 조신이 세규사의 지장이 되었다, 1.1.2 조신이 태수의 딸을 사모했다는 것이다.

단락 1.2의 본문은 "여러 번 낙산대비 앞에 가서 그녀와의 인연이 이루어지기를 빌었다. 바야흐로 몇 년이 지나 그 여자가 출가하였으므로 다시 불당에 가서 대비가 자기의 소원을 이루어주지 않은 것을 원망하며 날이 저물도록 슬피 울다가 그리운 정에 지쳐 잠깐 잠이 들었다."[13]고 되어 있다. 여기에서 추출할 수 있는 사건은 1.2.1 조신이 낙산대비에게 빌었다, 1.2.2 몇 년 뒤 여인이 다른 사람에게 시집갔다, 1.2.3 조신이 대비전에서 슬피 울다가 잠이 들었다는 것이다.

---

12) 昔新羅爲京師時 有世逵寺之莊舍 在溟州捺李郡 本寺遣僧調信爲知莊 信到莊上 悅太守金昕公之女 惑之深(一然,『三國遺事』卷三).

13) 屢就洛山大悲前 潛祈得幸 方數年間 其女已有配矣 又往堂前怨大悲之不遂已哀泣至日暮 情思倦憊 俄成假寢(一然,『三國遺事』卷三).

단락 1.3의 본문은 다음과 같다.

> 홀연히 꿈에 김씨녀가 문을 열고 들어와 반갑게 웃으며 말하기를 내가 일찍이 상인의 얼굴을 알아 마음 속에 사랑하여 잠시도 잊지 못했습니다. 부모의 명을 어기지 못해 억지로 다른 사람에게 시집을 갔지만 이제 동혈의 짝이 되고자 찾아왔습니다고 하였다. 이에 조신이 대단히 반기며 함께 향리로 돌아가 사십여 년을 살며 다섯 아이를 두었다.[14)]

본문에서 추출할 수 있는 사건은 1.3.1 꿈에 여인이 나타나 조신을 사모하여 찾아왔다고 했다, 1.3.2 조신이 여인을 맞아 함께 향리로 갔다, 1.3.3 사십여 년을 살며 다섯 아이를 두었다는 것이다.

본문을 통해 찾아낸 사건 단락은 제 2층위의 하위단위이므로 서술의 제 3층위라고 할 수 있는데, <조신>에는 제 3층위가 다시 새로운 분절 단위로 갈라질 수 있는 어떠한 사건도 나와 있지 않다. 예컨대 서술의 제 3층위인 단락 1.1.1은 조신이 세규사의 지장이 되는 부분이고, 단락 1.1.2는 조신이 태수의 딸을 사모하는 부분이다. 그러나 단락 1.1.1의 본문은 "본사에서 중 조신을 보내어 지장으로 삼았다."는, 그리고 단락 1.1.2는 "조신이 장사(莊舍)에 와서 태수 김흔공의 딸을 좋아하여 깊이 빠졌다."는 한 마디의 설명적 진술로 드러남으로써, 새로운 층위를 구성할 수 있는 하위의 분절 마디가 나타나지 않는다.

지금까지의 결과를 정리해 보면 <조신>에서 단락 1은 서술의 층위

14) 忽夢金氏娘容豫入門 粲然啓齒而謂曰 兒早識上人於半面 心乎愛矣 未嘗暫忘 迫於父母之命 强從人矣 今願爲同穴之友 故來爾 信乃顚喜 同歸鄉里 計活四十餘霜 有兒息五(一然,『三國遺事』卷三).

가 제 3층위까지의 분절로 이루어졌다는 것을 알 수 있다. 동일한 방법으로 단락 2와 단락 3을 분석해 보아도 <조신>의 서술구조는 제 3층위까지의 분절로 이루어진 것을 확인해 볼 수 있다. 결과를 정리해 보면 다음과 같다.

<조신>

1. 누군가 여인을 만났다.

1.1 사랑에 빠지는 장면

1.1.1 조신이 세규사의 지장이 되었다.

1.1.2 조신이 태수의 딸을 사랑했다.

1.2 방황하는 장면

1.2.1 조신이 낙산대비에게 빌었다.

1.2.2 몇 년 뒤 여인이 다른 사람에게 시집갔다.

1.2.3 조신이 대비전에서 슬피 울다가 잠이 들었다.

1.3 사랑을 이루는 장면

1.3.1 꿈에 여인이 찾아와 조신을 사모하여 왔다고 했다.

1.3.2 조신이 여인을 맞아 함께 향리로 갔다.

1.3.3 사십여 년을 살며 다섯 아이를 두었다.

2. 사랑을 나누었다.

2.1 궁핍과 고난의 장면

2.1.1 너무 가난하여 구걸을 하여 연명했다.

2.1.2 십여 년을 이같이 하며 더욱 초라해졌다.

2.1.3 해현령을 지날 때 큰 아이가 굶어 죽었다.

2.1.4 통곡하다가 길가에 묻었다.

2.2 거듭되는 고난의 장면

2.2.1 나머지 네 아이를 데리고 우곡현에서 띠집을 짓고 살았다.

2.2.2 부부가 늙고 병들어 10세 여아가 빌어다 먹였다.

2.2.3 어느 날 여아가 개에게 물려 드러누웠다.

3. 마침내 헤어졌다

3.1 이별의 장면

3.1.1 여아가 개에게 물려 고통을 호소했다.

3.1.2 부부가 탄식하며 눈물지었다.

3.1.3 여인이 울며 헤어질 것을 제안했다.

3.1.4 조신도 기뻐 동의하며 아이 둘을 데리고 가려 했다.

3.1.5 이별하고 길을 떠나려 할 때 꿈에서 깨었다.

3.2 깨달음의 장면

3.2.1 꿈에서 깨니 밤이 깊어 있었다.

3.2.2 아침이 되니 세상에 뜻이 없어지고 탐심이 사라졌다.

3.2.3 돌아와 해현령에 묻은 아이를 파보니 돌미륵이었다.

3.2.4 물로 닦아 근처의 절에 봉안했다.

3.2.5 서울로 돌아와 지장의 소임을 벗었다.

3.2.6 사재를 기울여 정토사를 짓고 百業을 닦았다.

이제 <김현감호>의 제 2층위가 어떻게 하위의 분절 마디로 갈라지는가 하는 것을 알아보기로 하겠다. 먼저 탑돌이의 장면인 단락 1.1의 본문을 보면 아래와 같다.

> 신라의 풍속에 해마다 중춘이 되면 팔일에서 십오일까지 도시의 남녀들이 다투어 흥륜사의 전탑을 도는 복회를 열었다. 원성왕 때에 김현이라는 사람이 있었는데 밤이 깊도록 혼자서 쉬지 않고 탑을 도

는데, 한 처녀가 염불을 하면서 따라서 돌다가 서로 느낌이 있어 눈길을 주고받았다.[15)]

위의 본문에서 추출할 수 있는 사건은 1.1.1 흥륜사에서 탑돌이가 있었다, 1.1.2 김현이 밤 늦도록 탑을 돌았다, 1.1.3 한 처녀가 김현을 따라 돌았다, 1.1.4 둘이 서로 눈길을 주고받았다는 것이다.

단락 1.2의 본문은 "돌기를 마치자 은밀한 곳으로 이끌고 들어가 정을 통했다."[16)]는 것이다. 여기에서 추출할 수 있는 사건은 1.2.1 돌기를 마쳤다, 1.2.2 김현이 처녀를 은밀한 곳으로 이끌고 가서 정을 통했다는 것이다.

이제 <김현감호>의 나머지 부분도 이와 같은 방법으로 서술의 층위를 분석하여 그 결과를 정리하고, 아울러 <최치원>의 서술의 층위도[17)] 함께 제시해 보면 다음과 같다.

<김현감호>

1. 누군가 여인을 만났다.
   - 1.1 탑돌이 장면
     - 1.1.1 흥륜사에서 탑돌이가 있었다.
     - 1.1.2 김현이 밤늦도록 탑을 돌았다.
     - 1.1.3 한 처녀가 김현을 따라 돌았다.

---

15) 新羅俗 每當仲春初八至十五日 都人士女 競遶興輪寺之殿塔 爲福會 元聖王代 有郎君金現者 夜深獨遶不息 有一處女念佛隨遶 相感而目送之(一然,『三國遺事』卷五).

16) 遶畢 引入屏處通焉(一然,『三國遺事』卷五).

17) <최치원>의 서술의 층위를 분석한 것은 안창수, 앞의 논문에서의 결과를 가져온 것이다. 다만 단락 3의 부분은 앞의 논문에서는 다루지 않았으므로 별도로 추가한 것이다.

1.1.4 둘이 서로 눈길을 주고받았다

1.2 정을 통하는 장면

1.2.1 돌기를 마쳤다.

1.2.2 김현이 처녀를 은밀한 곳으로 이끌고 가서 정을 통했다.

2. 사랑을 나누었다.

2.1 좇아가는 장면

2.1.1 처녀가 돌아가려 하자 김현이 따라갔다.

2.1.2 처녀가 말렸지만, 김현이 억지로 좇아갔다.

2.2 위기의 장면

2.2.1 서산 기슭의 한 주막집으로 들어갔다.

2.2.2 할머니가 처녀에게 김현을 데리고 온 까닭을 물었다.

2.2.3 처녀가 사정을 이야기했다.

2.2.4 할머니가 탄식하며 김현을 구석진 곳에 숨겼다.

2.3 징계의 장면

2.3.1 조금 뒤 세 마리의 호랑이가 들어왔다.

2.3.2 호랑이들이 김현을 잡아먹으려 했다.

2.3.3 할머니와 처녀가 그들을 꾸짖었다.

2.3.4 이때 하늘에서 호랑이들을 징계하는 말이 들려 왔다.

2.3.5 호랑이들이 근심하자 처녀가 대신해서 벌을 받겠다고 했다.

2.3.6 호랑이들이 꼬리를 감추고 사라졌다.

2.4 기원의 장면

2.4.1 처녀가 들어와서 김현에게 이런 사정을 이야기했다.

2.4.2 김현이 처녀의 죽음을 담보로 출세하기는 싫다고 했다.

2.4.3 처녀가 김현을 설득했다.

2.4.4 울면서 헤어졌다.

3. 마침내 헤어졌다.

3.1 작난의 장면

3.1.1 다음 날 호랑이가 성안에 들어와 사람들을 해쳤다.

3.1.2 왕이 호랑이를 잡는 포고령을 내렸다.

3.1.3 김현이 대궐에 들어가 호랑이를 잡겠다고 했다.

3.2 호랑이를 잡는 장면

3.2.1 김현이 단검을 들고 숲으로 들어갔다.

3.2.2 처녀가 김현을 맞아 사람들을 치료할 계교를 일러 주었다.

3.2.3 처녀가 김현의 칼로 자결하니 호랑이였다.

3.2.4 김현이 숲에서 나와 호랑이를 잡았다고 했다.

3.3 명복을 비는 장면

3.3.1 처녀가 가르쳐 준 대로 사람들을 치료했다.

3.3.2 김현이 호원사를 지어 호랑이의 명복을 빌었다.

<최치원>

1. 누군가 여인을 만났다.

1.1 최치원이 유학하는 장면

1.1.1 최치원이 12세에 당나라에 유학했다.

1.2 과거에 급제하여 출세하는 장면

1.2.1 건부갑오(乾符甲午)에 과거에 급제했다.

1.2.2 율수현위를 제수받았다.

1.3 초현관에서의 놀이 장면

1.3.1 최치원이 초현관에 가서 놀았다.

1.3.2 그곳에 있는 쌍녀분(雙女墳)의 석문(石門)에 시를 써놓고 돌아왔다.

1.4 여인을 만나는 장면

1.4.1 그날 밤 산책을 하는데 한 여인이 나타났다.

1.4.2 여인은 붉은 보자기를 들고나와 팔 낭자와 구 낭자의 글을 올린다고 하였다.

1.4.3 최치원이 어느 낭자인가를 물어보았다.

1.4.4 여인은 최치원이 시를 지어 읊은 곳이 두 낭자의 처소라고 대답했다.

1.4.5 최치원이 문득 깨닫고 팔 낭자가 보낸 보자기를 펼쳐 보았다.

1.4.6 보자기에는 최치운을 사모하여 위로받고자 하는 팔 낭자의 글이 있었다.

1.4.7 최치원이 이어서 구 낭자가 보낸 보자기를 보았다.

1.4.8 그곳에도 역시 최치원을 사모하는 구 낭자의 글이 있었다.

1.4.9 최치원이 기뻐하며 앞에 있는 여인의 이름을 물어보았다.

1.4.10 여인은 이름을 취금이라고 했다.

1.4.11 최치원이 취금에게 추근거렸다.

1.4.12 취금이 화를 내며 답장이나 써 달라고 했다.

1.4.13 최치원이 두 낭자를 보고 싶다는 내용의 시를 써서 취금에게 주었다.

1.4.14 취금이 시를 받아 들고는 홀연히 사라졌다.

2. 서로 사랑을 나누었다.

2.1 두 낭자를 만나는 장면

2.1.1 최치원이 우두커니 서 있는데 홀연히 두 여인이 나타났다.

2.1.2 최치원이 뜻하지 아니한 만남을 기리는 말을 했다.

2.1.3 두 여인이 미소만 띠고 대답을 하지 않다 최치원이 시를 지어 희롱했다.

2.1.4 자색 옷을 입은 여인이 짐짓 화를 내며 대꾸했다.

2.1.5 최치원이 어느 집 규수인가를 물어보았다.

2.1.6 자색 옷의 여인이 자신들의 내력을 밝혔다.

2.1.7 최치원이 자신을 찾아오게 된 까닭을 물어보았다.

2.1.8 붉은 옷의 여인이 최치원의 빼어난 기개에 이끌렸기 때문이라고 대답했다.

2.2 유혹하는 장면

2.2.1 최치원이 술을 내어 권했다.

2.2.2 두 여인이 받아 마셨다.

2.2.3 술을 마시며 최치원이 시를 지어 읊었다.

2.2.4 두 여인도 뒤따라서 시를 지어 읊었다.

2.2.5 최치원이 두 여인에게 운우의 정을 맺을 것을 제안했다.

2.2.6 두 여인이 모두 허락했다.

2.3 교통하는 장면

2.3.1 최치원이 잠시 자리를 비우고 두 여인이 세 명의 이부자리를 폈다.

2.3.2 세 명이 그윽한 정을 나누었다.

2.3.3 최치원이 시를 지어 두 여인을 희롱했다.

2.3.4 두 여인도 시를 지어 화답했다.

3. 마침내 헤어졌다.

3.1 이별의 장면

3.1.1 잠시 후 닭이 울었다.

3.1.2 두 여인이 놀라며 헤어져야 한다고 했다.

3.1.3 두 여인이 이별의 시를 지어주었다.

3.1.4 최치원이 시를 보고 눈물지었다.

3.1.5 두 여인이 이별의 말을 남기고 사라졌다.

3.2 수심에 잠기는 장면

3.2.1 이튿날 최치원이 쌍녀분을 찾았다.

3.2.2 쓸쓸히 거닐면서 시를 지어 자신을 위로했다.

서술의 층위를 분석한 결과 <조신>과 <김현감호> 그리고 <최치원>의 세 작품은 모두 서술의 층위가 제 3층위까지만 분절되고 있다는 것을 알 수 있었다. 이것은 세 작품이 동일한 서술구조를 갖고 있다는 것을 보여주는 것이다.

그러나 그럼에도 불구하고 세 작품은 서로 상이한 측면을 드러내기도 한다. 무엇보다 <최치원>에는 남녀가 만나서 정을 나누기까지의 과정이 주로 다루어지고 있다. 정을 나누고 난 뒤의 일은 최치원이 쌍녀분을 찾아 시를 지어 자신을 위로했다는 정도로만 서술되고 있다. 이 때문에 <최치원>에는 최치원이 쌍녀분의 여인들과 하룻밤 만나 사랑을 나누는 일회적인 사건이 다루어지고 있을 뿐이다.

그러나 <조신>과 <김현감호>는 남녀가 만나서 정을 통하고 난 이후의 일을 중점적으로 다루고 있다는 점에서 <최치원>과 대비된다. <조신>에서 조신이 여인과 관계를 맺은 것은 그 자체로서 중요한 것이 아니라 그 이후 40여 년 동안 갖은 고초를 겪게 하는 매개 역할을 하고 있다는 데에 주된 의의가 있고, <김현감호>에서도 남녀의 정사는 처녀가 김현을 위하여 목숨까지 바쳐가며 희생하게 하는 시발점이 되고 있을 뿐이다. 따라서 작품에서 보여주려고 하는 것은 관계를 맺고 난 이후 두 사람 사이에서 벌어지는 삶의 문제이다.

전기는 사회현실을 반영하여 우의를 보탠 것이라고 했다. 그렇다면 만나서 정을 통하기까지의 과정을 드러내는 데 머무르기보다는 이후에 벌어지는 삶의 문제를 더욱 진지하게 다루고 있다는 점에서 <조신>과 <김현감호>는 <최치원>보다 갈래 의식이 앞선 작품이라고 할 수 있다.

그러나 인간적인 삶의 문제를 다루고 있음에도 <조신>과 <김현감호> 역시 무슨 일이 일어났었는가 하는 것을 순차적으로 제시하고 있을 뿐, 이런 일(사건)들이 삶의 문제에서 어떤 의미를 지니게 되는가 하는 것은 제대로 보여주지 않는다. 즉 사건들이 인간적이며 사회적인 의미의 망을 형성하지 못하는 것이다.

다시 말해서 <조신>에서 단락 1은 조신이 태수의 딸을 사모하여 낙산대비에게 인연을 맺어 줄 것을 빌었지만, 여인은 다른 사람에게 시집을 가고 말았고, 이 때문에 낙담하여 방황하던 조신에게 꿈에 여인이 찾아와 함께 향리로 가서 살았다는 내용이다. 그러나 작품에는 조신이 어떻게 태수의 딸을 사모하게 되었고, 그럼에도 불구하고 태수의 딸은 왜 다른 사람에게 시집갈 수밖에 없었으며, 조신과 태수의 딸 사이에는 아무런 인간적 접촉도 없었는가 하는 등의 문제들에 대해서는 아무런 정보도 제시되어 있지 않다.

단락 2에서도 마찬가지이다. 조신은 여인과 함께 살게 된 뒤 경제적인 궁핍으로 해서 구걸하여 연명해야 했고, 굶주림으로 큰 아이를 잃기도 하는 고난을 겪게 되는데 이런 고난은 계속해서 조신 부부를 괴롭히고 있다. 그러나 이들이 왜 이 같은 고난을 겪어야 하고, 고난을 이기기 위해 이들은 어떻게 행동했는가 하는 등의 문제 역시 다루어지지 않고 있다.

서술구조의 측면에서 설명을 하면, 이런 현상은 <조신>에서 서술의 층위가 제 3층위까지만 분절되고 있는 데에 원인이 있다. <조신>에서 서술의 제 3층위는 단락 3.1의 것을 제외하고는 모두 그 자체로 독립되어진 일정한 시간과 장소를 가지고 있다. 다시 말해서 단락 3.1은 딸아이가 개에게 물려 고통을 호소하자 조신 부부가 헤어지기로 하는 장면이다. 동일한 시공간에서 이루어지는 일련의 사건들로 제 3층위가 채워져 있다는 것을 알 수 있다.

그러나 단락 3.1을 제외한 나머지 단락에서 제 3층위의 사건 단락들은 모두 독립된 시공간과 의미를 갖고 있다. 예컨대 단락 1.1에서 제 3층위는 1.1.1 조신이 지장이 되었다는 사건 단락과 1.1.2 조신이 태수의 딸을 사모했다는 두 개의 사건 단락으로 되어 있고, 단락 1.2는 1.2.1 조신이 낙산대비에게 빌었다는 사건 단락과 1.2.2 몇 년 뒤 여인이 다른 사람에게 시집갔다는 사건 단락, 그리고 1.2.3 조신이 대비전에서 슬피 울다가 잠들었다는 사건 단락으로 되어 있다. 그런데 제 3 층위의 사건단락들은 모두 그 자체로 독립적인 의미를 갖고 있고, 서로에게 배타적인 시간과 공간으로 구성되어 있다는 것을 알 수 있다.

이런 점에서 <조신>에서 서술의 제 3층위의 사건 단락들은 모두 영화로 치면 장면에 해당하는 것으로 구성되어 있다. 장면은 이야기를 보여주는 공간인데, 일정한 시간과 장소에서 일어나는 일련의 사건으로 구성된다. 그런데 <조신>에서 제 3층위는 장면 전체를 개괄하는 한 마디의 설명적 진술로 서술되어 있을 뿐 장면을 구성하는 개별적인 사건들로 다시 분절되지 않는다.

예컨대 단락 1.1.1의 본문은 "본사에서 중 조신을 보내어 지장으로 삼았다"라고 되어 있었다. 여기에서 추출할 수 있는 사건 단락은 조신이 지장이 되었다는 것뿐이다. 단락 1.1.1이 장면 전체의 내용을 요약해서 보여주는 설명적 서술로 되어 있을 뿐 인물들의 행위로 채워지지 않았기 때문이다. 그 결과 단락 1.1.1에는 조신이 지장이 되었다는 사실만이 나타나고 있을 뿐 지장이 되기까지의 과정에 대해서는 아무런 정보도 제공해 주지 않는다.

이처럼 <조신>에는 제 3층위의 단락이 장면 전체의 내용을 개괄해서 보여주는 설명적 진술로 서술되어 있다. 이 때문에 제 3층위의 단락을 연결하면, 조신이 사랑했던 여인을 꿈에서 만났다가 헤어지기까지의 개략적인 과정 즉, 이야기의 개략적인 줄거리가 만들어 진다. 서술의 층위가 제 3층위까지 분절되고 제 3층위가 장면에 해당하는 사건단락으로 마무리 될 때, 작품은 이야기의 개략적인 줄거리를 제시하는 데에 머무르고 있을 뿐 행위나 사건의 의미에 대해서는 아무런 정보를 제공해 주지 않는다는 것을 알 수 있다.

만약 제 3층위의 단락들이 장면을 구성하는 다수의 사건들로 구성되어 있었더라면 <조신>에서 서술의 층위는 다음과 같이 분절되었을 것이다.

1. 누군가 여인을 만났다.

 1.1 사랑에 빠지는 장면

  1.1.1 조신이 세규사의 지장이 되었다.

   1.1.1.1 (   )

   1.1.1.2 (   )

   ⋮

  1.1.2 조신이 태수의 딸을 사랑했다.

   1.1.2.1 (   )

   1.1.2.2 (   )

   ⋮

 1.2 방황하는 장면

  1.2.1 조신이 낙산대비에게 빌었다.

   1.2.1.1 (   )

   1.2.1.2 (   )

   ⋮

  1.2.2 몇 년 뒤 여인이 다른 사람에게 시집갔다.

   1.2.2.1 (   )

   1.2.2.2 (   )

   ⋮

·

1.2.3 조신이 대비전에서 슬피 울다가 잠이 들었다

1.2.3.1 (　　)

1.2.3.2 (　　)

⋮

위의 것은 <조신>에서 제 3층위의 단락이 다수의 사건들로 구성되어 있는 것으로 가정하여 서술의 층위를 다시 작성해 본 것이다. 괄호로 표시되어 있는 부분들이 제 3층위의 단락을 구성하는 일련의 사건에 해당되는 것이다. 이들은 제 3층위의 단락이 다수의 사건으로 분절될 때 생기는 하위의 분절 마디가 되므로 서술의 제 4층위가 된다.

서술의 제 4층위는 제 3층위의 단락을 구성하는 사건들이 되므로, 이들은 제 3층위의 단락만으로는 제공해 주지 못했던 많은 정보들을 제공해 주게 된다. 예컨대 단락 1.1.1의 하위단락들은 조신의 출신 성분이나 세규사의 지장이 되기까지의 과정 등을 보여주게 될 것이고, 단락 1.1.2의 하위단락은 조신이 어떻게 해서 태수의 딸을 사랑하게 되었으며, 난관에 봉착하게 되었는가 하는 것들을 보여줄 수 있을 것이다. 뿐만 아니라 단락 1.2.1의 하위단락은 여인에 대한 조신의 간절한 사랑과 그들 사이를 가로막고 있는 난관의 실체를 보다 더 구체적으로 드러낼 수 있을 것이며, 단락 1.2.2의 하위단락은 여인이 다른 사람에게 시집갈 수밖에 없었던 사정을 보여줄 수 있을 것이다.

이처럼 서술의 층위가 제 4층위까지 분절되었더라면 <조신>은 제 3층위까지의 분절에서는 제시해 주지 못했던 많은 정보, 즉 조신과 여인 사이에 얽혀 있는 다양한 삶의 조건들을 보여줄 수 있었을 것이고, 이것으로 해서 삶의 문제를 인간적이며 사회적인 의미의 망 속에서 다룰 수 있게 되었을 것이다. 그러나 <조신>에서는 서술의 층위가 제 3층위까지만 분절되어 있었고, 제 3층위의 단락이 장면 전체의 내용을 개괄해서 보여주는 한 마디의 설명적 진술로 서술됨으로써 이런 데에까지 작품의 의미를 확충시킬 수 없었던 것이다.

서술의 제 3층위가 설명적 진술로 되어 있는 <조신>과 달리 <김현감호>에는 제 3층위가 인물들의 구체적인 행위로 이루어져 있다. 그러나 여기에도 인물들의 행위만이 제시되어 있을 뿐 그것이 삶의 문제에서 어떤 의미를 지니고 있는가 하는 것은 나타나지 않는다.

김현이 여인과 만나는 단락 1을 살펴보기로 하자. 단락 1은 흥륜사에서 탑돌이가 있던 날 밤 김현이 탑을 돌다가 자기를 따라서 돌던 여인과 눈이 맞아서 정을 통했다는 것으로 되어 있다. 그러나 이런 사실만으로는 김현이 여인과 교통한 것이 어떤 의미를 가지는지 알 수가 없다. 김현과 여인이 무슨 소원을 이루기 위해 탑돌이를 하게 되었으며 만남으로 해서 그들의 소원은 어떤 영향을 받게 되었는가 하는 문제들이 전혀 다루어지지 않기 때문이다.

사랑 나누기를 다루는 단락 2에서도 문제는 계속된다. 김현은 정을 통한 후 억지로 여인을 따라가서 호랑이를 만나게 되고 잡아먹힐 뻔한 위기를 하늘의 도움으로 벗어났지만, 그 때문에 여인은 김현을 위해 목숨을 버리는 행위를 결행하려 한다. 김현이 호랑이에게 잡아먹힐 뻔하고 여인이 목숨을 버리려 하는 것은 김현과 여인의 사랑이 뜻하지 않은 방해로 파국에 이르게 되었다는 것을 의미하는 것이다. 파국의 원인은 김현과 여인이 "류가 다름에도 사귀어 상도를 벗어났기"[18) 때문이다. 그러므로 <김현감호>가 사랑으로 인한 삶의 문제를 다루기

18) 異類而交 盖非常也(一然, 『三國遺事』 卷五.)

위해서는 류(類)가 다름에도 사랑할 수밖에 없고, 또 그로 인해 헤어질 수밖에 없는 데에서 생기는 인간적 고민이나 인간관계에서의 갈등을 보여주어야 하는데 작품은 이런 문제에 대해 아무런 정보도 제공해 주지 않는다.

인물들의 행위만이 나타나고 있을 뿐 행위의 의미가 드러나지 않는 현상 역시 <김현감호>의 서술구조를 보면 설명이 가능해 진다. <김현감호>에서 서술의 제 2층위는 모두 그 자체로 독립적인 시간과 공간을 갖고 있다. 즉, 단락 1.1은 김현이 여인과 탑돌이를 하는 사건을, 단락 1.2는 정을 통하는 사건을 보여주고 있는데, 두 사건들은 서로 다른 독립된 시공간에서 일어난 것이다. 그러므로 단락 1.1과 단락 1.2는 장면에 해당하는 분절의 단위가 된다. 단락 1.1과 1.2는 제 1층위인 단락 1에서 분절된 것이므로 서술의 제 2층위가 된다. 그리고 제 3층위는 장면을 구성하는 다수의 사건으로 구성되어 있다. 탑돌이의 장면인 단락 1.1은 김현과 여인이 탑돌이를 하는 다수의 사건으로 되어 있고, 단락 1.2도 두 사람이 정을 통하는 사건들로 구성되어 있다.

그렇다면 <김현감호>에서 서술의 제 1층위는 같은 생각에 의해 연결된 몇 개의 장면을 이야기의 단위로 묶은 것이므로 시퀀스에 해당되고, 제 2층위는 장면,[19] 제 3층위는 장면을 구성하는 다수의 사건들로 구성되어 있다는 것을 알 수 있다. 이제 이와 같은 <김현감호>의 서술구조가 작품에서 어떻게 기능하고 있는가 하는 것을 <조신>의 서술구조와 비교하여 찾아보기로 하겠다.

서술의 층위가 제 3층위까지 분절되어 있다는 점에서 <김현감호>와 <조신>은 동일한 서술구조로 되어 있다. 그러나 서술의 제 3층위

---

19) 사이드 필드, 시나리오란 무엇인가(유지나 옮김, 민음사, 1992).

가 다수의 사건들로 구성되어 있는 <김현감호>의 서술구조는 제 3층위가 장면으로 구성되어 있는 <조신>의 서술구조와 대비된다.

시퀀스와 장면의 개념으로 설명을 하면, <조신>에서 서술의 제 3층위는 장면으로 되어 있었다. 그렇다면 여러 개의 장면을 하나의 의미단위로 묶은 제 2층위는 시퀀스가 된다. 그런데 <조신>에는 제 2층위의 단락들을 다시 동일한 의미단위로 묶은 제 1층위가 있다. 그러므로 제 1층위는 제 2층위의 시퀀스보다 상위의 시퀀스라고 할 수 있다. 이렇게 볼 때, <조신>의 서술구조는 제 1층위의 시퀀스와, 제 2층위의 시퀀스 그리고 제 3층위의 장면으로 되어 있다는 것을 알 수 있다. 제 1층위의 시퀀스와 제 3층위의 장면 사이에 중간단계의 시퀀스를 설정하는 서술구조로 되어 있는 것이다.

<조신>과 비교해 보았을 때, 제 3층위의 단락이 다수의 사건들로 구성되어 있는 <김현감호>에는 장면이 제 2층위에 설정되어 있기 때문에 시퀀스와 장면을 연결해 주는 중간단계의 시퀀스가 없다는 것을 알 수 있다. 그렇다면 시퀀스와 장면을 매개해 주는 중간단계의 시퀀스는 어떤 역할을 하는 것일까.

중간 단계의 시퀀스는 제 1층위의 시퀀스가 다시 몇 개의 하위단위로 분절되면서 만들어진 것이다. 제 1층위의 시퀀스가 다시 여러 개의 시퀀스로 분열되므로 중간단계의 시퀀스가 있는 작품은 중간단계의 시퀀스가 없는 작품보다 훨씬 많은 시퀀스를 갖게 된다. 뿐만 아니라 시퀀스는 여러 개의 장면을 하나의 의미 단위로 묶은 것이므로, 중간단계의 시퀀스가 설정되어 있는 작품은 그렇지 않은 작품에 비해 월등히 많은 장면을 설정할 수 있게 된다. <조신>과 <김현감호>를 비교해 보더라도, 작품의 중심 부분인 단락 1과 단락 2를 합해서 <김현감호>가 6개의 장면을 가지고 있는 반면 <조신>에는 15개의 장면이 나타나

고 있다.

장면은 일정한 시간과 장소에서 이야기를 보여주는 공간이면서 나름대로의 특정한 분위기나 의미를 담아서 전달하기 위해 또는 인물들의 관계에 대해 무엇인가를 드러내기 위해 설정되는 구성단위이기도 하다.[20] 그러므로 장면을 많이 설정하는 것이 이야기를 훨씬 다양한 시간과 공간대로 나누어서 서술할 수 있게 마련이다. 이것은 삶의 다양한 국면을 끌어들여 인생살이에서 생길 수 있는 여러 가지 경우의 사건들을 하나의 작품에 담아낼 수 있게 한다. 뿐만 아니라 인물들 사이에 얽혀 있는 다양한 인간관계를 보여줄 수 있게 됨으로써 인물들의 관계에 대해서도 좀 더 많은 정보를 제공할 수 있게 해 준다.

<김현감호>가 남녀의 사랑에서 생기는 삶의 문제를 다루면서 인간적이며 사회적인 측면에서의 의미를 부여하기 위해서는 김현과 여인이 탑돌이를 하면서 빌고 싶을 정도로 절박했던 소원의 실체가 무엇인가를 제시하는 장면, 정을 통한 후 그들의 소원이 받게 될 영향을 보여주는 장면 등이 설정되어야 했다. 그리고 김현과 여인이 류(類)가 다름에도 사랑하는 데에서 생길 수밖에 없는 인간적 고민이나 갈등을 보여주는 장면도 설정되어야 했다.

그런데 이런 문제들은 인물들 사이의 관계를 추적해 보는 과정에서 밝혀질 수 있다. <김현감호>에는 여러 인물들이 설정되어 있다. 김현과 여인의 사랑에 대한 방해 세력으로 여인의 오빠가 등장하고, 동조세력으로 여인의 할머니가 등장한다. 다양한 인물들이 설정되어 있다는 것은 김현과 여인의 관계가 그들을 둘러싸고 있는 여러 인물들과 긴밀하게 연결되어 있다는 것을 보여주는 것이다.

---

20) William Miller, 드라마 구성론(전규찬 역, 나남출판사, 1995. 217쪽).

등장인물들의 관계는 김현 : 여인, 김현과 여인 : 여인의 오빠들, 김현과 여인 : 여인의 할머니, 여인의 오빠 : 여인의 할머니 등 다양하게 설정할 수 있다. 다수의 인물들이 등장하고, 이 때문에 인물들의 관계도 다양하게 설정될 수 있다는 것은 김현과 여인의 사랑이 여러 인물들과 연결된 다양한 인간관계 위에서 성립되어 있다는 것을 보여주는 것이다. 그리고 여러 사람들과의 인간관계를 통해서 다루게 될 때 김현과 여인의 사랑은 다양한 삶의 조건들을 문제 삼게 될 것이고, 이 과정에서 두 사람이 나누었던 사랑의 실체도 드러나게 될 것이다.

그런데 여러 인물들과 얽혀 있는 다양한 인간관계를 다루려면 작품에는 삶의 여러 국면을 드러낼 수 있도록 장면의 숫자가 대폭 늘어나야 한다. 김현과 여인이 사랑을 나누는 단락 2를 보자. 단락 2에는 김현, 여인, 여인의 할머니, 여인의 오빠 등 저마다 서로 다른 욕망을 가진 여러 인물들이 등장하고 있다. 그러므로 김현과 여인의 사랑을 여러 인물들과의 관계 위에서 드러내기 위해서는 다양한 인간관계를 드러낼 수 있도록 장면의 숫자를 늘려야 한다. 장면의 숫자를 늘리기 위해서는 앞에서 살펴본 것처럼 시퀀스와 장면 사이에 중간단계의 시퀀스를 설정해서 서술의 층위를 제 4층위까지 분절하는 것이 가장 유용한 방법이다.

그러나 서술의 층위가 제 3층위까지만 분절됨으로써 <김현감호>에는 다양한 인간관계를 다룰 수 있을 만큼의 장면이 설정될 수 없었다. 이 때문에 <김현감호>에는 여러 인물들이 설정되어 있었음에도 불구하고 인물들 사이에 얽혀 있는 인간관계의 망을 제대로 보여주지 못하고, 김현과 여인 사이에 국한시켜서 이야기를 전개하고 있다. 그 결과 <김현감호>는 김현과 여인의 사랑을 인간적이며 사회적인 의미의 망 속에서 다루지 못하고 있다. 그리고 인간적이며 사회적인 측면에서의 정보가 차단되어버림으로써 김현과 여인의 사랑은 이해할 수 없는 것이 되어버리고, 작품은 호랑이가 변한 여인이 목숨을 바쳐 김현의 출세를 도왔다고 하는 기이한 이야기를 전달하는 데에 머무르고 말았다.

서술의 층위가 제 3층위까지 분절되며 제 1층위가 시퀀스, 제 2층위가 장면, 제 3층위가 장면을 구성하는 여러 사건들로 구성되어 있다는 점에서 <김현감호>는 <최치원>과 동일한 서술구조를 갖고 있다. 이런 점에서 <최치원>이 강렬한 사회의식을 드러내고 있음에도 불구하고 만남이 갖는 현실문맥에서의 의미보다 만남의 기이성을 드러내는 데 머무를 수밖에 없었던 것[21] 또한 <김현감호>와 동일한 서술구조를 갖고 있었던 것과 무관할 수 없다.

<남백월이성>은 노힐부득과 달달박박 두 사람이 도를 닦아 깨달음에 도달하게 되는 성도(成道)의 과정을 보여주는 작품인데, 두 사람이 도를 구하다가 시험을 이기고 마침내 득도하는 과정으로 구성되어 있다. 이런 점에서 "도를 구했다", "시험을 받았다", "마침내 득도했다"는 것은 이 작품을 이루는 근간이 되는 사건들이고, 이들은 다음과 같이 서술의 제 1층위가 되는 세 개의 단락으로 가를 수 있다.

1. 도를 구했다.
2. 시험을 받았다.
3. 마침내 득도했다.

이제 제 1층위의 단락이 제 2층위의 하위단락으로 갈라지는 것을 알아보기 위해 단락 1~3의 내용을 간추려 보면 다음과 같다.

---

21) 안창수, 앞의 논문을 참조할 것.

"노힐부득과 달달박박이 세상 밖에 놀려는 생각이 있어 중이 되어 도를 닦았으나, 어느 날 깨달은 바가 있어 더욱 정진하기 위해 암자를 지어 들어갔다."(단락 1)

"3년이 지난 어느 날 달달박박이 웬 처녀로부터 유혹을 받았고, 이어서 노힐부득도 그 처녀의 유혹을 받았다." (단락 2)

"노힐부득이 시험을 통과해서 득도했고, 그를 찾아온 달달박박도 뒤따라서 득도했다." (단락 3)

위의 내용으로 보아 단락 1은 도(道)에 대한 동경을 드러내는 부분과 새롭게 깨닫고 도를 닦기 위해 더욱 정진하는 두 부분으로 가를 수 있다. 그리고 두 부분은 모두 독립된 시공간과 의미를 갖고 있으므로 장면으로 분류할 수 있다. 그렇다면 단락 1에서 서술의 제 2층위는 1.1 도(道)를 동경하는 장면, 1.2 새롭게 깨닫고 정진하는 장면이라는 두 개의 단락으로 구성되어 있음을 알 수 있다.

단락 2는 달달박박이 시험을 받는 부분과 노힐부득이 시험을 받는 부분으로 되어 있는데, 여기에서 제 2층위는 2.1 달달박박의 시험 장면과 2.2 노힐부득의 시험 장면으로 구성되어 있다고 할 수 있다.

단락 3은 노힐부득이 득도하는 부분과 달달박박이 득도하는 부분으로 갈라지며, 이것으로 볼 때 서술의 제 2층위는 3.1 노힐부득의 득도 장면과 3.2 달달박박의 득도 장면으로 되어 있다는 것을 알 수 있다.

이제 본문을 통해서 서술의 제 2층위가 어떻게 하위의 분절 마디로 갈라지는가 하는 것을 살펴볼 차례이다. 그러나 본문을 일일이 인용하여 분석하는 것이 번거롭고, 그 방법은 이미 <조신>과 <김현감호>의 분석을 통해서 드러났으므로 결과만을 정리해 보면 다음과 같다.

<남백월이성>

1. 도를 구했다.

  1.1 도(道)를 동경하는 장면

    1.1.1 백월산 동남쪽 선천촌에 노힐부득과 달달박박이 살았다.

    1.1.2 두 사람은 세상 밖의 세계에 놀려는 생각이 있어 머리를 깎고 중이 되었다.

    1.1.3 얼마 뒤 둘은 僧道村의 옛 절에 가서 살았다.

    1.1.4 부득은 회진암에서 살았고, 박박은 유리광사에서 살았다.

    1.1.5 모두 처자를 데리고 살며 왕래하였다.

  1.2 새롭게 깨닫고 정진하는 장면

    1.2.1 도를 닦으며 속세를 떠나 심곡에 숨으려 했다.

    1.2.2 어느 날 밤 백호광이 뻗쳐 와 두 사람의 이마를 만졌다.

    1.2.3 잠을 깨어 꿈을 말하니 두 사람의 꿈이 꼭 같았다.

    1.2.4 오래 감탄하다가 백월산의 무등곡으로 들어갔다.

    1.2.5 박박은 북령사자암에 살며 미타를 예불했다.

    1.2.6 부득은 동령 아래에서 살며 미륵을 간구했다.

2. 시험을 받았다.

  2.1 달달박박의 시험 장면

    2.1.1 3년이 안된 어느날 저녁 아리따운 낭자가 북암에 와서 재워주기를 청했다.

    2.1.2 박박이 이것을 거절했다.

  2.2 노힐부득의 시험 장면

    2.2.1 시험(1)

      2.2.1.1 낭자가 노힐부득에게 재워주기를 청했다.

2.2.1.2 노힐부득이 망설이며 맞아들이지 않았다.

2.2.1.3 그러나 불쌍한 마음이 들어 낭자를 암자로 맞아들였다.

2.2.2 시험(2)

2.2.2.1 밤이 되자 노힐부득은 마음을 가다듬고 염불을 계속했다.

2.2.2.2 밤이 늦어서 낭자가 출산 준비를 해 달라고 청했다.

2.2.2.3 노힐부득이 불쌍히 여겨 촛불을 밝혀 주니 낭자가 해산을 했다.

2.2.3 시험(3)

2.2.3.1 낭자가 해산 후 목욕하기를 청했다.

2.2.3.2 노힐부득이 부끄러움과 두려움에 머뭇거렸다.

2.2.3.3 그러나 불쌍한 마음이 들어 통을 준비해 목욕을 시켜 주었다.

3. 마침내 득도했다.

3.1 노힐부득의 득도 장면

3.1.1 낭자를 목욕시키니 통의 물이 금색으로 바뀌며 향기가 진동했다.

3.1.2 부득이 놀라니 낭자가 부득에게 함께 목욕하기를 권했다.

3.1.3 부득이 말을 좇으니 정신이 맑아지고 몸이 금색으로 변하며 옆에 연대가 생겼다.

3.1.4 낭자가 부득에게 연대에 앉기를 권하고 자신이 관음보살이라고 하고는 사라졌다.

3.2 달달박박의 득도 장면

3.2.1 달달박박이 노힐부득의 파계를 비웃어 주려고 부득을 찾았다.

3.2.2 가보니 노힐부득이 미륵존상이 되어 연대에 앉아있었다.

3.2.3 달달박박이 예를 올리며 연유를 물어보았다.

3.2.4 노힐부득이 자세히 말해 주니, 달달박박이 탄식하며 후회했다.

3.2.5 노힐부득이 목욕통의 남은 물에 목욕하라고 했다.

3.2.6 달달박박이 목욕하니 또한 무량수를 이루었다.

서술의 층위를 보건데 <남백월이성>에는 앞의 세 작품과 달리 부분적이기는 하지만 서술의 제 4층위가 나타나고 있다. 제 4층위가 나오는 부분은 노힐부득이 시험을 받는 대목인 단락 2에서이다.

단락 2는 달달박박이 시험을 받는 부분과 노힐부득이 시험을 받는 부분으로 되어 있다. 그런데 달달박박이 시험을 받는 부분은 하나의 장면 즉, 어느 날 저녁 달달박박의 암자에서 있었던 일련의 사건으로 처리되고 만다. 이에 비해 노힐부득이 시험을 받는 부분은 세 개의 장면으로 처리되고 있다. 시험(1)은 찾아온 낭자를 암자로 맞이하는 장면이고, 시험(2)는 낭자의 출산을 도와주는 장면이며, 시험(3)은 낭자를 목욕시켜주는 장면이다. 세 장면은 모두 노힐부득의 시험이라는 이야기의 단위로 묶여지면서 중간단계의 시퀀스를 만들고 있고, 그 결과 서술의 층위가 제 4층위까지 분절되게 되었던 것이다.

달달박박과 노힐부득이 받은 시험은 여색(女色)에 대한 처리의 문제였다. 달달박박은 이 문제를 “사찰은 청정을 주로 하므로 네가 가까이 할 곳이 아니니 이곳에서 지체하지 말고 가라.”[22]고 하여, 자신의 몸을 정결히 하는 것으로 간단하게 해결해 버렸다. 그래서 달달박박은 의지할 곳 없는 연약한 여인을 밤중에 산중으로 방기해 버리는 잘못을 범하고 말았다.

이런 잘못을 범하지 않으면서 계율도 지키는 것이 최상의 해결책인데, 노힐부득은 이 길을 선택했다. 시험 (1)은 노힐부득이 여인을 자기의 처소로 맞이하는 장면이다. 이 장면에는 하룻밤 재워주기를 청하는 여인과 망설이는 노힐부득, 그럼에도 불쌍한 마음에 여인을 처소로 맞

22) 蘭若護淨爲務 非爾所取近 行矣無滯此處(一然,『三國遺事』卷三).

이하는 노힐부득의 모습이 잘 나타나 있다. 시험 (2)는 노힐부득이 여인의 출산을 도와주는 장면이다. 이 장면에도 밤늦도록 염불을 하며 수행에 열중하는 노힐부득과 출산준비를 청하는 여인의 모습이 대비되며, 난처한 입장에서 번민하는 노힐부득의 모습이 부각되고 있다. 여인으로 인한 노힐부득의 심적 갈등과 번민은 여인을 목욕시켜주는 시험 (3)의 장면에서 더욱 고조되어 나타난다. 여기에서도 노힐부득은 부끄러움과 두려움에 머뭇거리지만 마침내 불쌍한 마음이 들어 여인의 요구를 들어주고 있다.

이처럼 노힐부득의 시험 장면은 다시 세 개의 장면으로 분절되며 노힐부득이 자신의 처소에 여인을 맞이하여 이성에 대한 부끄러움과 계율을 범하는 두려움이 중생을 불쌍히 여기는 마음과 벌이는 심적 갈등을 겪게 되지만 마침내 자비심으로 모든 것을 포용함으로써 해탈의 경지에 도달하게 되는 과정을 잘 보여주고 있다.

노힐부득이 해탈의 경지에 이르는 과정에서 겪어야 했던 인간적 번민과 갈등을 잘 보여줄 수 있었던 것은 시험을 통과하는 과정이 세 개의 장면으로 나뉘어서 서술되며 서술의 층위가 제 4층위까지 분절될 수 있었기 때문이다. 만약 시험 (1), (2), (3)이 하나의 장면으로 처리되어 이 대목의 서술의 층위가 제 3층위로 축소되었더라면, 작품에는 속세의 가치관에서 벗어나기 위해 고민하고 갈등하는 과정이 생략되고, 해탈의 결과만이 부각되었을 것이다. 과정이 생략된 채 나타난 결과는 해탈의 신비스러움을 드러낼 뿐이며 이것은 신비스러운 세계에 대한 두려움과 경외감만을 증폭시켰을 것이다.

서술의 층위가 제 4층위까지 설정됨으로써 <남백월이성>은 삶의 문제를 인간적이며 사회적인 의미의 망 속에서 다룰 수 있었다고 할 수 있다. 이것은 <만복사저포기>에서 서술의 층위가 제 4층위까지 분절됨으로써 거두었던 성과와도[23] 일치한다는 점에서 주목되는 것이고, 서술구조와 갈래의식에서 <남백월이성>이 <조신>을 비롯한 앞의 세 작품보다 앞서 있다는 것을 보여주는 것이다.

그러나 <남백월이성>에는 노힐부득이 시험을 통과하는 대목만 4층위까지 분절되어 있을 뿐 다른 부분은 모두 3층위까지만 분절되어 있다. 이것은 <조신>이나 <김현감호>처럼 <남백월이성>도 제 3층위까지의 분절이 중심이 되는 서술구조로 되어 있다는 것을 보여주는 것이다. 그리고 이 때문에 <남백월이성> 또한 성도(成道)의 문제를 다루는 데에 일정한 한계를 드러내게 되었다.

이 작품은 구도의 길을 함께 가면서도 이념을 달리하는 절친한 두 친구에 대한 이야기이다. 당연히 작품은 두 사람이 구도의 길을 함께 하면서 겪게 되는 우정과 갈등의 인간적인 교유의 과정 그리고 미타를 예불하고 미륵을 간구하는 과정에서 생기는 이념의 대결 등을 보다 구체적이고 선명하게 드러낼 때 더욱 삶에 밀착된 모습을 보여줄 수 있었을 것인데, 그러기 위해서 작품은 두 사람의 삶을 서로 대비시켜 보여주어야 했다.

두 사람의 삶을 대비시켜 삶에 밀착된 모습을 보여주기 위해서는 노힐부득이 시험을 통과하는 부분 이외의 다른 대목에서도 서술의 층위가 제 4층위까지 분절되어야 했다. 그러나 서술의 층위가 제 3층위까지만 분절됨으로써 작품에는 두 사람이 겪었던 수행의 실체가 제대로 드러나지 않고 있다.

예컨대, 두 사람이 수행의 한계적 상황을 깨닫고 새롭게 정진하는 모습을 보여주는 단락 1을 보자. 단락 1은 단락 1.1 도를 동경하는 장

23) 안창수, 앞의 논문을 참조할 것.

면과 단락 1.2 새롭게 깨닫고 정진하는 장면으로 되어 있었다. 그런데 단락 1.1과 단락 1.2를 구성하는 제 3층위의 단락을 살펴보면, 제 3층위의 단락들이 모두 독립된 의미와 서로 다른 시공간을 갖고 있다는 것을 알 수 있다. 제 3층위의 단락들이 모두 장면에 해당하는 분절 마디로 되어 있다는 말이다. 그리고 제 3층위의 단락들은 장면 전체를 개괄해서 보여주는 설명적 진술로 되어 있다. 이 때문에 제 3층위의 단락들은 <조신>의 분석에서 드러났듯이 두 사람이 무엇 때문에 수행의 한계에 부딪혀서 새로운 전환을 모색하게 되었던가 하는 문제들에 대해 아무런 정보도 제공해 주지 않는다. 다만 두 사람이 거쳐 갔던 행위의 과정을 요약해서 보여주며 이야기의 개략적인 줄거리를 전달하는 데에 머무르고 있을 뿐이다.

만약 두 사람의 삶을 대비시켜서 도를 구하는 과정에서 두 사람이 겪었던 수행의 한계와 이것을 돌파하기 위해 보여주었던 삶의 과정을 드러내려 했다면 서술의 층위는 다음과 같이 분절되어야 했을 것이다.

1. 도를 구했다.

1.1 도(道)를 동경하는 장면	1.2 새롭게 깨닫고 정진하는 장면
1.1.1 달달박박의 경우	1.2.1 달달박박의 경우
1.1.1.1 장면 1	1.2.1.1 장면 1
1.1.1.2 장면 2	1.2.1.2 장면 2
⋮	⋮
1.1.2 노힐부득의 경우	1.2.2 노힐부득의 경우
1.1.2.1 장면 1	1.2.2.1 장면 1
1.1.2.2 장면 2	1.2.2.2 장면 2
⋮	⋮

위에서 정리해 본 서술의 층위는 단락 1의 것을 바탕으로 구성해 본 것인데, 서술의 층위가 제 4층위까지 분절되어 있다는 것을 알 수 있다. 어떤 문제에 대해 서로 다르게 반응하는 두 사람의 삶을 대비시켜 보여주기 위해서는 각각의 경우를 이야기의 단위로 하는 시퀀스가 설정되어야 하므로, 서술의 층위가 한 번 더 분절될 수밖에 없다는 것을 알 수 있다. 단락 1에서 두 사람의 삶을 대비시켜 보여주려 했다면 <남백월이성>의 서술구조는 위와 같은 모습으로 나타났을 것이다. 이것은 두 사람이 시험을 받는 대목인 단락 2와 득도하는 대목인 단락 3이 모두 위와 같은 구조, 즉 두 사람의 삶을 각각 나누어서 대비시키고 있다는 데에서도 확인해 볼 수 있다.

그런데 다시 구성해 본 서술의 층위에는 최하의 분절 단위인 제 4층위가 장면으로 되어 있다. 장면이 최하의 분절 단위가 될 때 <조신>의 예에서도 드러났듯이 작품은 장면 전체의 내용을 개괄적인 설명으로 마무리해 버림으로써 장면 속에 함유되어 있는 일련의 사건들이 사상되고 만다. 그러므로 달달박박과 노힐부득이 도를 동경하는 과정에서 겪게 되었던 수행의 한계적 상황의 실체를 보여주기 위해서 제 4층위의 장면은 장면을 구성하는 일련의 사건들, 즉 도를 구하는 과정에서 부딪쳐야 했던 다양한 사건들로 채워져야 한다. 그런데 이 경우 서술의 층위는 제 5층위까지 분절되게 된다. 이 같은 사실은 삶의 문제를 인간적이며 사회적인 의미와 접맥시켜 서술하려 할 때, 경우에 따라서는 서술의 층위가 4층위 이상 분절되기도 한다는 것을 보여주는 것이다.

두 사람이 교유하는 과정에서 겪게 되었던 이념의 대결을 보여주기 위해서는 달달박박이 시험을 받는 단락 2.1도 몇 개의 장면으로 나눠

어지며 이 부분의 서술의 층위 또한 제 4층위까지 분절되어야 했다. 단락 2.1이 몇 개의 장면으로 나뉘어 서술되었다면, 달달박박이 연약한 여인을 산중으로 내쫓는 결정을 내리기까지 겪어야 했던 고민과 선택의 과정을 드러낼 수 있었을 것이다. 이것은 단락 2.2에서 노힐부득이 여인을 받아들이면서 겪게 되었던 번민의 과정과 대비되면서 자연스럽게 이념의 대결을 통한 두 사람의 인간관계를 보여줄 수 있었을 것이다. 그러나 단락 2.1이 제 3층위까지의 분절에 머무르게 됨으로써 작품에는 달달박박이 수행했던 이념의 실체는 드러나지 않고 여인을 자신의 처소로 받아들이지 않았다는 결과적 사실만이 드러나고 있을 뿐이다.

이처럼 <남백월이성>에는 노힐부득이 시험을 통과하는 이외의 부분이 모두 제 3층위까지 분절되는데 머물게 됨으로써, 도를 구하는 과정에서 두 사람이 겪었던 수행의 한계 상황의 실체를 드러내지 못하고 있다. 또한, 이념의 대결을 통한 인간관계를 바탕으로 하고 있음에도 이 문제를 제대로 다루지 못하고 있다. 그 결과 노힐부득이 해탈의 과정에서 겪어야 했던 인간적 번민과 갈등을 잘 보여주었음에도 불구하고 작품은 두 사람이 살아갔던 삶의 과정을 개략적인 설명으로 처리해 버리는 데에 머무르고 있고, 이념의 대결을 보여주려 했음에도 과정이 생략된 채 노힐부득이 선택한 미륵사상의 우월성을 상징적으로 드러내는 데 머무르고 있을 뿐이다.[24)]

---

24) 달달박박은 노힐부득이 관음보살과 함께 목욕하고 남은 물에 목욕하여 성도했고, 이 때문에 백월산 남사를 창건하여 미타상을 모실 때 남은 물이 부족하여 바르기를 충분히 하지 못해서 미타상에는 어룽진 흔적이 남아 있었다고(朌曰 槽有餘液 但可浴之 朴朴又浴 ……… 又塑彌陁像安於講堂 餘液不足 塗浴未周 故彌陁像亦有斑駁之痕) 하며 두 사람의 이념의 대결을 상징적인 문구로 드러내고 있을 뿐이다.

<수삽석남>은 최항이 부모의 반대로 사랑하는 첩과 헤어지게 되었지만 갖은 우여곡절 끝에 다시 만나서 20년을 해로하다가 죽었다는 이야기이다. 만남과 헤어짐이라는 이야기의 단위로 보았을 때 이 작품은 "헤어졌다", "만났다", "다시 헤어졌다"는 세 개의 사건이 근간이 되어 구성되어 있다는 것을 알 수 있다.

이제 세 개의 사건을 서술의 제 1층위로 하는 세 개의 단락으로 나누고, 그 하위의 층위를 분석하여 정리해 보면 다음과 같다.

<수삽석남>

1. 헤어졌다.

 1.1 금지의 장면

  1.1.1 최항에게 첩이 있었는데 부모가 금해서 만나지 못했다.

 1.2 죽음의 장면

  1.2.1 몇 달 후에 최항이 갑자기 죽었다.

2. 만났다.

 2.1 환생의 장면

  2.1.1 8일 후 최항이 첩의 집으로 갔다.

  2.1.2 첩이 그를 반갑게 맞이했다.

  2.1.3 최항은 석남가지를 나누어 주며 부모의 허락을 얻었다고 말했다.

 2.2 돌아오는 장면

  2.2.1 최항이 첩과 함께 그의 집으로 돌아왔다.

  2.2.2 최항이 담을 넘어 집으로 들어갔다.

 2.3 죽음이 밝혀지는 장면

  2.3.1 새벽이 되도록 최항이 소식이 없었다.

  2.3.2 그 집 사람이 나와서 밖에 서 있는 연유를 물었다.

2.3.3 첩이 최항의 집으로 오게 된 사연을 말했다.

2.3.4 그 사람이 최항이 죽은 것을 알려 주었다.

2.3.5 첩은 최항이 석남가지를 나누어 준 것을 말했다.

2.4 재생의 장면

2.4.1 관을 열고 사실을 확인했다.

2.4.2 첩이 최항이 죽은 것을 알고 따라서 죽으려 했다.

2.4.3 최항이 다시 살아났다.

3. 다시 헤어졌다.

3.1 죽음의 장면

3.1.1 20년을 해로하고 죽었다.

정리되어진 것으로 보건데 <수삽석남>의 서술의 층위도 제 3층위까지만 분절되는 구조를 갖고 있다는 것을 알 수 있다. 이것은 <수삽석남>도 앞의 작품들과 마찬가지로 삶의 문제를 다루고 있음에도 이것을 인간적이며 사회적인 의미의 망과 접속시키지 못하고 있다는 것을 의미하는 것이다.

<수삽석남>은 부모의 반대로 최항이 사랑하는 첩(妾)과 죽음마저도 초월해서 만나는 사랑의 이야기를 다루고 있는 작품이다. 첩과의 사랑이라는 점에서 이 작품은 만만치 않은 사회적인 의미를 함유하고 있고, 이것은 가족 구성원 사이의 다양한 인간관계를 떠나서 생각하기 어렵다. 그러나 작품에는 최항과 첩과의 관계만이 나타남으로써, 최항이 첩을 사랑함으로써 파생될 수밖에 없는 다른 가족 구성원들과의 갈등이 다루어지지 않았고, 이로 인해 최항이 윤리며 사회적 가치와 부딪히는 데에서 겪어야 하는 문제들이 간과되고 말았다.

이것은 <수삽석남>의 서술구조가 제 3층위까지 분절되는 데 머무

르고 있기 때문이며, 그 까닭은 다른 가족 구성원과의 관계가 작품에서 다루어지지 않았기 때문이다. 최항과 첩의 관계 외에 다른 가족과의 관계가 다루어졌더라면, 작품은 어떤 문제에 대해서 서로 다르게 반응하는 복수(複數)의 인간관계를 드러내야 했을 것이다. 이때 복수의 인간관계는 각각의 관계에 의해 형성되는 다수의 장면을 갖게 되면서 제 1층위의 시퀀스와 장면을 매개해 주는 중간단계의 시퀀스를 형성하게 되고, 중간단계의 시퀀스에서 분절된 장면이 제 3층위가 되고, 장면을 채우는 사건들이 제 4층위의 분절단위가 되었을 것이다.[25] 그러나 최항과 첩과의 관계만이 설정되고 이들 사이에 일어났던 사건을 다루는 데 국한됨으로써 서술의 층위가 제 3층위까지 분절되는 데 그치게 되었고, 작품은 죽음마저도 초월해서 만나는 두 사람의 기이한 이야기를 전달하는 데 머무르고 있다.

지금까지 라말여초에 창작된 전기를 대상으로 서술구조를 분석해 봄으로써 그 특성을 추출해 보았다. 전기는 서술구조에서 제 4층위가 특정 작품의 한 부분으로 나타나기도 하지만 전체적으로는 서술의 층위가 제 3층위까지 분절되면서 형성된 갈래라는 것을 알 수 있었다.

영화에서의 장면과 시퀀스의 개념으로 파악해 보았을 때, 전기에서

---

25) 제 1층위의 단락 1을 통해 이것을 서술구조의 층위로 드러내 보면 다음과 같다.

1. 헤어졌다	
1.1 최항 : 첩	1.2 최항 : 부모
1.1.1 장면 1	1.2.1 장면 1
1.1.1.1(　)	1.2.1.1(　)
1.1.1.2(　)	1.2.1.2(　)
⋮	⋮
1.1.2 장면 2	1.2.2 장면 2
1.1.2.1(　)	1.2.2.1(　)
1.1.2.2(　)	1.2.2.2(　)

서술의 층위가 나타나는 양상은 첫째, 제 1층위가 시퀀스, 제 2층위가 장면, 제 3층위가 장면을 채우는 구체적인 사건으로 되어 있는 경우, 둘째, 제 1층위가 시퀀스, 제 2층위도 시퀀스, 제 3층위가 장면으로 분절되는 양상을 보여주는 경우, 셋째, 앞의 두 경우가 적절하게 섞여서 나타나는 경우가 있었다. 이런 점에서 첫째와 둘째의 양상은 전기의 서술구조를 형성하는 기본적인 양상이 된다고 할 수 있다.

첫째의 경우와 둘째의 경우가 다른 점은 제 1층위의 시퀀스와 장면 사이에 중간단계의 시퀀스가 설정되어 있는가의 여부에 달려 있다. 중간단계의 시퀀스가 설정되어 있는 경우는 그렇지 않은 경우보다 월등하게 많은 수의 장면이 설정되어 있었다. 이 때문에 중간단계의 시퀀스가 없는 첫째의 경우는 설정되는 장면의 수가 제한됨으로써 삶의 문제를 다양한 국면으로 나누어서 보여주지 못하고, 인간관계에 있어서도 주인공과 대상 인물 사이의 단편적인 사건들을 드러내는 데 머무르게 했다. 둘째의 경우는 마지막 분절단위인 제 3층위의 장면이 장면 전체를 개괄하는 한 마디의 설명적 진술로 채워짐으로써 인물들의 행위에 대한 정보가 차단되고 작품의 줄거리를 좀 더 자세하게 진술하는 데에 머무르게 했다. 전기가 삶의 문제를 다루고 있음에도 이것을 인간적이며 사회적인 의미의 망 속에서 다루지 못하고, 알 수 없는 세계의 기이한 사건을 다루고 말거나 이야기의 줄거리를 설명적 진술로 서술하고 마는 데 머무르고 있었던 것은 이 때문이었다.

4. 작가층의 의식구조

현전하는 전기 작품의 상당수는 『수이전』의 일문으로 확인되고 있다. 『수이전』의 편찬 연대는 확실하지 않다. 그러나 최치원이 『수이전』을 지었을 가능성이 있고, 박인량 『수이전』의 존재도 인정되고 있는데[26), 『신라수이전』이나 『고본수이전』이 있었다는 기록으로 볼 때 신라 말, 9 ~ 10세기에는 전기가 나타난 것으로 보인다.

전기는 현실적인 생활이나 사회문제에 대한 관심이 문학적으로 표현된 것이라고 할 수 있다. 그 당시 신라는 왕위 쟁탈을 둘러싸고 벌어진 싸움으로 정치권력의 중심 세력이었던 진골 귀족이 자체 분열되며 사회 전체적으로 말기적 양상을 드러내고 있었다. 진골의 자체 분열로 왕권이 땅에 떨어지자 지방의 호족이 대토지를 소유하며 세력을 확장시키고 있었고, 대외무역이 활성화되며 막강한 경제력을 가진 해상세력이 등장하기에 이르렀다. 이들은 중앙정부와 손잡고 신분의 상승을 꾀하기도 했지만 대체로 중앙정부에 맞서 독자적인 지배권을 행사하며 새로운 사회질서를 수립하려 했다.[27)]

라말여초에는 기존의 질서가 무너지고 계층 간의 갈등과 대립이 격화되며 신라가 사회 전체적으로 말기적 양상을 드러내고 있었던 것을 알 수 있다. 전기는 이처럼 사회의 모순에 대한 인식이 광범위하게 확산되던 시기에 이에 대한 문학적 표현으로서 나타날 수 있었다고 할 수 있다. 그러나 전기 작가는 사회문제에 대한 관심뿐만 아니라 한문학에 대한 소양과 문장의 구사 능력이 상당한 자라야 했는데, 이러한 조건을 충족시킬 수 있는 대상으로는 누구보다 먼저 6두품 계층의 지식인을 들 수 있다.

---

26) 『수이전』의 작가와 문헌적 성격에 대해서는 소인호, 라말~선초의 전기문학 연구(고려대학교 대학원 박사논문, 56~68쪽)을 참고했음.

27) 이 시기의 사회상은 신라의 쇠퇴와 후삼국(『한국사』 11, 국사편찬위원회, 1996)을 참고했음.

신라시대에는 학자 겸 관리의 양성기관으로 국학이라는 교육기관이 있었다. 뿐만 아니라 귀족의 자제들을 당나라에 파견하여 공부하게 하였고, 사비로 유학하는 자도 많았다. 국학의 학생과 도당(渡唐)유학생은 대체로 6두품 계층의 인물들이었을 것으로 추정되고 있는데,[28] 6두품 계층은 일찍부터 문장이나 유학과 같은 지적 실력을 배양하는 데 힘을 쏟아 학문적 능력으로 출세를 하려 했던 것이다.

6두품 계층의 지식인은 유학을 사상적 근거로 삼고 있었다. 유학은 충과 효를 바탕으로 국왕에 대한 충성의 대의(大義)를 강조하는 실천도덕의 학문이었다. 국학과 독서삼품과를 설치하여 제도적으로 관료를 양성하였던 것도 유교적 이상 정치를 실현하기 위함이었다. 이런 점에서 이들은 왕을 정점으로 하는 전제왕권의 수립에 기여할 수 있었고, 그 공로로 사회적 진출의 기회를 넓혀갈 수 있었다.

그러나 엄격한 골품제도 아래에서 이들에게는 17관등 중에 제 6관등인 아찬(阿飡)까지의 진출만이 허용되어 있었다. 자연스럽게 이들은 골품제도에 의해 사회적 지위가 결정되는 현실에 불만을 품고 일찍부터 사회의 모순을 깨달은 선각자로서 누구보다 현실과 사회에 대해 높은 관심을 갖고 있었다.

신라 하대가 되면 6두품 계층은 골품제를 근간으로 하는 기존의 질서 내에 안주하지 않고, 골품제를 개혁하여 유교적 정치이념을 바탕으로 능력 위주의 인재 등용을 주장하는 등 사회개조에 대한 의지를 실현시키려 했다. 그러나 진골 귀족들의 반대에 부딪혀 개혁안은 받아들여지지 않고 그들은 심한 좌절감을 경험하게 된다. 최치원이 시무책(時務策)을 올려 과감한 정치개혁을 주장하였지만 이것이 받아들여지지

28) 이기백, 신라 통일기 및 고려초기의 유교적 정치이념(『대동문화연구』 6.7집, 성균관대, 대동문화연구원, 1970).

않자 벼슬을 버리고 방랑하다가 해인사에 숨어서 여생을 마쳤다는 것은 6두품 계층의 지식인들이 겪고 있던 좌절감을 잘 보여주는 것이다.

이들이 주장했던 개혁안은 반골품제적 성격을 띠고 능력에 의한 사회 진출을 보장하는 것이었으며, 목표는 왕을 중심으로 하는 중앙집권의 강화에 모여 있었다. 그러나 신라의 왕권은 골품제도를 근간으로 성립되어 있었으므로, 반골품과 친왕권을 내세우는 그들의 주장은 애초부터 실패할 수밖에 없도록 조건지워져 있었다.

사상적으로 이들은 현실참여의 실천 도덕적 성격을 지니고 있는 유학을 근간으로 삼고 있었다. 그러나 신라 하대에 이르러 6두품 지식인들은 불교와 도교에 깊은 관심을 갖고 유불선(儒佛仙) 삼교의 융합을 꾀하기도 했다.29) 사회개혁이 좌절되자 현실과 사회에 대한 문제의식이 희석되며 이들이 탈 세속적이며 현학적 세계에서 사상적 도피처를 찾은 때문이라고 할 수 있다.

이 시기의 전기로 다루었던 <최치원>, <조신>, <김현감호>, <수삽석남>, <남백월이성>은 모두 사회적인 문제의식이 작품 창작의 중요한 계기가 되는 작품들이었다. 이 가운데 <남백월이성>을 제외한 나머지 작품은 특히 애정갈등을 통한 신분의 문제를 다루고 있는 작품이었다. 따라서 이 작품들을 사회적인 의미의 망 속에서 다루기 위해서는 신분제도의 반사회적 기능과 성격에 대한 이해가 수반되어야 한다. 그러나 신라 말 6두품 지식인들에 의해 제기된 반골품제적 개혁안은 자신들의 입장을 대변하여 6두품에 대한 신분제한을 철폐할 것을 주장하는 데 머무르고 있을 뿐30) 신분제도의 반사회적 기능을 이해하고 이것

---

29) 6두품 지식인의 좌절과 사상적 방황에 대해서는 아래의 글을 참고했다.
이기백, 앞의 논문.신형식, 유교사상의 변화(『한국사』 11, 국사편찬위원회, 1996).

을 바로잡기 위해 사회체제의 근본적인 변혁을 시도한 것은 아니었다. 신분제도의 반사회적 기능을 이해하게 될 때 사회개혁의 당위성과 필요성이 납득될 수 있고, 개혁의 방향과 방법론이 정립되는 것이며 개혁을 완수하기 위한 추진력도 생기게 되는 것이다. 이런 점에서 6두품 지식인들의 사고는 아직 사회체제에 대한 충분한 인식 위에서 사회의 모순을 해결할 만큼 성숙해 있지 않았다는 것을 알 수 있다.

이처럼 비판적 지식인으로서 6두품 문인들은 현실과 사회문제에 대해 지대한 관심을 보이며 사회개조에 대한 의지마저 갖고 있었다. 그러나 골품제도의 벽에 부딪혀 좌절하고, 자신들이 갖고 있던 사고의 한계로 해서 사회의 문제를 해결할 수 있는 탈출구를 찾지 못하고 탈세속적이며 현학적인 세계로 도피하고 있었다. 이렇게 본다면 삶의 문제를 다루고 있음에도 이것을 인간적이며 사회적인 의미의 망 속에서 다루지 못함으로써, 알 수 없는 세계의 기이한 사건을 다루고 말거나 사건의 개요를 설명적 서술로 기술하는 데 머무르고 있는 전기는 6두품 계층의 의식구조를 드러내고 있다고 할 수 있다.

<최치원>에는 "최치원이 심은 모란이 지금까지 남아있다"는[31] 문구가 있고, <조신>은 "옛날 신라가 서울이었을 때"라는[32] 문구로, <김현감호>는 "신라의 풍습에"라는[33] 문구로 시작되고 있다. 이것은 이 작품들이 고려 시대에 쓰여졌다는 것을 보여주는 것이라고 할 수 있다. 또한, 박인량 『수이전』의 존재에서도 드러나듯이 전기는 신라 시대부

---

30) 이기백, 앞의 논문, 150~151쪽.

31) 南山淸凉寺 合浦縣月影臺 智異山雙溪寺 石南寺 墨泉石臺 種牡丹 至今猶存. <최치원>의 본문은 아래 문헌의 것을 대본으로 했다.
김현양 외 공역, 『수이전 일문』, 박이정, 1996.

32) 昔新羅爲京師時(一然, 『三國遺事』卷三).

33) 新羅俗 每當仲春初八至十五日(一然, 『三國遺事』卷五).

터 창작되었다 하더라도 고려 시대에 와서도 지속적으로 수집되고 창작되었다는 것을 알 수 있다.

고려 시대의 전기 작가도 신라 때와 마찬가지로 문인 지식인 계층이었다고 할 수 있다. 태조 왕건(王建)은 호족들과의 광범위한 결속을 바탕으로 후삼국을 통일하였으므로, 건국 후에도 호족들의 세력은 왕권을 넘볼 만큼 대단했다. 따라서 호족과 개국공신들의 세력을 꺾고 왕권을 강화시키는 것이 국초의 고려 사회가 안고 있는 최대 과제였고, 이 문제를 해결하는 과정에서 고려는 유교사상에 입각한 중앙집권적 귀족정치라는 국가의 틀을 갖추어 갈 수 있었다.

국왕 중심의 정치체제와 사회제도는 광종에 의해 본격적으로 정비되기 시작하여 성종대에 이르러 어느 정도 마무리되었다고 할 수 있다. 이들은 무력을 사용하기도 했지만, 과거제도를 실시하고 중앙과 지방의 관제(官制)를 새로이 정비하는 등 혁신적인 정책을 실시함으로써 호족과 공신들이 갖고 있던 지배권을 회수하고 중앙정부의 통제력을 강화시킬 수 있었다.34)

왕권을 강화하고 중앙집권적 정치체제가 갖추어지는 것에 동조하고 앞장선 것이 문인 지식인들이었다. 이들은 태조를 도와 통일기 군국사무나 외교문서를 맡아 하는가 하면 정치 참모의 역할을 하여 개국공신으로서 정치적 영향력을 갖기도 했다. 그러나 이들은 호족과 달리 세력의 기반을 갖지 못하고 자신의 학문적 실력으로 사회적 지위를 다져야 하는 입장에 놓여 있었는데, 국왕의 측근에서 중앙의 관료로서 정치적 기반을 다지려 했다.35) 이런 점에서 이들은 누구보다 사회의 변화에

34) 통일기와 고려 초기의 사회상에 대해서는 한우근, 중세 귀족국가의 성립과 그 사회구조(『한국통사』, 을유문화사, 1970)을 참조했음.

35) 이 시기 문인 지식인들의 동향에 대해서는 전기웅, 『라말여초의 정치사회와

민감하게 반응하고, 상당한 관심을 갖고 사회 변화의 추이를 지켜보며 맥을 짚어 갔던 사람들이라고 할 수 있다.

뿐만 아니라 10세기 말~11세기 초, 고려는 3차에 걸친 거란의 침입을 받으며 대외적으로 송과 거란 사이에서 외교적 갈등을 겪게 된다. 발해를 멸망시킨 거란은 태조 때부터 오랑캐로 멸시했던 대상이지만 만주를 통일하고 엄청난 힘으로 압박을 해오는데 있어서는 더 이상 멸시하고 말기에는 너무도 벅찬 상대가 되어 있었다. 이에 고려는 거란과는 화친과 전쟁을 되풀이하는 한편 중원의 문물을 받아들이기 위해 거란과의 관계를 보아 가며 송나라와의 관계도 계속 유지시키는 이중적 외교관계를 맺고 있었는데,[36] 이 과정에서 고려의 문인 지식인 사이에는 민족의 정체성에 대한 관심이 고조될 수밖에 없었다.

이처럼 현실과 사회문제 그리고 민족의 정체성에 대한 관심이 고조되면서 문인 지식인들은 우리 민족이 살아온 삶의 자취를 더듬어 기록으로 남기고자 했다. 김인존이 음양, 풍수지리 등에 관한 자료를 비롯한 각종 이야기를 모은 것으로 추정되는 『해동비록(海東秘錄)』을 지었고, 가락국의 역사를 정리한 『가락국기(駕洛國記)』가 쓰여졌다. 박인량은 『고금록(古今錄)』 10권을 지어 왕실의 서고에 간직하게 했고, 『수이전(殊異傳)』을 편찬하여 설화적 전승물을 모아 놓았는데, 전기는 이 같은 시대적 분위기 속에서 쓰여졌을 것으로 추정된다.

그런데 사회의 문제와 민족의 정체성 등에 대해 관심을 갖고 사회 개조의 의지를 갖고 있기도 했지만, 당시 문인 지식인들의 현실인식은 일정한 한계를 드러내고 있다. 앞에서도 살펴보았듯이 이들은 국초의

문인지식층』(혜안,1996)을 참조했음.

36) 이 시기 고려의 대외관계는 박현서, 북방민족과의 항쟁(『한국사』 4, 국사편찬위원회, 1977)을 참조했음.

혼란스러웠던 사회체제를 정비하고 새로운 사회질서의 구축에 힘썼다. 이들이 추구하고자 했던 것은 유교사상에 입각한 중앙집권적 귀족정치의 실현이었는데, 이것은 귀족을 지배층으로 하는 엄격한 신분제도를 확립함으로써 달성되는 것으로 받아들여졌다. 그러나 이것은 귀족 관료들의 특권을 옹호한 것에 지나지 않는 것이었다.[37)]

결국, 그들이 추구했던 사회개조는 지배층만을 새로운 계층의 인물로 바꾸는 것이었고, 그 지배층은 과거제도를 통해서 등장한 귀족 즉, 문인 지식인이 되어야 한다는 것이었다. 사회개조의 중심에는 자신들의 사회적 영달을 공고히 하겠다는 이기적 목적이 엿보이고 있다는 것을 알 수 있다. 이것은 그들이 아직 국가 구성원의 삶 전체를 볼 수 있는 시야를 확보하지 못하고 있고, 이 때문에 중앙집권적 귀족사회를 구현하기 위한 엄격한 신분제도가 계속 새로운 사회문제를 유발시켜 민족의 삶을 질곡으로 몰아 갈 수 있다는 것을 깨닫지 못하고 있다는 것을 보여주는 것이다.

당시 한문학의 발달단계로 보아 조정(朝廷)에 입사한 문사들은 왕조의 유지를 위해 필요한 문장, 즉 외교문서처럼 공공성을 띤 실용적 문장을 짓는데 골몰하여 전기같이 공공성보다는 개인의 사상과 감정을 드러내는 작품을 지을 여유를 갖지 못한 것으로 보아서, 그리고 작품이 보여주는 고독과 허무 의식으로 해서 전기가 재야 문사로 남은 사람들에 의해 지어져 그들의 고뇌를 드러내는 것으로 추정되기도 한다.[38)]

이것은 나름대로 충분한 개연성을 갖는 해석이다. 그러나 전기의

---

37) 이 시기의 사회개조에 대해서는 이기백, 고려 귀족사회의 형성(『한국사』4, 국사편찬위원회, 1977)을 참고했음.

38) 이동환, 고려 전기의 교육과 문화(『한국사』 17, 국사편찬위원회, 1994, 188~193쪽).

작가를 재야 문사로 한정시켜서 보기 위해서는 당시의 재야 문사들과 조정에 입사한 문인들의 사회적 역할이 나누어져 있었다는 전제가 먼저 입증되어야 한다. 그러므로 라말여초의 전기가 삶의 문제를 다루고 있음에도 이것을 인간적이며 사회적인 의미의 망과 연결시켜 다루지 못하고 있는 것은 신라 말 6두품 지식인의 현실인식과 정신구조를 보여주는 것일 뿐만 아니라, 현실과 사회문제 나아가 민족의 정체성 등에 대해서도 상당한 관심을 보이고는 있지만, 신분제도가 갖고 있는 사회적 의미를 온전하게 파악하지 못했던 고려 문인 지식인들의 정신세계를 보여주는 것이라고 할 수 있다.

전기의 작가로는 이 외에도 승려들을 들 수 있다. 이들 또한 당시의 지식인이었는데 고승들의 전(傳)이 도처에 남아있고 불교 관계 설화들이 풍부하게 남겨져 있어 이들이 당시의 서사문학에서 차지하고 있던 위치가 상당했었으리라는 것을 짐작하게 해 준다.

승려 가운데는 6두품 출신들이 많았는데 이들은 불교의 교리를 내세워 골품제도에 의한 신분적 차별을 없앨 것을 주장하기도 하며, 언제나 삶의 문제를 화두로 삼아서 고민하고 수련하기를 게을리하지 않았다. 그리고 불교가 세계의 종교였으므로 빈번하게 중국과 천축 등 외국을 드나들며 세상에 대한 견문을 넓힐 수 있었던 까닭에 삶에 대한 이해나 깨달음의 정도도 대단한 경지에 올라 있었다.

그러나 그들은 세속적인 삶에 깊이 연관되는 것을 꺼려했던 까닭인지 현실과 사회에 대한 문제의식을 드러내놓고 말하기보다 세속적인 삶을 넘어서서 존재하는 보다 고차원적인 세계에 대한 깨달음을 드러내는 데 치중했다. 이런 점에서 <조신>[39]과 <남백월이성>은 당시의

39) 이 작품은 고려초기 신라유민계 재야문사에 의해 지어졌다는 추정(이동환, 앞의 글, 203쪽)이 있다. 이 작품이 실려 있는 『삼국유사』 본문에 "이 전을 읽고

승려들이 서사문학에서 삶의 문제를 다루는 한 방식을 보여주는 작품들이다.

이 작품들은 모두 불교적인 깨달음을 결과로 드러내고 있다. 그러나 서술구조의 분석을 통해서도 드러났듯이 이 작품들에는 삶의 문제를 인간적인 또는 사회적인 의미와 연결시켜 다루기 위해서라면 반드시 있어야 할 서술의 층위가 설정되어 있지 않고 있었다. 이것은 사회적 문제를 다루기 위한 과정을 생략해 버림으로써 작가가 세속적인 삶의 문제에 깊이 휘말리는 것을 차단해 줄 수 있었다. 사회의식을 차단하면서 이 작품들이 도달한 곳은 삶에 대한 불교적 깨달음을 드러내는 것이었고, 그 깨달음을 신비한 세계의 경이를 드러내는 것으로 채색하는 것이었다.

지금까지 라말여초에 쓰여진 전기의 작가층을 추정해서 그들의 현실인식이나 정신구조가 어떻게 작품에 투영되어 있는가 하는 것을 분석해 보았다. 이 시기의 전기는 6두품 지식인, 고려의 문인 지식인, 그리고 승려들에 의해 창작된 것으로 추정된다. 이들은 모두 자신들이 몸담고 있던 시대의 상황과 문제에 대해 깊은 관심을 갖고 있었고, 이런 점에서 삶의 문제를 서사문학의 세계로 이끌어 올 수 있는 여건을 갖추고 있었다. 그러나 사회의 벽에 부딪혀 좌절하거나 삶의 문제를 쳐다보는 인식의 한계로 해서 또한 이 문제를 적극적으로 다루기를 꺼림으로써, 삶의 문제를 작품 속으로 이끌어 들였음에도 이것을 인간적이며 사회적인 의미의 망과 연결시켜 다루지 못했다고 할 수 있다.

전기에서 서술의 층위가 제 3층위까지 분절되는 데 머무르고 있는

서(議曰 讀此傳)"라는 기록이 있는 것으로 보아 이 주장은 상당한 설득력이 있다. 그러나 이것을 인정한다 하더라도 이 작품이 불교적 깨달음을 보여주는 작품이라는 점에서 승려의 작으로 보아도 큰 무리는 없다고 생각한다.

것도 이 때문이라고 할 수 있는데, 이런 점에서 전기는 아직 삶의 문제를 본격적인 화두로 삼아서 다룰만한 사회적이며 문학적인 여건을 갖추지 못했던 시기의 산물이라고 할 수 있다. 설화에 대한 관심을 자기대로 살리면서 문학적 수식의 역량을 쏟아보기는 했어도 그 결과가 깊은 문제의식과 연결되지 않았던 것이 전기 작가의 한계이자 전기의 한계라는 평가도[40] 이런 데에서 나온 것이다.

5. 맺음말

지금까지 전기의 서술구조를 분석하고 이것을 작가층의 의식구조와 연결시켜 보았다. 서술구조를 분석한 결과 전기는 서술의 층위가 제 3층위까지 분절되는 특징을 드러내고 있다는 것이 밝혀졌다. 이것은 라말여초의 전기가 <최치원>의 분석에서[41] 드러난 것과 동일한 서술구조를 갖고 있으며, 따라서 전기가 설화이며 소설이 아니라는 것을 재확인해 주는 것이기도 하다. 이런 점에서 필자는 '전기소설'이라는 용어로 라말여초의 전기 작품과 『금오신화』 류의 작품을 함께 묶어서 다루는 데에 찬성할 수 없으며, 앞의 작품은 '전기'로 부르고, 뒤의 작품만을 '전기소설'로 불러야 한다고 생각한다.[42]

---

40) 조동일, 수이전에 따르는 문제(『한국문학통사』1, 지식산업사, 1982, 363쪽).

41) 안창수, 앞의 논문.

42) 이 부분에서 필자는 과거의 논문(전기의 서술구조와 작가의식,『한민족어문학』33집, 한민족어문학회, 1998)에서 『금오신화』류의 작품들을 '전기계 소설'이라고 하자는 장효현, 전기소설 연구의 성과와 과제(『민족문화연구』 28집, 고대 민족문화연구소,1995), 박일용, 전기계 소설의 양식적 특징과 그 소설사적 변모 양상(『민족문화연구』 28집, 고대 민족문화연구소, 1995)의 주장에 동의했었다. 그러나 앞으로는 『금오신화』류의 작품들을 '전기소설'로 부르기

전기는 사회적인 문제의식을 지니며 삶의 문제를 작품에서 다루고 있었다. 특히 <남백월이성>에서는 비록 작품의 한 부분에서 잠시 다루고 말았지만 삶의 문제를 인간적인 의미의 망과 접맥시키며 인간적 번민과 갈등 속에서 삶의 가치를 새롭게 추구해가는 사람들의 모습을 보여주고 있었다. 이것은 설화가 알 수 없는 세계의 기이(奇異)를 전하는 데 머물고 있는 것과 비교되며, 소설이 나타날 수 있는 서사적 역량이 전기에서 축적되고 있었다는 것을 보여주는 것이기도 하다.

라말여초의 전기를 대상으로 두루 적용시켜 본 결과 '서술의 층위'는 이들의 서술구조를 분석하는 유용한 방법임이 재확인되었는데, 이것으로 서술의 층위가 서사문학의 갈래 특성과 갈래의 차이를 밝히는 데에도 일정하게 기여할 수 있다는 것도 재확인되었다.

전기는 또한 6두품 지식인, 고려의 문인, 승려들의 의식구조와 긴밀하게 연결되어 있다는 것도 논증되었는데, 이것으로 말미암아 전기에서 서술의 층위가 제 3층위까지의 분절에 머무르면서 삶의 문제를 인간적이며 사회적인 의미의 망과 연결시켜 다루지 못하게 되었던 사회적이며 사상적인 배경이 설명될 수 있었다.

로 한다.

제 2장

전기소설(傳奇小說)

제 1절
〈만복사저포기〉에 나타난 애정의 의미와 작가의식

1. 머리말

『금오신화』에는 모두 다섯 편의 소설이 실려 있다. 이 때문에 다섯 편의 소설은 개별적인 작품으로 나누어져 읽혀지기도 했고, 작품론에서도 개별적인 것으로 독립되어 다루어지기도 했다. 그러나 『금오신화』의 다섯 작품은 <만복사저포기>→ <이생규장전>→ <취유부벽정기>→ <남염부주지>→ <용궁부연록>의 순서로 실려 있고, 이 가운데 <만복사저포기>와 <이생규장전>은 남녀 사이의 애정 문제를, <남염부주지>와 <용궁부연록>은 꿈을 매개로 한 이계탐색(異界探索)의 문제를 다루고 있으며, 중간에 위치한 <취유부벽정기>에는 애정과 이계탐색의 문제가 함께 나타나 있다. 일정한 특징을 공유하고 있는 작품들이 질서 있게 배열되어 있다는 것은 『금오신화』의 다섯 작품들이 서로 의미적 관계를 맺으며 긴밀하게 연결되어 있다는 것을 보여주는 것이다.[1]

---

* 이 글은 『한민족어문학』 71집(한민족어문학회, 2015)에 발표된 것이다.

1) 안창수, 금오신화의 의미구조와 작가의식, 『영남어문학』 26집, 영남어문학회, 1994, 103~104쪽.

『금오신화』에 수록된 다섯 편의 작품들이 질서 있게 배열되어 있다는 것은 그냥 지나칠 수 없는 문제의식과 호기심을 유발하는 것이다. 현재까지 발굴된『금오신화』의 모든 판본에서 다섯 편의 작품들은 <만복사저포기>→ <이생규장전>→ <취유부벽정기>→ <남염부주지>→ <용궁부연록>의 순서로 배열되어 있다.[2] 모든 이본들에 나타난 작품의 배열순서가 동일하다는 것은 김시습에 의해 창작된『금오신화』의 원본에서부터 다섯 편의 작품들이 지금 우리가 보는 것과 동일한 질서 위에 배열되어 있었다는 것을 보여주는 것이다.

이것은 김시습이 일정한 목적의식을 갖고 다섯 편의 작품들을 질서 있게 배열함으로써 이들이 의미적으로 연결되어 커다란 하나의 의미를 드러내도록 의도적으로 작품의 수록 순서를 결정했다는 것을 보여주는 것이다. 그렇다면『금오신화』를 통해 드러내고자 했던 작가의 생각도『금오신화』를 한 편의 소설 작품으로 다루는 데에서 온전하게 이해될 수 있을 것이다.

『금오신화』를 한 편의 작품으로 보려는 시도는 일찍부터 있어 왔다. 전기성(傳奇性)이나 환상성을 중심으로,[3] 만남과 헤어짐의 구도를 중심으로,[4] 비극적 결말구조를 중심으로[5]『금오신화』의 의미나 작가의

2)『금오신화』의 판본에 대해서는 아래의 책을 참고했음. 최용철,『금오신화의 판본』, 국학자료원, 2003, 30~596쪽.

3) 신재홍, 초기 한문소설집의 전기성에 관한 반성적 고찰,『관악어문연구』14권, 서울대 국어국문학과, 1989, 129~151쪽.
박희병, 전기소설의 장르 관습과 금오신화,『한국전기소설의 미학』, 돌베개, 1997, 198~214쪽.
최기숙, 귀신의 처소, 소멸의 존재론 -『금오신화』의 환상성을 중심으로-,『돈암어문학』16집, 돈암어문학회, 2003, 7~38쪽.

4) 강진옥,『금오신화』와 만남의 문제,『고전소설 연구의 방향』, 새문사, 1985, 374~409쪽. 이주영,『금오신화』의 작품 구성 원리와 만남의 변주,『어문연구』40(3)집, 한국어문교육연구회, 2012, 123~146쪽.

5) 서규태, 금오신화의 구조와 작가의식,『어문논집』24권, 민족어문학회, 1985,

식을 찾아보려는 다양한 시도가 있었다.

이러한 일련의 연구들은 『금오신화』소재 다섯 편의 작품에 공통적으로 나타나는 특징을 찾아보는 것이었다. 그 결과 『금오신화』라는 이름으로 다섯 편의 소설을 묶어서 드러내려 했던 의미나 작가의식을 찾아서 보여줄 수 있었다. 이것은 개별적인 작품으로 분리해서 보았을 때에는 알 수 없었던 『금오신화』 전 편의 의미를 알 수 있게 해주었다. 그러나 이러한 시도는 『금오신화』의 다섯 작품들이 질서 있게 배열되어 있는 문제로까지 관심을 확대하지는 않았다.

이 문제는 『금오신화』의 다섯 편을 통괄하여 흐르는 구조적 질서를 발견하여 『금오신화』 전체의 의미를 찾아보려는 시도를 통해 어느 정도 해결될 수 있었다. 다섯 편이 현실(불행) →초현실(행복) →현실(열망) →초현실(상승)의 전기적 구조를 보이며 『금오신화』가 불행한 현실에서 벗어나 초현실 세계로의 상승을 지향하는 작품이라고 본 것이나,[6] 현실계(불행)와 비일상계(행복)의 순환구조로 되어 결핍에서 충족으로 나아가는 모습을 드러내는 작품이라고 본 것[7] 등에서 이러한 시도가 이루어졌다. 『금오신화』의 다섯 작품을 통괄하여 흐르는 구조적 질서를 발견하려는 시도는 『금오신화』의 다섯 작품들이 질서 있게 배열되어 있는 한 가지 이유를 해명해 줄 수 있는 성과를 거둘 수 있었다.

그러나 이 글은 『금오신화』의 구조적 질서를 찾으려는 것이 아니다. 앞에서 이야기했듯이, 『금오신화』의 다섯 작품들이 질서 있게 배열되어 있다는 것은 김시습이 일정한 목적의식을 갖고 작품들을 질서 있게

633~648쪽.

6) 최삼룡, 금오신화의 구조적 특질, 『국어문학』 21집, 전북대 국어국문학회, 1980, 158~159쪽.

7) 김창진, 금오신화의 순환체계 연구(1), 『국제어문』 4집, 국제어문학회, 1983, 5~37쪽.

배열함으로써 이들이 의미적으로 연결되어 커다란 하나의 의미를 드러내도록 의도적으로 작품의 수록 순서를 결정했다는 것을 보여주는 것이라고 할 수 있다. 『금오신화』의 다섯 작품들이 질서 있게 배열되어 있고, 이 작품들을 통괄하여 흐르는 구조적 질서가 존재하고 있다는 것은 이러한 추론이 가능하다는 것을 보여주는 것이다. 그렇다면 『금오신화』는 다섯 개의 장(章)으로 이루어진 한 편의 소설이라고 할 수 있다. 그러므로 『금오신화』를 한 편의 작품으로 보아야 한다는 것은 작가인 김시습이 『금오신화』에 실려 있는 다섯 작품의 의미를 긴밀하게 연결시켜서 궁극적으로 하나의 커다란 의미를 드러내려 했다는 가설(假說)을 전제로 성립하는 것이다.

필자는 오래전에 이러한 관점에서 『금오신화』의 의미구조와 작가의식을 찾아본 적이 있다.[8] 『금오신화』의 다섯 작품들이 의미적으로 긴밀하게 연결되어 있다는 것은 다른 연구자들에 의해서도 논증되고 있는데,[9] 이것은 이러한 관점이 『금오신화』를 이해하는 하나의 방법론으로 자리 잡고 있다는 것을 보여주는 것이다.

그러나 『금오신화』의 다섯 작품들이 갖는 의미적 관계를 찾아보려는 지금까지의 업적들은 『금오신화』의 다섯 작품을 한 편의 논문에 묶어서 다루는 것이어서 논증의 과정이 충분치 않다는 문제를 드러내고 있었다. 다시 말해서 작품과 작품 사이의 의미적 관계를 찾아보기 위해서는 무엇보다 작품에 대한 충실한 분석이 뒷받침되어야 하는데, 한 편의 논문에서 다섯 편의 작품을 모두 다루다 보니 어쩔 수 없이 논증

8) 안창수, 앞의 글.
9) 정환국, 금오신화와 전등신화의 지향과 구현화 원리, 『고전문학연구』 22권, 한국고전문학회, 2002, 307~334쪽.
김창현, 금오신화 체제에 나타난 창작방법과 비극적 낭만성, 『인문과학』 45권, 성균관대 인문과학연구소, 2010, 101~123쪽.

과정에 한계를 드러낼 수밖에 없었다. 그러므로 『금오신화』의 다섯 작품들이 의미적으로 긴밀하게 연결되어 하나의 커다란 의미를 드러내고 있다는 가설이 논증되고, 이에 따라 『금오신화』를 한 편의 소설로 받아들여야 한다는 주장이 설득력을 얻으려면 작품에 대한 충실한 분석이 먼저 이루어져야 한다.

이 때문에 필자는 과거의 논문을 바탕으로 『금오신화』의 다섯 작품들을 각각 독립된 한 편의 논문으로 다루는 다섯 편의 글을 통해 논증을 보완하고 논지를 새롭게 가다듬어 『금오신화』의 다섯 작품들이 의미적으로 긴밀하게 연결되어 하나의 커다란 의미를 형성하고 있다는 가설을 새롭게 논증하려 한다.

문제를 해결하기 위한 첫 단계로서 이 글에서는 다섯 편의 작품 가운데 제일 첫 번째 작품인 <만복사저포기>에 나타난 애정의 의미를 찾아본 후 그것을 통해 드러내고자 했던 작가의식이 무엇인가 하는 것을 찾아보려 한다. 작품을 분석한 후 작가의식을 찾아보는 것은 독립적으로 존재할 수 있는 다섯 편의 소설이 어떻게 의미적으로 긴밀하게 연결되어 『금오신화』라는 이름으로 함께 묶여질 수 있었던가 하는 이유를 찾아보기 위해서이다.

<만복사저포기>는 양생과 하씨녀의 사랑 이야기를 다루고 있는 작품이다. 이 때문에 많은 논자들이 남녀의 애정이라는 통로를 통해 <만복사저포기>에 나타난 작가의식을 찾아보려 했다. 결과는 크게 두 가지로 나누어진다. 하나는 김시습이 사회와 삶과 존재에 대한 자기의 생각을 드러내려 했다는 것이고, 다른 하나는 김시습이 자기 자신의 삶을 우의적으로 드러냈다는 것이다.

지금까지 <만복사저포기>에 대한 논자들의 견해는 대부분 사회와 삶과 존재 등에 대해 김시습이 어떤 생각을 드러내려 했던가 하는 것

을 찾는 데에 집중되어 있었다. <만복사저포기>는 이른 시기부터 양생이 여인과의 만남을 통해 삶에 대해 새로운 인식의 전환을 이루는 모습을 보여주는 것으로 이해되었다.[10] 그리고 불합리한 사회질서에 대한 반발과 저항의 몸짓을 보여주는 작품으로 이해되기도 했고,[11] 만남의 과정을 통해, 보다 가치 있는 존재로 변모하는 존재의 변화 과정을 보여주는 작품으로 이해되기도 했으며,[12] 남녀의 애정을 긍정적으로 바라보고 인간다운 삶을 살기를 희망하는 욕구를 표현한 작품으로 받아들여지기도 했다.[13]

이러한 견해들은 모두 충분한 타당성을 갖고 있다. 그러나 『금오신화』에 실려 있는 다섯 편의 작품들이 의미적으로 연결되어 하나의 커다란 주제를 형성하고 있다는 가설이 성립되려면, 김시습이 <만복사

---

10) 정주동, 『매월당 김시습연구』, 신아사, 1965, 494~498쪽.
김용덕, 만복사저포기 연구, 『동아시아문화연구』2권, 한양대 동아시아문화연구소, 1982, 161~174쪽.
이월영, 만복사저포기와 하생기우전의 비교 연구, 『국어국문학』 120권, 국어국문학회, 1997, 186~196쪽.
윤경희, 만복사저포기의 환상성, 『한국고전연구』 4권, 한국고전연구학회, 1998, 247~254쪽.

11) 김일렬, 금오신화의 작품구조, 『조선조소설의 구조와 의미』 1984, 24~27쪽.
박일용, 만복사저포기의 형상화 방식과 그 현실적 의미, 『고소설연구』 18권, 한국고소설학회, 2004, 50~55 쪽.
유권석, 만복사저포기에 나타난 해원의 구현 양상 연구, 『어문론집』 58집, 중앙어문학회, 2014, 239~240쪽.

12) 강진옥, 금오신화와 만남의 문제, 『고전소설 연구의 방향』, 새문사, 1985, 392~395쪽.
설중환, 만복사저포기 : 분석심리학으로 읽어보기, 『한국학연구』15집, 고려대 한국학연구소, 2001, 253~254쪽.
백민정, 만복사저포기에 나타난 고독과 사랑의 심리학적 이해와 문학적 의미, 『어문연구』 55집, 2007, 220쪽.

13) 임형택, 현실주의적 세계관과 금오신화, 『국문학연구』 13집, 1971, 37~40쪽.
김문희, 인물의 내면소설로서 만복사저포기와 이생규장전의 독법, 『고소설연구』 32권, 한국고소설학회, 2011, 87~91쪽.

저포기>에서 사회와 삶과 존재의 모습을 객관적인 대상으로 다루며 거기에 대한 자기의 생각을 작품으로 드러내려 했다고 보기는 어렵다.

이 경우『금오신화』는 사회와 삶과 존재의 서로 다른 모습을 다섯 편의 작품으로 나누어서 드러내는 데 초점이 맞춰지게 되므로, 이들을 유기적으로 연결시켜 하나의 커다란 의미를 드러내는 한 편의 작품을 완성하는 작업이 쉽지 않기 때문이다. 다시 말해서 사회와 삶과 존재에 대한 작가의 생각은 다양한 대상을 통해 다양한 주제로 표출하는 것이 효과적이기 때문에 이들을 다시 하나의 주제로 연결시킬 필요를 느끼지 않기 때문이다.

<만복사저포기>가 김시습 자기 자신의 삶을 우의적으로 드러낸 것이라고 보는 견해도 이른 시기부터 있었다. 정주동은 <만복사저포기>가 세속적인 번뇌에서 벗어나기 위한 김시습의 수도의 과정을 허구화한 것이라고 했고,[14] 이재수는 사랑을 모르고 살았던 김시습 자기 자신의 고독한 처지와 환경을 작품화한 것으로,[15] 소재영은 세조의 정변에 맞서 처절하게 싸우면서도 좌절해서는 안 되었던 김시습 자신의 생애를 우의적으로 드러낸 것으로,[16] 김정석은 정치 현실의 주변에서 서성이다 좌절해서 현실을 등지고 떠났던 모습을 형상화한 것으로 보았다.[17]

이러한 견해들은 모두 <만복사저포기>가 김시습의 삶의 어느 한 시점에서의 문제를 다루거나 삶 전체에 나타나는 불우한 환경을 작품화했다는 입장에 서 있다. 이런 관점에서 본다면『금오신화』의 다섯 작품

---

14) 정주동, 앞의 책, 498쪽.

15) 이재수, 금오신화와 전등신화의 비교 연구,『한국소설연구』, 선명문화사, 1973, 62쪽.

16) 소재영, 금오신화의 문학적 가치,『국문학논고』, 숭실대 출판부, 1989, 19쪽.

17) 김정석, 금오신화에 나타난 김시습의 창작의식,『한국어문연구』6권, 한국어문연구학회, 1991, 282~283쪽.

은 삶의 서로 다른 시점에서의 문제를 다루거나, 불우한 환경적 조건의 서로 다른 모습들을 드러내었다는 결론에 도달해야 한다. 그러나 이 경우에도 다섯 편의 작품들이 드러내는 주제가 파편화되어 흩어지게 되므로 이들을 하나로 이어주는 의미적 연결고리를 찾기 어렵게 한다.

지금까지의 문제를 해결하고 『금오신화』의 다섯 작품들이 의미적으로 서로 긴밀하게 연결되어 하나의 주제를 형성하고 있다는 가설이 성립되기 위해서는 <만복사저포기>가 김시습의 생애에서 가장 중요했던 어떤 사건을 우의적으로 드러내고 있고, 『금오신화』는 이 사건을 계속해서 문제 삼으며 다섯 편의 작품으로 문제의식을 발전시켜나가는 수법으로 창작되었다고 보는 관점에 서는 것이 유용하다. 자기의 생애에서 가장 중요했던 어떤 사건을 지속적으로 문제 삼으며 이것을 바탕으로 문제의식을 발전시켜 나감으로써 다섯 편의 작품들을 하나의 의미로 묶을 수 있기 때문이다.

그런데 이러한 관점이 『금오신화』의 해석에 유용하게 적용될 수 있을지의 여부 또한 <만복사저포기>뿐만 아니라 나머지 네 작품들을 계속해서 다루어가며 지속적으로 논증되어야 할 것이다. 이런 점에서 이 글은 『금오신화』의 다섯 작품을 순차적으로 다루게 되는 다섯 편의 글을 하나의 의미망으로 묶어서, 『금오신화』의 다섯 작품들이 의미적으로 긴밀하게 연결되어 있고, 이 때문에 『금오신화』가 한 편의 소설로 읽혀져야 한다는 것을 논증하는 글의 도입부로서의 역할을 담당하고 있기도 하다.

김시습은 5세의 어린 나이에 세종 임금을 만나 장래를 약속받는 파격적인 은혜를 입었다.[18] 이후 김시습은 세종 임금을 평생 잊지 못하

18) 김시습, 상류양양진정서, 『매월당집』 권21 서(『매월당전집』, 성균관대학교 대동문화연구원, 1973).

고 그리워하며 가슴에 간직하고 살았고, 이 때문에 세종 임금과의 만남을 전제로 하지 않고는 김시습의 삶을 이야기하는 것 자체가 불가능하다고 할 수 있다. 그렇다면 김시습의 생애에서 가장 중요했던 사건 그래서 김시습이 평생 잊지 못하고 그리워하며 가슴에 간직하고 살았던 사건은 곧 세종 임금과의 만남이라고 할 수 있다. 그러나 세종 임금 이래의 역사적 정통성을 무너뜨린 세조 정권이 새로운 역사의 정통 세력으로 등장한 세상에서 세종 임금과의 관계를 직접 다룬다는 것은 쉽지 않은 일이었다. 그러므로 세종 임금과의 만남과 세종 임금에 대한 김시습의 그리움, 이것이 남녀의 만남과 애정 문제로 우의(寓意)되었다는 것은 충분히 납득할 수 있는 일이다.[19]

<만복사저포기>에서 주인공 양생은 한 번의 만남으로 사랑을 이루고, 하씨녀와 헤어지자 세상을 등지고 지리산에 들어가 생을 마친다. 남녀의 애정은 만남과 헤어짐을 반복하는 과정을 거쳐 진행되는 것이 일반적인 양상이다. 그럼에도 양생이 단 한 번의 만남과 헤어짐만으로 세상을 등지고 떠났다는 것은 한 번의 만남이 존재의 의미를 바꾸어 놓을 만큼 심각하고 소중한 것이었음을 드러내는 것이다.

그리고 <만복사저포기>에서의 사랑은 외부인이 개입하지 않는 두 사람만의 내밀한 공간에서 이루어진다. 사랑은 본질적으로 외부인이 개입할 수 없는 두 사람만의 내밀한 관계를 바탕으로 성립되는 것이다. 그런데 사랑에는 외부 세력이 개입하기도 한다. 이 경우 사랑은 외부 세력과의 관계를 다루게 된다. 그러나 <만복사저포기>의 사랑에는 외부 세력이 개입하지 않는다. 이 때문에 양생과 하씨녀는 그들만의 사랑에 몰두하고 있다. 이것은 <만복사저포기>가 사랑의 당사자인 두

---

19) 이 문제 또한 앞으로 계속 다루어지며 논증될 것이다.

인물이 자기들의 사랑을 어떻게 받아들이고 있는가 하는 그들만의 내밀한 사랑의 실체를 보여주려 했다는 것을 의미하는 것이다.

2. 애정의 의미

<만복사저포기>는 양생과 하씨(何氏)녀의 사랑을 그리고 있는 작품이다. 그런데 두 사람의 사랑은 단 한 번의 만남과 헤어짐만으로 구성되어 있다. 작품의 서사적 축이 지극히 단순하다는 것을 알 수 있다. 그러나 인물들은 몇 차례에 걸쳐 공간을 이동하며 사랑을 나눈다. 이것은 <만복사저포기>에 나타난 애정의 의미가 인물들이 사랑을 나누기 위해 거쳐 갔던 여러 공간에서의 행적을 추적해보는 데에서 찾아질 수 있다는 것을 보여주는 것이다.

<만복사저포기>의 공간은 크게 만복사, 개녕동, 보련사, 지리산으로 나눌 수 있고, 인물들은 이 공간을 만복사 →개녕동 →보련사 →개녕동 →지리산의 순서로 이동한다. 먼저, 만복사는 주인공들이 처음 만나 결연을 맺었던 공간이다. 주인공 양생은 만복사의 동쪽 방에서 살고 있었으며, 만복사의 법당에서 하씨녀를 만나게 된다.

양생은 일찍이 부모를 잃고 장가도 들지 못한 채 만복사의 동쪽 방에서 혼자 살고 있는 인물이었다. 그래서 양생은 혼자만의 외로움을 견디지 못해서 달 밝은 밤이면 배나무 밑을 거닐며 고독한 마음을 토로하는 시(詩)를 읊곤 했다. 양생의 시는 그가 얼마나 심각하게 외로움을 느끼고 있었고, 외로움에서 벗어나기 위해 얼마나 간절하게 배필을 원하고 있었던가를 잘 보여주고 있다.

그런데 양생이 배필을 만나지 못해 혼자 고독하게 살아야 했던 이유는 삶의 조건이 지극히 열악했기 때문이었다. “일찍이 부모를 잃고 장가도 들지 못하고 만복사의 동쪽 방에서 혼자 살고 있었다”20)는 것이 작품에 나와 있는 양생에 대한 정보이다. 이것은 양생이 불우하고 열악한 환경에서 성장했고, 그런 환경이 여전히 개선되지 않고 있었기 때문에 배필을 만나 결혼을 할 수도 없었고, 그래서 혼자 외롭게 살 수밖에 없었다는 것을 보여주고 있다. 양생의 고독한 삶이 불우하고 열악했던 삶의 조건에서 파생되었다는 것을 알 수 있다.

양생의 고독은 외부세계와 단절된 데에서 오는 것이기도 했다. 양생은 다른 사람과의 교류도 없이 혼자 사는 인물이었다. 가족도 없이 홀로 살고 있었고, 배꽃이 피는 화창한 봄날에도 혼자 시간을 보내고 있었다. 양생의 사회적 고립감은 그가 지은 작품 첫 부분의 시에도 잘 나타나 있다. 양생은 사회적 고립감에서 벗어나기 위해 바둑과 등불로 점을 치며 함께 교유할 사람을 찾아보기도 하지만 결국 자기만의 공간에서 홀로 시름에 겨워하며 고독을 더욱 깊이 느끼기도 한다.21) 양생이 사회적으로 고립된 존재로 드러나고 있다는 것은 그가 사람들로부터 잊혀진 존재로 살고 있었다는 것을 보여주는 것이다.

이런 점에서 양생이 배필을 만난다는 것은 단순히 외로움에서 벗어난다는 의미를 갖는 데 머무르지 않는다. 무엇보다 배필을 만난다는 것은 한 인간에게 있어서 삶의 의미 있는 전환이 이루어지는 사건이다. 그러므로 양생이 배필을 간절히 원했다는 것은 그가 열악했던 삶의 조

---

20) 早喪父母 未有妻室 獨居萬福寺之東房(萬福寺樗蒲記).
본고에서의 <만복사저포기>는 아래 문헌의 것을 대본으로 하며, 앞으로 작품의 본문을 인용할 때에는 별도의 표시를 하지 않는다.
김시습,『매월당외집』권 1(『매월당전집』, 성균관대학교 대동문화연구원, 1973).

21) 雖家有約敲碁子 夜卜燈花愁倚窓(萬福寺樗蒲記).

건에서 벗어나 새로운 삶으로의 전환을 모색하고 그것을 통해 자신의 존재의미를 찾으려 했다는 것을 보여주는 것이다.

양생에 비해서 하씨녀는 부족한 것이 없는 삶의 조건을 갖추고 있었다. 십 오륙 세의 꽃다운 나이와 선녀처럼 아름다운 외모, 그리고 시녀와 노복들을 거느리고 살 정도로 풍요롭고 지체 높은 가문의 규수였다. 그러나 완벽한 삶의 조건과는 달리 하씨녀는 만복사의 부처에게 자신의 박명(薄命)한 처지를 하소연한다.

하씨녀의 불행은 왜구(倭寇)가 쳐들어와 가옥을 불태우고 사람들을 잡아가는 전란(戰亂)의 소용돌이 속에서 정절(貞節)을 지키려 했기 때문이었다. 정절은 여인들이 목숨을 걸고 지켜야 하는 덕목이었고, 정절을 지키는 것으로써 여인들은 사회적으로 높은 대접을 받으며 살아갈 수 있었다. 정절을 지키는 것이 사회의 규범적 질서로 자리 잡고 있었고, 여인들의 행복한 삶을 담보하는 중요한 사회적 조건으로 기능하고 있었던 것이다.

그러나 하씨녀는 전란 속에서도 정절을 지키려 했기 때문에 목숨을 잃어야 했고, 그 때문에 배필을 만나 즐거움을 나누는 인간의 생래적 욕망을 충족시킬 수 없어서 긴 시간을 고통스럽게 살아야 했다. 하씨녀는 달 밝은 가을밤과 꽃 피는 봄날을 헛되이 상심으로 보내고 뜬 구름과 흐르는 물을 벗 삼아 무료하게 세월을 보냈다고[22] 고백하며, 존재의 의미를 찾지 못하고 혼자 살아야 하는 자신의 박명함을 한탄하고 만복사의 부처님에게 배필을 만나게 해 줄 것을 기원하고 있었다.

하씨녀 역시 뜬 구름과 물을 벗 삼아 무료하게 세월을 보내야 하는 열악한 삶의 조건에서 벗어나 삶의 전환을 모색하고 존재의 의미를 찾

22) 秋月春花 傷心虛度 野雲流水 無聊送日(萬福寺樗蒲記).

기 위해 배필을 만날 것을 간절하게 원하고 있었다는 것을 알 수 있다. 이처럼 만복사에서 두 사람이 만난 것은 삶의 새로운 전환을 모색하고 존재의 의미를 찾게 되는 사건으로서의 의미를 지니고 있다는 것을 알 수 있다.

만복사에서 결연을 맺은 후 양생과 하씨녀는 개녕동 하씨녀의 집으로 간다. 양생은 개녕동에서 3일을 머물며 하씨녀의 극진한 환대를 받는다. 이런 점에서 개녕동은 양생과 하씨녀의 사랑이 밀도를 높이고 깊이를 더해가는 공간으로 기능하고 있다. 만복사에서 양생은 하씨녀와 결연을 맺었음에도 상대를 잘 알지 못하고 있었다. 하씨녀의 정체를 몰라서 의심스럽고 괴이하게 여겼고,[23] 귀한 집 처녀가 담을 넘어온 것으로 생각하기도 했지만, 하씨녀의 행동을 이해할 수 없어서 자세히 관찰하기를 그치지 않았다.[24] 만복사에서 두 사람은 서로를 잘 알지 못했고, 그 때문에 결연을 맺었음에도 서로에게 거리감을 느끼고 있었다는 것을 알 수 있다.

그러나 개녕동에서 3일을 지내며 하씨녀에 대한 양생의 사랑은 이미 깊어져 있었다.

사람들이 서로 만나는 것이 인연이 있으니	人生相合定有緣
마땅히 술잔 들어 취토록 마셔보세	會須擧白相闌珊
아가씨는 어찌 그리 쉽게 말씀하시나요	娘子何爲出輕言
가을 바람에 부채를 버린다는 말을	道我奄棄秋風紈
영원토록 배필이 되어	世世生生爲配耦
아름다운 꽃 밝은 달 아래에서 길이 같이 사세	花前月下相盤桓

23) 生雖疑怪(萬福寺樗蒲記).
24) 然其態度不凡 生熟視所爲(萬福寺樗蒲記).

위의 시는 양생이 개녕동을 떠나면서 지은 것이다. 양생이 하씨녀와의 이별을 아쉬워하며 영원히 함께 있기를 바라는 마음을 드러내고 있다. 배필이 되어서 영원토록 함께 살고 싶다고 하는 데에서 이제 두 사람 사이의 거리는 더 이상 나타나지 않고, 양생과 하씨녀가 서로를 깊이 사랑하게 되었다는 것을 알 수 있다.

사랑의 밀도가 높아지며 양생과 하씨녀는 서로를 신뢰하고 이해하는 사이로 발전하게 된다. 처음 개녕동 여인의 집에 왔을 때 양생은 그곳의 그릇을 보고 인간 세상의 것이 아니라는 생각을 하고 있었다.[25] 여인이 귀신이 아닌가 의심하며 불안해하고 있었던 것이다. 그러나 개녕동에서 3일을 지낸 후 양생은 하씨녀의 부탁으로 보련사로 가는 길에서 그녀의 부모를 만나고, 그들에게서 하씨녀가 죽은 사람이라는 말을 듣는다. 그러나 양생은 조금도 놀라지 않고 하씨녀와 함께 손을 잡고 웃으며 보련사로 간다. 하씨녀가 귀신인 것을 알았음에도 양생은 이 사실을 전혀 문제 삼지 않고 있다. 하씨녀의 정체가 양생에게 더 이상 문제가 되지 않고 있는 것인데 이것은 양생이 개녕동에서 3일을 함께 보내며 하씨녀를 깊이 이해하고 신뢰하게 되었다는 것을 보여주는 것이다.

사랑이 깊어지고 서로 이해하고 신뢰하는 사이가 되면서 양생은 무의미한 존재에서 의미 있는 존재로 바뀌게 된다. 만복사의 동쪽 방에서 혼자 살며 외로움에 몸부림칠 때 양생은 모든 사람에게서 무의미한 존재였다. 찾아올 사람도 교류할 사람도 없이 모두로부터 절연되고 잊혀진 상태에서 다만 자신의 외로움이나 한탄하며 보내는 존재였다. 그

25) 器皿潔而不文 意非人世(萬福寺樗蒲記).

러나 하씨녀와 만나면서 양생은 하씨녀에게 중요한 존재로 변모하게 된다.

하씨녀는 양생을 처음 만나면서부터 평생 양생의 시중을 들며 살기를 원했고,[26] 개녕동에 와서도 양생과 헤어지지 않고 함께 살며 기쁨을 누리기를 원했다.

화창한 날 맑은 강에서 원앙새는 쌍쌍이 놀고	晴江日暖鴛鴦竝
푸른 하늘에 구름 걷히자 비취새가 노닌다	碧落雲銷翡翠遊
좋구나 우리도 동심결을 맺었으니	好是同心雙綰結
부채가 가을 바람을 원망하지 않게 해 주세요	莫將紈扇怨淸秋

위의 시는 개녕동에서의 이별을 앞두고 하씨녀가 지은 것이다. 쌍쌍이 노니는 원앙새나 비취새처럼 평생토록 양생과 함께 살며 기쁨을 누리기를 바라는 간절한 심정을 드러내고 있다. 하씨녀와 만나 사랑을 나누며 양생은 이제 하씨녀에게 없어서는 안 되는 중요한 사람으로 변모되어 있다는 것을 알 수 있다. 하씨녀와의 만남이 양생을 변화시켜 무의미한 존재에서 의미 있는 존재로 거듭나게 했다는 것을 알 수 있다.

개녕동에서 하씨녀와 헤어질 때 양생은 은으로 만든 밥그릇을 주며 보련사에 가서 자신의 존재를 부모에게 알려달라는 하씨녀의 부탁을 두말없이 받아들인다. 그리고 보련사에 가서 하씨녀의 부모가 딸의 재를 지내는 것을 도와 그녀의 영혼이 하늘로 온전히 떠날 수 있게 한다. 이것은 양생이 누군가에게 의미 있는 존재로 거듭 태어나고 있는 것을

26) 郎若不我遐棄 終奉巾櫛(萬福寺樗蒲記).

보여주는 또 다른 사건인데, 양생의 이러한 변화는 하씨녀에 대한 깊은 사랑과 이해 그리고 신뢰가 없이는 설명될 수 없는 것이다. 배필을 만나 삶의 의미 있는 전환을 꾀하고, 그것으로 말미암아 자신의 존재의미를 찾아보려 했던 양생의 간절한 소원이 이루어지고 있는 것을 알 수 있다.

양생은 하씨녀의 부모를 만나 자신과 하씨녀의 관계를 알려주고, 보련사에서 부모들이 하씨녀의 대상(大喪)을 치르고 명복을 빌 수 있게 해 주었다. 그러나 양생이 하씨녀의 부모를 만나는 과정은 그렇게 쉽지 않았다. 하씨녀가 신물로 준 밥그릇을 들고 보련사로 가는 길목에 서 있던 양생은 하씨녀의 부모에게 딸의 무덤에 넣었던 부장품을 훔친 도둑으로 오인된다. 양생이 자신과 하씨녀와의 일을 이야기해 주며 오해가 어느 정도 풀렸지만, 여인의 부모는 여전히 놀랍고 의아하게 생각하며 양생이 죽은 자기들의 딸을 만났다는 사실을 온전하게 믿지 못하고 있었다. 그러나 재(齋)를 베푸는 과정에서 양생을 통해 하씨녀의 존재가 부모에게 알려지게 되자 마침내 여인의 부모는 양생의 말이 사실임을 알고 양생에게 하씨녀의 모든 것을 맡기며 사위의 예로 양생을 받아들인다. 하씨녀의 부모가 마침내 양생의 존재를 받아들였다는 것은 양생과 하씨녀의 만남이 세상 사람들에게도 알려져 인정을 받았다는 의미를 갖는 것이다.

양생과 하씨녀의 만남은 언제나 그들만의 내밀한 공간에서 이루어지고 있었다. 그들이 처음 만난 것은 해가 지고 저녁 불공도 끝나 사람들의 왕래가 거의 없는 늦은 시각이었다. 이 때문에 그들이 처음 만나고 결연을 맺었던 만복사의 법당과 구석진 판자방은 사람들로부터 격리된 그들만의 공간이었다. 만복사를 떠나 여인의 처소인 개녕동으로 가는 길에서도 사람들은 양생과 함께 있는 하씨녀의 존재를 알지 못하고 있었다. 개녕동에 있는 여인의 처소는 다북쑥이 들을 덮고 가시나무가 공중에 높이 솟아서 사람들이 접근할 수 없는 황량한 들판에 있는 여인의 무덤이었다. 보련사에서 하씨녀의 재를 지낼 때에도 사람들은 하씨녀를 볼 수 없었다. 하씨녀가 양생과 함께 있었음에도 여인의 친척이나 절의 스님들은 하씨녀를 볼 수 없었고, 오직 양생만이 볼 수 있었다.

양생과 하씨녀의 만남이 세상 사람들과는 절연된 그들만의 내밀한 공간에서 이루어진 것은 그들의 만남이 세상 사람들이 이해할 수 없는 것이었고, 이에 따라 사람들에게 비난받을 수 있는 것이었기 때문이라고 할 수 있다. 양생의 설명을 듣고도 믿지 못했던 하씨녀의 부모처럼 산 사람이 죽은 사람과 만나서 사랑을 나누었다는 것을 사람들은 이해할 수도 없었고, 그래서 양생을 무덤 속의 부장품을 훔친 도둑이라고 했던 것처럼 쉽게 비난할 수밖에 없었던 것이다. 그러나 하씨녀의 부모에게 인정을 받으면서 그들의 사랑은 마침내 세상 사람들에게도 인정을 받게 된 것이다. 이런 점에서 보련사는 양생과 하씨녀의 만남이 비로소 세상 사람들에게도 인정받은 공간으로서의 의미를 지니는 것이다.

보련사에서 재를 받은 후 하씨녀의 영혼은 이승을 떠난다. 영혼이 떠나기 전 여인은 양생에게 자신의 마음을 토로한다. 자신이 여자의 몸으로서 법도를 어기고 양생을 만난 것은 검소하고 부지런한 아낙네로서 한 남자의 아내가 되어 평생 부녀자의 도리를 다하며 살고 싶었기 때문이라고 했다.[27] 하씨녀는 한 남자의 아내가 되어 밥하고 바느질하며 평범한 부녀자로서의 삶을 살아가는 것을 꿈꾸는 소박한 여인이었던 것이다. 그러나 하씨녀는 정절을 지켜야 한다는 규범적 질서를

27) 擬欲荊釵椎髻 奉高節於百年 冪酒縫裳 修婦道於一生(萬福寺樗蒲記).

준수하려다 전란에 희생되어야 했다.

사회의 규범적 질서가 인간으로서 마땅히 가질 수 있는 가장 기본적이고 소박한 꿈마저 빼앗아 가버렸던 것이다. 구성원의 기본적인 삶마저도 지켜주지 못하면서 규범만을 강조하는 사회에서 규범적 질서는 이미 규범으로서의 기능을 상실한 것이다. 이 때문에 하씨녀는 규범적 질서의 법도를 넘어서 스스로 자신의 행복을 찾아 나설 수밖에 없었던 것이다.

하씨녀의 이런 생각은 도처에서 나타나고 있다. 양생과의 만남 이후 시녀가 찾아와 하씨녀의 행동이 부녀자의 법도에서 어긋난 것이라고 지적한다. 이에 대해 하씨녀는 자신이 양생과 결연을 맺은 것이 비록 사회적 법도에는 어긋나지만 하늘과 부처님이 도와주신 결과라고 하며,[28] 자신의 행동에 정당성을 부여한다. 인간들의 삶을 주관한다고 하는 하늘과 부처님도 인간들이 생래적 욕망을 충족시키며 행복하게 사는 것을 원하지, 사회적 규범에 의해 불행에 빠지는 것을 원하지 않는다는 것이 하씨녀의 생각이라는 것을 알 수 있다. 이런 점에서 양생과 만나 사랑을 나누는 하씨녀의 행위는 규범적 질서를 강요하여 구성원들을 불행에 빠뜨리는 잘못된 사회에 대한 저항의 의미를 갖는 것이다.

두 사람의 사랑이 사회와의 관계 속에서 전개될 수 있는 가능성을 갖고 있었다는 것을 알 수 있다. 그러나 하씨녀는 양생을 만나기 위해 규범적 질서와 맞서고 있었지만 양생을 만난 이후에는 사회의 질서와 대결하기보다 양생과의 사랑에 몰두할 뿐이었다. 양생과 하씨녀의 만남이 외부인이 개입하지 않는 그들만의 공간에서 이루어짐으로써 두

28) 今日之事 蓋非偶然 天之所助 佛之所佑(萬福寺樗蒲記).

사람의 사랑이 누구에게도 방해받지 않을 수 있었기 때문이다. 이 때문에 규범적 질서에 대한 저항의 몸짓은 양생을 만나기 위한 계기로서만 작용하고 있을 뿐이고, 사회와의 관계는 작품에서 더 이상 문제되지 않고 있다.29)

양생과 하씨녀의 사랑이 사회적 의미를 지니고 있다는 것은 사회와의 관계에서 완전히 절연된 사랑이란 존재할 수 없다는 생각을 드러내는 것이라고 할 수 있다.30) 그럼에도 불구하고 <만복사저포기>에는 외부인의 개입이 차단된 두 사람만의 공간에서 사랑이 전개되고 있다. 이것은 <만복사저포기>가 사랑의 당사자인 두 사람의 관계만을 다룸으로써 사랑의 사회적 의미가 아니라 두 사람 사이에서 교류되었던 그들만의 내밀한 사랑의 문제, 즉 양생과 하씨녀가 자기들의 사랑을 어떻게 받아들이고 있고, 두 사람의 만남이 그들에게 어떤 의미로 다가오고 있었던가 하는 것을 찾아보려 한 작품이라는 것을 보여주는 것이다.

업보를 비켜 지나갈 수 없어 하씨는 마침내 저승으로 떠나야 했다. 하씨녀의 영혼이 저승으로 떠나자 양생은 하씨녀가 귀신임을 알고 커다란 상실감에 빠져 하씨녀의 부모와 머리를 맞대고 울었다. 그러나 양생은 처음부터 하씨녀가 귀신이 아닌가 하는 의심을 갖고 있었다. 그래서 만복사의 법당에서 처음 만날 때부터 여인의 정체를 궁금하게

---

29) 규범적 질서에 저항하는 하씨녀의 행동으로 인해 <만복사저포기>는 사회와의 갈등을 통해 인간성을 긍정한 작품으로 받아들여지기도 했다(임형택, 앞의 글, 40쪽). <만복사저포기>를 사회와의 갈등관계를 중심으로 볼 수 있으려면, 작품의 서사적 전개과정이 사회와의 갈등관계를 중심으로 전개되어야 한다. 그러나 규범적 질서에 대한 저항의 몸짓은 양생을 만나기 위한 계기로서만 작용하고 있을 뿐 사회와의 관계는 작품에서 더 이상 문제되지 않고 있다. 이것은 <만복사저포기>가 사회와의 갈등관계를 드러내려 한 작품이 아니라는 것을 보여주는 것이다.

30) 양생을 만나기 위해 하씨녀가 규범적 질서에 저항하도록 설정되어 있는 또 다른 의미에 대해서는 3. 작가의식의 장에서 다루어질 것이다.

여겼었다.[31]

하씨녀를 만나고 만복사의 뜰에서 술자리가 베풀어졌을 때에도 양생은 차린 것이 인간 세상의 것이 아니라서 의심스럽고 괴이하게 여겼었다.[32] 그러나 여인의 맑고 고운 말씨와 웃음소리에 이끌려 귀한 집 처녀가 담을 넘어온 것이려니 하며 스스로 자기의 의심을 지워버렸다.[33] 술자리가 끝나서도 여인의 태도가 예사롭지 않다고 느껴 그 행동을 자세하게 관찰하기도 했지만,[34] 개녕동 자기의 처소로 함께 가자는 여인의 권유를 뿌리치지 않았다. 개녕동에서도 그곳의 모든 것이 인간 세상의 것이 아니라는 의심이 들었지만 하씨녀의 은근한 정에 끌려 다시 의심하지 않으려 했다.[35] 개녕동에서 사흘을 지낸 후 여인에게 그곳의 사흘이 인간 세상의 3년과 같다는 말을 들었을 때에도 하씨녀의 정체를 파악했을 것이지만 거기에 대해서는 일체 반응하지 않았다. 마침내 양생은 보련사로 가는 길에서 하씨녀의 부모에게 그녀가 죽은 사람이라는 말을 듣는다. 드디어 하씨녀의 정체를 확실하게 알게 되었던 것이다. 그러나 양생은 아무런 동요도 보이지 않고 하씨녀의 손을 잡고 웃으며 함께 보련사로 갔다.

하씨녀가 죽은 사람이라는 것을 알고도 아무런 동요를 보이지 않는 것으로 보아 적어도 개녕동에서 떠날 때까지는 양생이 하씨녀의 정체를 알고 있었다는 것을 보여준다. 그러나 양생은 하씨녀에 대한 자기의 의심을 계속 부정하며 관계를 유지해오고 있었고, 하씨녀의 정체를 알고 나서도 모른 척 외면하고 있었다. 자기의 의심을 계속해서 스스

---

31) 子何如人也 獨來于此(萬福寺樗蒲記)
32) 定非人間滋味 生雖疑怪(萬福寺樗蒲記)
33) 意必貴家處子 踰墻而出 亦不之疑也(萬福寺樗蒲記)
34) 然其態度不凡 生熟視所爲(萬福寺樗蒲記)
35) 意非人世 而繾綣意篤 不復思慮(萬福寺樗蒲記)

로 부정하고 사실을 알고서도 일부러 외면하는 양생의 행위를 이해하기 위해서는 하씨녀를 만나고 난 뒤 양생의 삶이 어떻게 바뀌었는가를 살펴보아야 한다.

만복사의 동쪽 방에서 혼자 살 때 양생의 삶은 어둡고 우울했다. 봄을 맞아 화사하게 피어있는 배꽃마저도 그의 어둡고 우울한 삶의 모습을 심화시켜 줄 뿐이었다. 그러나 하씨녀와 결연을 맺은 뒤 두 사람은 만복사의 뜰에서 만남을 축하하는 술자리를 베풀며 기쁨의 노래를 부르고 있었다. 개녕동으로 가는 길에서도 양생은 여인과 시를 주고받으며 웃고 떠들며 즐거운 시간을 보내고 있고, 개녕동에서도 여인의 환대 속에서 즐겁고 행복한 시간을 보내고 있었다. 만남 이전과 이후에 나타나는 양생의 삶이 너무도 판이하게 다르다는 것을 알 수 있다. 혼자 있을 때에는 도무지 발견할 수 없었던 기쁨과 환희로 양생의 삶이 채워지고 있기 때문이다.

이러한 사실은 양생이 하씨녀와 만나며 과거에는 맛볼 수 없었던 기쁨과 환희 속에 잠겨 있었던 것이고, 기쁨과 행복이 깨어지는 것을 바라지 않았기 때문에 하씨녀의 정체를 알아보려는 노력을 의식적으로 거부하고 만남을 계속해왔다는 것을 알려주는 것이다. 만복사의 뜰에서 양생이 여인의 맑고 고운 말씨와 웃음소리 때문에 의심을 거두고 있었고, 개녕동에서도 여인의 환대에 이끌려 자기의 의심을 거두고 있었던 데에서 이러한 사실을 확인할 수 있다. 만남을 계속하기 위해서 여인의 정체를 의도적으로 문제 삼지 않고 있었던 것이다. 이것은 양생이 어둡고 우울했던 자신의 삶을 변화시켜 놓은 하씨녀와의 만남을 아주 소중하게 받아들이고 있었다는 것을 보여주는 것이다.

그러나 보련사에서 하씨녀의 영혼이 저승으로 떠나며, 이제는 하씨녀가 이 세상의 존재가 아니라는 것이 더 이상 거부하거나 부정할 수 없는 사실이 되고 말았다. 그러므로 양생이 보련사에서 하씨녀가 귀신인 것을 알았다는 것은 그때에야 비로소 하씨녀가 귀신인 것을 알게 되었다는 것이 아니라 이제 하씨녀의 정체를 부정할 수 없는 사실로 받아들이게 되었다는 말이다.

하씨녀가 이 세상 사람이 아니라는 것은 두 사람이 이제는 다시 만날 수 없게 되었다는 것을 의미하는 것이다. 이것은 양생에게 도저히 받아들이기 어려운 상실감으로 다가오는 것이었다. 하씨녀와 만나면서 경험했던 엄청난 삶의 기쁨과 보람이 모두 허망하게 끝나기 때문이다. 그래서 양생은 여인과 사랑을 나누었던 개녕동 여인의 무덤을 다시 찾아간다.

양생은 개녕동에서 제문을 지어 하씨녀에게 바치며, 그녀와의 만남이 자신에게 얼마나 커다란 기쁨이고 보람이었던가 하는 것을 회고한 뒤 몸은 비록 흩어졌지만, 영혼은 남아있을 것이니 다시 만나서 길이 함께 살 것을 제안한다. 현실 공간에서의 재회가 불가능하다면, 꿈의 세계, 환상의 세계에서라도 만나고 싶은 간절한 염원을 토로하고 있다. 꿈이나 환상의 세계에서라도 다시 만나기를 바라고 있다는 것도 양생이 하씨녀와의 만남을 얼마나 소중하게 생각하고 있었던가 하는 것을 보여주는 것이다.

그러나 하씨녀는 공중에서 목소리로 나타나 자신은 이미 다른 나라에서 남자의 몸으로 다시 태어났다고 하며, 양생도 정업(淨業)을 닦아 윤회에서 벗어나길 바란다고 했다. 하씨녀가 남자의 몸으로 다시 태어났다는 것은 두 사람이 이제는 결코 다시 만날 수 없게 되었다는 것을 의미하는 것이다. 그리고 정업을 닦아 윤회에서 벗어나라는 것은 인간 세상에서의 모든 것이 덧없는 것임을 깨달아 세상의 괴로움이나 번뇌에서 벗어나 마음의 평화를 누리라는 것으로 해석할 수 있다.

정업을 닦으라는 하씨녀의 부탁은 결국 자신들의 만남과 사랑이 모두 덧없는 것이니 자기를 잊어버리고 마음의 평화를 찾으라는 것이었다. 하씨녀의 부탁은 꿈이나 환상의 세계에서라도 함께 있기를 바랐던 양생의 마지막 소원마저 허무하게 무너져 버리게 하는 것이었다.

그런데 하씨녀는 보련사에서 저승으로 떠나며 양생과 이승에서의 만남을 계속 이어가지 못하는 것을 안타까워하고 양생에게 자신을 잊지 말아달라고 부탁을 했었다.

저승길이 촉박하여 슬프게도 떠납니다	冥數有限 慘然將別
바라건대 낭군님은 혹시라도 나를 잊지 말아주십시오	願我良人 無或踈闊
슬프다 우리 부모 내 배필을 못 지었네	哀哀父母 不我匹兮
아득한 구원에서 원한만 맺히겠네	漠漠九原 心糾結兮

이처럼 하씨녀는 어쩔 수 없이 이승을 떠나야만 하는 슬픈 심사를 토로하며 양생에게 자신을 잊지 말아 달라고 부탁을 했었다. 그러므로 하씨녀가 공중에서 목소리로 나타나 자기를 잊으라고 한 것은 스스로 자기모순을 드러내는 것이다. 세상에서 양생과의 인연이 끊어지는 것을 슬퍼하며 저승으로 떠나는 순간에도 자기를 잊지 말아 달라고 했음에도 양생과의 단절을 선언하고 있기 때문이다.

그러나 이 부분의 모순은 모순이 아니라 새로운 문제의식을 드러내기 위한 의도적인 장치라는 것을 알 수 있다. 하씨녀는 자신의 문제를 부처님의 힘을 빌려 해결하려 했고 그 소원을 이루었던 인물이다. 이 때문에 양생과 만나게 된 것도 하늘과 부처님의 도움으로 가능했다는 것을 밝히고 있었다.[36] 이것은 하씨녀가 하늘과 부처에 의해 작동되는 보다 커다란 초월세계의 지배를 받고 있다는 것을 보여주는 것이다. 그러므로 하씨녀가 다른 나라에서 남자로 태어났다는 것은 스스로의 의지로 그렇게 된 것이 아니라, 하늘과 부처로 대표되는 초월적인 힘과 섭리가 만들어낸 결과라는 것을 알 수 있다. 그렇다면 하씨녀를 저승으로 불러가 양생을 절망스럽게 한 것도, 하씨녀를 남자로 태어나게 하여 꿈이나 환상의 세계에서라도 만나고 싶어 했던 양생의 마지막 소원마저 무너지게 한 것도 모두 그들을 둘러싸고 있는 초월적인 세계의 운명적인 힘이었던 것이다.

인간으로서는 어쩔 수 없는 절대적이며 운명적인 힘이 하씨녀와의 관계를 단절시켰다는 것을 깨닫는 데에 이르러 양생의 상실감은 비할 데 없이 깊어지고 비애와 절망 또한 더할 수 없이 증폭되어질 수밖에 없었다. 하씨녀와의 만남은 이제 꿈조차도 꾸어볼 수 없는 불가능한 일이 되어버렸기 때문이다.

하씨녀의 부탁을 들은 후 양생은 지리산에 들어가 약초를 캐며 자신의 존재를 세상에서 감춰버린다. 양생은 하씨녀를 통해서 열악했던 삶의 조건에서 벗어나 존재의 의미를 새롭게 찾을 수 있었다. 그러므로 세상을 등지고 자신의 존재를 감춰버린 것은 하씨녀가 없는 세상에서는 아무런 삶의 의미를 발견할 수 없었기 때문이다. 이런 점에서 세상을 등지고 떠난 것은 양생이 하씨녀와 함께 나누었던 만남의 경험과 시간을 끝까지 소중하게 간직하려 했다는 것을 보여주는 것이다. 그런데 이것은 정업을 닦아 윤회에서 벗어나라는 하씨녀의 부탁을 저버리는 것이다. 정업을 닦아 하씨녀와 함께 했던 시간들을 자신의 삶에서 무화(無化)시켜버리기에는 그녀와의 만남이 너무도 소중했기 때문이다.

지리산에 들어가 종적을 감춘 양생의 행위는 일찍부터 자신에게 가

---

36) 今日之事 蓋非偶然 天之所助 佛之所佑(萬福寺樗蒲記)

해지는 세계의 압력에 대한 저항의 의미를 갖는 것으로 해석되어왔다.[37] 이런 해석은 <만복사저포기>가 세계와의 치열한 대결을 작품 전개의 중심 과제로 삼고 있다는 것을 의미하는 것이다. 그리고 실패로 끝난 사랑을 강조함으로써 작품의 비극성을 부각시키게 된다.

그러나 지금까지 살펴본 바에 의하면, 세상의 규범적인 질서에 반발하기도 하고 초월적인 세계의 운명적인 힘이 양생과 하씨녀의 관계를 가로막고 있기도 하지만, <만복사저포기>는 세계와의 치열한 대결을 전면으로 내세우고 있는 작품이 아니었다. 또한, 실패로 끝난 사랑을 다루고 있다고 할지라도 그 비극성을 드러내려 하기보다 단 한 번의 만남과 헤어짐으로 이루어진 사랑이 사랑의 당사자인 두 사람에게 어떤 의미를 갖고 있으며, 두 사람은 이 사랑을 얼마나 소중하게 받아들이고 있었던가 하는 것을 보여주고 있는 작품이라고 할 수 있다. 외부세계의 개입이 차단된 두 사람만의 내밀한 공간에서 이루어진 그들만의 아름답고 애절한 사랑 이야기를 다루고 있는 작품, 그것이 <만복사저포기>라는 것을 알 수 있다.

3. 작가의식

『금오신화』에 실려 있는 다섯 편의 소설을 하나로 묶어 한 편의 완결된 작품으로 본다는 것은 김시습이 그와 같은 의도와 목적의식을 갖고 『금오신화』를 창작했다는 가설을 전제로 해서 성립하는 것이다. 그

37) 임형택, 앞의 글, 38~39쪽.
조동일, 『한국소설의 이론』, 지식산업사, 1977, 127쪽.
김일렬, 금오신화의 작품구조, 『조선조소설의 구조와 의미』, 형설출판사, 1984, 23~24쪽.

러므로 김시습의 의도를 확인해 보기 위해서는 다섯 편의 작품을 모두 분석하여 의미를 찾아낸 다음 각 작품을 통해 작가가 드러내려 했던 것이 무엇인가 하는 것을 살펴보는 것이 중요하다.

이렇게 볼 때 <만복사저포기>에 나타난 작가의식을 찾아보는 것은 다섯 편의 작품을 서로 연결하여 한 편의 작품으로 만들어주는 의미적 연결고리를 찾기 위해 반드시 거쳐야 하는 과정이라는 것을 알 수 있고, 이것은 결국 작품에 내재되어 있는 우의(寓意)적 의미를 찾는 것으로 귀결될 수밖에 없다.

『금오신화』는 창작 당시부터 작가의 우의가 담겨진 작품으로 평가되고 있었다.

> 금오산에 들어가 책을 지어 석실(石室)에 감추고 말하기를 "후세에 반드시 나를 알아주는 사람이 있을 것이다."고 하였다. 그 책은 대개 기이(奇異)한 것을 기술하여 거기에 뜻을 부친 것이다.[38]

위의 글은 본래 김안로가 지은 <용천담적기>에 실려 있는 것이다. 김안로는 『금오신화』가 기이(奇異)한 것을 기술하여 거기에 뜻을 부친 것이라고 평가하고 있다. 김안로의 생몰연대가 1481~1537년이고, 김시습이 1493년에 세상을 떴으니 그때 이미 김안로의 나이가 12세였다. 창작 당시부터 『금오신화』의 우의적 의미를 찾는 것이 작품을 이해하는 중요한 열쇠로 취급되고 있었다는 것을 알 수 있다.

김시습은 『금오신화』를 지어 석실에 감추고 자기를 알아줄 후세의 독자를 기다렸다고 했다. 석실에 감추었다는 것은 『금오신화』에 예사

---

38) 退入金鰲山 著書藏石室曰 後世必有知岑者 大抵述異寓意(김시습, 유적수보, 『매월당집부록』 권 1).

롭지 않은 사회 비판적 의미를 담아냈다는 것이고, 후세의 독자를 기다렸다는 것은 작품의 의미를 쉽게 찾아낼 수 없는 장치 속에 감추어 두었다는 것으로 해석할 수 있다. 이것은 『금오신화』의 해석이 작품의 우의적 의미를 찾아내는 데에서 온전하게 이루어질 수 있다는 것을 보여주는 것이다.

<만복사저포기>에서 작품의 우의적 의미는 크게 두 부분으로 나누어서 찾아질 수 있다. 하나는 <만복사저포기>를 구성하는 구성적 특징에서 찾을 수 있는 우의적 의미이고, 다른 하나는 작품의 전개과정을 통해서 드러나는 우의적 의미이다.

구성적인 측면에서 볼 때, <만복사저포기>는 산 사람과 죽은 사람의 만남과 사랑을 다루고 있고, 인물들이 단 한 번의 만남과 헤어짐을 갖도록 설정되어 있고, 그들의 만남이 세상 사람들로부터 단절된 자신들만의 내밀한 공간에서 이루어지도록 구성되어 있다는 특징을 갖고 있었다.

김시습이 만나고 사랑했던 사람, 그래서 비록 죽었을지라도 간절히 만나고 싶어 했던 사람이 누구였을까. 그것은 말할 것도 없이 세종 임금이다. 세종 임금은 5살밖에 안 된 김시습을 대궐로 불러들여 지신사(知申事) 박이창(朴以昌)을 시켜 천재성을 시험하게 했다. 그러나 "친히 만나보고 싶지만, 사람들이 듣고 놀랄까 걱정되니 집으로 돌려보내 잘 기르라"고[39] 했다. 세종 임금이 김시습을 만날 때 사람들의 눈과 귀를 피해 비밀스럽게 일을 처리했다는 것을 알 수 있다. 사람들이 듣고 놀랄까 걱정된다는 것은 세종 임금이 한미한 집안의 어린아이를 만나는 것을 세상 사람들이 납득하지 못하고 비난하게 될 것을 염려했다

39) 啓傳旨日 欲親引見 恐駭人聽 宜還授家 親韜晦敎養至勤(김시습, 상류양양진정서, 『매월당집』권21 서).

는 것이다. 이 때문에 세종 임금과 김시습의 만남은 사람들이 접근하지 못하는 내밀한 공간에서 이루어졌다는 것을 알 수 있다. 그런데 세종 임금과의 만남은 이것이 처음이자 마지막이었고, 김시습은 세종 임금을 다시 만날 것을 꿈꾸다가 세조의 정변을 만나 중이 되어 세상을 등지고 떠난다. 김시습이 세종 임금과의 관계가 단절된 세상에서 더 이상 삶의 의미를 찾지 못했다는 것을 알 수 있다.

김시습은 한미한 무반 출신으로 증조(曾祖) 때부터 몰락하기 시작하여 아버지는 음보(蔭補)로 충순위(忠順衛)의 하급 직위를 얻었으나 그마저 병으로 나가지 못했다고 한다.[40] 김시습이 살았던 조선 초기는 건국 이래 지배층이 확산되는 것을 방지하기 위한 다양한 시책들이 본격적으로 펼쳐지기 시작했던 시기이다. 사족(士族)과 이족(吏族)을 분리하여 이족이 지배층으로 편입하는 길을 차단하고, 양반 신분이면서도 정실(正室)에서 나지 않은 서얼(庶孼)들의 사회 참여를 엄격하게 금지하는 정책들을 펼쳤다.[41] 뿐만 아니라 무반(武班)들이 지배층의 핵심 세력이 되는 것을 방지하기 위해 문반(文班) 중심으로 지배층을 구성하기 위한 시책을 펼쳤다.[42] 김시습이 자신의 탁월한 재능에 비해 사회 진출이 쉽지 않은 삶의 조건을 갖고 있었던 것을 알 수 있다.

그러나 세종 임금은 이러한 사회적 조건을 문제 삼지 않고, 어린 김시습을 대궐로 불러 천재성(天才性)을 시험해 보고, 장차 나라에서 크게 쓸 것을 약속하기도 했다.[43] 이것으로 말미암아 김시습은 세종 임

40) 至吾曾祖而止奉翊 父承其蔭纔占仕端 以病故不克就仕(김시습, 상류양양진정서, 『매월당집』 권21, 서).

41) 이성무, 조선초기의 향리, 『한국사연구』 5호, 한국사연구회, 1970.3, 70~85쪽. 이태진, 서얼차대고, 『역사학보』 27권, 역사학회, 1965, 65~104쪽.

42) 김영모, 『조선지배층연구』, 일조각, 1977.12, 442~443쪽.

43) 英廟而召于代言司知申事朴以昌 傳旨問虛實能否 ..... 啓傳旨曰 ..... 待年長學業成就將大用(김시습, 상류양양진정서, 『매월당집』 권21, 서).

금에게 절대적인 존경과 신뢰를 가지게 되었었으리라는 것을 알 수 있다. 세종 임금이 돌아가시고 자기의 뜻과 세상일이 어긋나게 되자 세상을 등지고 방외(方外)의 인물이 된 김시습은 매양 달 밝은 밤이면 이소경(離騷經)을 읊으며 눈물을 흘리곤 했고, 술을 마시고 취하면 "우리 영릉(英陵 - 세종)을 보지 못했느냐"라고 하며 눈물을 흘리며 슬퍼했다고 한다.44) 김시습이 세종 임금과의 만남 이후 세종 임금을 가슴 깊이 소중하게 간직하며, 일생동안 얼마나 그리워하고 있었던가 하는 것을 잘 알 수 있다.

이렇게 볼 때, <만복사저포기>는 김시습이 돌아가신 세종 임금을 간절하게 그리워하며, 세상 사람들이 접근할 수 없는 그들만의 내밀한 공간에서 세종 임금과 가졌던 단 한 번의 만남을 작품의 구성적 축으로 하여 창작한 작품이라는 것을 알 수 있다.

<만복사저포기>를 김시습의 삶과 연결시켜 이해할 때 경계할 것은 작품을 통해 역사적 사건을 찾아보려 하거나, 작중인물들을 양생－김시습, 하씨녀－세종으로 대응시켜 받아들이는 것이다. 초기 연구자들에게 나타났던 이러한 연구 경향은 역사적 사실을 밝혀보거나 사실관계를 따져보는 데에 머무르게 됨으로써 문학적 형상화의 문제를 해결하는 데에 걸림돌이 되기 때문이다. 그러므로 작품의 내용을 역사적 사실과 대응시켜 사실관계를 확인해 보는 것이나, 양생과 하씨녀의 삶이 김시습이나 세종 임금의 삶과 일치하는가 하는 것을 따져보는 것은 이 글의 관심사가 아니다. 이 글의 목적은 김시습이 세종 임금과 만났던 자신의 경험을 어떻게 작품화하고 있고, 그것을 통해 무엇을 드러내려 했던가 하는 것이다.

---

44) 性嗜酒 飮醉必曰 不見我英陵否 流涕悲甚(김시습, 유적수보, 『매월당집부록』 권1).

이제 작품의 전개과정을 통해 김시습이 세종 임금과의 만남을 어떻게 작품화하고 있었던가 하는 것을 살펴보기로 하겠다. <만복사저포기>는 만복사에서 양생과 하씨녀가 만나는 데에서부터 시작된다. 두 사람의 만남은 불우하고 열악한 환경에서 벗어나 삶의 의미 있는 전환을 꾀하고, 그것을 통해 존재의 의미를 획득하게 된다는 의미를 갖고 있었다. 그리고 하씨녀가 양생을 만날 수 있었던 것은 규범적 질서에서 벗어나려는 욕망을 갖고 있었기 때문이었다.

김시습이 살았던 조선 초기는 건국의 공신들을 중심으로 하는 신흥사대부들이 자신들의 기득권을 지키기 위해 배타적인 사회체제를 정비해가고 있던 시기였다. 이 때문에 한미한 무반 출신의 김시습은 나이 20세가 되도록 관립교육기관이었던 사부학당(四部學堂)에도 들어가지 못하고 여러 스승을 번갈아 찾아다니다가 마침내 삼각산의 절간으로 들어가서 공부를 하는 등 자신의 뜻을 펼칠 수 있는 기회를 제대로 얻지 못하고 있었다.[45] 그러므로 세종 임금과의 만남은 사회적 진출이 쉽지 않았던 김시습에게 삶을 전환할 수 있고 존재의 의미를 바꾸어 놓을 수 있는 중대한 사건이 될 수 있었다는 것을 알 수 있다.

그리고 김시습이 세종 임금을 만날 수 있었던 것은 세종 임금이 김시습을 만나서 그의 천재성을 시험해보고 싶은 욕망을 갖고 있었기 때문이다. 그런데 세종 임금이 김시습을 만나기 위해서는 규범적 질서의 법도를 넘어서야 했다. "사람들이 듣고 놀랄까 걱정된다."는 말은 세종 임금이 김시습을 만나기 위해 규범적인 질서의 법도를 넘어서야 했다는 사실을 보여주고 있다. 한 나라의 최고 통치권자인 임금이 한미한 집안의 어린아이를 만난다는 것이 당시 사람들로서는 이해할 수 없

45) 정병욱, 김시습 연구, 『한국고전의 재인식』, 홍성사, 1979, 39~40쪽.

는 일이었기 때문이다. 이렇게 볼 때 김시습은 양생과 하씨녀의 만남처럼 자신과 세종 임금의 만남도 삶의 전환이 되고 존재의 의미를 바꾸어 놓는 사건이었고, 규범적 질서의 법도를 넘어서야 가능한 일이었다는 것을 드러내려 했었다는 것을 알 수 있다.

만복사에서 만나 결연을 맺은 양생과 하씨녀는 개녕동으로 공간을 옮겨가며 사랑의 밀도를 높여가고 있었다. 김시습과 세종과의 만남에서 공간의 이동은 없었다. 그러나 공간의 이동은 시간의 경과를 수반하는 것이다. 따라서 양생과 하씨녀가 공간을 옮겨가며 사랑의 밀도를 높여가고 있었다는 것은 세종 임금에 대한 김시습의 사랑도 시간이 경과하며 더욱 밀도가 높아지게 되었다는 것을 보여주는 것이다.

갈대가 푸르름이여 이슬이 서리가 되었네	蒹葭蒼蒼兮白露霜
아름다운 한 사람이여 하늘 저편에 있구나	有美一人兮天一方
가서 따르려 하지만 언덕이 너무 길구나	欲往從之兮隴坂長
초조하게 근심함이여 여전히 사라지지 않네	憂心悄悄兮猶未央

갈대가 무성함이여 이슬도 차갑구나	蒹葭萋萋兮白露凄
아름다운 한 사람이여 하늘과 땅처럼 멀리 있구나	有美一人兮隔雲泥
가서 따르려 하지만 길이 아득하구나	欲往從之兮道路迷
근심하여 슬퍼함이여 슬픔만이 더하는구나	憂心怛怛兮增慘悽

갈대가 우거짐이여 이슬도 말라버렸구나	蒹葭依依兮白露晞
아름다운 한 사람이여 모습도 희미하구나	有美一人兮音容稀
가서 따르려 하지만 계획이 어그러졌구나	欲往從之兮計已非

근심하고 근심함이여 누구와 함께 돌아갈까　　憂心隱隱兮誰同歸

갈대가 무성함이여 이슬도 사납구나　　蒹葭淠淠兮白露厲
아름다운 한 사람이여 백세에 계시는구나　　有美一人兮居百世
가서 따르려 하지만 때가 이미 가버렸구나　　欲往從之兮時已逝
근심하고 걱정함이여 수심이 생기게 하네　　憂心忉忉兮俾我泄[46)]

<겸가(蒹葭)>라는 제목의 시이다. 모두 4연으로 되어 있는 위의 시에는 갈대와 그 위에 내린 이슬을 소재로 해서 그리워하는 사람을 만나지 못하는 안타까운 심정을 반복해서 드러내고 있다. 내가 그리워하고 보고 싶어 하는 사람은 하늘 저 편, 구름과 땅의 사이만큼이나 멀리 떨어져 있어 모습마저도 희미하지만 백세(百世)의 시간이 지나도록 언제나 그곳에 있어 내 그리움의 대상으로 존재하고 있다고 노래하고 있다. 그리고 나의 걱정과 슬픔에 동참해 위로해 줄 사람마저 없는 외로운 상태에서 사랑하는 사람과 함께 하지 못해 근심하는 마음에 슬픔이 쌓여가고 있는 안타까운 모습을 드러내고 있다. 걱정과 근심 그리고 슬픔이 깊어가는 것은 사랑의 깊이가 그만큼 깊어졌기 때문이다.

위의 시에는 어진 사람을 생각하며 고금(古今)을 대하여 길이 탄식한다는[47)] 부제(副題)가 덧붙여져 있다. 그리워하는 대상을 불특정(不特定) 다수의 현인(賢人)으로 확산시켜 의미의 초점을 흐려놓고 있는 것이다. 그러나 위의 시에서 지속적으로 등장하고 있는 "아름다운 한 사람(有美一人)"은 "한 사람의 미인(有一美人)"으로 바꿀 수 있다. 그리고 <정과정곡(鄭瓜亭曲)> 이후 임금을 "님"으로 표현하는 시적 전

46) 김시습, 『매월당집』 권7.
47) 思賢人也 俯仰古今 悠悠永歎.

통 속에서 미인(美人)은 임금을 의미하는 용어로 사용되어 왔다.

그렇다면 위의 시는 불특정 다수의 현인을 생각하며 썼다고 되어있지만, 사실은 김시습이 한 사람의 미인, 즉 세종 임금을 그리워하며 쓴 것이라는 것을 어렵지 않게 짐작할 수 있다. 5세에 처음 만난 후 시간이 흘러가면서 세종 임금에 대한 김시습의 그리움과 사랑이 밀도를 높여가며 더욱 깊어지고 있었다는 것을 알 수 있다.

양생과 하씨녀가 개녕동에서 사랑의 밀도를 높여갈 수 있었던 것은 만남을 통해 서로를 깊이 이해하고 신뢰할 수 있는 사이로 발전할 수 있었기 때문이었다. 김시습 또한 시간이 지나면서 세종 임금에 대한 자신의 사랑이 더욱 깊어질 수 있었던 것이 세종 임금을 절대적으로 신뢰할 수 있고, 더욱 깊이 이해할 수 있었기 때문이라고 밝히고 있다.

> 나는 영릉(英陵-세종)의 두터이 알아주시는 은혜를 받았으니 이런 고생스런 생활을 해도 마땅하지만, 공은 나와 다르니 어찌 세도(世道)를 도모하지 않는가 하였다.[48)]

김시습이 남효온에게 한 말이다. 세종 임금의 두터이 알아주시는 은혜를 입었기 때문에 일생동안 세종 임금을 가슴에 품고 살아가고 있다고 고백하고 있다. 은혜를 입었다는 것은 김시습이 나이가 들면서 세종 임금이 규범적 질서의 법도를 넘어서까지 자신을 만나고 등용하고 싶어 했다는 것을 알게 되었다는 말이다. 그리고 이에 따라 세종 임금을 더욱 깊이 이해하고 신뢰하게 되면서 사랑도 깊어지게 되었다는 것을 고백하는 말이다.

---

48) 先生謂之曰 我受英陵厚知 爲此辛苦生活宜也 公則異於我 何不爲世道計也 (김시습, 유적수보, 『매월당집부록』 권1).

그리고 개녕동에서 양생은 하씨녀와 사랑의 밀도를 높여가고 있었을 뿐만 아니라 삶의 의미 있는 전환을 이루고 존재의 의미를 찾아가는 인간으로 다시 태어나고 있는 모습을 보여주고 있었다. 이것은 김시습이 세종 임금과의 만남으로 삶의 전환이 이루어지고 존재의 의미를 찾게 되었던 모습을 드러낸 것이라고 할 수 있다.

세종 임금과 만나 천재성을 증명하고 장래를 약속받은 후 김시습의 명성은 온 나라에 떨쳤고 사람들은 그를 5세라 부르고 이름을 부르지 않았다고 한다.[49] 이것은 세종 임금과 만난 후 세상 사람들이 김시습을 그 천재성으로 인해 장차 나라에서 크게 쓰일 인물로 받아들였다는 것을 보여주는 것이다. 신분의 벽이 강화되어가던 조선 초기의 사회적 상황에서 세종 임금과 만나게 됨으로써 한미한 집안 출신이었던 김시습이 삶의 의미 있는 전환을 이룰 수 있었다는 것을 알 수 있다.

어렸을 때 아장거리며 황금 대궐에 나갔더니	少小趍金殿
세종 임금께서 비단 도포 내리셨네	英陵賜錦袍
지신사 날 불러 무릎에 앉히고	知申呼上膝
중사를 권해 붓을 휘두르게 하고는	中使勸揮毫
다투어 말하기를 진정한 영물이라 하고	競道眞英物
봉황의 깃털이 나타났다며 쳐다보았네	爭瞻出鳳毛
어찌 알았으랴 집안 일 무너지고	焉知家事替
영락해서 쑥대밭에서 늙을 줄을	零落老蓬蒿[50]

49) 莊憲大王聞之 召致承政院試以詩 果捷而佳 下敎日 ..... 待其學成 將大用 .... 於是聲振一國 稱日五歲而不名(이이, 김시습전, 『매월당집』 전).

50) 김시습, 『매월당집』 권14.

<서민(敍悶)>이라는 제목으로 지은 6수의 시 가운데 둘째 시이다. 김시습이 세종 임금에게 재능을 인정받고 장래가 촉망되는 사람으로 사람들의 부러움을 샀었다는 것을 회상하고 있다. 그런데 여기에서 김시습은 세종 임금과 만나며 자신이 아장거리며 걷던 어린아이에서 영물(英物)로, 봉황의 깃털로 대접받으며 대단한 존재로 바뀔 수 있었다고 밝히고 있다. 세종 임금과의 만남이 김시습에게 존재의 의미를 바꾸어 놓을 만큼 소중한 사건이었다는 것을 고백하고 있는 것이다.

한편 개녕동에서 보련사로 옮기며 양생은 하씨녀의 부모에게 사위로 인정받을 수 있었고, 이로 말미암아 양생과 하씨녀의 만남도 세상 사람들에게 알려져 인정받을 수 있었다. 자신들만이 내밀한 공간에서 이루어졌음에도 두 사람의 만남이 마침내 세상 사람들에게 알려져 인정을 받았던 것처럼 김시습과 세종의 만남도 사람들의 이목을 피해 이루어졌지만 곧 바로 세상에 널리 알려질 수밖에 없었다. 내밀하게 이루어졌음에도 세상에 알려질 수밖에 없었던 세종 임금과의 만남을 작품화했다는 것을 알 수 있다.

그런데 양생과 하씨녀의 만남이 세상 사람들에게 인정받는 것을 작품전개의 중요한 과정으로 설정한 까닭이 무엇일까? 양생과 하씨녀의 만남은 산 사람과 죽은 사람과의 만남이었기 때문에 이들의 만남은 하씨녀의 부모도 이해하지 못했던 것처럼 사람들이 이해할 수 없는 것이었다. 마찬가지로 한 나라의 임금이 한미한 집안의 5세밖에 안 되는 어린아이를 불러서 만나는 것을 당시 사람들은 쉽게 이해하지 못하고 있었다. 이 때문에 김시습은 양생과 하씨녀의 만남이 사람들에게 인정을 받은 것처럼 세상 사람들이 자기들의 선입견에서 벗어나 세종 임금과 자신의 만남을 온전히 이해해주기를 바랬다고 할 수 있다.

그리고 양생은 하씨녀의 부모와 처음 만날 때 무덤 속의 물건을 훔친 도둑으로 오해받고 있었다. 그러나 실상이 알려지며 양생은 하씨녀의 문제를 맡아서 해결해준 사람이라는 것이 드러나게 되었다. 이처럼 하씨녀와의 만남이 부모에게 알려져 인정받는 과정은 제대로 알려지지 않아서 오인되었던 양생의 본 모습이 드러나는 과정이기도 했다.

김시습은 사람들에게 많은 오해를 받았었다. 사람들이 바보라고 하고, 미쳤다고 하고, 말이나 소라고 해도 모두 대답해 주었다고 했다.[51] 성격이 우활(迂闊)하여 말과 행동을 마음대로 했기 때문에 사람들에게 경망하고 조급하다는 평가를 받기도 했고, 유불도(儒佛道)를 두루 섭렵하여 사상적으로도 정체를 파악하기 어렵다는 평가를 받았으며, 세상을 분개하고 시속을 미워하여 사람들이 이해할 수 없는 행동을 하기도 했다.[52]

그러나 김시습은 세상과 맞지 않아 방외(方外)의 삶을 살아야 하는 데에서 오는 답답하고 울적한 심회를 시를 통해 토로하기도 했고, 강원도 양양(襄陽) 지방의 수령으로 있으며 자신과 친밀하게 지내던 유자한(柳自漢)에게 여러 차례 글을 보내 사람들에게 잘못 전해져 있는 자신의 과거 행적을 바로 잡아 밝히기도 했다. 그것이 어쩔 수 없는 자기표현의 한 방법이었다 하더라도, 김시습이 수많은 기행(奇行)으로 왜곡되어있는 부분을 바로 잡고, 자신의 본래 모습을 밝혀 보여주고 싶은 욕구를 가졌었다는 것을 알 수 있다. 그러므로 양생과 하씨녀의 만남이 부모에게 알려져 인정을 받도록 한 것은 자신과 세종 임금과의 만남을, 그리고 자신의 본래 모습을 사람들이 제대로 이해하고 알아주기를 바라는 김시습의 욕구를 반영한 것이라고 할 수 있다.

보련사에서 하씨녀의 혼백이 저승으로 떠나버리자 양생은 다시 개

51) 김시습, 상류양양진정서, 『매월당집』 권21.
52) 이이, 김시습전, 『매월당집』 전.

녕동의 무덤으로 가서 꿈이나 환상의 세계에서라도 하씨녀와 다시 만나고 싶어 했다. 그러나 하늘과 부처처럼 인간들의 삶을 지배하는 운명적이며 초월적인 힘에 부딪혀 마지막 기대마저 접어야 했다.

1449년 김시습은 14세의 나이에 어머니를 잃고 외숙모의 보살핌을 받는다. 그러나 외숙모도 곧 세상을 뜨고 아버지는 병으로 집안일을 돌보지 못해 또 계모를 얻는다. 공교롭게도 어머니를 잃은 1년 뒤인 1450년 세종 임금이 돌아가시고, 뒤따라 문종 임금도 돌아가시고 마침내 세조가 정변을 일으켜 임금의 자리에 오르는 사회적 격변기를 맞는다. 이처럼 가정적으로나 사회적으로 어린 나이의 김시습이 감당하기 어려운 변화를 겪으며, 김시습은 마음과 일이 어긋나는 것을 절감하고 뜻이 황폐해져서 세상을 등지고 떠났다고[53] 고백하고 있다.

김시습이 겪은 가정적, 사회적 변화는 한 사람의 인간이 어찌해 볼 수 있는 것이 아니었다. 김시습은 자신이 감당할 수 없는 엄청난 변화를 겪으며 인간들의 삶을 지배하는 초월적인 세계의 힘을 절감했을 수 있다.

부질없는 인생 일찍이 쉬지도 않고	堪歎浮生早不休
십 년의 책과 검으로 수심을 사왔구나	十年書劍買閑愁
늙는 것 물리칠 신통한 방법 없고	老無可却靈方少
사는 것 늘이지 못해 재목이 우거졌구나	生不長延宰木幽
은총이 지극해도 개 돼지처럼 버려지고	寵極定如芻狗擲
궁하면 물 없는 곳에서 노는 물고기처럼 되네	窮來還似涸鱗游
사람들이 모두 세상이 좋다고 하지만	人人盡說人間好

53) 心事相違顚沛之際 ...... 僕之志已荒凉矣 遂伴髡者遊山水(김시습, 상류양양진정서,『매월당집』권21).

봄도 인간 세상에서 잠시 머물 뿐이네　　　　春到人間肯暫留[54]

<우탄(寓歎)>이라는 제목의 시이다. 쉬지도 않고 10년 동안 서검(書劍)을 닦아도 수심만 쌓이고, 오래 살고 싶어 안달하지만 결국 죽을 수밖에 없고, 출세하려고 발버둥 쳐보기도 하지만 뜻대로 되지 않고, 세상이 좋다고 떠들지만 봄날도 잠시뿐이라고 했다. 사람들이 아무리 발버둥 치더라도 인간들의 삶은 결국 초월적인 세계의 질서 속에서 재단될 수밖에 없다는 생각을 드러내고 있다.

가정과 사회적으로 감당할 수 없는 불행을 겪으며 김시습은 자신과 세종 임금과의 관계가 무너지고 만남이 온전하게 성취되지 않은 것이 초월적인 세계의 횡포 때문이라고 생각했었다는 것을 알 수 있다. 그러므로 양생과 하씨녀의 관계가 초월적인 세계의 운명적인 힘에 의해 단절되는 것으로 설정되어 있는 것은 세종 임금과의 관계가 단절된 것에 대한 김시습의 운명론적인 사고방식을 드러내고 있다고 할 수 있다.

하씨녀를 만나려는 마지막 기대마저 무너져 버리자 양생은 정업을 닦아 윤회에서 벗어나라는 하씨녀의 부탁을 저버리고 세상을 등지고 지리산에 들어가 종적을 감추어 버린다. 지리산으로 들어간 것은 하씨녀가 없는 세상에서는 아무런 의미를 발견할 수 없었기 때문이고, 하씨녀의 부탁을 저버린 것은 하씨녀와의 만남이 너무도 소중했기 때문에 그녀와 함께했던 시간들을 자신의 삶에서 지워버릴 수 없었기 때문이었다.

세종 임금이 돌아가시고 세조의 정변이 일어나자 김시습은 중이 되어 세상을 등지고 떠난다. 세종 임금과의 만남이 너무나 소중했기 때

54) 김시습, 『매월당집』 권1.

문에 세종 이래의 질서를 송두리째 무너뜨려 버린 새로운 세상에서는 아무런 존재의 의미를 발견할 수 없었기 때문이다.

그러나 행색은 중이었을지라도 그는 온전히 불교에 귀의하여 자신을 맡길 수 없었다. 그는 "불로(佛老)와 같은 이단과 머리 깎은 이와 벗이 되는 것을 좋아하지 않았는데 머리 깎은 이는 물외(物外)의 인간이요, 산수 또한 물외의 경계이기 때문"이라고[55] 했고, "이도(異道)로써 세상에 이름을 나타내려 하지 않았기 때문에 광묘(光廟-세조)께서 자주 불렀으나 나아가지 아니했다."고[56] 했다.

불도를 닦는 것은 이 세상에서의 삶이 무상(無常)하다는 것을 깨달아 삶의 고통스런 문제에서 벗어나는 것으로 요약된다. 그러나 김시습은 머리를 깎고 중이 되었을지라도 불도를 닦아 성취하는 것이 자신의 본래 뜻이 아니라고 하고 있다. 세종 임금과의 소중한 만남을 자신의 삶에서 지워버릴 수 없었기 때문에 불도를 닦아 삶의 고통스런 문제에서 벗어나는 길, 즉 세종 임금과의 관계에서 자유로운 길을 걸어갈 수 없었던 것이다. 물외의 인간과 세상을 좋아하지 않았다는 것은 김시습이 중이 되었음에도 세종 임금과의 관계에서 결코 자유로울 수 없었다는 것을 보여주고 있다. 그러므로 양생이 하씨녀의 부탁을 저버리고 지리산에 들어가 종적을 감춘 것은 세조의 정변으로 세종 이래의 질서가 무너진 세상에서 아무런 의미를 발견하지 못하고 중이 되어 세상을 등지고 떠났던, 그럼에도 세종 임금과의 만남을 평생 소중하게 간직하며 살았던 김시습의 행적을 대변하고 있다는 것을 알 수 있다.

---

55) 僕素不好 佛老異端 與髡者伴 髡本物外之人也 山水亦物外之境也(김시습, 상류자한서, 『매월당집』 권21).

56) 然不欲以異道顯世 故光廟傳旨屢召 而皆不就(김시습, 상류양양진정서, 『매월당집』 권21).

4. 맺음말

지금까지 살펴본 것처럼 <만복사저포기>는 김시습이 세종 임금과 가졌던 단 한 번의 만남이 자신의 삶에서 어떤 의미를 갖고 있었으며, 그 만남을 어떻게 받아들이고 있었던가 하는 것을 보여주려 한 작품이라고 할 수 있다. 다시 말해서 양생과 하씨녀의 사랑을 통해서 김시습은 세종 임금과의 만남이 자신의 삶에서 의미 있는 전환이 이루어지고 존재의 의미를 찾을 수 있었던 소중한 사건이었다는 것을 드러내고, 단 한 번이었지만 그 만남이 얼마나 밀도 있게 이루어졌으며, 만남을 통해 자신이 세종 임금을 얼마나 깊이 신뢰하고 이해하며 사랑하게 되었는가를 드러내려 했다는 것을 알 수 있었다.

또한, 김시습은 사람들이 세종 임금과의 만남을 온전하게 이해해주고, 기행으로 왜곡되어 있는 자신의 본래 모습도 제대로 알아주기를 바라는 마음을 담아서 드러내기도 했고, 한 인간으로서는 감당하기 벅찼던 불행을 겪으며 인간들의 삶이 초월적인 세계의 지배를 받고 있다는 운명론적인 사고를 담아내기도 했다. 그리고 세상을 등지고 지리산으로 들어가는 양생의 모습을 통해서는 세상에 절망하여 중이 되어 떠날 수밖에 없었지만, 세종 임금과의 만남을 소중하게 간직하여 잊을 수 없었던 자신의 행적을 대변해서 드러내기도 했다.

김시습은 또 <만복사저포기>를 통해 세종 임금과의 만남을 회고하며 자신들의 만남이 얼마나 아름답고 애절한 것이었던가를 밝히고, 세종 임금에 대한 자신의 사랑과 신뢰가 영원히 변치 않는 것임을 드러내기도 했다. 세종 임금에 대한 김시습의 아름답고 애절한 사랑의 마음, 이것은 개녕동에서 하씨녀의 이웃 사람으로 등장하는 네 명의 여인들을 통해서 표출되고 있다.

개녕동은 양생과 하씨녀의 만남과 사랑이 회고되는 공간이기도 했다. 개녕동에서의 이별을 앞두고 하씨녀는 네 명의 이웃 여인들을 초청하여 전별의 시를 쓰게 한다. 이웃 여인들의 시는 양생과 하씨녀의 만남과 사랑이 어떠했던가 하는 것을 제 3자의 입을 통해 진술하게 하는 것이다. 제 3자의 입을 통해 진술되는 것이므로 여인들의 시는 진술의 내용이 객관적 타당성을 갖게 되므로, 두 사람의 사랑이 어떤 모습으로 전개되었던 가에 대해 보다 정확하고 신뢰할 수 있는 정보를 독자들에게 전달해준다는 의미를 갖고 있다.

정(鄭)씨 여인이 제일 먼저 시를 지었다. 그녀는 배필을 만나지 못해 혼자 사는 삶이 얼마나 외롭고 힘들었던가 하는 것을 말하고, 그렇게 고통스러운 시간을 보낸 뒤 사랑을 이루었음에도 봄바람에 꽃이 지듯 허무하고 빠르게 사랑이 스쳐 지나갔다고 토로한다. 그리고 단 한 번 찾아왔던 사랑이 속절없이 사라진 것을 안타까워하며 다시 한 번 사랑하는 사람을 만나보고 싶어 하는 간절한 마음을 시에 담아서 드러내고 있다.

오(吳)씨 여인이 뒤를 이어 시를 지었다. 오씨 여인은 찾아오는 사람마저 없어서 혼자 사는 외롭고 힘든 자신의 처지와 배필을 만나서 즐거움에 흠뻑 젖어있는 양생과 하씨녀의 입장을 대비시켜 드러낸 뒤 연리지(連理枝) 나무보다도 못한 자신의 박명함을 한탄하는 것으로 시를 맺고 있다. 그러나 겉으로는 자신의 신세를 한탄하고 있지만 박명한 자신의 처지와 즐거움에 흠뻑 빠져있는 양생과 하씨녀를 대비시켜 드러냄으로써 양생과 하씨녀의 만남이 얼마나 깊이 있고 밀도 있게 이루어지고 있었던가 하는 것을 효과적으로 보여줄 수 있었다.

김(金)씨 여인이 정씨 여인의 뒤를 이어갔다. 김씨 여인은 양생과 하씨녀의 만남이 세상 사람들의 눈을 피해 내밀하게 이루어졌다는 것을 말하며, 이 만남이 세상에 알려져 사람들에 의해 깨어지게 될 것을 걱정한다. 그러나 그럼에도 불구하고 김씨 여인은 양생과 하씨녀의 만남이 아름답게 열매 맺어 많은 시간이 흐른 뒤에도 두 사람의 아름다운 만남이 사람들에 의해 훼손되지 않고 길이 전해지기를 바라는 간절한 마음을 드러내고 있다.

마지막으로 류(柳)씨 여인이 나섰다. 류씨 여인은 자신이 세상을 등지고 자연과 벗하며 님에 대한 정절을 굳게 지켜왔다고 하며, 다른 사람들이 모두 지조를 버릴 때에도 아름다운 이름에 금이 갈 것을 걱정하며 힘들고 고통스럽게 정절을 지켜왔다고 했다. 그러나 양생과 하씨녀의 만남은 하늘의 도움을 받아 아름답게 열매 맺기를 바라는 마음을 드러내는 것으로 시를 마치고 있다. 류씨 여인은 역경 속에서도 정절을 지켜 온 자신의 이야기를 통해 양생과 하씨녀도 그들의 아름다운 만남의 의미가 훼손되지 않도록 아무리 힘들고 어려운 상황 속에서도 자신의 정절을 지키고 상대방에 대한 신뢰의 끈을 놓지 말 것을 당부하고 있는 것이다.

이처럼 <만복사저포기>는 김시습과 세종 임금과의 사이에 교류되었던 그들만의 내밀한 사랑 이야기를 다루고 있는 작품이다. 그런데 <만복사저포기>의 뒤에 나오는 <이생규장전>도 <만복사저포기>와 마찬가지로 남녀 사이의 애정 문제를 다루고 있다. 만남과 사랑이라는 동일한 소재를 다루고 있다는 점에서 두 작품은 모두 세종 임금과의 만남을 우의적으로 드러내고 있는 작품이라고 할 수 있다. 그럼에도 불구하고 애정의 문제를 다루는 방식이 두 작품에는 서로 다르게 나타나고 있다. 그러므로 『금오신화』가 한 편의 완결된 작품으로 기능하려면 애정의 문제를 다루는 방식이 두 작품에서 어떻게 서로 다르게 나타나며, <만복사저포기>에서 드러내려 했던 의미와 작가의식이 <만

복사저포기> 의 다음 작품인 <이생규장전>의 것과 어떻게 연결되고 있는가 하는 것이 밝혀져야 할 것이다. 그리고 이 문제는 <이생규장전>을 분석하는 다음의 글을 통해서 밝혀지게 될 것이다.

제 2절
〈이생규장전〉에 나타난 사랑의 사회적 조건과 작가의식

1. 머리말

<이생규장전>은 남녀의 사랑 이야기를 다루고 있다는 점에서 <만복사저포기>와 동일한 유형에 속하는 작품이다. 그러나 애정의 문제를 다루는 방식이 두 작품에는 서로 다르게 나타난다. 남녀의 사랑은 다른 사람들이 개입할 수 없는 두 사람만의 내밀한 관계를 바탕으로 성립하는 것이다. 이 경우에는 사랑의 당사자인 두 사람만이 세계의 전부이기 때문에 외적인 요인을 고려할 필요가 없이 두 사람 사이에 이루어지는 사랑의 의미만이 문제가 된다. <만복사저포기>에는 작품 속의 인물들이 아무도 개입할 수 없는 그들만의 내밀한 공간에서 사랑을 나누고 있는데 이것은 <만복사저포기>가 외부세계의 개입이 차단된 상태에서 남녀의 만남과 사랑이 당사자인 두 사람에게 어떻게 받아들여지고 있었던가 하는 것을 다루고 있는 작품이라는 것을 보여주는 것이다[1]

* 이 글은 『한민족어문학』 73집(한민족어문학회, 2016)에 발표된 것이다.

그러나 두 사람 사이에 외부세계, 특히 적대적인 외부세계가 개입하게 되면 사랑하는 사람들은 자신들의 의지와는 달리 만나고 헤어지는 것을 반복하며 고통스럽게 자신들의 사랑을 꾸려갈 수밖에 없다. <이생규장전>에서 이생과 최 소저는 세 번에 걸쳐 만나고 헤어지는 것을 반복하는데 이것은 그들 사이에 적대적인 외부세계가 개입하기 때문이다. 이 경우 두 사람의 사랑은 더 이상 그들만의 내밀한 공간에 머무르지 않고 외부세계에 노출되어 외부세계와의 관계 속에서 영위되게 된다. 두 사람의 사랑이 이제는 사회적 의미를 지니게 되는 것이다.

<이생규장전>의 사회적 의미를 찾아보려는 노력은 일찍부터 시작되었다. 이 문제에 대한 지금까지의 논의는 크게 세 부류로 정리될 수 있다. 첫째는 작품의 내용을 역사적 인물이나 사건과 대응시켜 파악해 보려는 것이다. 이른바 역사 환원주의로 불려지는[2] 일련의 성과물들이 여기에 해당된다.[3] 세조의 정변이라는 역사적 사건이 『금오신화』 창작의 중요한 동기가 되었다는 점에서 이러한 해석은 나름대로의 의의를 지니고 있다. 그러나 이러한 연구는 작품에서 역사적 사건과 대응되는 요소를 찾아내는 데 논의의 초점이 모아져 있으므로 역사적 사건이 작품화되었다는 사실을 밝히는 데 머무르고 있을 뿐 사실의 문학적 형상화의 문제로 논의를 진전시키지 못하는 문제를 드러내고 있다.

둘째는 작품에 나타난 유교적 윤리의식이나 도덕적 이념을 찾아보

1) 안창수, <만복사저포기>에 나타난 애정의 의미와 작가의식, 『한민족어문학』 71집, 한민족어문학회, 2015.12,413~456쪽.

2) 박희병, 금오신화의 소설미학, 『한국전기소설의 미학』, 돌베개, 1997, 231쪽.

3) 정주동, 『매월당 김시습 연구』, 신아사, 1965, 604~605쪽.
설성경, 이생규장전의 구조와 의미, 『고소설의 구조와 의미』, 새문사, 1986, 86~88쪽.
곽정식·이복자, 이생규장전의 우의적 고찰, 『인문과학논총』8집, 경성대 인문과학연구소, 2003, 4~8쪽.

려는 것이다.[4] 유교적 관점으로 보았을 때 세조의 정변이 윤리나 도덕적으로 용납할 수 없는 사건이었고, 불의에 맞서 절의를 지키려 했던 김시습의 행위가 작품에 반영되어 있기 때문이다. 이러한 연구는 윤리의식이나 도덕적 이념을 주제로 드러내기 위한 문학적 장치에 대한 면밀한 분석을 동반하게 되므로 상당한 설득력을 지닐 수 있었다.

셋째는 작품에 나타난 사회적 현상을 폭넓게 찾아보려는 것이다. 당시의 질곡적인 사회현실과 도덕규범에 대한 저항을 작품화한 것으로 보거나,[5] 청춘남녀의 욕망을 유가적 이념 속에 가두어 두려는 현실의 질서를 비판하고,[6] 인간이 누려야 할 최소한의 욕망조차 억누르는 유가 사회의 부조리를 비판하는 것으로[7] 보려는 것이 그것이다.

이러한 견해들은 모두 김시습이 부당하거나 부조리한 역사적 사건이나 사회 현상을 고발하거나 비판하고 유교적 윤리의식이나 도덕을 드러내기 위해 <이생규장전>을 창작했다는 입장에 선다. 파란만장한 삶을 살면서 사회의 부조리에 대해 누구보다 깊은 비판의식을 지니고 있었던 김시습이었기 때문에 사회에 대해 비판적 목소리를 내고 싶었

---

4) 김일렬, 금오신화의 작품구조, 『조선조소설의 구조와 의미』, 형설출판사, 1984, 19~21쪽.
이상구, 이생규장전의 갈등구조와 작가의식, 『어문론집』 35집, 민족어문학회, 1996, 330~338쪽.
김창현, 『금오신화』, 이생규장전의 비극성과 그 미학적 기제, 『온지논총』 28권, 온지학회, 2011, 162~164쪽.
김위경, 17세기 독서물로서 만복사저포기와 이생규장전, 『어문론총』59호, 한국문학언어학회, 2013, 241~244쪽.

5) 정학성, 만복사저포기와 이생규장전의 작품세계와 전기 미학에 대한 재성찰, 『고전문학연구』 44권, 한국고전문학회, 2013, 254~263쪽.

6) 박일용, 이생규장전의 밀회 장면에 나타난 환상성과 그 현실적 의미, 『고소설연구』 20권, 한국고소설학회, 2005, 16~31쪽.

7) 박일용, 이생규장전의 결혼과 절사(節死) 장면에 나타난 환상성과 그 의미, 『고전문학과 교육』 11집, 한국고전문학교육학회, 2006, 321쪽.

을 것이라는 것을 충분히 수긍할 수 있다.

그런데 김시습은 <이생규장전>에서 객관적인 사회 현상, 즉 세조의 정변과 같은 역사적 사건 등을 끌어와서 작품의 소재로 삼았을까, 아니면 자기 자신의 체험을 작품화했을까? 객관적인 사회 현상을 소재로 삼았다는 입장에서 볼 때, <이생규장전>은 단종 임금에 대한 신하들의 충성을 드러낸 작품이라고 보는 것이 가장 보편적인 관점이다.[8] 불의에 맞서 죽음으로써 정절을 지키려 했던 최 소저의 행위 때문에 이러한 해석이 설득력을 갖고 있다.

그러나 <이생규장전>과 <만복사저포기>는 모두 남녀의 애정 문제를 다루고 있으므로, 역사적 사건을 소재로 삼았다는 입장에 선다면 <만복사저포기>도 단종 임금에 대한 신하들의 충성을 다룬 작품이어야 한다.[9] 그러나 <만복사저포기>나 <이생규장전>의 인물과 사건 등을 단종이나 현덕왕후, 사육신을 비롯한 신하들과 대입시킨 다음 단종 임금에 대한 신하들의 충성을 보여주는 작품이라고 결론을 내려서는 두 작품의 의미가 변별되지 않는다. 문제는 김시습이 무슨 까닭에 단종 임금의 비극적 최후나 신하들의 충성을 두 작품으로 나누어서 다루었는가 하는 것이다. 단종 임금의 최후나 신하들이 보여주었던 충성의 서로 다른 점을 다루려 했기 때문일 것이다. 그렇다면 김시습 생존 당시 단종 임금의 비극적 최후나 신하들의 충성에 대한 해석에서 사람들의

8) 정주동, 앞의 글, 604~605쪽.
설성경, 앞의 글, 87~88쪽.
곽정식·이복자, 앞의 글, 3~15쪽.
김창현, 앞의 글, 160~162쪽.

9) 실제로 아래의 글에서는 그렇게 보고 있다.
정주동, 앞의 글, 537~540쪽.
이복자, 민복사저포기의 우의성 고찰, 『새국어교육』 65권, 한국국어교육학회, 2003, 356~369쪽.

의견이 서로 엇갈리고 있었고, 김시습이 이것을 두 작품으로 나누어서 다루었다고 보아야 한다. 그러므로 역사적 사건을 소재로 삼았다는 입장에 선다면 이러한 문제들이 작품의 분석을 통해서, 그리고 역사적 사실에 대한 검증을 통해서 설득력 있게 밝혀져야 할 것이다.

그러나 <이생규장전>이 김시습 자신의 체험을 작품화한 것이라고 보면 보다 나은 해답이 도출되어 진다. <만복사저포기>와 <이생규장전>은 모두 김시습 자신의 삶의 체험을 작품화한 것으로 이해되기도 했다. 그래서 <만복사저포기>는 고아로서 불우하게 살았던 김시습 자신의 어두운 삶의 체험을,[10] <이생규장전>은 세조의 정변에 맞서 소극적으로 절의(節義)를 지킨 자신을 비판하고 적극적으로 절의를 지키는 인간으로 거듭나기를 바라는 욕구를 작품화했다고 보았다.[11] 그러나 여기에는 서로 다른 삶의 체험과 욕구가 어떻게 남녀의 애정이라는 동일한 소재에 의탁해서 표출되어야 했던가 하는 근원적인 문제가 해결되지 않고 있다.

문제를 해결하기 위해서는 <만복사저포기>와 <이생규장전>이 모두 남녀의 만남과 사랑을 다루고 있는 작품이라는 기본 명제에서 출발하는 것이 합리적이다. 두 작품은 모두 남녀의 애정 문제를 다루고 있다. 그러나 애정을 다루는 방식이 두 작품에는 서로 다르게 나타나고 있었다. 두 작품이 동일한 소재를 서로 다른 방식으로 다룬 작품이라는 것을 보여주는 것이다. 또한, 남녀의 만남과 애정을 다루었다는 데에서

---

10) 이재수, 『한국소설연구』, 선명문화사, 1973, 62쪽.
설중환, 『금오신화연구』, 고려대 민족문화연구소, 1983, 125~139쪽.
이월영, 만복사저포기와 하생기우전의 비교 연구, 『국어국문학』 120권, 국어국문학회, 1997, 195~196쪽.
유권석, 만복사저포기에 나타난 해원의 구현 양상 연구, 『어문론집』 58집, 중앙어문학회, 2014, 239~240쪽.

11) 설중환, 앞의 책, 139~153쪽.

두 작품은 모두 김시습의 생애에서 가장 중요했던 사건, 그래서 평생 잊지 못하고 그리워하며 가슴에 품고 살았던 세종 임금과의 만남을 우의적으로 드러낸 작품이라고 할 수 있다.

김시습은 5세의 어린 나이에 세종 임금을 만나 장래를 약속받는 놀라운 경험을 했다. 그러나 세조의 정변으로 단종 임금이 폐위되고 세종 임금 이래의 구질서가 무너지는 사회적 격변기를 거치며 김시습은 중이 되어 세상을 등지고 떠난다. 그러나 김시습은 세종 임금을 늘 가슴에 품고 살았다. <서민(敍悶)>이라는 시에서 김시습은 세종 임금과의 만남이 자신의 존재의미를 바꾸어 놓을 만큼 소중한 사건이었다는 것을 밝히고 있고,[12] 세종 임금에게 받은 두터운 은혜를 저버릴 수 없어 일생동안 고생스런 삶을 달게 받아들이고 있다는 것을 남효온(南孝溫)에게 고백하기도 했다.[13] 또한, 그는 매양 달 밝은 밤이면 이소경(離騷經)을 읊으며 눈물을 흘렸고, 술이 취하면 세종 임금을 부르며 슬피 울었다고 한다.[14] 이러한 사실들은 김시습이 세종 임금을 만나고 난 후 평생 세종 임금을 가슴에 품고 그리워했다는 것을 알려준다. 이런 점에서 <만복사저포기>와 <이생규장전>에서의 사랑 이야기는 김시습이 평생 그리워하며 가슴에 품고 살았던 세종 임금과의 만남을 우의적으로 드러낸 것이라고 할 수 있다.

그렇다면 <만복사저포기>와 <이생규장전>은 세종 임금과 만났던 김시습 자신의 체험을 서로 다른 방식으로 다루고 있는 작품이라고 할 수 있다. 다시 말해서 <만복사저포기>가 외부세계의 개입이 없는 두 사람만의 내밀한 관계를 다룸으로써 김시습과 세종 임금 사이에서 이

---

12) 김시습, 『매월당집』 권14.
13) 김시습, 유적수보, 『매월당집부록』 권1.
14) 김시습, 유적수보, 『매월당집부록』 권1.

루어졌던 내밀한 사랑의 교류를 보여주고 있는 작품인데 비해,[15] <이생규장전>은 외부세계의 개입으로 작중인물들의 사랑이 고통스럽게 전개되고 있는 모습을 다룸으로써 김시습과 세종 임금과의 만남이 사회적 질곡 속에서 비극적으로 종결될 수밖에 없었던 김시습 자신의 체험을 작품화한 것이라고 할 수 있다.

그런데 <이생규장전>이 세종 임금과의 만남이 사회적 관계에서 비극적으로 종결될 수밖에 없었던 김시습 자신의 체험을 작품화한 것이라면 그것을 통해 드러내려 했던 것은 무엇이었을까? 사회를 향해 던지는 비판의 목소리였을까? 아니면 자기 자신에게 던지는 내면의 목소리였을까? 이 문제는 <이생규장전>, 나아가 『금오신화』가 어떠한 목적으로 창작되었는가 하는 창작의 목적이나 동기를 밝히는 데에도 중요한 단서를 제공해 줄 것이다.

2. 시에 나타난 사회의식

송도(松都)의 낙타교(駱駝橋) 옆에 살고 있던 이생과 선죽리(善竹里)에 살던 최 소저는 빼어난 재주와 외모로 사람들의 칭송을 받고 있었다. 어느 날 이생은 담장을 사이에 두고 최 소저와 연서(戀書)를 주고받다가 드디어 담장을 넘어 최 소저의 집으로 들어가고 최 소저는 이생을 안내해서 자기의 방으로 데려간다.

최 소저는 먼저 문방 기구가 깔끔하게 정돈되어 있는 방으로 이생을 안내한다. 그런데 이 대목에서 작품은 최 소저의 방을 자세하게 묘

15) 이에 대해서는 안창수, 앞의 글을 참고 할 것.

사하면서 벽에 걸려 있는 두 종류의 그림과 시(詩)를 소개하고 있다. 최 소저의 방 한쪽 벽에는 <연강첩장도(煙江疊嶂圖)> 한 폭과 <유황고목도(幽篁古木圖)> 한 폭, 모두 두 점의 그림이 걸려 있었고, 그림마다 시가 쓰여 있었다. 또 다른 벽에는 봄, 여름, 가을, 겨울의 경치를 그린 네 폭의 시가 걸려 있었다.

그런데 그녀를 위해 특별하게 지은 별당이라 하더라도 방 하나에 여섯 점의 그림과 시가 걸려 있는 광경은 부자연스럽고 산만하다. 방 하나에 너무나 많은 그림과 시가 걸려 있어 공간 배치에서 균형 감각이 깨어졌기 때문이다. 그럼에도 불구하고 <이생규장전>에는 여섯 폭의 그림과 시를 하나도 빠뜨리지 않고 모두 인용하여 장황하게 소개하고 있다. 공간 구성의 부자연스러움을 감내하면서까지 그림과 시를 빌어서 무엇인가 중요한 것을 전달하려 했다는 것을 알 수 있다.

부자연스러움은 공간 배치에만 나타나지 않는다. 그림과 시를 장황하게 소개하고 난 뒤 작품은 여기에 대한 추가적인 설명이 없이 곧 바로 이생과 최 소저가 옆방으로 자리를 옮겨 가연을 맺는 장면을 보여주고 있다. 이 때문에 그림과 시의 내용과 의미가 인물들의 행위와 의미적으로 연결되지 않는 부자연스러움을 드러내고 있다. 그림과 시를 소개하는 부분과 가연을 맺는 인물들의 행위가 각각 별개의 사건으로 나누어져 서술되고 있을 뿐 두 사건을 의미적으로 연결시키지 않고 있기 때문이다. 인물들의 행위의 의미와 연결되지 않고 있기 때문에 그림과 시를 소개하고 있는 이 부분은 작품의 전개과정에서 불필요한 부분으로 인식되어질 수도 있다.

이처럼 최 소저의 방에 걸려 있는 그림과 시를 자세하고 장황하게 서술하고 있는 이 부분은 작품의 전개과정에서 여러 가지 부자연스러움을 드러내고 있다. 이것은 미숙함의 결과일까, 아니면 의도적인 배치일까? 이런 점에서 최 소저의 방에 걸려 있는 그림과 시의 의미를 찾아보는 것은 <이생규장전>이 어떤 작품인가 하는 것을 알아보는 데에 중요한 단서를 제공해 줄 수 있을 것이다.

<연강첩장도>부터 살펴보자. <연강첩장도>는 중국 송나라 때의 왕선(王詵)이 그린 것으로서 이후 청나라 때까지 많은 작가들이 <연강첩장도>의 이름으로 문인 산수화의 전통을 이어가게 한 작품이다. 왕선은 이 작품에 정치적 소용돌이에 휘말려 호북성(湖北省)으로 유배되었던 자신의 경험과 감흥을 담아내었다. 왕선이 <연강첩장도>에 사회적으로 좌절했던 시기의 사회의식을 담아내었다는 것은 왕선과 절친한 사이였던 소식(蘇軾)이 <연강첩장도>를 보고 지은 시 <서왕정국소장연강첩장도(書王定國所藏煙江疊嶂圖)>와 이에 화답했던 왕선의 화답시를 통해서 널리 알려졌다. 이 때문에 <연강첩장도>는 왕선 이후 그림 속에 사회적으로 좌절한 사람의 사회의식을 담아내고 있는 작품으로 널리 인식되고 있었다.[16]

최 소저의 방에 걸려 있는 <연강첩장도>의 시에도 사회의식이 나타난다.

어떤 사람이 붓 끝에 힘이 넘쳐서	何人筆端有餘力
이 강 위의 많은 산을 첩첩히도 그렸구나	寫此江心千疊山
웅장하구나 삼만 장의 방호산이여	壯哉方壺三萬丈
아득한 구름 사이에서 반쯤이나 솟았구나	半出縹緲煙雲間
멀고 아득한 산세는 몇 백리에 뻗어있고	遠勢微茫幾百里

16) <연강첩장도>에 대해서는 아래의 글을 참고했음.
박은화, 왕선의 연강첩장도와 문인 산수화의 전통, 『미술사학연구』, 한국미술사학회, 2003.9, 57~84쪽.

가까이는 높이 솟아 고동처럼 솟아있어	近見崒嵂靑螺鬟
망망한 푸른 물은 먼 하늘에 닿아 있네	滄波淼淼浮遠空
날 저물어 바라보니 고향 생각 그지없어	日暮遙望愁鄕關
그림 보는 사람의 마음을 쓸쓸하게 하여	對此令人意蕭索
상강의 비바람에 배 띄운 듯하구나	疑泛湘江風雨灣[17]

<연강첩장도>에 있는 시이다. 방호산(方壺山)을 중심으로 하는 자연풍광을 그린 그림을 보고 지은 시이다. 먼저 시인은 화가(畵家)가 방호산을 중심으로 산과 강, 하늘과 구름 등을 적절하게 배치하여 화폭에 한 폭의 아름다운 경치를 그려놓았다고 했다.

그런데 이 그림을 보고 시인은 쓸쓸한 감회에 빠져들고 있는데, 그 쓸쓸함을 보다 나은 세상을 만들기 위해 세상과 맞서다가 조정에서 추방되어 멱라수(汨羅水)에 투신하여 자살했던 굴원(屈原)의 절망과 애달픈 심정에 비유하고 있다. 최 소저의 방에 걸려 있는 <연강첩장도>의 시가 굴원을 끌어와서 사회적으로 좌절한 사람의 절망과 애달픔을 드러내고 있다는 것을 알 수 있다.

<연강첩장도>에 이어 <유황고목도>의 시에도 사회의식이 나타나고 있다.

쓸쓸한 대나무밭의 바람소리 할 말이 있는 듯하고	幽篁蕭颯如有聲
기괴한 고목은 옛 정을 품은 듯하네	古木偃蹇如有情
구부러져 얽힌 뿌리에는 이끼 담뿍 끼어 있고	狂根盤屈惹莓苔

17) 본고에서 <이생규장전>은 아래 문헌의 자료를 대본으로 사용하며, 앞으로 본문을 인용할 때에는 별도의 표시를 하지 않는다.
김시습, 이생규장전, 『매월당외집』권 1(『매월당전집』, 성균관대학교 대동문화연구원, 1973).

꺾이고 어그러진 늙은 가지는 바람 천둥 겪어왔네	老幹夭矯排風雷
무궁한 조화 자취 가슴 속에 지녀 있어	胸中自有造化窟
기묘한 경지를 누구에게 말을 할까	妙處豈與傍人說
위언과 여가도 이미 세상을 떴으니	韋偃與可已爲鬼
천기를 누설한들 몇이나 알아볼까	漏泄天機知有幾
개인 창 우두커니 말없이 마주하고	晴窓嗒然淡相對
신기한 필법 바라보며 삼매경에 빠져본다	愛看幻墨神三昧

위의 시는 <유황고목도>에 있는 것이다. <연강첩장도>가 원경(遠景)을 담아낸 것이라면, <유황고목도>는 근경(近景)의 사물을 화폭에 담아내고 있다. 시인은 대나무밭과 고목을 그린 그림에서 삶의 이야기를 읽어내고 있다.

시인은 대나무밭에 부는 바람과 기괴하게 얽혀있는 고목이 무언가 하고 싶은 이야기를 간직하고 있다고 보고 있다. 대나무와 고목은 바람과 우레를 견디며 긴 세월을 살아왔던 예사롭지 않은 삶의 이력을 지닌 존재들이기 때문이었다. 또한, 이들은 풍상을 견디며 긴 세월을 살아오면서 무궁한 조화를 가슴 속에 지니고 천기(天機)를 읽어 삶의 이치에 두루 통달한 기묘한 경지에 도달해 있는 존재들로 인식되고 있다.

그러나 시인은 그림을 볼 수 있는 사람이 사라진 세상에서 대나무와 고목은 아무도 알아주지 않는 자신들만의 고독한 노래를 부르고 있다고 보고 있다. 탁월한 능력을 갖고 있는 존재들이 사람들에게 소외되어 자신만의 고독한 노래를 부르고 있는 것이다. 마침내 시인은 창(窓)을 마주하고 우두커니 앉아서 그림 속의 의미를 생각하며 깊은 상념의 세계에 빠져들고 있다.

이렇게 본다면 <연강첩장도>와 <유황고목도>는 세상과의 관계가

틀어진 데에서 비정상적으로 살아갈 수밖에 없는 존재들을 통해 삶에 대해 심각한 물음을 던지고 있다는 것을 알 수 있다. 다시 말해서 사람들은 보다 나은 세상을 만들기 위한 자기 나름대로의 포부를 갖고 있다. 또한 자기의 능력을 펼치며 사람들과 소통하며 살아가기를 바라고 있다. 그런데 보다 나은 세상을 만들려는 사람들의 꿈이 좌절되고, 탁월한 능력과 재주를 갖고 있는 사람들이 세상에서 소외되어 자신만의 고독한 노래를 부를 수밖에 없는 것은 모두 비정상적인 세상의 모습이다. 정상적인 세상에서라면 사람들의 꿈이 실현되어야 하고, 사람들은 서로 소통하며 보다 나은 세상을 만들기 위해 힘을 모아야 할 것이기 때문이다.

그러나 정상은 이상으로만 존재하고, 비정상이 지배하는 세상에서 사람들은 절망 속에서 자신들의 꿈을 접고 아무도 알아주지 않는 자기만의 쓸쓸한 노래를 부르며 고독하게 살아갈 수밖에 없다. 세상과 부딪쳐 상처를 받고 좌절했기 때문이다. 이런 상황에서 사람들은 지금까지 살아왔던 자신의 삶에 대해 깊은 회의를 품고, 삶에 대해 근원적인 질문을 던지게 된다. 산다는 것은 무엇이고, 삶의 바른 이치란 존재하는 것인가? 바르게 산다는 것은 무엇인가? 삶에 대해 던지는 이런 근원적인 질문을 앞에 두고 사람들은 깊은 상념의 세계에 빠져들 수밖에 없다. 삶에 대한 자신의 생각이 근저에서부터 무너지며 새로운 생각을 가진 인간으로 다시 태어나야 하기 때문이다. 그림을 보던 시인이 창을 마주 대하고 깊은 상념의 세계에 빠져들고 있는 까닭이다.

최 소저의 방 다른 한쪽 벽에는 사계절의 경치를 그린 네 폭의 시가 걸려 있었다. 첫째 폭의 시는 살구꽃이 피고 나비가 날며 원앙새가 춤추는 모습을 두루 보여준 뒤 무르 익은 봄날의 경치를 보며 주렴을 걷고 봄꽃을 쳐다보는 여인의 모습을 묘사하고 있다.[18] 화창한 봄날을 맞아

주렴을 걷고 밖을 내다보며 누군가를 만나고 싶어서 만남에 대한 기대감을 높이고 있는 여임을 모습을 드러내고 있다는 것을 알 수 있다.

둘째 폭의 시는 봄이 지나서 보리가 이삭을 배고 석류꽃이 피며 제비가 찾아와 깃드는 여름날의 풍요로운 경치를 묘사한 뒤 붉은 치마를 짓고 있는 여인을 등장시키며[19] 시집가는 처녀의 설레는 모습을 드러내고 있다. 뒤이어 여인은 살구를 손에 들고 꾀꼬리를 희롱하기도 하며 즐거운 시간을 보내는데 물이 가득 찬 연못에서 목욕하는 노자새를 등장시켜 이 시간의 풍요로움과 충일감을 고조시키고 있다.[20] 뒤이어 시는 오후의 저녁 햇살이 비껴 있는 창가에서 나른함을 이기지 못해 평화롭게 잠들어 있는 여인의 모습을 보여주는 것으로 끝난다.[21] 둘째 폭의 시가 시집간 여인이 님과 함께 풍요롭고 충일한 시간을 보내며 나른한 행복에 취해 있는 모습을 보여주고 있다고 할 수 있다.

셋째 폭의 시에는 시상의 급격한 변화가 나타난다. 따스하고 풍요로웠던 분위기가 갑자기 바뀌며 쌀쌀하게 부는 가을바람과 북쪽으로 돌아가는 기러기 그리고 떨어지는 오동잎을 등장시켜 쓸쓸하고 스산한 이별의 정조를 드러내는 것으로 시가 시작된다. 그리고 여인은 가을벌레 소리도 구슬픈 침상 위에서 홀로 눈물짓고 있다.[22] 사랑하는 님이 머나먼 변방의 싸움터로 떠나버렸기 때문이다. 이에 여인은 귀뚜라미 소리를 벗 삼아 홀로 지내며 깊은 시름을 이기지 못해 가슴 아파하고 있다.[23] 셋째 폭의 시는 사랑하는 님과 이별한 여인이 이별의 슬

18) 春色深藏黃四家 ..... 輕揭珠簾看落花(李生窺墻傳)
19) 綠窓工女並刀響 擬試紅裙剪紫霞(李生窺墻傳)
20) 手拈青杏打鶯兒 .... 荷葉已香池水滿 碧波深處浴鸕鶿(李生窺墻傳)
21) 懶慢不堪醒午夢 半窓斜日欲西曛(李生窺墻傳)
22) 牀下百蟲鳴喞喞 牀上佳人珠淚滴(李生窺墻傳)
23) 舊愁新恨不能禁 況聞蟋蟀鳴洞房(李生窺墻傳)

픔에 깊이 잠겨있는 모습을 보여주고 있다는 것을 알 수 있다.

넷째 폭의 시에 나타난 분위기는 더욱 차갑고 가혹하다. 밤 서리에 나뭇잎이 우수수 떨어지고 눈 섞인 회오리바람이 휘몰아쳐 오는 겨울을 맞아 여인은 님 그리는 상사몽에 밤을 지샌다.[24] 여인은 부끄러움을 머금고 말없이 한 쌍의 원앙새를 수놓으며 다시 님을 만날 수 있으리란 기대를 가져보기도 하지만, 살을 에는 서릿바람이 숲을 몰아치고 까마귀가 울고 가는 밤을 맞아 속절없이 등불 앞에서 눈물 흘리며 혼자만의 고난에 찬 시간을 보내고 있다.[25]

이렇게 볼 때 <사계도(四季圖)>의 시는 설레는 마음으로 사랑을 꽃피우고 아름다운 사랑의 시간을 보내다가 의외의 이별을 하고 힘들고 고통스러운 시간을 보내고 있는 한 여인의 삶을 봄, 여름, 가을, 겨울로 이어지는 사계절의 변화에 맞추어 표현하고 있다. 결국 <사계도(四季圖)>의 시는 실패로 끝난 사랑 이야기를 보여주고 있는 것이다.

<연강첩장도>와 <유황고목도>의 시, 그리고 <사계도>의 시를 연결해 보면 최 소저의 방에 걸려 있는 여섯 폭의 그림과 시를 자세하게 서술하고 있는 작가의 의도가 드러난다. 실패로 끝난 사랑 이야기를 통해 그 사랑이 실패로 끝나게 되었던 사회적 조건을 문제 삼으며 삶의 문제에 대해 근원적인 질문을 던져보려 했다는 것이 그것이다. 그러므로 이생과 최 소저가 처음 만나 가연을 맺는 대목에서 최 소저의 방에 있는 그림과 시를 장황하게 소개하고 있는 것은 작가가 이생과 최 소저의 사랑 이야기를 통해 무엇을 드러내고 싶었던가 하는 것을 작품의 처음 부분에 복선으로 깔아서 보여주려 했기 때문이라고 할 수 있다.

---

24) 林葉頻驚半夜霜 回風飄雪入長廊 無端一夜相思夢(李生窺墻傳)
25) 剪剪霜風掠北林 寒烏啼月正關心 燈前爲有思人淚 滴在穿絲小挫針(李生窺墻傳)

3. 사랑의 사회적 조건

송도에 사는 이생은 빼어난 풍채와 탁월한 재주를 갖고 있었고, 최 소저도 아름다운 용모와 빼어난 재주로 사람들의 칭송을 받고 있었다. 사람들은 그들의 용모와 재주를 한 번 보기만 해도 배가 부르다고[26) 칭찬할 정도였다. 이생은 국학(國學)에 다니고 있었는데 언제나 최 소저의 집 앞을 지나서 학교에 다니고 있었고, 최 소저의 집 북쪽 담장 밖에 심어 놓은 수양버들 아래에서 쉬어가고는 했다.

이러한 사실은 두 가지 정보를 제공하고 있다. 하나는 이생과 최 소저의 재주와 용모가 빼어나다는 것이 소문이 나서 사람들에게 널리 알려졌었고, 이 때문에 두 사람은 서로의 용모와 재주에 대해서 사람들에게 들어서 익히 알고 있었다는 사실이다. 또 하나는 이생이 늘 최 소저의 집을 중심으로 움직이고 있다는 사실을 보여줌으로써, 만나기 이전부터 최 소저에 대한 호기심과 애정을 키워가고 있었다는 것을 보여주고 있다. 이것은 상대방에 대한 소문을 듣고 호기심과 애정을 키워가고 있었던 것이 두 사람이 만나게 되는 중요한 계기가 되었다는 것을 보여주는 것이다.

어느 날 두 사람은 담장을 사이에 두고 서로의 마음을 담은 시를 화답하고, 드디어 그날 저녁 이생은 최 소저의 집 담장을 넘어 최 소저와 만나게 된다. 두 사람이 처음 만나서 바로 서로에게 이끌릴 수 있었던 것은 상대방의 재주와 용모를 익히 들으며 서로에 대한 호기심과 애정을 키워왔기 때문이라고 할 수 있다. 이때 이생과 최 소저 사이에 가로 놓인 담장은 청춘남녀의 자유로운 만남이 허락되지 않았던 시기에 두

26) 才色若可餐 可以療飢腸(李生窺墻傳)

사람을 가로막고 있던 사회적 장벽이라고 할 수 있다. 그러므로 이생이 최 소저의 집 담장을 넘어서 최 소저를 만났다는 것은 두 사람 사이를 가로막고 있는 사회적 장벽을 넘어서 만남을 이루었다는 것을 보여주는 것이다. 상대방에 대한 호기심과 애정이 사회적 장벽을 넘어설 수 있는 계기가 되었다는 것을 알 수 있다.

그러나 담장을 넘어 최 소저를 만난 뒤 이생은 만남의 기쁨을 노래하는 최 소저의 시에 대해 "이 다음 어쩌다가 봄소식이 새나가면 무정한 비바람에 또한 가련하리라"고[27] 화답하는가 하면, "좋은 일 끝나기도 전에 수심이 따르리니 새로운 곡조를 지어 앵무새를 가르치지 마오"라고[28] 화답한다. 최 소저의 용모와 재주에 이끌려 가연을 맺었음에도 이생은 끊임없이 불안한 마음을 드러내고 있다. 이생이 드러내고 있는 불안감의 실체는 그가 최 소저의 집에서 며칠을 머물다 떠나면서 한 말을 통해서 밝혀진다.

> 옛 성인이 말씀하기를 '부모님이 계시면 놀러 나가더라도 반드시 가는 곳을 알려드려야 한다' 고 했습니다. 이제 내가 집을 나온 지 삼일이 지났습니다. 부모님께서 반드시 마음을 졸이며 기다리고 계실 것이니 자식의 도리가 아닙니다.[29]

이생은 부모님이 모르게 최 소저와 만난 자신의 행위가 성인이 가르치는 인간의 도리와 어긋난다고 말하고 있다. 부모님이 모르게 다른

---

27) 他時漏泄春消息 風雨無情亦可憐(李生窺墻傳)
28) 勝事未了愁心隨 莫製新詞教鸚鵡(李生窺墻傳)
29) 先聖有言 父母在 遊必有方 而今我定省已過三日 親必倚閭而望 非人子之道也(李生窺墻傳)

여자를 만나는 것이 자식의 도리에 합당하지 않고 이것 때문에 자신들의 만남이 파국을 맞을 수도 있다는 것이 이생이 갖고 있던 불안감의 실체였던 것이다.

이생이 가졌던 불안감은 그대로 적중된다. 이생의 아버지는 이생의 행동에서 이상한 점을 발견하고 이생을 꾸짖어 울주(蔚州)의 농장으로 내려보내며 다시는 돌아오지 말라고 한다. 이생의 아버지가 개입하며 이생과 최 소저의 관계가 파국을 맞이하게 된 것이다.

> 네가 아침에 나가서 저녁에 돌아오는 것은 옛 성인의 말씀을 배우려 함인데 요사이는 저녁에 나가서 새벽에 돌아오니 도대체 어찌된 일이냐? 반드시 경박한 놈이 남의 집 담을 넘어 처녀를 엿보는 짓을 배워서 하는 것이겠지. 이 일이 탄로나면 다른 사람들은 내가 자식을 엄하게 가르치지 않았다고 책망할 것이요, 그 처녀도 지체 높은 집안의 딸이라면 반드시 네 미친 행동 때문에 가문이 누를 입게 될 것이니 이것은 작은 일이 아니다. 너는 속히 영남으로 내려가서 노복들을 데리고 농사 감독이나 하고 다시는 돌아오지 말아라.[30)]

이생의 아버지가 이생을 울주의 농장으로 보내며 한 말이다. 이생의 아버지는 성인의 말씀을 들어 담장을 넘어들어가 남의 집 처녀를 만나는 이생의 행위가 경박한 자의 천박한 행동이라고 꾸짖고 있다. 성인의 말씀은 사회의 규범적 가치로 존중되고 있었고, 사람들의 생각과 행동을 유도하고 규제하는 규범적 질서로 통용되고 있었다. 이생의

30) 汝朝出而暮還者 將以學先聖仁義之格言 昏出而曉還 當爲何事 必作輕薄子踰垣墻 折樹檀耳 事如彰露 人皆譴我敎子之不嚴 而如其女 定是高門右族 則必以爾之狂狡 穢彼門戶 獲戾人家 其事不小 速去嶺南 率奴隷監農 勿得復還(李生窺墻傳).

아버지는 담장을 넘어 여자를 만나는 이생의 행위가 사회의 규범적 질서에서 허용하지 않는 것이기 때문에 천박하다고 꾸짖은 것이고, 그 결과 이생이 최 소저를 만나는 것을 받아들이지 않고 있다는 것을 알 수 있다. 규범적 질서가 부과하는 사회의 금기체계에 부딪혀 이생과 최 소저의 만남이 파국에 이른 것이다.

이생과 헤어진 뒤 최 소저는 상심하여 병이 들었고, 최 소저의 부모가 딸의 변화를 이상히 여겨 알아보는 과정에서 이생과의 관계를 알게 되었다. 최 소저는 더 이상 숨길 수 없어 이생과의 관계를 실토하고 자신의 생각을 부모에게 말씀드린다.

> 가만히 생각하니 남녀가 서로 사랑을 느끼는 것은 인간의 정리로서 가장 중대한 일입니다. 그러므로 결혼의 시기를 잃지 말라는 것이 『시경』의 주남(周南)편에도 나와 있고, 여자가 정조를 지키지 못하면 흉하다는 것은 『역경』에서 경계하고 있습니다 .... 저의 연약한 몸으로 괴로움을 참으며 홀로 살아가려니 사모하는 정은 나날이 깊어가고 아픈 상처는 날로 더해 죽을 지경에 이르렀습니다 .... 마땅히 이생과 저승에서라도 함께 지낼지언정 맹세코 다른 가문에는 시집가지 않겠습니다.31)

최 소저는 『시경』의 주남편을 들어 자기의 행위를 변호하고, 『역경』을 들어 자기의 의지를 피력하고 있다. 주남(周南)편의 것으로 소개된 표매(摽梅)의 시는 소남(召南)편의 것을 잘못 알고 쓴 것으로, 나이가

---

31) 竊念 男女相感 人情至重 是以 摽梅迨吉 咏於周南 咸腓之凶 戒於羲易 .... 以眇眇之弱軀 忍悄悄之獨處 情念 日深 沈痾日篤 濱於死地 .... 當與李生 重遊黃壤之下 誓不登他門也(李生窺墻傳)

찬 처녀가 혼기를 놓치게 될까 걱정하며 배필이 될 사람을 애타게 찾는 심정을 매실(梅實)이 떨어지는 것에 비유하여 노래한 것이다. 최 소저가 『시경』을 들어 남녀가 사랑을 느끼는 것은 성인도 인정한 것이라는 논리로써 이생을 만난 자기의 행위를 변호하고 있다는 것을 알 수 있다. 그리고 최 소저는 『역경』의 내용을 들어 이생에 대한 자기의 사랑이 바뀌지 않는다는 것을 강조하고 있다. 성인의 저작물인 경전의 권위를 끌어와서 이생과의 만남이 사회의 규범적 질서로 재단될 수 없는 가치를 지니고 있다는 것을 역설하고 있는 것이다.

최 소저의 부모는 비로소 사태의 실상을 파악하고 이생의 집에 매파를 보내어 청혼의 절차를 밟는다. 그러나 이생의 아버지는 여러 가지 이유를 들어 몇 차례에 걸쳐 청혼을 거절하다가 마지못해 이생과 최 소저의 결혼을 승낙한다. 이생의 아버지는 한미한 신흥사류의 자제와 문벌귀족 가문의 딸 사이에 가로 놓여 있는 문벌의 차이를 받아들일 수 없어서,[32] 또는 이생의 부도덕한 행위를 선비적 자존심이나 엄격성으로 용납할 수 없어서[33] 청혼을 거절한 것으로 보인다. 그러나 문벌이 다른 가문 사이의 통혼을 꺼리는 것이나 이생의 행위를 부도덕한 것으로 받아들이는 유교적 도덕관념은 모두 당시의 사회를 지배하고 있던 규범적 질서라고 할 수 있다. 이생의 부친이 몇 차례에 걸쳐 청혼을 거절하고 있는 것은 사회의 규범적 질서가 사람들의 행동을 제약하는 사회적 장벽으로 존재하고 있던 현실을 반영하는 것이라고 할 수 있다.

그러나 이생에 대한 최 소저의 사랑이 너무도 굳건하기 때문에 최 소저의 부친은 거듭해서 청혼하게 되고 마침내 이생의 부친도 청혼을

---

32) 박일용, 『조선시대의 애정소설』, 집문당, 1993, 96쪽.
33) 이상구, 앞의 글, 327쪽.

받아들인다. 이생에 대한 최 소저의 사랑이 규범적 질서의 틀 속에 사로잡혀 있던 어른들의 마음을 돌려놓았던 것이다. 사랑의 열정이 사회의 규범적 질서를 넘어서는 원동력이 되고 있음을 알 수 있다.

드디어 이생과 최 소저는 어른들의 반대를 넘어서 다시 만나 결혼해서 행복한 나날을 보내게 된다. 그러던 어느 날 홍건적(紅巾賊)이 쳐들어와 임금이 복주(福州)로 피난을 가는 등 사회의 질서가 송두리째 무너지는 국가적 변란이 일어난다. 이생은 가족을 데리고 산골에 숨었는데 한 도적이 칼을 들고 쫓아왔다. 이생은 겨우 달아났지만, 최 소저는 도적에 맞서 자신의 정조를 지키다가 칼에 맞아 죽었다.

외직이 쳐들어와 사회의 질서를 송두리째 무너뜨리는 국가적 변란은 개인의 힘으로 막을 수 있는 것이 아니었다. 그러나 국가와 사회의 질서를 수호해야 할 책임을 지고 있는 임금은 홀로 피난을 가버림으로써 국가권력은 무기력함을 드러내고, 개인은 자신의 삶을 스스로 책임져야 하는 상황에 내몰리게 되었다. 이 경우 개인의 반응은 두 가지로 갈라진다. 하나는 이생처럼 목숨을 부지하며 사는 것이고, 다른 하나는 최 소저처럼 자신의 존재가치를 지키기 위해 불의의 세력에 맞서 싸우는 것이다.

최 소저는 홍건적에 맞서 죽음으로써 자신의 절개를 지키려 했다. 홍건적이 고려에 쳐들어온 것은 고려의 무도함과 무질서를 바로 잡아 백성들의 삶을 안정시키기 위함이 아니었다. 홍건적은 아무런 대의와 명분도 없이 평화로운 고려에 쳐들어와 약탈과 파괴를 일삼으며 백성들의 삶을 도탄에 빠뜨렸다는 점에서 불의의 세력이었다. 그러므로 최 소저가 죽음으로써 홍건적에 맞선 것은 불의한 세력에 대한 저항이라는 의미를 갖는 것이었다.

홍건적은 최 소저에게 절개의 훼손을 강요했는데 이것은 지금까지 살아왔던 자신의 삶 전체를 부정하게 하는 것이었다.

> 그러나 낭군께서 붉은 살구꽃 피어있는 담장을 엿보자 저는 스스로 소중하게 간직해 왔던 구슬을 바쳤습니다. 꽃 앞에서 한 번 웃고 난 후 평생의 가약을 맺었고, 휘장 속에서 거듭 만날 때에는 정이 백 년을 넘쳤습니다.[34)]

최 소저는 이생을 만나며 스스로 자신의 전 존재를 바쳤고, 평생의 기쁨으로 삼아 깊은 사랑을 나누었다고 고백하고 있다. 이생과의 만남을 가장 소중하게 여겨 자신의 모든 것을 걸어 사랑을 나누었다는 것이다. 그러므로 최 소저가 절개를 지키기 위해 홍건적에 맞선 것은 자신의 존재가치를 지키려는 행위이다. 그러나 그 결과는 죽임을 당해 살이 찢어져 들판에 버려지는 것이었다. 불의한 세력에 맞서 절개를 지키고 자신의 존재가치를 지키는 일은 최 소저에게 죽음과도 맞바꿀 만한 가치가 있는 것으로 여겨졌다는 것을 알 수 있지만, 결과는 너무도 처참하고 안타까웠다.

살아남은 자의 형편도 처참하기는 마찬가지였다.

> 이생은 황량한 들판에 숨어서 목숨을 보전하다가 도적이 물러갔다는 소식을 듣고 부모님이 살던 옛 집을 찾아갔다. 그러나 집은 이미 병화에 다 타버리고 없었다. 다시 최 소저의 집에 가보니 행랑채는 쓸쓸하고 집안에는 쥐와 새들이 지저귀는 소리만 들릴 뿐이었다.[35)]

---

34) 然而一窺紅杏之墻 自獻碧海之珠 花前一笑 恩結平生 帳裏重邁 情愈百年(李生窺墻傳)

35) 生竄于荒野 僅保餘軀 聞賊已滅 遂尋父母舊居 其家已爲兵火所焚 又至女家 廊廡荒凉 鼠啣鳥喧(李生窺墻傳)

살아서 돌아온 이생을 기다리고 있는 것은 병화에 불타서 황폐해지고 쥐와 새들만 지저귀고 아무도 살지 않는 텅 빈 집뿐이었다. 이생은 삶의 기반이 송두리째 무너져 아무것도 남지 않은 황량한 현실 앞에서 넋을 잃고 서 있을 뿐이었다.

홍건적의 침략으로 이생과 최 소저의 삶이 송두리째 무너지고 죽임을 당하기까지 한 것은 불의한 세력에 의해 저질러진 사회적 폭력과 횡포에 개인의 삶이 짓밟히고 있는 어지러운 현실의 모습을 보여주는 것이다. 그러나 자신들의 삶이 처참하게 파괴된 것이 이생과 최 소저의 잘못에 의한 것이 아니었다. 개인으로서는 감당할 수 없는 사회적 폭력이 어느 날 갑자기 그들의 삶을 유린했을 뿐이었다. 이 때문에 이생과 최 소저는 자신들의 삶이 파괴되어진 것을 받아들일 수 없었다.

> 마침내 이리 같은 놈들에게 정조를 잃지 않았지만 몸뚱이가 진흙탕에서 찢김을 당하고 말았습니다 ..... 의리는 중하고 목숨은 가벼워 쇠잔한 몸이 치욕을 면한 것은 다행이었습니다만 누가 산산 조각난 제 마음을 알아주겠습니까. 다만 애끊는 썩은 창자에만 맺혀있을 뿐이고, 해골은 들판에 버려지고 몸뚱이는 땅에 버려졌습니다. 생각해 보니 옛날의 즐거움이 이제는 원통함이 되어버렸습니다. 이제 봄바람이 깊은 골짜기에 불어와 제 환신(幻身)이 이승에 되돌아왔습니다.[36)]

36) 終不委身於豺虎 自取磔肉於泥沙 ..... 義重命輕 幸殘軀之免辱 誰怜寸寸之灰心 徒結斷斷之腐腸 骨骸暴野 肝膽塗地 細料昔時之歡娛 適爲當日之愁寃 今則鄒律已吹於幽谷 倩女再返於陽間(李生窺墻傳)

최 소저는 자기가 죽음으로써 정조를 지키려 한 것이 사회적 폭력으로부터 이생과의 의리를 지키기 위함이었다고 했다. 이생과 함께 했던 시간이 최 소저에게 가장 아름답고 가치 있는 시간이었고 이것은 무엇으로도 대체할 수 없는 것이기 때문에 자신들의 삶을 지키기 위해 죽음으로 폭력에 맞섰다는 것이다. 그러나 그 결과 참혹하게 죽임을 당해서 이생과 헤어져야만 하는 원통함이 풀어지지 않아서 환신으로 돌아왔다고 했다. 아무런 잘못도 없이 불의한 세력이 저지르는 사회적 폭력에 자신들의 삶이 파괴되고 이생과의 관계가 단절된 것을 도저히 납득할 수 없고 받아들일 수 없어서 환신으로라도 돌아왔다는 것이다. 사회의 폭력에 맞서 자신들의 삶을 지키려 했던 간절한 열망이 죽음마저도 넘어서게 할 정도로 강렬했다는 것을 알 수 있다.

최 소저는 또한 자신이 환신으로 돌아올 수 있었던 것이 천제(天帝)의 도움을 받을 수 있었기 때문이라고 했다. 이생과의 연분이 끝나지 않았고 아무런 잘못도 없이 환란을 당했기 때문에 천제가 자기를 환신으로 보내주었다고 했다.[37] 하늘도 불의한 세력이 저지르는 사회적 폭력으로 개인들의 무죄한 삶이 파괴되는 것을 원하지 않았기 때문에 다시 만날 수 있었다는 것이다. 개인들의 무죄한 삶이 파괴되는 것은 사회적 정의가 실현되지 않기 때문이다. 그러나 천제는 최 소저를 이생에게 다시 보내며 하늘의 정의는 살아있어서 사회적 불의를 용인하지 않는다는 것을 보여주고 있다.

하늘의 도움을 받아 이생과 최 소저는 역경을 극복하고 다시 만나 행복한 삶을 누릴 수 있었다. 이생은 최 소저와 다시 만난 후 세상과의 관계를 끊고 두문불출하며 항상 최 소저와 함께 지냈다고 했다.[38] 죽

37) 天帝以妾與生 緣分未斷 又無罪障 假以幻體 與生暫割愁腸(李生窺墻傳)
38) 生自是以後 懶於人事 雖親戚賓客賀弔 杜門不出 常與崔氏(李生窺墻傳)

음으로 인한 단절을 넘어서 다시 만났기 때문에 두 사람이 세상과 격리된 자기들만의 공간에서 만남의 밀도를 높이고 있었다는 것을 알 수 있다.

그런데 몇 년이 지난 어느 날 최 소저는 이생에게 죽은 사람이 오랫동안 인간 세상에 머물면서 산 사람을 유혹할 수 없기 때문에 저승으로 떠나야 한다고 말한다. 이것은 이생에게 참으로 뜻밖의 말이었다. 하늘의 정의를 내세워 최 소저를 보내주었던 하늘이 이번에는 하늘의 질서를 내세워 거꾸로 최 소저를 데려가려 하기 때문이었다.

하늘이 최 소저를 보낸 것은 사회의 불의에 맞서 하늘의 정의가 살아있음을 보여주기 위함이라고 할 수 있다. 이것이 하늘의 정의이고 질서였다. 그런데 하늘은 최 소저가 이미 죽은 사람이기 때문에 이생과 함께 있을 수 없다고 하고 있다. 여기서 하늘은 자기모순을 드러내고 있다. 사회적 폭력으로 최 소저가 죽은 것을 용인할 수 없다고 하면서 동시에 최 소저의 죽음을 기정사실로 받아들이고 있기 때문이다. 이것은 하늘의 정의를 내세우며 부정했던 사회적 폭력을 인정하는 것이기도 하므로 자기모순이다. 그렇다면 하늘의 정의가 살아있다는 것은 거짓이고 허구가 된다. 최 소저의 죽음을 기정사실로 받아들임으로써 불의의 세력이 폭력으로 개인을 유린하는 현실의 질서가 바뀐 것은 하나도 없기 때문이다.

이생은 최 소저와 다시 만난 후 세상과의 관계를 끊고 두문불출하며 최 소저와 함께 지냈다고 했다. 이것은 두 사람이 죽음을 넘어 다시 만나며 만남의 밀도를 높이고 있었다고 할 수 있다. 그러나 세상과 단절된 두 사람만의 공간에서 사랑을 나누었다는 것은 두 사람의 사랑이 현실과 유리되어진 비현실의 공간에서 이루어지고 있었다는 것을 의미하는 것이기도 하다. 이것은 하늘의 정의가 비현실의 세계에서 관념적이며 이론적으로만 실현되고 있다는 것을 보여주는 것이다. 하늘의 정의가 살아있다고 하면서 불의의 세력이 폭력으로 개인을 유린하는 현실의 질서는 전혀 바뀌지 않고 있고, 하늘의 정의는 비현실의 공간에서 관념적이고 이론적으로만 존재한다면, 하늘에 대한 인간들의 믿음은 무너지게 된다.

하늘의 질서를 어길 수 없어 마침내 최 소저가 저승으로 떠난 후 이생은 최 소저를 극진히 생각한 나머지 병을 얻어 죽었다. 최 소저를 그리워하다가 자기를 죽여 최 소저를 따라갔다는 것이다. 최 소저와 헤어져야 한다는 것을 받아들이지 않고 스스로 목숨을 버리는 것으로 반발했다는 것을 알 수 있다.

이생과 최 소저가 헤어지게 된 직접적인 원인은 최 소저가 홍건적에 맞서다 죽임을 당했기 때문이다. 그러므로 이생이 최 소저와의 이별을 받아들이지 않고 목숨을 버리는 것으로 반발한 것은 불의의 세력이 폭력으로 개인을 유린하는 잘못된 현실의 질서를 받아들일 수 없었기 때문이다. 그리고 하늘의 정의가 살아있다고 하면서도, 정의는 비현실의 공간에서 관념적이고 이론적으로만 존재할 뿐이고, 불의의 세력이 폭력으로 개인을 유린하는 현실을 보고도 침묵하고 방조하는 하늘에도 반발했기 때문이라고 할 수 있다.

이생과 최 소저의 사랑은 사회적으로 보호받지 못했고 그래서 비극적으로 종결되어야 했다. 그러나 순수한 사랑의 열정은 규범적 질서가 부과하는 사회적 금기체계를 넘어서는 힘이 있고, 사회적 폭력에 맞서 목숨을 바쳐서라도 자신의 존재가치를 지키려는 결연한 용기로 표출되기도 한다는 것을 보여주고 있다. 그럼에도 불구하고 비극적으로 종결되는 두 사람의 사랑은 삶에 대해 많은 질문을 던지고 있다.

다시 말해서 이생은 최 소저와 헤어진 뒤 최 소저를 지극히 생각한 나머지 병을 얻어 죽었다고[39] 했다. 최 소저에 대한 그리움이 죽음의 원인이었다는 것이다. 그러나 그리움이라는 낭만성의 표피를 걷어내면 이생의 죽음은 삶에 대한 절박한 문제의식과 연결되어 있다. 최 소저를 생각할 때마다 이생은 최 소저를 죽음으로 몰아넣은 어지러운 현실과 이것을 보고도 침묵하는 하늘에 대해 반발하며 삶에 대해 심각한 문제의식을 가졌을 것이고, 이것이 가슴에 울결되어 그를 죽음에 이르게 했다는 것을 알 수 있다.

그러므로 이생의 죽음은 그가 삶에 대해 심각한 질문을 던지고 있었다는 것을 알려 준다. 불의한 세력이 폭력으로 개인의 삶을 유린하는 까닭은 무엇이고, 이것을 막을 수 있는 사회적 정의란 존재하는 것인가? 하늘의 정의는 과연 살아있는 것인가? 정의가 존재하지 않는다면 산다는 것의 진정한 의미란 무엇이고, 삶의 바른 이치란 존재하는 것인가? 이처럼 <이생규장전>은 <연강첩장도>와 <유황고목도> 그리고 <사계도>의 시에서 알 수 있었던 것처럼 비극적으로 끝난 사랑 이야기를 통해서 그 사랑의 사회적 조건을 문제 삼으며 삶의 문제에 대해 물음을 던지고 있는 작품이라고 할 수 있다.

4. 작가의식

비극적으로 끝난 사랑을 통해 사랑의 사회적 조건을 문제 삼으며 인간과 사회적 삶의 문제에 대해 질문을 던지게 하는 <이생규장전>은 그 자체로도 완결된 작품으로서의 완성도를 훌륭하게 갖추고 있다. 그러

39) 生亦以追念之故 得病數月而卒(李生窺墻傳)

나 『금오신화』가 서로 다른 다섯 편의 작품을 한 곳에 모아놓은 작품집이 아니라, 다섯 작품들을 의미적으로 긴밀하게 연결시켜 하나의 커다란 의미를 드러내는 한 편의 소설로 창작된 것이라고 본다면, 나머지 네 작품과의 관계 속에서 파악해 볼 때 <이생규장전>이 『금오신화』의 한 작품으로 편재되어 있는 보다 깊은 의미가 밝혀지게 될 것이다.

다른 작품과의 관계의 망 속에서 <이생규장전>의 의미를 파악해 보기 위해서는 이 작품을 통해 드러내려 했던 작가의 의도가 무엇인가를 알 수 있어야 한다. <이생규장전>은 세 번에 걸쳐 반복해서 나타나는 만남과 헤어짐의 양상을 통해 실패로 끝난 사랑 이야기를 다루고 있는 작품이었다. 그렇다면 김시습이 드러내려 했던 보다 직접적이고 구체적인 의미란 무엇이었을까?

이생과 최 소저는 한 마을에 살며 사람들로부터 서로의 용모와 재주에 대해 익히 들어서 알고 있었으며, 이것으로 말미암아 상대방에 대한 호기심과 애정을 키워왔고, 이 때문에 서로에게 이끌려 만나게 되었다.

> 허명이 자자하게 오르자 정승 허조(許稠)께서 집으로 저를 찾아와 즉시 글자를 부르며 말하기를 "내가 늙었으니 늙을 노(老)자로 시를 지어보아라"고 하므로 곧 응답하여 "늙은 나무에 꽃이 피니 마음은 늙지 않았네"라고 했습니다. 허 정승이 무릎을 치며 감탄하여 말하기를 "이 녀석이 신동이구나"라고 하니 비로소 진신(縉紳)들이 알고 자주 방문하였습니다. 영묘께서도 들으시고 대언사에 부르라 명하시고 지신사 박이창에게 말씀하여 허실(虛實)과 능부(能否)를 묻게 하였습니다.[40]

위의 인용문은 김시습이 다섯 살의 어린 나이에 세종 임금을 만나게 된 경위를 스스로 밝히고 있는 글이다. 세종 임금께서 사람들이 김시습의 재주에 대해 떠드는 이야기를 들으시고, 그 재주에 대해 호기심과 애정을 키워가다가 마침내 김시습을 불러 만나게 되었다는 것이다. 사람들로부터 대단하다는 소문을 듣고 호기심과 애정을 키워가다가 마침내 상대방에게 이끌려 만나게 되었다는 점에서, 이생과 최 소저가 만나게 된 동기와 경위가 김시습과 세종 임금의 경우와 동일하다는 것을 알 수 있다.

그런데 이생과 최 소저는 사회의 규범적 질서가 부과하는 금기체계를 어겼다고 하여 어른들에게 꾸중을 듣고 헤어져야 했다. 그러나 이생에 대한 최 소저의 사랑의 열정이 규범적 질서의 금기체계를 넘어서게 해 두 사람은 다시 만날 수 있었다. 사회의 규범적 질서에 의해 헤어질 수밖에 없었던 위기를 사랑의 열정으로 극복하고 만남에 이르는 과정 또한 김시습과 세종 임금의 만남의 과정을 그대로 보여주고 있다.

세종 임금은 김시습의 천재성을 시험해 보고 돌려보내며 "친히 만나보고 싶지만, 사람들이 듣고 놀랄까 걱정되니 집으로 돌려보내 잘 기르라"고[41] 했다. 세종 임금이 김시습과 만나기 위해서는 이것을 마땅치 않게 여기는 사람들의 비난을 넘어서야 했었고, 이 때문에 김시습을 만나는 데 있어서도 조심스럽게 행동했었다는 것을 알 수 있다.

조선이 건국하며 신흥사대부를 중심으로 하는 지배층의 배타적 폐

---

40) 虛名騰籍 政丞許稠 到廬而訪僕 卽呼字曰 余老矣 老字作句 僕卽應曰 老木開花心不老 許便擊節嘆訝啃啃曰 此所謂神童也 始縉紳知名屢訪矣 英廟聞而召于代言司 知申事朴以昌 傳旨問虛實能否(김시습, 상류양양진정서, 『매월당집』 권21).

41) 啓傳旨曰 欲親引見 恐駭人聽 宜還授家 親韜晦敎養至勤(김시습, 상류양양진정서, 『매월당집』 권21).

쇄성이 강화되어가고 있던 사회적 상황에서,42) 한 나라의 임금이 한미한 무반 출신 집안의 5세밖에 되지 않는 어린아이를 불러서 만난다는 것을 사람들이 이해할 수 없었던 것이다. 그러므로 김시습과 세종의 만남은 두 사람 사이를 가로막고 있는 사회적 장벽을 넘어서는 것이었고, 이 과정에서 세종 임금이 조심스럽게 행동했었다는 것은 당시의 상층 사대부들이 주도하던 사회의 규범적 질서가 세종 임금과 김시습의 관계를 단절시킬 수 있을 정도로 강력했었다는 것을 보여주는 것이다.

그러나 세종 임금은 김시습을 불러 천재성을 시험해 보았을 뿐만 아니라 학업이 이루어지기를 기다려 장차 나라에서 크게 쓰겠다는 약속까지 했다.43) 세종 임금이 김시습과의 두 번째 만남을 약속한 것이었다. 김시습의 천재성을 사랑하는 순수한 사랑의 열정이 규범적 질서의 금기체계를 넘어서는 힘이 되었고, 이 때문에 관계가 단절될 수도 있었던 위기를 넘어서 두 번째의 만남을 가능하게 하고 있었다는 것을 알 수 있다.

그러나 이생과 최 소저가 위기를 극복하고 다시 만나 행복하게 살았던 것도 잠시일 뿐, 두 사람은 홍건적이 쳐들어와서 사회적 폭력에 의해 개인들의 삶이 유린되는 국가적 변란을 맞아 다시 헤어져야 했다. 최 소저가 홍건적에 맞서 정절을 지키려다 칼에 맞아 죽었기 때문이다.

---

42) 김시습은 한미한 무반 집안 출신이었고, 조선전기는 신흥사대부를 중심으로 지배층의 폐쇄성이 강화되어가고 있던 시기였다. 조선전기의 사회상에 대해서는 아래의 글을 참고했다.
이성무, 조선초기의 향리, 『한국사연구』 5호, 한국사연구회, 1970, 70~85쪽.
이태진, 서얼차대고, 『역사학보』 27권, 역사학회, 1965, 65~104쪽.
김영모, 『조선지배층연구』, 일조각, 1977, 442~443쪽.

43) 莊憲大王聞之 召致承政院試以詩 果捷而佳 下敎曰 .... 待其學成 將大用(이이, 김시습전, 『매월당집』).

김시습의 생애에서 사회의 질서가 송두리째 무너지는 국가적 변란이 되었던 사건, 그래서 세종 임금과 다시 만나기로 했던 약속도 무참하게 깨뜨려버렸던 사건은 곧 세조의 정변이었다. 세조의 정변은 홍건적의 침입처럼 사회의 질서를 일거에 무너뜨리며 폭력으로 개인의 삶을 유린해버린 사건이었다. 그리고 세조의 정변은 폭력을 앞세워 사회의 질서를 무너뜨렸다는 점에서 정의롭지 못한 사건이었다.

세조의 정변은 세종 임금과의 만남 이후 학업에 열중하며 다시 만날 것을 꿈꾸고 있던 김시습에게 엄청난 충격이었다. 세조는 집현전(集賢殿)을 혁파하고 경연(經筵)을 정지시키는 등 유학에 입각한 왕도정치를 추구하려 했던 세종 이래의 전통을 거부하는가 하면 정변이 중심 세력이었던 종친과 공신집단을 중심으로 지배계층을 채워나가며[44] 세종 임금 이래의 사회질서를 송두리째 무너뜨렸다.

이런 점에서 세조의 정변은 김시습에게 학업이 이루어지기를 기다려 장차 나라에서 크게 쓰겠다고 했던 세종 임금의 약속을 무위로 돌아가게 했고, 세종 임금의 왕통을 이어받은 단종을 폐위시킴으로써 세종 임금과의 모든 관계도 단절할 것을 강요하는 사건이었다. 세종 임금에게 두터운 은혜를 입었던 김시습으로서는 이러한 세조 정권의 폭력을 받아들일 수 없었다. 이것은 세종 임금에 대한 절의를 저버려야 하는 것이기 때문이다. 최 소저가 홍건적에게 정절의 훼손을 강요당했던 것처럼 세조의 정변은 김시습에게 절의의 훼손을 강요하고 있었던 것이다.

세조의 정변으로 단종이 폐위되었다는 소식을 들은 김시습은 모든 서책을 불사르고 발광하여 울부짖다가 머리를 깎고 중이 되어 세상 밖

---

44) 김태영, 조선 초기 세조 왕권의 전제성에 대한 일고찰, 『한국사연구』 87권, 한국사연구회, 1994, 119~144쪽).

으로 떠난다. 중이 되어 세상을 등지고 떠난 것은 세상에 대해 자기를 죽인 것이다. 최 소저가 홍건적에 대해 죽음으로써 맞섰던 것처럼 김시습은 세상에 대해 자기를 죽이는 것으로 세조의 정변에 맞섰던 것이다. 이생과 함께했던 것이 최 소저에게 가장 가치 있고 아름다운 시간이었고, 그래서 자신의 존재가치를 지키기 위해 죽음으로 홍건적에 맞섰던 것처럼, 세종 임금과의 만남이 김시습의 생애에서 가장 아름답고 가치 있는 시간이었기 때문에 세종 임금과의 관계를 지키고, 자신의 존재가치를 지키기 위해 중이 되어 세상을 등지는 것으로 반발했던 것이다. 이 때문에 김시습이 중이 되어 세상을 등진 것은 "절의를 표방하고 윤기(倫紀)를 붙들었다."[45]는 평가를 받고 있다.

그런데 최 소저가 홍건적에게 죽임을 당함으로써 이생과의 관계가 단절되었던 것처럼 세상을 등지고 떠남으로써 이 세상에서 김시습과 세종 임금과의 관계도 단절되게 되었다. 그러나 사회적 폭력에 의해 자신들의 삶이 파괴되고 이생과의 관계가 단절된 것을 도저히 받아들일 수 없어서 최 소저는 환신으로 되돌아왔었다. 김시습 또한 세조의 정변으로 자신의 삶이 파괴되고 세종 임금과의 관계가 단절된 것을 도저히 받아들일 수 없어서 비현실의 세계에서라도 세종 임금을 만나기를 갈망했다.

> ① 송돈학(宋遯壑) 경원(慶元)이 스스로 맹세하는 시를 지었는데 "살아서는 산속 사람이 되고, 죽어서도 산속 귀신이 되려네"라고 했다. 선생이 그 글을 보고 감격하여 서로 붙들고 소리 내어 울고는 채미가(採薇歌)를 부르며 영월을 바라보고 통곡했다.[46]

---

45) 標節義 扶倫紀(이이, 김시습전, 『매월당집』).
46) 宋遯壑慶元 作自誓詩有 生爲山中人 死爲山中鬼 先生見之有感 相扶呼泣 因

② 천순 원년 정축에 김시습이 엄흥도와 그 밖의 몇 사람과 함께 단종의 제일(祭日)을 맞아 이 절에 어의(御衣)를 진설하고 북향하여 통곡하였다.[47]

인용문 ①과 ②는 김시습이 세조의 정변으로 폐위되어 죽임을 당한 단종을 추모하며 단종의 죽음을 통분히 여겨 슬퍼했다는 것을 보여주고 있다. 단종은 세종 임금의 정통성을 이어받은 임금이다. 인용문 ①과 ②의 사실은 김시습이 세조의 정변으로 세종 임금 이래 이어져 왔던 역사의 정통성이 단절된 것을 통분히 여겼다는 것을 보여준다. 이것은 김시습이 세조의 정변이라는 사회적 폭력으로 세종 임금과의 관계가 단절된 것을 받아들이지 않고 있었다는 것을 보여주고 있다.

세종 임금과의 관계가 단절된 것을 받아들일 수 없었기 때문에 김시습은 매양 달 밝은 밤이면 이소경을 읊으며 울고, 술을 마시면 세종 임금을 찾으며 눈물을 흘리는 등[48] 일생 동안 세종 임금을 가슴에 품고 살았다. 이것은 김시습이 세조의 정변으로 자신과 세종 임금과의 관계가 단절된 후 비현실의 공간, 꿈의 세계에서라도 세종 임금을 간절히 다시 만나고 싶어 했다는 것을 보여주고 있다.

이렇게 볼 때, 최 소저가 환신으로 이생과 다시 만나게 된 것은 세종과의 관계가 단절된 후 꿈에서라도 세종 임금을 다시 만나고 싶어 했

歌採薇 望寧越痛哭(유적수보, 『매월당집부록』 권1).

47) 天順元年丁丑 金梅月時習 與嚴興道及同知人 値上王諱辰則 本寺陳御衣 向北號痛(채동양, 초혼각중수기, 『매월당집부록』 권2).

48) 有沙彌 喉音淸楚 能出商聲 浪吟長詠 遺響裊空 悽有餘感 每値皓月朗然 中宵獨坐 令沙彌 詠離騷經一過 輒泣下沾衿 性嗜酒 飮醉必曰 不見我英陵否 流涕悲甚(김시습, 『매월당집부록』 권1).

던 김시습의 간절한 원망을 형상화한 것이라고 할 수 있다. 그리고 최 소저가 하늘의 도움을 받아 환신으로 돌아올 수 있었던 것처럼, 개인의 힘으로는 어찌해 볼 수 없는 사회적 변란을 겪으며 하늘의 정의가 살아있어서 불의의 세력이 저지르는 사회적 폭력을 제어해주기를 바라는 심정을 형상화한 것이라고 할 수 있다.

> 하물며 하늘의 일은 소리도 없고 냄새도 없고 말도 없다. 그러나 사시(四時)가 운행하고, 백물(百物)이 화생하여 쉬지 않고, 추위와 더위가 바뀌고, 밤과 낮이 나누어져 백성들에게 치우치지 않는 적의(適宜)함을 내려 주니 하늘의 덕이 어떠함을 알 수 있다 .... (또한) 착한 일을 하는 자에게는 상서로움을 내려 복을 주는 것이 두텁고, 악한 짓을 하는 자에게는 재앙을 내려 악을 징벌하는 것이 삼엄하다.[49]

하늘에 대해 김시습이 한 말이다. 하늘은 우주와 만물을 관장하여 사람들이 살 수 있는 가장 적합한 자연환경을 만들어 줄 뿐만 아니라, 윤리적 문제에도 깊이 개입하여 착한 자에게는 복을, 악한 자에게는 재앙을 내려준다고 하고 있다. 김시습은 하늘이 인간들의 문제에 개입하여 하늘의 정의가 삶의 현실에서 실현되도록 하고 있다는 믿음을 갖고 있었다는 것을 알 수 있다.

그러나 하늘이 최 소저를 데려가 버림으로써 작품 속에서 하늘의 정의는 이론적으로만 존재하고 있을 뿐, 불의한 폭력이 판을 치는 현

49) 況上天之載 無聲無臭無言 而四時行 百物生不息 而寒暑代 晝夜分 降衷于下民 則帝可知矣 .... 作善 降祥錫福厚矣 作惡 降殃誅惡嚴矣(김시습, 천형제일, 『매월당집』 권17, 잡저).

실의 질서는 조금도 바뀌지 않고 있었다. 김시습을 둘러싸고 있던 현실 세계의 질서 또한 이와 꼭 같이 전개되고 있었다. 세조는 세종 임금 때의 구신(舊臣)인 김종서 등을 죽이고 폭력으로 왕권을 탈취했다. 그리고 단종 임금을 폐위시켜 죽임으로써 신하가 임금을 시해하고 왕권을 탈취하는 패역의 역사를 썼다. 그럼에도 불구하고 하늘은 아무 말도 하지 않았다. 오히려 불의에 맞섰던 사람들은 폭력에 유린되어 버려졌고, 세조는 새로운 역사의 주인이 되어 과거를 일소하고 자신들의 새로운 세상을 탄탄하게 만들어가고 있었다. 하늘의 정의는 이론적으로만 존재하고 있을 뿐 현실은 불의한 세력에 의해 지배되고 있었던 것이다.

그러므로 이생과 최 소저가 하늘의 도움으로 다시 만난 뒤 세상과 단절된 두 사람만의 공간에서 사랑을 나누고 있는 것은 김시습이 불의 앞에서 하늘이 침묵하는 참담한 현실을 목도하고 하늘의 정의는 비현실의 공간에서 이론적으로만 존재할 뿐이라고 생각했다는 것을 보여주는 것이라고 할 수 있다.

하늘은 불의 앞에서 침묵하고 있을 뿐이고 현실은 불의한 세력에 의해 지배되고 있다면, 사람들은 정의롭지 않은 현실의 질서에 대해 반발할 뿐만 아니라 불의를 보고도 침묵하는 하늘에 대해서도 반발할 수 있다. 이것은 세상과 하늘에 대한 깊은 절망을 수반하는 것이기도 하다. 그러므로 이생이 최 소저와 헤어져야 하는 것을 받아들이지 않고 세상과 하늘에 대해 자기를 죽이는 것으로 반발한 것은 불의가 지배하는 잘못된 현실과 이것을 보고도 침묵하는 하늘 모두에 대해 반발하며 절망했던 김시습 자신의 모습을 형상화한 것이라고 할 수 있다.

이렇게 볼 때 이생과 최 소저의 비극적 사랑 이야기는 세종 임금과의 만남이 세조의 정변으로 비극적으로 종결되며 중이 되어 세상을 등질 수밖에 없었던 김시습 자신의 삶을 보여주고 있다는 것을 알 수 있다. 이 과정에서 김시습은 자신의 천재성을 사랑하는 세종 임금의 열정이 사회의 규범적 질서를 넘어서 두 사람을 만나게 했던 힘이 되었고, 세종 임금과의 관계를 지키려 했던 자신의 열정이 자기를 희생하여 불의의 세력에 맞서는 용기로 표출되기도 했다는 것을 보여주기도 했다.

홍건적의 난을 통해서는 불의한 세력에 의해 저질러지는 사회적 폭력으로 개인들의 삶이 파괴되었던 어지러운 현실의 모습을 드러내려 했고, 최 소저의 죽음을 통해서는 세종 임금에 대한 절의를 지키기 위해 머리를 깎고 중이 되어 세상에 대해 자기를 죽이는 것으로 맞섰던 자신의 모습을 형상화하려 했다고 할 수 있다. 그리고 이생과 최소저가 환신으로 다시 만나게 함으로써 꿈이나 환상의 세계에서라도 세종 임금을 다시 만나고 싶어했던 간절한 염원을 표출시키기도 했고, 이생의 죽음을 통해서는 불의가 지배하는 잘못된 현실 세계와 이것을 보고도 침묵하는 하늘 모두에 대해 반발하며 절망하고 세상을 등지고 떠났던 자신의 모습을 드러내려 했다는 것을 알 수 있다.

그러나 이생이 마침내 최 소저와 헤어진 뒤 삶에 대해 심각한 문제의식을 갖고 있었고, 이 때문에 비극적으로 생을 마쳤던 것처럼, 김시습 또한 사회적 폭력으로 세종 임금과의 관계가 단절되고 자신의 삶이 파괴되는 고통을 겪으며 삶에 대해 심각한 문제의식을 갖고 세상을 등질 수밖에 없었다. 그러므로 이생과 최 소저의 비극적 사랑이 삶의 문제에 대해 던지게 했던 심각한 물음은 현실과 하늘 모두에 대해 반발하고 세상을 등지고 떠나며 김시습이 자기 자신에게 던졌던 질문이라고 할 수 있다.

이윽고 마음과 일이 서로 어긋나 어지러워질 때에 세종과 문종께서 잇달아 돌아가시고, 세조 초년에는 옛 친구와 교목세가의 사람들이 모두 귀신의 명부에 오르게 되었습니다. 그리고 이교가 크게 일어나 유교가 쇠락하게 되니 제 뜻이 황량해져서 드디어 머리를 깎은 이들과 벗하여 산수에서 놀게 되었습니다.[50)]

인용문에서 김시습은 자신이 세조의 정변으로 중이 되어 세상을 등질 수밖에 없었던 사정을 말하고 있다. 세조의 정변 이후 이교(異敎)가 크게 일어나는 등 세종 이래의 구질서가 일거에 무너지고 사회적 폭력에 의해 자신의 삶이 비틀리고 파괴되는 혼란을 겪으며, 삶에 대해 심각한 문제의식을 갖고 세상을 등질 수밖에 없었다는 것이다. 그러므로 <이생규장전>은 김시습이 비극적으로 종결되었던 세종 임금과의 만남을 회고해 보며, 스스로에게 개인의 삶이 왜 사회적 폭력에 의해 유린되어야 하는가 하는 데 대한 문제의식을 제기하고 있는 작품이라고 할 수 있다.

김시습의 행적은 그 자체로 사회에 대한 저항과 비판의 의미를 지니고 있었다. 그러므로 <이생규장전>에서 사회에 대한 저항과 비판의 목소리를 찾아내는 것은 당연하다. 그러나 분석의 결과 <이생규장전>은 사회에 대해 메시지를 전달하려 하기보다 세종 임금과의 만남이 비극적으로 종결되기까지의 김시습 자신의 삶을 사회적 관계의 망 위에서 회고해 보며, 스스로에게 삶에 대한 문제의식을 제기하고 있는 작

50) 旣而心事相違 顚沛之際 英廟顯廟 相繼賓天 光廟之初 故舊喬木 盡爲鬼簿 而復異敎大興 斯文陵夷 僕之志已荒凉矣 遂伴髡者遊山水(김시습, 상류양양진정서, 『매월당집』 권21).

품이라는 것을 확인할 수 있었다. 이런 점에서 김시습이 현실적 불의에 대해 개인적인 차원에서 저항만을 의식했을 뿐 민중들의 삶에 관심을 갖지 못했다는 지적이[51] <이생규장전>의 한계로 읽혀져서는 안 된다. <이생규장전>은 사회를 향해 저항의 목소리를 내거나 사회의 부조리와 질곡을 문제 삼으려 한 작품이 아니라, 김시습이 자신의 체험을 회고하며 자신을 향해 삶에 대해 문제를 제기하고 있는 작품이기 때문이다. 다만 이것이 독자들에게 사회에 대한 저항의 목소리로 받아들여지는 것은 별개의 문제이다.

5. 맺음말

<이생규장전>은 이생과 최 소저의 사랑을 통해 비극적으로 끝난 사랑의 사회적 조건을 문제 삼으며 삶에 대해 문제의식을 제기하고 있는 작품이었다. 이 과정에서 순수한 사랑의 열정은 사회의 규범적 질서를 넘어서는 힘이었고, 사회적 폭력에 맞서 목숨을 바쳐서라도 자신의 존재가치를 지키려는 결연한 용기로 표출되기도 한다는 것을 보여주고 있었다. 나아가 사회의 불의한 세력에 의해 개인의 삶이 파괴되는 어지러운 현실과 이것을 보고도 침묵하는 하늘에 대해 반발하며 삶의 바른 이치란 무엇인가에 대해 심각한 질문을 던지고 있다는 것을 보여주고 있었다.

그러나 작가의식을 통해 살펴본 <이생규장전>은 세조의 정변으로 세종 임금과의 만남이 비극적으로 종결되어 마침내 세상을 등지게 되

---

51) 이상구, 앞의 글, 341쪽.

었던 자신의 삶을 보여주며, 스스로에게 삶에 대한 문제의식을 제기하고 있는 작품이라고 할 수 있었다. 이런 점에서 이생과 최 소저가 만나게 된 동기와 경위가 김시습과 세종 임금의 경우와 동일하다는 것을 알 수 있었고, 사회의 규범적 질서에 의해 헤어질 수밖에 없었던 위기를 사랑의 열정으로 극복하는 과정도 동일하게 나타나고 있었다. 불의의 세력에 의해 저질러지는 사회적 폭력에 대해 최 소저가 절의를 지키기 위해 죽음으로 맞서게 함으로써 세조의 정변에 맞서 세상에 대해 자기를 죽이는 것으로 절개를 지키려 했던 김시습 자신의 모습을 드러내기도 했다. 또한 불의한 세력에 의해 개인의 삶이 파괴되는 어지러운 현실과 이것을 보고도 침묵하는 하늘에 대해서도 반발하는 이생의 행위를 통해 세조의 정변으로 사회적 폭력이 개인의 삶을 유린하는 현실의 질서와 이것을 용인하는 하늘 모두에 대해 반발하고 중이 되어 세상을 등졌던 자신의 모습을 드러내고 있다는 것을 알 수 있었다. 그러므로 비극적으로 끝난 이생과 최 소저의 사랑이 삶의 문제에 대해 던졌던 심각한 물음은 세상을 등지고 떠나며 김시습이 자기 자신에게 던졌던 질문이라는 것을 알 수 있었다.

<만복사저포기>가 사랑의 당사자들 사이에서 전개되었던 내밀한 사랑 이야기를 다루고 있다면, <이생규장전>은 실패로 끝난 사랑을 통해 그 사랑의 사회적 조건을 문제 삼고 있는 작품이었다. 이런 점에서 두 작품은 김시습의 생애에서 가장 가치 있고 아름다웠던 세종 임금과의 만남을 서로 다른 방식으로 다루고 있는 작품이라고 할 수 있다. 그래서 만남의 당사자 사이에서 이루어졌던 내밀한 사랑의 교류를 보여주고 있는 <만복사저포기>는 사랑을 사회적 관계의 망 위에서 다루는 <이생규장전>의 의미와 통합되어지며 세종 임금과의 만남이 김시습의 삶에서 어떠한 의미와 양상을 갖고 있었던가 하는 것을 서로

다른 각도에서 입체적으로 조망하여 설득력 있게 보여줄 수 있었다.

사랑의 사회적 조건을 문제 삼으며 삶에 대해 질문을 던지게 하는 <이생규장전>은 그 자체로도 완결된 작품으로서의 완성도가 높은 작품이라고 할 수 있다. 그러나 김시습과의 관계에서 살펴볼 때, <이생규장전>은 완결된 작품이라고 할 수 없다. 김시습은 <이생규장전>에서 세조의 정변으로 세상을 등지고 떠나며 삶의 문제에 대해 심각한 질문을 던지는 자신의 모습을 작품의 결말로 제시하기만 했을 뿐 아직 그 해답을 추구하는 과정은 보여주지 않고 있기 때문이다.

그러므로 『금오신화』가 개별적으로 독립된 다섯 편의 작품들을 하나로 묶어 놓은 단순한 작품집에 머무는 것이 아니라 다섯 편의 작품이 서로 어우러져야 비로소 하나의 완성된 의미를 드러내는 한 편의 작품이라고 한다면, <이생규장전>에서 제기되었던 삶에 대한 질문이 <이생규장전> 이후의 작품으로 이어지며 지속적으로 작품전개의 핵심적 축으로 기능하고 있어야 할 것이다. 그리고 이 문제는 <이생규장전>의 다음 작품인 <취유부벽정기>를 다룬 다른 글을 통해서 계속 밝혀지게 될 것이다.

제 3절
〈취유부벽정기〉에 나타난 역사의식과 초현실 세계의 지향

1. 머리말

<취유부벽정기>는 서로 다른 공간에 거주하는 두 인물의 만남, 즉 현실 세계의 인물인 홍생(洪生)이 신선들이 사는 초현실 세계의 인물인 기씨(箕氏)녀를 만나는 이야기를 다루고 있다. 이 때문에 <취유부벽정기>는 홍생을 작품의 중심축으로 보고 조선이 건국하며 신정권에서 소외된 개성(開城) 사람들이 갖고 있던 회고와 애상의 정서를 드러낸 작품으로 이해되기도 했고,[1] 도가(道家)적 초월주의에 주목하여 기자조선(箕子朝鮮)의 후예로서 선녀가 된 기씨녀를 등장시켜 반존화적(反尊華的) 민족의식을 드러낸 작품으로 이해되기도 했다.[2]

동일한 작품에 대한 해석이 이렇게 상이하게 나타나는 경우는 흔치

---

* 이 글은 『한국문학논총』68집(한국문학회, 2014)에 발표된 것이다.

1) 임형택, 「현실주의적 세계관과 금오신화」,『국문학연구』 13집, 서울대 국문학연구회, 1971, 40~41쪽.

2) 이상택, 「취유부벽적기의 도가적 문화의식」,『현상과 인식』 9호, 한국인문사회과학회, 1979, 124~130쪽.

않은데, 이것은 <취유부벽정기>가 서로 다른 두 세계의 인물을 다루고 있는 데에 기인하는 것이다. 이 때문에 <취유부벽정기>에 나타난 공간의 이중성 내지는 다중성의 의미를 찾으려는 노력이 뒤따라 나타나게 되었다. 부벽정이나 평양이라는 공간이 갖고 있는 이중성에 주목하여 작품의 의미를 이해하려는 노력이 다양하게 시도되었고,[3] 『전등신화(剪燈新話)』의 <감호야범기(鑑湖夜泛記)>와 <등목취유취경원기(滕穆醉遊聚景園記)>의 공간과 비교하여 <취유부벽정기>의 공간 구조의 특징을 밝히려는 노력도 있었다.[4]

그러나 <취유부벽정기>에 나타나는 공간의 이중성은 『금오신화(金鰲新話)』의 다섯 작품에서 <취유부벽정기>가 차지하는 구성상의 위상과 긴밀하게 연결되어 있다. <취유부벽정기>는 <만복사저포기>와 <이생규장전> 그리고 <남염부주지>와 <용궁부연록>의 중간에 위치해 있다. 앞의 두 작품은 명혼(冥婚) 소설이라 불리며 산 사람과 죽은 사람의 사랑을 다룬 작품이고, 뒤의 두 작품은 몽유(夢遊) 소설이라 불리며 이계(異界)탐색의 문제를 다루고 있는 작품이다.

죽은 사람과의 사랑을 다루고 있으므로 초현실의 세계가 개입하기도 하지만 <만복사저포기>와 <이생규장전>에서 사랑이 전개되는 공간은 현실 세계이다. 이에 비해 <남염부주지>와 <용궁부연록>에서는 남염

---

3) 윤호진, 「취유부벽정기의 공간구조와 작가의식」, 『중국어문학』 18권, 영남중국어문학회, 1990, 191~213쪽.
전성운, 「취유부벽정기의 공간성과 서사 전개」, 『우리어문연구』 34집, 우리어문학회, 2009, 191~221쪽.
김수연, 「취유부벽정기의 경계성에 대하여」, 『한국고전연구』 19집, 한국고전연구학회, 2009, 217~250쪽.
김창현, 「『금오신화』, 취유부벽정기에 나타난 민족의식과 낭만성」, 『인문과학연구논총』 38호, 명지대 인문과학연구소, 2014, 15~36쪽.

4) 박일용, 「취유부벽정기의 형상화 방식과 그 의미」, 『고소설연구』14권, 한국고소설학회, 2002, 5~30쪽.

부주(南炎浮州)와 용궁(龍宮)이라는 초현실의 세계가 작품의 공간적 배경이다. 그러나 <취유부벽정기>는 현실 세계에 사는 홍생이 평양의 부벽정에서 초현실 세계의 인물인 기씨녀를 만나고 난 뒤 기씨녀가 있는 초현실 세계로의 진입을 꾀한다는 내용을 다루고 있다. 현실 세계와 초현실 세계가 모두 작품에서 중요한 공간으로 설정되어 있고, 초현 실 세계로의 진입을 꾀하는 홍생의 행위에 이어 초현실 세계를 다루는 두 작품으로 『금오신화』가 짜여져 있다. 이것은 <취유부벽정기>에 나타나는 공간의 이중성이 『금오신화』에서 이 작품이 차지하는 구성상의 위상과 결부되어 해석되어야 한다는 것을 보여주는 것이다.

『금오신화』에서 <취유부벽정기>의 위상은 <만복사저포기>와 <이생규장전>에서의 의미를 이어받아 <남염부주지>와 <용궁부연록>의 의미와 연결시켜주는 교량적 역할을 담당하고 있다는 것이다. 다시 말해서 현실 세계에서 남녀의 만남을 다루고 있다는 데에서는 <만복사저포기>와 <이생규장전>의 의미를 이어받고 있고, 초현실 세계로의 진입을 꾀한다는 점에서는 <남염부주지>와 <용궁부연록>과 연결되어 있다. 이것은 『금오신화』의 다섯 작품이 의미적으로 긴밀하게 연결되어 있다는 것을 보여주는 것이고, 『금오신화』가 단순히 여러 편의 작품을 모아 놓은 작품집의 이름이 아니라 다섯 작품의 의미를 서로 연결하여 하나의 커다란 의미를 형성하는 한 편의 작품으로 이해되어야 한다는 것을 보여주는 것이다.

이 글에서는 이상과 같은 관점에서 <취유부벽정기>의 다양한 공간들이 어떻게 서로 연결되어 작품의 의미를 형성하고 있고, 이것이 『금오신화』의 다른 작품들과 어떤 의미적 관계를 맺으며 『금오신화』를 한 편의 작품으로 완성시키고 있는가 하는 것을 찾아보기로 하겠다.

2. 다양한 공간의 설정과 역사의식

① 평양은 옛 조선의 서울이었다. 주나라 무왕(武王)이 은(殷)나라를 정벌하고 기자(箕子)를 찾아갔다. 기자가 천하를 다스리는 아홉 가지의 큰 법을 알려주니 무왕이 기자를 이 땅에 왕으로 봉하고 신하로 삼지 않았다.[5)]

② 평양의 명승지로는 금수산, 봉황대, 능라도, 기린굴, 조천석, 추남터 등이 있는데 이들은 모두 옛 유적이며, 영명사와 부벽정도 옛 유적의 하나이다. 영명사는 곧 동명왕의 구제궁(九梯宮)이며 평양성 동북 20리 되는 곳에 있다. 긴 강을 굽어보고 멀리 평평한 들판을 바라보며 아득하기 끝이 없으니 진실로 경치가 좋은 곳이었다.[6)]

③ 화려한 유람선과 상선(商船)들이 저녁 때 대동문(大同門) 밖 버들숲이 있는 물가에 정박하게 되면 사람들은 강물을 따라 올라와서 이곳을 마음대로 구경하고 실컷 즐기고는 돌아간다.[7)]

<취유부벽정기>의 첫 부분을 세 개의 단락으로 나누어 본 것이다. ①, ②, ③은 모두 평양에 대해서 말하고 있는데, ①은 기자조선 시대의 평양에 대해서, ②는 다양한 유적을 통해 드러나듯이 고구려 시대의 평

---

5) 平壤故朝鮮國也 周武王克商 訪箕子 陣洪範九疇之法 武王封于此地 而不臣也(김시습, <취유부벽정기>, 『매월당외집』권 1(『매월당전집』, 성균관대학교 대동문화연구원, 1973).
본고에서 <취유부벽정기>는 위의 문헌의 자료를 대본으로 하며, 앞으로 본문을 인용할 때에는 별도의 표시를 하지 않는다.

6) 其勝地則 錦繡山 鳳凰臺 綾羅島 麒麟窟 朝天石 楸南墟 皆古跡 而永明寺 浮碧亭 其一也 永明寺 卽東明王九梯宮也 在郭外東北二十里 俯瞰長江 遠矚平原 一望無際 眞勝景也(醉遊浮碧亭記)

7) 畵舸商船 晩泊于大同門外之柳磯 留則 必泝流而上 縱觀于此 極歡而旋(醉遊浮碧亭記)

양에 대해서, ③은 화려한 유람선과 상선들이 드나드는 현재의 평양에 대해서 말하고 있다. 작품이 시작되는 첫 부분에서부터 <취유부벽정기>에는 기자조선, 고구려 그리고 현재로 이어지는 서로 다른 세 개의 공간이 설정되어 있다는 것을 알 수 있다. ①과 ②를 과거라고 하고, ③을 현재라고 하면 과거와 현재의 공간이 대비되어 나타나고 있다고 할 수도 있다.

홍생은 바로 현재의 공간에 살고 있는 인물로서 어떤 계기로 과거의 공간과 만나게 되고, 이것이 계기가 되어 기자조선의 마지막 왕인 준왕(準王)의 딸로서 신선이 되어 초현실의 세계에 살고 있는 기씨녀와 만나게 된다. 과거의 공간이든 현재의 공간이든 ①, ②, ③을 모두 인간들이 살고 있는 인간 세상이나 현실 세계라고 한다면 기씨녀의 등장으로 작품에는 이제 현실 세계와 초현실의 세계가 공존하는 현상이 나타나게 된다.

상당히 다양하고 복잡하기까지 한 공간 구성이라고 할 수 있다. 그런데 다양한 공간 구성의 문제에 있어 우리가 해야 하는 일은 다양한 공간을 설정함으로써 작품이 무엇을 드러내려 했던가 하는 것을 밝히는 것이다. 그리고 이 문제에 대한 해답은 현재의 공간에 살고 있는 홍생이 어떤 계기로 과거의 공간과 만나게 되었고, 또 초현실의 공간과도 만나게 되었는가 하는 것을 찾아보는 데에서 밝혀질 수 있을 것이다.

문제를 해결하기 위해서 먼저 홍생이 어떤 인물인가 하는 것을 알아보기로 한다. 홍생은 개성 사람으로 피륙과 면사를 사고파는 상인(商人)이었다. 그런데 그는 풍도(風度)가 있고 글을 잘했다고 되어 있다.[8] 여기서 우리의 관심을 끄는 것은 홍생이 상인이었다는 것과 글을 잘했

8) 美姿容 有風度 又善屬文(醉遊浮碧亭記)

다는 것이다. 홍생이 글을 잘했다는 것은 그가 부벽정에 올라가서 지은 시를 통해서도 드러나고 있다. 기씨녀와 만나고 나서도 홍생은 상인이 아니라 줄곧 문사로서 행세하고 있다. 기씨녀도 홍생을 선비(俗士) 또는 문사(文士)라고 부르며 글을 하는 선비로 대접을 하고 있다.[9)]

그런데 글을 잘하는 것은 선비의 조건이지 상인의 조건이 아니다. 그러므로 상인이었음에도 글을 잘 했다고 하거나 문사로서 대접받고 있다는 것은 홍생이 무언가 조화롭지 않은 삶의 조건 속에서 살아가고 있는 인물이라는 것을 보여주는 것이다. 다시 말해서 글을 잘 했음에도 불구하고 선비가 되지 못하고 상인으로 살아야만 하는 데에서 홍생의 삶이 자신의 뜻과 달리 비틀어져 있었다는 것을 알 수 있다.

홍생의 삶이 비틀어진 이유에 대해서 작품은 아무런 정보를 제공해 주지 않고 있다. 그러나 홍생은 글을 잘 했을 뿐만 아니라 녹록하지 않은 풍채를 지니고 있었다고 소개되어 있고, 평양의 유명한 기생들의 유혹에도 전혀 흔들리지 않는 인물로 나타나고 있다. 홍생이 범상치 않은 기상과 재주를 갖고 있는 인물이었다는 것을 알 수 있다. 이것은 홍생의 삶이 자신의 무능함 때문이 아니라 개인으로서는 감당하기 어려운 시대나 사회의 어지러운 힘에 의해 비틀어지게 되었다는 것을 보여주는 것이다.

이러한 사실은 홍생이 자신의 삶을 비틀어지게 만들었던 시대나 사회에 대해 심각한 문제의식을 지니고 있고, 이것으로 말미암아 고민하고 있는 인물이라는 것을 보여주고 있다. 홍생의 이러한 모습은 조선이 건국하며 신정권에서 소외된 개성인의 모습을 보여주는 것이라고[10)] 구체화시켜 드러낼 수는 없지만, 그가 시대나 사회에 대해 심각

---

9) 子亦可與言詩者也 .... 適逢文士 一喜一赧(醉遊浮碧亭記)
10) 임형택, 앞의 글, 41쪽.

한 문제의식을 지니고 있는 문제적 인물이라는 것은 충분히 보여주고 있다.

시대나 사회에 대해 심각한 문제의식을 지니고 있다는 점에서 홍생은 <이생규장전>에서 이생(李生)의 문제의식을 이어받고 있는 인물이라고 할 수 있다. 다시 말해서 한 사람의 인간으로서는 감당할 수 없는 사회적 폭력에 유린되며 시대의 패악상에 대해 분노하고 이것을 용인하는 하늘에 대해서조차 절망했던 이생이 시대나 사회에 대해 가졌던 심각한 문제의식을 삶의 조건이 서로 어긋나서 비틀어진 삶을 살 수밖에 없었던 홍생도 공유하고 있었다는 것을 알 수 있다. 그러므로 <취유부벽정기>는 <이생규장전>에서 제기되었던 문제의식을 이어받아 그 해답을 추구하려 했던 작품이라고 할 수 있다.[11)]

홍생이 시대나 사회에 대해 심각한 문제의식을 지닌 인물이라는 것은 이어지는 홍생의 행위를 통해 그대로 드러나게 된다. 홍생은 한가위를 맞아 배에 포백(布帛)을 잔뜩 싣고 평양으로 간다. 그러자 평양의 이름난 기생들과 친구들이 몰려나와 잔치를 베풀며 홍생을 극진하게 환대한다. 홍생이 돈이 많은 부호였기 때문이다. 그러나 술이 취하자 홍생은 일행과 떨어져 당(唐)나라의 시인인 장계(張繼)의 시(詩) <풍교야박(楓橋夜泊)>을 읊으며 자기만의 감상에 젖어 혼자 작은 배를 타고 부벽정에 다다른다.

홍생이 평양에서 친구와 기생들의 극진한 환대를 받았지만, 그들과 어울리지 않고 혼자 자기만의 공간으로 이동했다는 것이 요지이다. 오랜만의 평양 나들이이고, 친구들이 그를 위해 잔치를 베풀어 환영하는 자리였다.[12)] 그럼에도 불구하고 홍생이 사람들과 어울리지 않고 자기

---

11) 안창수, 『금오신화의 의미구조와 작가의식』, 『영남어문학』 26집, 영남어문학회, 1994, 117쪽.

만의 공간으로 이동했다는 것은 다른 사람들과 함께 나눌 수 없는 자기만의 고민을 가졌기 때문이라고 할 수 있다.

홍생이 읊조리며 공감했던 장계의 시 <풍교야박>을 살펴보면 자기만의 공간으로 이동했던 그의 심리상태를 확인해 볼 수 있다.

달이 지고 까마귀 울고 가는 밤 서리가 온 하늘을 덮었구나	月落烏啼霜滿天
강가 고깃배의 등불을 마주 보며 수심 속에서 잠드는데	江楓漁火對愁眠
고소성 밖 한산사에서 들리는	姑蘇城外寒山寺
한 밤중의 종소리가 나그네 뱃전까지 들려오네	夜半鍾聲到客船

기구(起句)에서 시인은 자신이 까마귀가 울고 서리가 온 세상을 덮고 있으며 달마저 없는 캄캄한 밤의 한가운데 놓여 있다고 고백하고 있다. 자신이 처해 있는 공간을 어둡고 스산하며 서리가 내려 춥기까지 한 곳으로 묘사하고 있다는 것은 시인이 처해 있는 사회적 상황이 고통스럽고 힘들다는 것을 보여주는 것이다. 뿐만 아니라 기구는 승구(承句)의 시상과 연결되며 시인이 사회적으로 고통스럽고 힘든 상황을 겪으며 세상과 사회에 대해 심각한 문제의식을 갖게 되었고, 그것을 해결하지 못해 수심에 젖어 고뇌에 잠겨있다는 것까지 알 수 있게 한다.

승구(承句)는 시인이 수심에 잠겨 잠드는 모습을 보여주고 있다. 물론 시인의 수심은 기구에서 보여준 힘들고 고통스러운 사회적 삶의 조건에서 파생되어 졌음을 알 수 있다. 그런데 시인은 강가에 있는 고깃배의 등불을 멀리서 마주 보며 잠을 청하고 있다. 시인이 사람들과 떨어진 자기만의 공간에서 수심에 잠겨있다는 것을 알 수 있다. 이것은

12) 城中有故友李生 設宴以慰(醉遊浮碧亭記)

시인의 사회적 고립감을 심화시켜 주며, 시인이 다른 사람과 함께 나눌 수 없는 자기만의 깊은 고민과 문제의식을 가지고 있다는 것을 보여주는 것이다. 이 때문에 캄캄한 밤 적막한 공간을 뚫고 들려오는 한 산사의 종소리는 시인의 고독과 고뇌의 깊이를 더해주고 있다.

<풍교야박>의 시는 홍생이 자기가 처해 있는 삶의 조건을 어떻게 받아들이고 있었고, 비틀어진 삶 속에서 어떠한 심리적 상태에 놓여 있었던가를 여실하게 보여주고 있다고 할 수 있다. 이렇게 본다면 홍생을 부벽정으로 이끌게 했던 것은 사람들의 삶을 비틀어 놓는 시대나 사회에 대한 깊은 문제의식에서 파생된 답답함과 울적함 그리고 문제를 해결하고 답답함을 해소하기 위한 내적 욕구였다고 할 수 있다.

배를 타고 부벽정에 다다른 홍생은 부벽정에 올라 눈앞에 펼쳐진 경치를 바라본다. 이때 홍생의 눈길을 끄는 것은 물결만 무심하게 철썩이는 옛 성곽이었다. 홍생은 외로운 성곽을 바라보며 "고국이 망하니 도읍터에 보리만 우거졌구나."라고[13] 탄식하며 6수의 시를 짓는다. 달빛은 바다처럼 넓게 비치고 물결은 비단처럼 고운데, 기러기는 모래밭에서 울고 학은 이슬 젖은 소나무에서 푸드덕거리는 아름다운 밤이었다.[14] 그러나 홍생의 눈에 들어온 것은 망해버린 나라의 무너진 옛 성터였다.

대동강 물은 푸르고도 푸른데	浿江之水碧於藍
천 년의 흥망사를 한탄한들 어이하리	千古興亡恨不堪
우물에는 물이 말라 담장이만 덮여있고	金井水枯垂薜荔
돌담에는 이끼 끼고 능수버들 늘어졌네	石壇苔蝕擁檉楠

13) 有麥秀殷墟之歎(醉遊浮碧亭記)

14) 月色如海 波光如練 雁叫汀沙 鶴警松露(醉遊浮碧亭記)

타향에선 풍월시를 천 수나 읊었는데　　異鄕風月詩千首
고국의 정든 회포에는 술이 반쯤 취하는구나　　故國情懷酒半酣
달빛이 난간에 비춰 잠조차 오지 않는데　　月白倚軒眠不得
깊은 밤 계수나무 가지 길게 드리워졌네　　夜深香桂落毿毿

한가위에 달빛은 곱고도 고운데　　中秋月色正嬋娟
외로운 옛 성터는 볼수록 슬프구나　　一望孤城一悵然
기자묘 뜰에는 교목이 늙어 있고　　箕子廟庭喬木老
단군사 벽에는 담쟁이가 얽혀있네　　檀君祠壁女蘿緣
적막하구나 영웅들은 어디에 있어　　英雄寂寞今何在
초목만 듬성한 것이 몇 해나 되었는가　　草樹依稀問幾年
다만 옛 날의 둥근 달만 뚜렷이 남아서　　唯有昔時端正月
맑은 광채 흘러나와 옷깃을 비추네　　淸光流彩照衣邊

홍생이 부벽정에서 읊은 6수의 시 가운데 셋째와 넷째의 시이다. 셋째 시에서 홍생은 대동강 물을 보고 천 년의 흥망사를 회고한다. 그리고 담쟁이와 버드나무에 덮여 황폐해진 우물과 담장을 보며 잠조차 이루지 못할 정도로 깊은 상심에 잠긴다.

홍생이 상심에 잠긴 구체적인 이유는 이어지는 넷째 시에서 밝혀진다. 홍생은 황폐해져서 찾는 사람마저 없는 옛 성터가 달빛 속에 외롭게 서있는 것을 보니 슬프다고 한 다음, 기자(箕子)를 모신 기자묘(箕子廟)와 단군(檀君)을 모신 단군사(檀君祠)가 초목만 무성한 채 버려져 있는 것을 보고, 이들을 지키고 돌보던 영웅들이 사라지고 없는 것을 안타까워한다.

이 부분에서 우리가 주목해야 할 것은 홍생의 관점이 황폐해진 기자묘와 단군사가 아니라 이들을 지키고 돌보던 영웅들이 사라진 데에 대한 안타까움에 모아져 있다는 것이다. 영웅들이 돌보고 있었더라면 기자묘와 단군사가 그렇게 황폐해지지 않았을 터이기 때문이다. 그러므로 홍생이 달빛 속에 외로이 서 있는 옛 성터를 바라보고 슬퍼했던 것은 영웅들이 가고 없어 그들이 지키고 돌보아야 할 삶의 터전과 그 안에 귀하게 모셔져 있던 역사적 유적들이 버려지고 방치되어 황폐하게 변해버릴 수밖에 없었던 것이 안타까웠기 때문이다.

그렇다면 기자묘와 단군사를 지키고 돌보던 영웅들은 누구를 가리키는 것일까? 문맥으로 보아서 영웅들은 기자와 단군의 사당을 지어놓고 제사를 드리며 돌보고 있던 인물들이라고 할 수 있다. 영웅들이 없기 때문에 사당이 초목만 무성한 채 버려져 있다고 한탄하고 있기 때문이다.

기자와 단군의 사당을 지어놓고 제사를 드렸다면 고조선 이후의 국가로서 고조선을 자기들의 선조로 모시는 나라여야 하는데 그러한 역사 의식을 갖고 있던 나라는 고구려이다. 홍생은 대동강 유역의 옛 성터에 남아있는 기자묘와 단군사를 거론함으로써 이 곳을 도읍으로 하고 있었던 고구려가 단군조선과 기자조선의 정통성을 계승하고 있었음을 밝히고 있는 것이다. 그러므로 영웅들은 기자와 단군의 사당을 지어놓고 역사의 정통성을 이어왔음을 자랑스럽게 여기고 있던 고구려의 영웅들이라고 할 수 있다.15) 결국 홍생은 셋째와 넷째의 시에서

15) 영웅이 단군이나 기자를 지칭하는 것으로 볼 수도 있다. 이 경우 위의 시는 단군과 기자가 가고 없는 것을 탄식하는 시가 되어야 한다. 그런데 위의 시는 옛 성터의 황폐함을 탄식하는 시이고, 기자묘와 단군사는 성터의 황폐함을 드러내는 증거물로 사용되고 있다. 그러므로 영웅을 기자와 단군으로 본다면 기자와 단군이 없어서 기자묘와 단군 사당이 황폐해졌다고 한탄하는 시가 되므로 의미적으로 모순이 된다.

버려지고 방치되어 황폐하게 변해버린 고구려의 유적을 바라보며, 고구려가 단군조선에서 기자조선으로 이어지는 역사의 정통성을 물려받았음에도 영광스러운 역사를 이어가지 못하고 단절시킨 데 대한 슬픔을 토로하고 있다는 것을 알 수 있다.

홍생은 다섯째와 여섯째의 시에서도 고구려의 시조인 동명왕(東明王)이 하늘에 조회하러 간 뒤 돌아오지 않아서 그가 타던 금수레와 기린말의 자취가 끊어진 것을 안타까워하고 있다.[16] 그리고 대동강에서 부벽정으로 오르는 청운교와 백운교를 바라보며 고구려를 침공하다 오히려 참패해서 돌아간 수(隋)나라 병사와 수양제(隋煬帝)의 넋이 여울물과 매미가 되어 울고 있다고 하며 고구려의 찬란했던 영광과 역사를 반추하는 한편 그 영광스러운 역사가 이어지지 않고 단절된 것에 대해 비통해하고 있다.

자신의 삶을 비틀어 놓은 시대와 사회에 대해 자기만의 깊은 문제의식을 갖고, 답답하고 울적한 마음을 풀기 위해 부벽정에 올라왔던 홍생은 황폐하게 버려져 있는 고구려의 유적을 보고 깊이 상심하여 비통해하고 있었다. 단군조선과 기자조선의 역사적 정통성을 이어받았음에도 불구하고 고구려 사람들의 찬란하고 영광스러웠던 삶이 비틀어지고 파괴되어 황폐하게 버려져 있는 것을 보았기 때문이었다. 홍생은 고구려의 유적을 보며 인간들의 삶이 비틀어지고 파괴되었던 역사가 자기의 시대에서뿐만 아니라 과거에도 있었다는 것을 확인했던 것이다.

홍생은 시를 읊으며 한 구를 읊을 때마다 흐느껴 비통해 하며 깊은 감회에 젖어있는데, 이것은 자신의 아픔을 통해 고구려 사람들의 아픔에 깊이 동조했기 때문이고,[17] 황폐한 고구려의 유적을 바라보며 답

16) 聖帝朝天今不返 .... 金輦麟馬無行迹(醉遊浮碧亭記)
17) 박일용, 『취유부벽정기의 삽입 시와 서사 구조』,『고전문학과 교육』 15집, 한

답하고 울적한 마음이 더욱 증폭되었기 때문이라고 할 수 있다.

홍생이 고구려의 유적을 보며 비탄에 잠겨있을 때 한 여인이 나타난다. 여인은 기자조선의 마지막 왕인 준왕(準王)의 딸로서 나라가 망하는 재난을 만나 죽을 위기에 처했었지만, 신인(神人)의 도움으로 지금은 신선들의 세계에서 살고 있는 기씨녀(箕氏女)였다. 그녀는 홍생과 만나게 된 그 날 불현듯 고국이 생각나서 조상들의 무덤에 참배하고 부벽정도 구경하며 회포를 풀어볼까 해서 현실 세계로 내려오게 되었던 것이다.

때마침 부벽정에서 시를 읊으며 비통해 하던 홍생을 만난 기씨녀는 홍생의 시를 다시 듣기를 원하고, 홍생과 더불어 시를 이야기하기를 바란다.[18] 그리고 홍생의 시에 화답해서 역시 6수의 시를 짓는다.

가을 매미는 풀뿌리에서 울어대는데	草根咽咽泣寒螿
높은 정자에 오르니 생각도 아득하다	一上高亭思渺茫
비 그치고 구름 개니 옛일이 슬프고	斷雨殘雲傷往事
꽃 져서 물에 흐르니 세월도 빠르구나	落花流水感時光
가을 기운 드높으니 물결 소리 웅장한데	波添秋氣潮聲壯
물에 잠긴 누각에는 달빛도 처량하다	樓蘸江心月色凉
옛날 이 땅은 문화의 중심지였는데	此是昔年文物地
황폐한 성 듬성한 나무에 간장이 끊어진다	荒城疎樹惱人腸

금수산 앞에는 강물이 흐르고	錦繡山前錦繡堆
강가의 단풍들은 옛 성에 비춰있는데	江楓掩映古城隈

국고전문학교육학회, 2008, 443쪽.

18) 子之所吟者 何語也 爲我陳之 .... 子亦可與言詩者也(醉遊浮碧亭記)

어느 곳에선가 다듬잇돌소리 들려오고	丁東何處秋砧苦
노 젓는 한 소리에 고깃배 돌아온다	款乃一聲漁艇回
바위에 기댄 고목에는 담쟁이 얽혀 있고	老樹倚巖緣薜荔
풀 속에 쓰러진 비석에는 이끼가 끼었구나	斷碑橫草惹莓苔
말없이 난간에 기대 지난 일을 생각하니	凭欄無語傷前事
달빛과 파도 소리 모두가 슬픔이네	月色波聲摠是哀

기씨녀가 화답한 셋째와 넷째의 시이다. 모두 현재와 과거의 상황을 대비시키며 시상을 전개해가고 있다. 셋째 시에서 기씨녀는 매미의 울음소리, 정자, 비가 그친 뒤의 구름, 물에 떠서 흐르는 꽃잎 등 부벽정 주변의 자연 풍광을 보며 과거를 회상하다가 문득 옛날에는 이곳이 문물이 번성했던 곳이라는 데에 생각이 미친다. 그리고 황폐해진 성에 몇 그루 나무만 듬성하게 서 있는 것을 보고 간장이 끊어지는 비통함에 사로잡히고 있다.

넷째 시에서도 기씨녀는 무심히 흐르는 강물과 단풍을 벗 삼아 서 있는 옛 성과 다듬이질을 하고 고기를 잡는 등 세상의 변화와는 무관하게 자기의 일에 열중하는 사람들을 본다. 그러다가 문득 깨어진 채 풀 속에 버려져 있는 비석을 보고는 영화로웠던 옛날 일을 생각하며 깊은 슬픔에 잠기고 있다.

기씨녀는 부벽정의 경치와 황폐하게 버려진 성을 보고 감회에 젖어 깊은 상실감에 사로잡혀 있다. 기씨녀의 상실감은 황폐한 성을 보고 망해 버린 고국 기자조선의 영광이 생각났기 때문이다. 황폐한 성을 보고 깊은 상실감에 젖어있다는 점에서 기씨녀는 홍생과 동일한 역사의식을 공유하고 있다는 것을 알 수 있다. 기씨녀가 홍생의 시를 다시 듣고 싶어 하고, 더불어 시를 이야기하기를 바랐던 것도 홍생이 자기와 동일한 역사의식을 갖고 있다는 것을 알았기 때문이라고 할 수 있다.

그런데 재미있는 것은 부벽정에서 함께 만나서 시를 짓고 있었음에도 홍생은 고구려의 역사를, 기씨녀는 기자조선의 역사를 회고하고 있다는 것이다. 동일한 대상을 보고 시를 지었음에도 두 사람이 보여주는 관심의 대상이 서로 다르다는 것을 알 수 있다. 이 때문에 부벽정에는 고구려와 기자조선이라는 두 공간이 겹쳐서 투영되고 있다.

그러나 고구려와 기자조선은 모두 고조선의 도읍지였던 평양을 도읍으로 삼고 있었고, 고구려 사람들은 기자묘와 단군의 사당을 모시고 있었다. 고구려와 기자조선이 단군조선에서 시작되는 영광스러운 역사를 이어받았다고 생각하는 역사의식을 공유하고 있었다는 것을 알 수 있다. 또한 고구려와 기자조선은 영광스러운 역사를 이어받았음에도 불구하고 그것을 이어가지 못하고 단절시킨 아픔을 함께 공유하고 있었다. 이 때문에 서로 다른 시공간으로 갈라져 있고 관심의 대상이 서로 달랐음에도 불구하고 고구려와 기자조선은 함께 다루어질 수 있고, 홍생과 기씨녀도 동일한 역사의식을 공유할 수 있었다.

그런데 기씨녀와 만나며 홍생은 인간들의 삶이 비틀어지고 파괴되었던 역사가 고구려뿐만 아니라 기자조선에서도 있었다는 것을 알게 되었다. 이것은 홍생에게 충격적인 사실이었다. 자신의 비틀어진 삶 때문에 생긴 답답하고 울적한 마음을 풀기 위해 부벽정에 올랐었는데 거기에서 홍생은 인간들의 아픔과 고통이 역사 속에서 계속 반복되어 왔다는 것을 확인할 수 있을 뿐이었기 때문이다. 이것은 홍생의 고뇌를 심화시키고 상심을 증폭시킬 뿐이었다. 과거의 역사를 통해서도 홍생은 삶에 대한 자신의 문제의식을 해소시킬 수 없었기 때문이다.

3. 지기(知己)의 발견과 초현실 세계의 지향

홍생과 기씨녀는 모두 자신들의 삶이 뒤틀리고 파괴되는 아픔을 겪었고, 이 때문에 인간들의 삶이 파괴되어진 역사를 보며 아픔을 공유할 수 있었다. 그러나 역사를 대하는 자세에서 홍생과 기씨녀는 차이를 보이고 있다.

홍생은 고구려의 유적을 보며 깊은 상실감에서 벗어나지 못하고 비통해하고 있었다. 홍생은 시를 다 쓰고 나서도 자기의 시를 읊으며 일어나 춤을 추고 흐느껴 울며 비탄에 잠겨있었다.[19] 시를 읊으며 일어나 춤을 추었다는 것은 홍생의 비통함이 깊은 구렁에 잠긴 용에게 전달될[20] 정도로 깊었다는 것을 보여주고 있다. 이처럼 홍생은 고구려의 유적을 보며 깊은 상실감과 비통함에서 벗어나지 못하고 흐느껴 울고 있었다.

기씨녀 역시 깊은 상실감과 슬픔을 드러내고 있다는 점에서는 홍생과 동일한 감회를 드러내고 있다. 그러나 기씨녀는 과거사에 집착하는 것이 부질없는 행위임을 깨닫고 스스로 허무와 상실감을 극복하려는 몸짓을 보이고 있다. 기씨녀가 지은 다섯째 시를 보자.

듬성한 별들은 하늘을 수놓았고	幾介疎星點玉京
은하수 맑은 밤에 달빛도 밝구나	銀河淸淺月分明
빛나던 일들이 다 허사인 줄 알았으니	方知好事皆虛事
저승에서 이승의 삶 기약하기 어렵네	難卜他生遇此生
좋은 술 한 동이에 흐트러지게 취해서	醽醁一樽宜取醉

19) 生吟罷 撫掌起舞踟躕 每吟一句 歔欷數聲(醉遊浮碧亭記)
20) 中情感慨 足以舞幽壑之潛龍(醉遊浮碧亭記)

난세의 삼 척 검을 마음에 두지 마세	風塵三尺莫嬰情
만고의 영웅들도 이미 흙이 되어서	英雄萬古成塵土
세상에는 헛되이 죽은 후의 이름만 남아있네	世上空餘身後名

다섯째 시에서 기씨녀는 은하수가 맑은 밤, 하늘의 별을 보며 과거에 빛났던 일들이 다 허사라는 것을 깨닫는다. 그래서 삼 척의 검을 휘두르며 난세를 평정했던 영웅들도 지금은 흙이 되어 사라지고 없으니 그들을 가슴 속에 품고 있어야 소용이 없다는 것을 깨닫고 한 동이의 술을 마시며 허무와 상실감에서 벗어나려 하고 있다.[21]

기씨녀는 이어지는 여섯째 시에서 과거의 역사에서 빠져나와 현실의 공간으로 돌아온다. 그리고 홍생을 향해 부벽정에서 만나게 된 기쁨을 이야기한 다음, 자신이 살고 있는 초현실의 세계가 너무나 멀리 떨어져 있기 때문에 다시 만나기가 어렵다고 하며 헤어져야 하는 것에 대한 안타까움을 드러내고 있다. 시를 쓰고 나서도 과거의 역사에 매몰되어 비통함에 젖어 흐느끼고 있는 홍생과 달리 기씨녀는 눈물을 털어내고 현재와 미래의 만남을 이야기하며 과거의 역사에서 벗어나고 있다는 것을 알 수 있는데, 이것 또한 기씨녀가 허무와 상실감에서 벗어나고 있었다는 것을 보여주는 것이다.

기씨녀가 역사적 사실을 보다 객관적인 입장에서 볼 수 있는 거리를 확보하고 있고, 이것으로 말미암아 홍생과 달리 허무와 상실감에서 벗어나고 있다는 것을 알 수 있다. 그런데 상실감에 젖어 흐느껴 울던 홍생은 기씨녀의 시를 보고 기쁜 마음이 들어서 그녀가 돌아갈까 염려되어 말을 걸어서 만류하려 했다.[22] 기쁜 마음이 들었다는 것은 홍생

21) 이런 점에서 기씨녀의 시가 홍생의 시에 비해 훨씬 더 처절하고 감정의 격랑도 심하다는 평가(전성운, 앞의 글, 212쪽)는 적절하지 않다.

이 기씨녀의 시에서 허무와 상실감에서 벗어나고 있는 모습을 발견했다는 것이고, 기씨녀를 통해 자신도 비통함에서 벗어날 수 있는 가능성을 발견했기 때문이라고 할 수 있다.

그러나 기씨녀는 허무와 절망감에서 벗어나는 모습만 보여주고 있을 뿐 어떻게 벗어날 수 있게 되었는가 하는 것은 밝히지 않고 있었다. 이 때문에 홍생은 기씨녀가 누구이기에 절망감에서 벗어나게 되었는가 하는 것이 궁금할 수밖에 없었다. 홍생이 기씨녀의 시를 읽은 뒤 기쁜 마음이 들어서 성씨와 가문을 물어보며 그녀가 돌아갈까 걱정이 되어 말을 걸어 만류했던 것은 이러한 심리상태를 보여주는 행동이라고 할 수 있다.

홍생의 만류로 이야기를 시작한 기씨녀는 자기가 기자조선의 마지막 공주이며 나라가 망하는 전란의 소용돌이에서 신인의 도움으로 죽음에서 벗어나 지금은 신선들이 사는 초현실의 세계에서 살고 있다는 이야기를 해 준다. 그리고 자기가 살고 있는 초현실의 세계가 어떤 공간인가 하는 것을 홍생에게 알려 준다.

> 항아는 나를 절개 곧고 글 잘하는 여인이라 칭찬하고 '비록 인간 세상의 명승지가 복지라고는 하지만 모두 풍진의 소용돌이일 뿐이니 하늘나라에서 흰 난새를 타고 계수나무 아래에서 맑은 향기를 맡고 푸른 하늘에서 달빛을 띠고 옥경에서 즐겁게 놀며 은하수에서 멱 감고 노는 것만 하겠느냐' 하고, 나를 향안을 받드는 시녀를 삼아 자기 곁에 있게 해주었는데 그 즐거움을 말로 다 할 수 없었오.[23)]

---

22) 生得詩且喜 猶恐其返也 欲以談話留之(醉遊浮碧亭記)

23) 嫦娥以我貞靜能文 誘我曰 下土仙境 雖云福地 皆是風塵 豈如履靑冥驂白鸞 把淸香於丹桂 服寒光於碧落 遨遊玉京 遊泳銀河之勝也 卽命爲香案侍兒 周旋左右 其樂不可勝言(醉遊浮碧亭記)

기씨녀는 신선들이 사는 초현실의 세계가 행복과 아름다움으로 가득 채워진 공간이라는 것을 말하고 있다. 그리고 자신이 초현실 세계의 존재로 살게 되면서 인간들의 세상과 초현실의 세계를 비교해서 볼 수 있게 되었다는 것을 밝히고 있다. 그 결과 인간 세상에서의 삶은 초현실 세계의 것에 비해 보잘 것 없는 것이라는 것을 알게 되었다고 한다.

초현실 세계의 삶을 인간 세상의 것보다 더 가치 있는 것으로 보게 되면, 집착에서 벗어날 수 있기 때문에 인간 세상에서의 삶을 객관적으로 볼 수 있는 거리감을 확보하게 된다. 전란의 소용돌이를 겪었음에도 초현실 세계의 존재로 살아가며 기씨녀는 인간 세상의 일을 객관적으로 바라볼 수 있게 되었고, 허무와 상실감에서 벗어날 수 있는 역량을 확보하게 되었다는 것을 알 수 있다.

기씨녀는 초현실 세계의 삶이 인간 세상의 삶보다 가치 있을 수 있는 것은 인간 세상을 뒤덮고 있는 풍진(風塵)의 소용돌이가 없기 때문이라고 밝히고 있다. 풍진이 없다는 것은 인간 세상에서는 실현할 수 없었던 이상적인 사회질서가 초현실의 세계에서는 실현되고 있다는 것을 의미하는 것이다. 이 때문에 고구려와 기자조선의 역사를 통해서 풍진의 소용돌이가 인간들의 삶을 계속해서 파괴해왔던 것을 보고 절망했던 홍생은 기씨녀의 시를 읽고 이야기를 들으며 초현실 세계의 삶에 대해 관심을 드러내기 시작한다.

이야기를 들은 후 홍생은 기씨녀에게 그녀의 시만으로는 아직 잘 모르겠으니,[24] 사미(四美)가 갖추어진 지금 <강정추야완월(江亭秋夜翫月)>이라는 제목으로 40운(韻)의 시를 지어 자기를 깨우쳐달라고 부탁

24) 稍解雲謠(醉遊浮碧亭記)

한다. 부벽정의 달 밝은 밤, 아름다운 경치를 바라보고 마음속으로 깊이 느껴 서로가 감회를 토로하며 교유하고 있으니 허심탄회하게 마음속의 이야기로 자기를 깨우쳐 달라고 한 것이다. 홍생은 기씨녀가 자신과 마찬가지로 삶이 비틀리고 파괴되는 아픔을 겪었음에도 불구하고 초현실 세계의 존재로 살면서 허무와 상실감에서 벗어날 수 있는 삶의 이치를 터득하게 되었다고 생각했던 것이고, 그래서 초현실의 세계에 살면서 터득했던 삶의 이치를 시에 담아 자신을 깨우쳐 달라고 부탁했던 것이다.

그러나 기씨녀는 <강정추야완월> 시에서 하늘나라가 얼마나 맑고 깨끗하고 아름다우며 신비하고 보배로운 것들로 채워져 있는가 하는 것을 이야기하고, 홍생과 만났던 만남의 기쁨을 이야기한 다음, 신선들의 세계가 영원하고 광활한 데 비해 인간들의 삶은 하루살이처럼 덧없이 지나간다고 토로한다. 그리고 단군과 기자조선 그리고 고구려의 유적을 바라보며 감회에 젖는 것으로 시를 끝내고는 상제의 명령으로 그만 가봐야 한다고 하며 하늘로 올라가 버린다.

시의 내용을 보면 기씨녀는 40운의 장편시를 지어 많은 이야기를 했지만 정작 홍생이 듣고 싶었던 이야기는 하지 않고 떠났다는 것을 알 수 있다. 다만 기씨녀는 하늘로 올라가기 전에 상제의 명령으로 돌아가야 하기 때문에 맑은 이야기를 다 하지 못해서 마음이 무척 아프다는[25] 말을 남기고 있다. 맑은 이야기란 세속의 때가 묻지 않은 신선들의 삶에 대한 이야기라는 뜻이 아니다. 고구려의 유적을 보며 홍생과 동일한 역사의식을 공유하고 있었음에도 정작 인간들이 살아가는 삶의 이치에 대해서는 깊이 있는 이야기를 나누지 못하고 떠나서 마음

25) 淸話未盡 愴我中情(醉遊浮碧亭記)

이 아프다는 것이다.

기씨녀가 하늘로 올라간 뒤 홍생은 마음속의 이야기를 다 하지 못한[26] 것이 안타까워서 기씨녀와의 일을 회상하며 시를 한 수 짓는다.

양대에서의 만남이 한순간의 꿈이구나	雲雨陽臺一夢間
어느 해에 그리운 님 다시 볼 수 있을까	何年重見玉簫環
강물도 비록 무정하다고 하지만	江波縱是無情物
님 떠난 포구로 슬피 울며 내려가네	嗚咽哀鳴下別灣

기씨녀와 헤어진 뒤 홍생은 마치 사랑하는 사람과 이별한 듯한 애절한 슬픔을 토로하고 있다는 것을 알 수 있다. 실제로 홍생은 기씨녀와 헤어진 뒤 기씨녀를 잊지 못해 병을 얻어 일어나지 못했다. 평양의 유명한 기생들의 유혹에도 흔들리지 않으며 여인에 대해 담백했던 홍생이 이제 한 여인을 그리워하여 죽을 지경에 이르기까지 하는 인물로 바뀌어 있다는 것을 알 수 있다.

홍생의 돌연한 변화는 독자들을 상당히 당황스럽게 한다. 삶에 대한 문제의식을 갖고 고뇌하며 문제를 해결하기 위해 몰두하고 있을 뿐 여인에 대해서는 담백했던 홍생의 모습을 보고 있다가 갑자기 여인을 그리워해서 죽을 지경에까지 이르는 사람으로 변해버린 홍생과 만나야 하기 때문이다. 이것은 작품을 해석하는 데에도 심각한 장애에 부딪히게 한다. 삶에 대한 문제의식으로 충만해 있을 뿐 여인에 대해서는 담백한 홍생과 여인을 그리워해서 죽을 지경에까지 이른 홍생이 한 작품에서 공존하며 일관된 의미를 찾아낼 수 없게 만들기 때문이다.

---

26) 未盡情款(醉遊浮碧亭記)

그러나 자세히 살펴보면 홍생의 변모가 돌연한 것은 아니었다. 홍생은 기씨녀가 지은 시를 처음 보았을 때부터 기쁜 마음이 들어 기씨녀가 돌아갈 것이 염려되어 이야기를 걸어서 만류하려 했고, 기씨녀가 자신의 정체를 밝히고 난 뒤에도 <강정추야완월>의 시를 청하며 기씨녀와의 관계를 계속 이어가려고 하는 등 지속적으로 기씨녀에 대한 관심을 드러내고 있었기 때문이다.

그런데 홍생은 기씨녀와 인간적인 사랑을 나눌 수 있는 처지가 아니었다. 홍생이 부벽정에서 기씨녀를 처음 만났을 때 기씨녀는 홍생의 시를 다시 듣기를 청하며 홍생에게 신선 세계의 술과 고기를 주었었다. 그러나 홍생은 현실 세계의 사람이라서 기씨녀가 주는 신선 세계의 음식을 마시거나 먹을 수 없었다. 신선 세계의 음식을 먹을 수 없었다는 것은 홍생이 초현실의 세계로 편입해 들어갈 수 없었다는 것을 의미하는 것이다. 현실 세계의 인간이기 때문에 초현실 세계로 진입하는 것이 차단되어 있다는 것은 홍생과 기씨녀의 만남에 있어서도 인간적인 차원에서의 교류, 예컨대 남녀 사이의 사랑이나 애정과 같은 것이 개입할 수 없다는 것을 보여주는 것이기도 하다.

<취유부벽정기>는 여기에서 이중성을 드러내고 있다. 그리움 때문에 죽을 지경에 이르기까지 기씨녀에 대한 홍생의 관심을 점차 증대시켜놓았음에도 두 사람 사이에는 남녀 사이의 사랑이 개입할 수 없다는 것을 드러내고 있기 때문이다. 이런 점에서 기씨녀에 대한 홍생의 그리움은 두 사람의 사이를 가로막는 세계의 횡포에 대해서 죽음마저도 초월할 수 있는 사랑의 의지를 보여주는 것으로 해석되기도 한다.[27] 그러나 기씨녀에 대한 홍생의 그리움을 남녀 사이의 사랑으로 한정시

---

27) 이혜순, 「금오신화」,『한국고전소설작품론』, 집문당, 1990, 22쪽.

켜 보게 되면 홍생이 지속적으로 문제 삼고 있던 사회적 문제의식의 문제를 다룰 수 없게 된다.

홍생이 보여주고 있는 그리움의 실체를 파악하기 위해서는 <취유부벽정기>에 나타나는 이중성과 결부시켜 보아야 한다. <취유부벽정기>의 이중성은 홍생이 기씨녀와 교유하도록 하고 있지만, 초현실 세계로 진입하는 것은 차단하고 있는 데에서 생긴 것이다. 이 때문에 기씨녀에 대한 홍생의 그리움은 사랑이면서 사랑이 아니라는 복합적인 성격을 띠고 있다. 기씨녀와의 교유가 허용되어 있다는 점에서는 사랑이지만, 인간적인 측면에서의 애정, 즉 남녀 사이의 애정이 개입할 수 없다는 점에서는 사랑이 아니기 때문이다. 그렇다면 <취유부벽정기>는 부벽정에서 홍생이 기씨녀와 음식을 주고받는 장면을 통해 기씨녀에 대한 홍생의 그리움이 사랑이면서 사랑이 아닌 이중성을 띠고 있다는 것을 복선으로 깔아서 전달하려 했다고 할 수 있다.

기씨녀에 대해 홍생이 느끼고 있는 그리움의 실체를 통해 좀 더 구체적으로 살펴보기로 한다. 홍생은 기씨녀의 시를 보고 기쁜 마음이 들어 그녀가 돌아갈까 염려되어 말을 걸어 만류하려 했었다. 그러나 전후의 문맥으로 보면 홍생이 기씨녀를 만류하려 했던 것은 기씨녀에 대한 인간적인 이끌림 때문이 아니라 그녀의 시가 홍생의 관심을 끌었기 때문이라고 할 수 있다. <강정추야완월>의 시를 부탁하며 기씨녀와의 관계를 계속 이어가려 했던 것도 사실은 기씨녀를 통해 초현실 세계의 질서며 삶의 이치를 알고 싶었기 때문이었다. 시를 통해 깨우침을 받으려 했다(敎我)는 것이 이러한 사실을 알려주고 있다. 기씨녀가 하늘로 올라간 뒤 그녀를 잊지 못해 병을 얻기까지 했던 것도 초현실 세계의 존재로 살면서 기씨녀가 터득했던 삶의 이치를 듣지 못한 것이 안타까웠기 때문이었다. 기씨녀는 하늘로 올라가며 삶의 문제에 대해 마음속에 있는 이야기를 다 하지 못한 것을 안타까워하고 있었고, 기씨녀에 대한 홍생의 그리움도 마음속의 이야기를 다 하지 못한 데에서 시작하고 있기 때문이다.

이러한 것들은 기씨녀에 대한 홍생의 그리움이 사실은 인간들이 살고 있는 현실 세계에서는 발견할 수 없었던 삶의 이치를 초현실 세계의 삶을 통해 알고 싶어 하는 욕망의 변모되어진 모습일 뿐이라는 것을 보여주고 있다. 이런 점에서 기씨녀에 대한 홍생의 그리움은 사랑이 아니다. 그러나 홍생은 기씨녀에게서 인간적인 사랑을 느끼기도 한다. 이것은 홍생이 자신을 보고 환호했던 평양의 유명한 기생들에게서는 느낄 수 없었던 애정을 기씨녀에게서 느끼고 있기 때문이다.

홍생이 평양의 기생들에게 아무런 사랑의 감정을 느낄 수 없었던 것은 그녀들과는 마음속의 깊은 이야기를 할 수 없었기 때문이다. 그러나 홍생은 기씨녀의 시를 보고 그녀가 자기와 동일한 역사의식을 갖고 있다는 것을 알았다. 그리고 기씨녀가 자기와 마찬가지로 국가가 망하는 재난을 겪으며 사회의 어지러운 힘에 의해 자신의 삶이 파괴되는 아픔을 겪고 삶에 대한 문제의식을 갖게 되었다는 것을 알 수 있었다. 그러므로 홍생이 기씨녀에게 지속적으로 관심을 보였던 것은 기씨녀의 생각과 처지에 대해서 인간적으로 깊은 유대의식을 느꼈기 때문이라고 할 수 있다.

기씨녀는 홍생이 비로소 마음속의 깊은 이야기를 나눌 수 있는 지기(知己)였던 것이고, 자기의 진정한 사랑을 나누어줄 수 있는 여인이었던 것이다. 기씨녀가 떠난 뒤 그녀를 생각하며 읊었던 홍생의 시가 사랑하는 사람과 이별한 애절한 슬픔을 드러내고 있었던 까닭이다.

이처럼 기씨녀에 대한 홍생의 그리움이 사랑이면서 사랑이 아닌 이중성을 띠게 됨으로써, 기씨녀와의 사랑이 단순히 남녀 사이의 인간적인 애정의 문제에 머무르지 않고 삶에 대한 치열한 문제의식과 병행해서 전개될 수 있게 되었다.

기씨녀와 헤어진 뒤 홍생은 그녀를 잊지 못해 병이 들어 정신이 흐려지고 말에 두서가 없을 지경이 되었다. 그러던 어느 날 홍생은 꿈에 옥황상제가 부른다는 전갈을 받자, 목욕을 하고 자리를 깔게 한 뒤 턱을 괴고 잠깐 누워 있다가 그대로 세상을 떠났다. 마치 무엇인가를 애타게 기다리고 있던 사람처럼 홍생이 기쁜 마음으로 죽음을 맞아들이고 있다는 것을 알 수 있다. 홍생이 하늘로 올라간 기씨녀를 그리워해서 병이 들어 죽기에 이르렀고, 하늘의 부름을 받자 기다렸다는 듯이 이 세상을 떠나 기씨녀가 있는 하늘로 갔다고 할 수 있다. 이것은 홍생이 현실 세계를 벗어나 초현실 세계로의 진입을 간절히 바라고 있었다는 것을 보여주는 것이다.

홍생이 초현실 세계로의 진입을 바랐던 것은 기씨녀를 만나기 위함이라고 할 수 있다. 기씨녀에 대한 사랑이 홍생을 초현실 세계로 이끌게 했다는 것을 알 수 있다. 그러나 홍생이 초현실 세계로의 이탈을 바랐던 것이 기씨녀에 대한 사랑 때문만은 아니었다. 홍생이 기씨녀에 대해서 관심을 드러내고 있었던 것은 기씨녀에게서 사고의 동질성을 발견하고 인간들의 삶에 대해서 깊이 있는 대화를 나눌 수 있다고 생각했기 때문이었다. 그러므로 홍생이 기씨녀를 사모하여 초현실 세계로 진입하기를 바랐던 또 다른 이유는 기씨녀가 하늘로 올라가 버림으로써 다 하지 못했던 가슴속에 쌓여 있는 이야기, 즉 인간들의 삶에 대해 깊이 있는 이야기를 나누기를 바랐기 때문이라는 것을 보여주는 것이다.

지금까지 살펴본 바에 의하면, 홍생은 사회의 어지러운 힘에 의해 자신의 삶이 비틀어지고 파괴된 것에 대해 깊은 문제의식을 지니고 있던 인물이었다. 답답한 마음을 안고 부벽정에 올라 고구려와 기자조선의 역사 속으로 들어가 보지만 역사를 통해서도 인간들의 아픔과 고통이 계속 반복되어 온 것을 확인할 수 있었을 뿐이었다. 인간들의 세계에서 홍생은 그 어디에서도 삶에 대한 자신의 문제의식을 해결할 수 없었던 것이다.

그러나 홍생은 기씨녀를 만나 풍진의 소용돌이가 없는 초현실 세계의 질서에 대해 눈 뜨게 되고, 기씨녀를 통해 풍진이 없는 세상의 삶의 이치를 듣고 싶어 했었다. 홍생이 이제 초현실의 세계로 관심을 옮겨서 삶에 대한 자신의 문제 의식을 해결하려 했다는 것을 알 수 있다. 그러나 기씨녀가 마음속의 이야기를 하지 않고 하늘로 올라가자 홍생은 기씨녀를 따라 초현실의 세계에 가서라도 삶에 대한 이치를 듣고 싶어 했다는 것을 알 수 있다. 삶에 대한 치열한 문제의식이 홍생을 초현실 세계로 이끌어 갔던 것이다.

4. 작가의식

<취유부벽정기>는 사회의 어지러운 힘에 의해 비틀어진 삶을 살아야 했던 홍생이 역사를 통해 삶에 대한 문제의식을 해결해 보려 했지만, 역사에서는 인간들의 고통이 계속 반복되어 왔을 뿐이라는 것을 확인하고, 초현실의 세계에 가서라도 삶에 대한 이치를 듣고 싶어 했던 욕망을 드러내고 있는 작품이라고 할 수 있다.

그렇다면 홍생의 삶을 통해 드러내려고 했던 김시습의 진정한 의도는 무엇이었을까? 김시습이 걸어갔던 삶의 궤적을 좇아 <취유부벽정기>를 통해 드러내려 했던 작가의 의도를 찾아보기로 한다.

세조의 정변을 만나 김시습은 머리를 깎고 중이 되어 세상을 등지고 떠난다. 그리고 이후 10년 동안 전국을 떠돌며 명승지와 유적을 찾아보는 유랑의 생활을 한다. 세조의 정변은 세종 이래의 구질서를 일거에 무너뜨렸던 사건이었고, 김시습 개인에게는 세종 임금에 대한 절의의 훼손을 강요하는 사건이었다. 마음과 일이 어긋나는 사건을 거듭해서 겪으며 뜻이 황량해져서 머리를 깎고 세상을 등졌다는[28] 그의 진술은 이러한 정황을 말하는 것이었다.

세상을 등진 그가 처음 찾은 곳은 관서(關西)지방이었다. 김시습은 관서지방으로 떠날 때의 심정을 아래와 같이 서술하고 있다.

> 어느 날 갑자기 감개한 일을 당하여 스스로 이르기를 "남아가 세상에 나서 도를 행할 만한데도 몸을 깨끗이 하여 윤기를 어지럽히는 것은 부끄러운 일이다. 그러나 만약 도를 행할 수 없다면 그 몸만이라도 착하게 하는 것이 옳다"라고 하고, 세상 밖을 떠다니며 도남과 사막의 풍모를 따르려 했다.[29]

세조의 정변으로 세상이 어지러워져서 뜻을 펼칠 수 없었기 때문에 세상을 떠나 자신의 뜻과 절개를 지키는 것이 옳다고 생각해서 세상을 등지게 되었다는 것이다. 사회의 폭력으로 자신의 삶이 비틀리고 파괴되는 고통스러운 경험을 하며 김시습이 삶에 대해 심각한 문제의식을 갖고 관서지방으로 떠났다는 것을 알 수 있다. 사회의 어지러운 힘에

28) 心事相違 顚沛之際 英廟顯廟 相繼賓天 ...... 僕之志已荒凉矣 遂佯髡者遊山水(김시습, 유양양진정서, 『매월당집』 권21).

29) 一日忽遇 感慨之事 以謂 男兒生斯世 道可行則 潔身亂倫恥也 如不可行 獨善其身可也 欲泛泛於物外 仰慕圖南思邈之風(김시습, 탕유관서록후지, 『매월당집』 권9).

의해 자신의 삶이 비틀어지고 파괴되는 것을 보며 삶에 대해 심각한 문제의식을 갖고 역사의 현장으로 들어갔다는 데에서 김시습과 홍생의 행보가 일치하고 있는 것을 볼 수 있다.

김시습이 관서지방에서 처음 찾은 곳은 개성이었다. 고려가 500여 년 동안 도읍으로 삼았던 곳이었다.

오백 년의 공업이 이미 거짓이 되었구나	五百年功事已訛
지는 해 꽃다운 풀에 나의 수심 어이할까	夕陽芳草奈愁何
누구네 집 헐린 섬돌에 꽃은 주인 없이 피어있고	誰家廢砌花無主
몇 군데 퇴락한 처마에는 참새가 앉아있네	幾處頹簷雀可羅
가마 길에 향기 사라져 성긴 비만 지나가고	輦路香銷疎雨過
가대에는 음악 소리 끊겨 찬 구름만 깃드네	歌臺響絕冷雲窠
저자의 아이는 고려의 한을 알지도 못하고	市兒不識前朝恨
꽃동산이 제일이라고 노래하네	唱得花園第一歌[30]

<송도(松都)>라는 제목의 시이다. 김시습은 오백 년의 역사를 이어왔지만, 지금은 멸망해 폐허로 변해 버린 고려의 도읍지를 바라보며 깊은 수심에 잠겨 있다. 폐허가 되어 황량하게 버려져 있는 고려의 도읍지를 보며 뒤틀리고 파괴된 삶의 모습을 보았던 것이다.

송도의 황량함에 수심에 잠겨있던 김시습은 대동강을 건너 평양으로 간다. 평양은 고조선과 고구려의 도읍지였다.

① 능묘는 우뚝하게 솟아 웅장하지만	峩峩陵墓壯

30) 김시습, 『매월당집』 권9.

소나무와 가래나무만 적막하구나　寂寂有松楸
팔조의 가르침은 천 년에 드리워 있고　八敎垂千古
삼인은 마침내 한 언덕 같았지만　三仁竟一丘
석상은 풀 속에 묻혀 있고　草生翁仲沒
꽃이 피고 소나무만 그윽하구나　花發鬣封幽
지난 일은 물을 곳이 없고　往事無因問
외로운 성에는 저녁 안개 걷히고 있다　孤城暮靄收

② 추운 날 산속의 절에서 잠을 자니　一宿寒山寺
한밤중에 거친 종소리 들리네　疎鍾半夜鳴
작은 뜰에는 달빛이 가득하고　小庭多月色
고요한 방에는 강물 소리 가득하다　靜室足江聲
천제의 아들은 지금 어디로 가서　帝子今何去
천손이란 이름만 남아있고　天孫但有名
영웅들도 모두 적막하여서　英雄俱寂寞
사는 것의 덧없음을 깨닫게 하네　悟得是無生[31)]

①은 <기자능(箕子陵)>이라는 제목의 시이고, ②는 <영명사야반서회(永明寺夜半書懷)>라는 시이다. 평양에서 김시습이 기자조선과 고구려의 유적을 보며 감회에 젖어 있었다는 것을 알 수 있다.

①에서 김시습은 기자의 무덤을 보고 기자조선의 문물이 비록 천 년에 드리워져 있지만 정작 사람들의 자취는 돌보는 사람도 없이 풀과 나무만 무성한 채 황량하게 버려져 있다고 하며 상심에 잠겨 있다. ②

31) 김시습, 『매월당집』 권9.

는 영명사에서 잠을 자며 느낀 감회를 적은 시이다. 영명사는 고구려 시대의 사찰로 알려져 있는데, 김시습은 <취유부벽정기>에서 영명사가 고구려 동명왕의 구제궁이라고 하고 있다.[32] 그 영명사에서 잠을 자며 김시습은 고구려 시대의 역사 속으로 빠져들고 있다. 그리고 고구려의 영광을 이끌었던 동명왕과 영웅들이 가고 없어 적막 속에 잠겨 있는 고구려의 유적을 보며 깊은 감회에 젖고 있다.

송도를 떠나 평양으로 간 김시습이 기자조선과 고구려의 역사를 통해서도 인간들의 삶이 뒤틀리고 파괴되었던 모습을 보았던 것이다. 그런데 기자조선과 고구려의 유적을 보며 깊은 감회에 젖어들고 있다는 데에서, ①과 ②의 시는 부벽정에서 읊었던 홍생과 기씨녀의 시와 너무나 닮아있다. <취유부벽정기>가 김시습의 관서 여행의 결과물로 나타난 것임을 어렵지 않게 알아낼 수 있다.

이처럼 김시습은 관서지방을 여행하며 "옛 성에 올라보고 황폐하게 변해 버린 마을을 서성이며 궁전과 능묘가 퇴락하여 오동과 가래나무만 무성하고 벼와 기장으로 덮여 있는 것을 보고 감회에 젖었다"[33]고 술회하고 있다. 황폐하게 변해 버린 역사의 유적을 보며 사회의 어지러운 힘에 의해 인간들의 삶이 파괴된 것이 역사를 통해 반복되어왔을 뿐이라는 것을 확인하며 깊은 감회에 젖어 있었던 것이다.

관서지방을 여행하고 난 뒤 김시습은 발길을 관동(關東)지방으로 돌린다. 이곳에서 김시습은 금강산과 오대산을 거쳐 강릉에 도달해서 경포대(鏡浦臺)와 한송정(寒松汀)을 보고, 자신의 존재가 하늘과 땅 사이에 떠도는 하루살이나 아득하게 넓은 바다의 좁쌀 한 톨처럼[34]

---

32) 永明寺 卽東明王 九梯宮也(醉遊浮碧亭記)

33) 登眺故城 徘徊墟里 宮殿陵墓 鞠爲梧楸禾黍 寧不感乎(김시습, 탕유관서록후지, 『매월당집』 권9).

보잘 것 없다는 것을 깨닫는다. 거대한 자연과 벗하며 자신의 개인적인 문제에서 벗어나 세상과 우주의 커다란 질서 속에서 삶 전체를 조망해서 볼 수 있는 안목을 터득하고 있는 것이다.

관동지방을 떠나 김시습은 다시 호남(湖南)지방으로 간다. 이곳에서 김시습은 사람들의 생활이 충실하고 물산이 풍부한 것을 보고, 백제가 천혜의 조건을 제대로 살리지 못하고 망하게 되었다고[35] 하며, 위정자들이 국가와 백성을 올바르게 다스릴 수 있는 능력과 안목을 갖춰야 한다는 것을 역설하고 있다. 삶에 대한 문제의식을 정치와 접맥시켜 바라보고 있는 것이다.

호남지방을 떠난 김시습은 드디어 경주의 금오산으로 들어가 그곳에서 터를 잡고 산다. 머리를 깎고 중이 되어 관서지방으로 떠난 지 10년이 흐른 뒤였다.[36] 이곳에서 김시습은 병이 들어 10일이 넘도록 일어나지 못하다가 가을이 깊어질 때 겨우 일어나서 현재를 느끼고 옛날을 생각하며 11수의 시를 짓는다.

① 천도는 기계의 바퀴 같아서	天道似機輪
일원으로 잠시도 쉬지 않네	一元無暫息
사계절이 순서대로 이어지고	四時迭推移
성신도 질서 있게 둘러 있다	星辰環歷歷
건은 강건하고 곤은 유순하여	乾健又坤順
큰 덕화가 수레의 축과 같아서	大化如轉軸
잠깐이라도 정지하게 되면	一息若暫停

34) 寄蜉蝣於天地 渺滄海之一粟者也(김시습, 탕유관동록후지, 『매월당집』 권10).
35) 此百濟之所恃以强 而所驕以亡者也(김시습, 탕유호남록후지, 『매월당집』 권11).
36) 정병욱, 「김시습연구」,『한국고전의 재인식』, 홍성사, 1979, 49쪽.

만물은 자라날 수 없게 되네	萬彙不能毓
군자는 하늘의 운행을 본받아	君子法天運
지성으로 공경하여 체득하네	至誠體於穆
② 하늘이 우리 태조를 내려주시니	天生我太祖
하늘을 거느려 여섯 용을 타고	御天乘六龍
백억 년에 넉넉함을 내려주시니	垂裕百億載
예악이 어찌 그리 화락하였는지	禮樂何雝雝
세종께서 또 통서를 이어 받아서	世宗又繼緖
멀리 삼황오제의 자취를 따라가셨네	遠追三五蹤
거의 대도가 회복 되려는데	庶幾大道復
슬프다 하늘의 손님이 되셨네	吁嗟賓九重
③ 세월은 홀연히 바뀌어 가며	歲月忽代序
달리는 바퀴처럼 멈추지 않아	奔輪無停止
지금 사람 옛사람을 애석해 하지만	今人惜古人
고금은 흐르는 물과 같아	古今若流水
뒷사람이 지금의 시대를 탄식해도	後人嘆今時
지금 사람이 옛사람 탄식함과 같아	亦嘆今人似
지금 사람과 옛사람이	今人與古人
어느 때 그칠지 알 수 없구나	不知何時已
그러므로 군자들은	所以君子人
사는 것을 가벼이 죽음을 중히 여겼네	輕生重身死
읊고 나서 문득 하늘을 보니	吟罷忽仰視
북두칠성이 비스듬히 놓여 있다	斗杓橫邐迤 37)

병으로 10일 넘게 누워 있다가 가을이 깊어서야 일어나 지금과 옛날을 생각하며 지었다는[38] 긴 제목이 붙여져 있는 시이다. ①은 첫 번째의 시이고, ②는 열 번째의 시이며, ③은 마지막 열한 번째의 시이다.

①에서 김시습은 천도(天道)의 운행에 대해서 이야기하고 있다. 천도의 운행은 사계절이 순서대로 이어지고, 별들이 질서 있게 둘러 있듯이 어떠한 경우에도 변함이 없는 굳건한 질서를 갖고 만물을 화생(化生)하고 있다는 것이다. 그러므로 우주의 한 존재에 불과한 인간들도 천도의 질서를 알고 그에 맞추어 살아야 한다고 하고 있다. 인간들의 삶이 우주적 질서와 긴밀하게 연결되어 있다면, 인간들이 부딪히고 있는 삶의 문제도 우주의 질서를 이해하는 데에서 해결될 수 있기 때문이다.

②에서 김시습은 세종 임금이 건국 이래의 왕통을 이어받아 삼황오제의 대도(大道)를 거의 다 이룰 즈음에 세상을 뜬 것을 안타까워하고 있다. 10년 동안 전국을 유랑하며 기자조선에서 고구려로 그리고 다시 고려로 이어졌던 김시습의 관심이 조선으로 연결되며 세종 임금에까지 이르고 있다는 것을 알 수 있다. 그리고 인간들의 삶이 뒤틀어지고 파괴되는 것이 역사를 통해서 반복되어 왔었다는 것을 확인했던 김시습이 이제는 세종 임금의 뜻이 꺾여 세상이 어지러워진 것을 한탄하고 있는 것이다.

세종 임금의 뜻이 꺾인 것을 안타까워하던 김시습은 ③에서 안타까운 일이 벌어지게 되었던 이유를 긴 역사의 흐름 속에서 찾아보려 한다. 그러나 역사의 흐름은 항상 지금의 우리가 바라던 대로 흘러가지

---

37) 김시습, 『매월당집』 권12.
38) <病臥彌旬 至秋深乃起 感今思古 作感興詩十一首>

않았고, 이 때문에 지금의 사람들은 늘 과거의 역사를 보며 안타까워할 수밖에 없다는 사실을 깨닫게 된다. 그런데 과거의 역사가 언제나 지금의 우리가 바라는 대로 흘러가지 않았다면, 지금 김시습이 세종 임금의 일로 안타까워하는 것도 부질없는 것이 된다. 인간들의 삶은 언제나 인간들의 뜻대로 흘러오지 않았기 때문이다. 그렇다면 어떻게 해야 하는가? 이 안타까운 질문 앞에서 김시습은 북두칠성이 비스듬히 둘러있는 하늘을 보고 있다.

③에서 안타까운 심정으로 하늘을 바라보고 있는 김시습의 행위는 ①에서의 깨달음과 연결된다. 인간들의 삶이 천도의 운행과 긴밀하게 연결되어 있다면 인간들의 문제를 인간들의 세계에서 찾으려는 노력은 한계에 부딪힐 수밖에 없기 때문이다. 세조의 정변으로 인간들의 삶이 뒤틀리고 파괴되는 것에 깊이 절망하고 10년 동안 역사의 유적지를 찾아 전국을 돌아다녔던 김시습이 이제 경주의 금오산에서 천도의 운행에 대해 깊은 성찰의 시간을 갖고 있다는 것을 알 수 있다. 그러므로 인간들의 문제가 궁극적으로는 천도의 운행을 통해 찾아져야 한다고 생각했던 김시습의 깨달음이 기씨녀를 좇아 초현실의 세계에서 삶의 이치를 찾아보려 했던 홍생의 행위로 드러나고 있다고 할 수 있다.

이렇게 본다면 <취유부벽정기>는 세조의 정변으로 자신의 삶이 뒤틀리고 파괴되는 것을 겪었던 김시습이 삶에 대한 문제의식을 지니고 역사를 통해 문제에 대한 해답을 추구하려 한 작품이었다. 그 결과 역사에서는 인간들의 고통이 반복해서 이어져 왔을 뿐이라는 것을 확인하고, 인간들의 삶의 문제를 해결할 수 있는 진정한 삶의 이치는 천도의 운행, 즉 초현실의 세계를 통해서 찾아져야 한다는 깨달음을 드러내려 했다는 것을 알 수 있다.

5. 맺음말

<취유부벽정기>는 사회의 어지러운 힘에 의해 비틀어진 삶을 살아야 했던 홍생이 역사를 통해 삶에 대한 문제의식을 해결해 보려 한 작품이었다. 그러나 역사에서는 인간들의 고통이 계속 반복되어 왔을 뿐이라는 것을 확인하고, 초현실의 세계에 가서라도 삶에 대한 이치를 듣고 싶어 했던 바람을 드러낸 작품이라고 할 수 있다. 이것은 세조의 정변을 겪으며 김시습이 삶에 대한 문제의식을 갖고 역사를 통해 문제에 대한 해답을 추구하려 했던 일련의 과정을 작품화한 것이기도 했다.

사회의 어지러운 힘이 개인의 삶을 파괴하는 것에 대한 심각한 문제의식을 작품전개의 기본 축으로 삼고 있다는 점에서 <취유부벽정기>는 <이생규장전>에서의 문제의식을 이어받고 있었다. 남녀의 애정을 통해 문제에 접근했다는 점에서도 <이생규장전>의 연장선 위에 놓여 있다고 할 수 있다.

그러나 <취유부벽정기>는 미완성의 작품이다. 홍생이 기씨녀를 따라 초현실 세계로 갔다는 것까지만 다루고 있을 뿐 아직 초현실 세계에서의 일은 다루지 않고 있기 때문이다. 초현실의 세계에서 삶의 이치를 본격적으로 논의하고 있는 것은 <취유부벽정기>의 바로 뒤에 나오는 <남염부주지(南炎浮洲志)>에서이다. <취유부벽정기>가 <이생규장전>과 <남염부주지>를 이어주는 교량적 역할을 담당하고 있다는 것을 알 수 있다. 이것은 『금오신화』의 다섯 작품이 개별적인 작품으로 독립되어 있지 않고 상호 유기적으로 관계 맺고 있으며, 김시습이 『금오신화』를 한 편의 작품으로 창작하려는 의도와 목적의식을 갖고 있었다는 것을 보여주는 것이다.

제 4절
〈남염부주지〉의 작품세계와 의미

1. 머리말

<이생규장전>이 세종과의 사회적 관계를 다루며 사회적 폭력으로 개인들의 삶이 유린되는 세계질서의 타락상을 고발하고 있다면, <취유부벽정기>는 그러한 타락상을 역사에서도 확인하는 데에서 오는 비통함과 절망을 표출하며, 초현실의 세계에서라도 삶에 대한 바른 이치를 듣고 싶은 염원을 드러내고 있었다.[1] 몸담고 있는 당대의 현실과 역사 모두에서 불의의 세력이 사람들의 삶을 유린하며 새로운 정통 세력으로 행세하는 것을 확인하였던 김시습은 삶의 바른 이치라는 것이 존재하는가 하는 문제에 대해 의문을 가졌을 수 있다.

삶의 바른 이치란 무엇인가 하는 것을 제시하고 이것을 염왕과의 문답을 통해 논설적으로 따지는 형식을 띠고 있는 <남염부주지>는 이런 점에서 <이생규장전>과 <취유부벽정기>의 의미를 발전적으로 계승하고 있다고 할 수 있다. 그러나 <남염부주지>가 삶의 바른 이치를

* 이 글은 『한민족어문학』53집(한민족어문학회, 2008)에 발표된 것이다.

1) 안창수, 금오신화의 의미 구조와 작가 의식, 『영남어문학』 26집, 영남어문학회, 1994, 103~126면.

제시하고 염왕과의 문답을 통해 그 타당성을 입증한 작품이라고 하는 단편적인 해석에 머물러서는 작품의 실상이 제대로 드러나지 않는다. 앞에서 제시한 것처럼 세태와 역사의 타락상을 목도한 김시습은 삶의 바른 이치라는 것이 존재하는가, 존재한다면 그럼에도 불구하고 세상이 타락한 가치에 지배되고 있는 것은 무엇 때문인가, 타락한 세상은 교정될 수 없는가 하는 등의 문제에 대해 다양한 의문을 가졌고, <남염부주지>는 이러한 문제들에 대해 포괄적인 해답을 추구하고 있다고 보아야 하기 때문이다.

시대의 타락상을 목도하며 그 속에서 자신의 삶의 방향을 잡아가야 했던 한 지식인의 고뇌를 보여주고 있다는 점에서, <남염부주지>는 김시습의 사상과 현실에 대한 인식이나 태도를 반영하고 있다. 그러므로 <남염부주지>는 삶의 바른 이치에 대한 김시습의 철학적 관심을 바탕으로 타락한 가치에 의해 지배되고 있는 세상을 구원할 전망을 제시하고 세상이 자신과 맺고 있는 관계의 망을 보여주고 있는 작품이라고 할 수 있다.

2. 당위적 질서와 현실의 괴리

<남염부주지>는 경주에 사는 박생이 삶의 바른 이치에 대해 고민하다가 깨달음을 얻고 일리론(一理論)이란 글을 지어서 자신을 경계했다는 내용으로 시작된다. 일리론의 내용은 다음과 같다.

> 일찍이 천하의 이치는 하나가 있을 뿐이라고 들었다. 하나란 무엇인가 하면 두 이치가 아님을 말하는 것이다. 이치란 무엇인가 하

면 성품을 이름이요, 성품은 하늘이 내린 것이다. 하늘은 음양과 오행으로 만물을 만들며 기(氣)로써 형체를 이루고 이(理)도 부여해 주었다. 이른바 이치란 일용 사물에서 각기 조리(條理)를 갖는 것인데, 부자 사이는 그 친함을 다해야 하고, 군신 사이에는 의(義)를 다해야 하고, 부부와 장유(長幼) 사이에는 그 마땅히 해야 할 길이 있음을 이르는 것이다. 이것이 이른바 도(道)라는 것이고, 이치가 우리 마음에 갖추어져 있는 것이다. 이 이치를 따르게 되면 어디를 가더라도 편안하지 않을 수 없을 것이요, 이치를 거슬러서 천성을 어기면 재앙이 이르게 될 것이다. 궁리진성(窮理盡性)은 이 이치를 연구하는 것이고, 격물치지(格物致知)도 이 이치를 연구하는 것이다. 대개 사람은 태어나면서부터 이 마음을 갖지 않을 수 없고, 이 성품을 갖추지 않을 수 없으며, 천지 만물도 또한 이 이치를 갖추지 않을 수 없다.[2)]

일리론은 천하의 이치가 왜 하나가 되어야 하는가 하는 데에서부터 시작하고 있다. 천하의 이치가 하나라는 것은 두 이치가 아니라는 뜻이라고 했다. 둘이 아니고 하나가 되어야 한다는 것은 이치가 둘 이상일 경우 상황에 따라 서로 다른 이치와 기준이 적용되어 질서의 혼란을 가져올 수 있기 때문에 바른 이치란 하나가 될 수밖에 없다는 것으로 이해할 수 있다.

---

2) 常聞天下之理一而已矣 一者何 無二致也 理者何 性而已矣 性者何 天之所命也 天以陰陽五行 化生萬物 氣以成形 理亦賦焉 所謂理者 於日用事物上 各有條理 於父子則極其親 語君臣則極其義 至夫婦長幼 莫不各有當行之路 是則所謂道 而理之具於吾心者也 循其理則 無適而不安 逆其理而拂性則 災逮 窮理盡性 究此者也 格物致知 格此者也 蓋人之生 莫不有是心 亦莫不具是性 而天下之物 亦莫不有是理(「南炎浮洲志」, 『梅月堂外集』卷一, 세종대왕기념사업회 간)

일리(一理)라는 용어의 의미를 밝힌 다음에는 일리론의 내용을 설명하고 있다. 하늘은 음양(陰陽)의 상호작용으로 만물을 만들고 거기에 이치도 부여해 주었다고 했다. 그러므로 이치란 하늘이 부여한 성품, 곧 만물이 하늘로부터 받은 천성(天性)이라고 보고 있다. 이치는 또한 일용 사물에서는 삼강오륜과 같은 조리를 갖는 것으로 드러나며, 일용 사물에서 조리를 갖는 것이 천도(天道)이고, 일용 사물에서 조리를 갖는 것이 마땅하다는 이치는 본래 우리 마음에 갖추어져 있다는 것으로 논리가 전개되고 있다.

일리론의 내용을 간추리면, 이치(理致) = 천성(天性) = 조리(條理) = 천도(天道)라는 등식이 성립된다는 것을 알 수 있다. 다시 말해서 사람들은 삼강오륜처럼 인간으로서 해야 할 마땅한 도리(道理)인 조리를 천성으로 갖추고, 세상은 조리를 삶의 이치로 갖추어야 한다는 것이다. 그래서 사람은 조리를 천성으로 삼아 지켜야 하고, 세상도 조리를 삶의 바른 이치로 삼아야 하는데 이렇게 하는 것이 천도를 지키고 따르는 것이며, 인간의 길흉화복(吉凶禍福)도 이 이치를 지키고 지키지 않는 것에 의해 결정된다는 말이다. 인간과 세상 그리고 하늘을 관류하는 하나의 바른 이치가 만들어진 것이다.

나아가 박생은 이러한 이치는 천하의 모든 국가, 하늘과 땅, 귀신, 역사를 통 털어 두루 통용되는 것임을 밝히고 있다.[3] 현상은 다를지라도 본질에는 변함이 없다는 말이다. 현상과 본질로 나누어서 이치를 밝히는 논법이 일리론의 중요한 특징으로 자리 잡으며 천하의 이치가 하나밖에 없다는 사실을 입증하는 이론적 근거가 되고 있다는 것을 알 수 있다.

---

3) 以是推之 天下國家 無不包括 無不該合 參諸天地而不悖 質諸鬼神而不惑 歷之古今而不墜(南炎浮洲志)

그런데 박생은 음양이 천지 만물을 만들 때 부여해 주었던 이치를 삼강오륜으로 이야기되는 조리와 동일한 것으로 보고 있었다. 궁리진성(窮理盡性)이나 격물치지(格物致知) 등의 방법을 통해 이치를 연구한다는 것도 음양의 화생(化生)으로 이루어진 천지 만물의 생성과 소멸 또는 운행의 이치를 궁구하고, 그 이치에 의거하여 인간 세상의 조리와 사람들이 지켜야 하는 천성(天性)의 실체를 파악한다는 것이다.

> 하늘의 형체가 끝이 없고 조화(造化)를 쉬지 않아 절후(節侯)를 나누어서 추위와 더위가 운행되는 것은 대개 태양과 북두(北斗)가 위에서 서로 밀고 당기고 하여 아래에서 세월의 공이 이루어지기 때문이니 어찌 소홀히 여겨 공경하지 않을 수 있겠는가...... 제요씨(帝堯氏)는 사중(四仲)을 나누게 하고 일월성신(日月星辰)의 운행을 살펴 공경히 인시(人時)를 주었으며, 제순씨(帝舜氏)는 선기옥형(璇璣玉衡)을 만들어서 일곱 가지 정사(政事)를 다스렸다. 대우씨(大禹氏)는 팔 년이나 외방으로 다니면서 구주(九州)의 홍수를 다스렸고, 낙서(洛書)의 글을 얻어 구주(九疇)와 전칙(典則)을 남겼다.[4]

김시습은 <북신(北辰)>이라는 글에서 일월성신(日月星辰)이 어떻게 질서정연하게 운행되고 있는가 하는 것을 다양하게 거론하면서 복희씨(伏犧氏), 신농씨(神農氏)를 비롯하여 요(堯), 순(舜), 우(禹)임금 등의 예를 들어 인간들의 제도와 문물이 일월성신으로 대표되는 천지 만물의 운행 법칙과 질서를 본받아서 만들어졌다는 생각을 하고 있다.

4) 天形無垠 造化不息 而所以分節侯 運寒暑者 盖日與斗柄之相推移於上 而成歲功於下也 則其可忽而不敬乎 ..... 帝堯氏 分命四仲 曆象日月星辰 敬授人時 帝舜氏 作璇璣玉衡 以齊七政 大禹氏 八載於外 治九州之洪水 得洛書之文 以制九疇 以貽典則(北辰第二,『梅月堂集』卷十七, 세종대왕기념사업회 간)

삼강오륜의 조리와 천지 만물에 부여된 이치가 동일하게 취급되는 까닭이다.

일월성신을 비롯하여 천지 만물의 운행 법칙과 질서는 우주를 움직이는 근간이 되는 것이므로 바뀔 수 없는 것이다. 그러므로 사람들 사이의 차서와 질서를 규정하는 삼강오륜과 같은 조리가 천지 만물의 생성 소멸과 운행의 이치를 본떠서 만들어진 것이라면 이것 또한 반드시 지켜져야 하는 규범성과 당위성을 획득하게 되는 것이다.

박생은 태학관(太學館)에서 유학을 공부하는 서생이었는데 뜻과 기상이 모두 고상한 인품의 소유자였음에도 한 번도 과거에 급제하지 못해 불만스러워 하고 있었다.[5] 뜻과 기상이 고상했다는 것은 박생이 삼강오륜과 같은 조리를 천성으로 갖추고 이것을 삶의 이치로 삼아 실천하기 위해 힘썼던 사람이었다는 것을 보여주는 것이다. 세상이 조리를 삶의 이치로 삼아야 한다는 이론대로라면 박생은 과거에 급제하여 세상이 삶의 바른 이치에 의해 다스려지도록 하는 일에 몰두할 수 있어야 했다. 그러나 그는 한 번도 과거에 급제하지 못해 불만스러워 하고 있었다. 더욱이 무격이나 귀신의 논설이 사람들을 미혹시키는가 하면 불교에서는 극락과 지옥의 설로 죄와 복을 논하며 삶의 바른 이치를 혼란스럽게 하고 있는 현상을 못마땅하게 여기고 있었다.

일용 사물에서의 조리를 지켜야 한다는 것은 하늘이 부여해 준 당위적 규범이며, 그러므로 반드시 지켜져야 하는 삶의 원리였다. 그렇다면 세상에서 불의와 이단의 설은 존재하지 않아야 한다. 그러나 탁월한 능력과 인품을 갖춘 사람이 과거에 급제하지 못하는 것은 삶의 바른 이치가 있음에도 세상이 불의에 의해 지배되고 있기 때문이고, 이단의 설이

5) 成化初 慶州 有朴生者 以儒業自勉 常補大學館 不得登一試 常怏怏有感(南炎浮洲志)

진실을 호도하는 것은 세상이 왜곡된 가치에 지배되고 있기 때문이었다. 규범과 당위는 이론으로만 존재할 뿐이고 현실은 불의와 이단의 설에 의해 지배되고 있었던 것이다.

현실이 불의와 이단의 설에 의해 지배되는 것은 존재해서는 안 되는 세계가 실재하는 것이고, 마땅히 실현되어야 하는 당위적 질서가 이론으로만 존재하는 것이다. 존재해서는 안 되는 세계가 실재하는 것은 논리적 모순에 빠지게 하고, 당위와 현실 사이에 넘어서기 어려운 괴리를 야기하게 되어 삶의 문제에 대해 심각한 인식의 혼란과 의문을 불러일으키게 된다. 삶의 바른 이치라는 것이 과연 존재하는가에 대한 근원적인 회의가 나타날 수 있고, 바른 이치가 존재한다면 그럼에도 세상이 불의와 이단의 설에 지배되고 있는 것은 무엇 때문이며 세상은 교정될 수 없는가 하는 등의 문제에 대한 물음이 나타날 수 있다.

박생은 유학을 업으로 하는 유생이었음에도 일찍부터 무격(巫覡)이나 귀신의 설에도 관심을 갖고 있었고, 불교도들과도 깊이 사귀어 절친하게 지내는 승려도 몇 사람 있었다고 한다. 그가 삶의 바른 이치를 찾기 위해 사상적으로 긴 편력의 과정을 거쳤다는 것을 알 수 있다. 박생이 이단의 유혹에 빠지지 않기 위해 일리론을 지어 자신을 깨우치고 있었다는[6] 것은 당위적 질서와 현실 세계의 질서가 서로 어긋나는 데에서 파생되는 인식의 혼란으로부터 벗어나기 위한 노력을 치열하게 기울이고 있었다는 것을 보여주는 것이다.

마침내 박생은 "사람이 태어나면서부터 이 마음과 성품을 갖추지 않을 수 없고 세상도 이 이치를 갖추지 않을 수 없다"는[7] 깨달음에 도달하고 있다. 박생이 삶에 대한 바른 이치를 터득한 뒤 인식의 혼란에

6) 常著一理論 以自警 蓋不爲他岐所惑(南炎浮洲志)
7) 蓋人之生 莫不有是心 亦莫不具是性 而天下之物 亦莫不有是理(南炎浮洲志)

서 벗어나 불의와 이단의 설이 지배하는 세상의 질서가 개조되어야 한다는 확신을 가지게 되었다는 것을 알 수 있다. 삶에 대한 바른 이치는 하늘의 질서를 대변하는 것으로 반드시 지켜져야 하는 규범성과 당위성을 지니고 있기 때문이다.

3. 삶의 바른 이치와 타락한 세계질서의 원인

타락한 가치에 지배되는 현실 세계에 불만을 품고 삶의 바른 이치를 찾아보려는 박생은 <취유부벽정기>에 나오는 홍생의 관심을 이어받고 있다. 그리고 박생이 초현실의 세계인 남염부주에서 염왕과 삶의 바른 이치를 논하고 있다는 점에서 <남염부주지>는 초현실의 세계에서 삶의 바른 이치를 찾아보려 했던 <취유부벽정기>의 연장선 위에서 쓰여지고 있다는 것을 알 수 있다.

긴 사상적 편력을 거친 뒤 삶의 바른 이치에 대한 깨달음에 도달했던 박생은 어느 날 남염부주(南炎浮洲)에 가게 된다. 염부주에 간 박생은 그곳이 초목과 흙 대신 구리와 쇠로 뒤덮여 있으며 낮에는 땅을 녹여버릴 듯한 불길이 하늘까지 뒤덮여 살이 타서 문드러지고 밤에는 뼈를 에는 찬바람이 불어와 몸을 얼어붙게 만드는 것을 보고 놀라며 두려움에 떤다.

> 하물며 하늘의 일은 소리도 없고 냄새도 없고 말도 없는 가운데 움직여서 사시(四時)가 운행하고 백물(百物)이 생장하여 쉬지 않으며 추위와 더위가 교대로 바뀌고 낮과 밤이 나누어져서 백성들에게 어느 한쪽으로도 치우치지 않는 적의(適宜)함을 내려주니 상제(上帝)

의 덕을 알 수 있다.[8)]

인용문에서도 알 수 있듯이 김시습은 천지의 운행과 만물의 생성, 소멸을 음과 양의 상호작용으로 설명하는 입장에 설 때, 음양이 조화롭게 작용하여 사시의 운행이 순조롭게 이루어지고 추위와 더위, 낮과 밤이 어느 한 쪽으로 치우치지 않게 바뀌어 사람들이 살기에 적합한 상태를 만들어주는 것이 하늘의 바른 도(道), 즉 천도(天道)라는 생각을 갖고 있었다.

그렇다면 낮에는 땅을 녹일 듯한 불길에 살이 타서 문드러지고, 밤에는 뼈를 에는 찬바람이 몸을 얼어붙게 만드는 염부주는 하늘의 당위적 질서가 지켜지지 않는 공간이었다. 당위적 질서가 지켜지는 세상에서는 존재할 수 없는 세계였다. 그런데 박생은 존재해서는 안 되는 세계가 염부주에서 실재하는 것을 보고는 심각한 인식의 혼란을 일으킨다. 박생이 염부주를 보고 놀라며 두려움에 떨었던 것은 존재해서는 안 되는 세계가 실재하는 것을 보고 나타났던 인식의 혼란에서 벗어나지 못해 가치판단이 마비되는 심리적 공황상태에 빠져버렸기 때문이다.[9)]

박생이 현실 세계에서 겪었던 인식의 혼란, 즉 마땅히 지켜져야 하는 당위적 질서는 이론으로만 존재하고 현실은 존재해서는 안 되는 질서에 의해 지배되고 있는 데에서 생겼던 인식의 혼란을 염부주에서도 꼭 같이 경험하고 있다는 것을 알 수 있다. 이런 점에서 염부주는 당위

---

8) 況上天之載 無聲無臭無言 而四時行 百物生不息 而寒暑代晝夜分 降衷于下民 則帝可知矣(天形第一,『梅月堂集』卷十七, 세종대왕기념사업회 간)

9) 박생의 이런 심리상태는 여러 연구자들에 의해 다양하게 지적되고 있다.
윤채근,『소설적 주체, 그 탄생과 전변』(월인, 1999, 199~201면).
박일용, 「남염부주지의 이념과 역설」(『고소설연구』 22집, 한국고소설학회, 2006, 47~50면).

적 질서가 지켜지지 않고 불의와 이단이 판을 치며 인간들의 조화로운 삶의 질서가 무너진 현실 세계에 대한 상징적 공간으로서의 기능을 하고 있다고 할 수 있다.

두려움에 떨며 어쩔 줄 몰라 하는 박생을 깨우친 것은 그곳을 지키고 있던 문지기였다. 그는 두려움에 떠는 박생에게 유학자의 자세를 일깨워주며 두려움에서 벗어나 삶의 이치가 담긴 도(道)의 요체를 생각해 볼 것을 촉구한다.[10] 문지기의 깨우침을 들은 후 조금씩 정신을 차린 박생의 눈에는 연좌(蓮座)를 설치한 수레에 동자와 동녀가 불자(拂子)와 일산을 들고 서 있는데 나졸들이 행인을 금하며 따라오는 모습이 들어왔다. 그곳에 사는 사람들의 생활상이 인간 세상의 것과 같다는 것을 발견한 것이다. 박생은 그제야 머리를 들고 멀리 바라보니 사람들이 녹은 구리와 쇠를 진흙 밟듯 밟으며 걸어가고 있고, 구리를 녹인 액체를 차처럼 마시는가 하면 쇠로 만든 구슬을 과일처럼 먹고 있는 것을 볼 수 있었다. 삶의 여건과 상황은 달라도 삶의 이치는 동일하다는 것, 다시 말해서 현상은 달라도 본질은 동일하다는 것을 알게 된 것이다.[11]

존재하지 않는다고 생각했던 세계가 실재하는 것을 경험하며 두려움에 떨었던 박생은 두려움에서 벗어나 대상을 관찰하며 그 실체를 파악할 수 있었고, 그 결과 현상은 달라도 삶의 이치는 동일하다는 깨달음에 도달할 수 있었다. ①인식의 혼란을 경험함 → ②두려움에 떰 → ③두려움에서 벗어나기 →④관찰하기 →⑤대상의 실체 파악하기의

---

10) 爲儒者 當逢威不屈 何磬折之如是 吾儕欲見識理君子久矣 .... 王欲延子於便殿 子當以訏言對 不可以威厲諱 使我國人民 聞大道之要(南炎浮洲志)

11) 박생이 정신을 차린 뒤 염부주를 보며 한결같이 인간 세상의 것과 같았다(至王城 四門豁開 池臺樓觀 一如人間)고 고백한 말에서 이러한 사실을 확인할 수 있다.

순서로 진행되고 있는 깨달음의 과정은 박생이 현실 세계에서 인식의 혼란을 경험하며 일리론이라는 깨달음에 도달하기까지의 과정이 어떠했던가를 보여준다고 할 수 있다.

이런 점에서 박생이 염부주에 처음 도착하여 겪었던 놀라운 경험은 현상은 달라도 삶의 이치란 어디에서나 동일하게 적용될 수 있다는 평소의 생각을 염부주에서 다시 한 번 확인해 보는 과정이고, 그 결과 박생이 삶의 이치에 대한 자신의 생각에 확신을 갖고 염왕(閻王)을 만날 수 있게 하는 장치로 사용되고 있다는 것을 알 수 있다.[12] 또한, 염왕과의 대화를 통해 확인했던 삶의 바른 이치가 현실 세계에서도 동일하게 적용되는 이치라는 것을 보여주는 장치이기도 하다.

박생은 염왕을 만나서 먼저 주공과 공자와 석가가 어떤 사람인가를 물어본다. 주공과 공자 그리고 석가는 서로 다른 지역과 문물을 가진 나라에서 활동했던 성인으로서 가르치는 방법과 대상은 서로 달랐지만 사람들을 바른 도리로 돌아가게 하는 점에서는 공통점을 지니고 있었다는 것이 염왕의 대답이었다.[13] 주공과 공자 그리고 석가는 모두 역사상 실재했던 인물들이었다. 역사와 현실 세계에서 사람과 문화는 다를지라도 삶의 바른 이치는 누구에게나 동일하게 적용된다는 것이다.

박생은 다음에 귀신에 대해 물어 본다. 귀란 음의 영(靈)이요, 신이란 양의 영이라는 점에서는 서로 다르지만 이들은 모두 음양의 양능(良能)에 의해 이루어지는 조화의 자취라는 공통점을 갖고 있으며, 살아서는 인물이라 하고 죽어서는 귀신이라 한다는 것이 염왕의 대답이

---

12) 박생의 이러한 변화는 염부주의 경험이 박생을 염왕과 대등한 관계로 만들어 삶의 이치에 대해 논할 수 있게 하는 전단계로서의 기능을 하고 있다고 해석되기도 한다(윤채근, 『소설적 주체, 그 탄생과 전변』(월인, 1999, 200~201면).

13) 其極致則 皆使君子小人 終歸於正理 未嘗惑世誣民 以異道誤之也(南炎浮洲志)

었다.[14] 귀신을 음양의 양능에 의해 이루어진 조화의 자취로 보고 있다. 그리고 살아서는 사람이라 하고 죽어서는 귀신이라고 하는 점이 다를 뿐이라는 것은 사람도 귀신과 같이 이기(二氣)에 의한 조화의 자취가 된다는 것을 의미하는 것이다. 사람과 귀신이 그 현상은 서로 다르지만 그들에게도 모두 동일한 하나의 이치가 적용된다는 것이다.

귀신을 논하며 사람에게 대비시킴으로써 현실 세계와 초현실의 세계, 이승과 저승이 현상은 서로 다르지만 하나의 이치에 의해 지배된다는 것을 밝히고 있다. 이제 역사와 현실뿐 아니라 초현실과 저승의 세계까지 포괄하여 이 모든 현상에 하나의 이치가 적용된다는 것이 염왕에 의해 밝혀지며 온 세상에는 하나의 이치가 있을 뿐이라는 박생의 주장이 염왕에 의해 확인되고 있다.

박생의 다음 질문은 제사를 받는 귀신과 조화의 귀신이 서로 다른가 하는 것이었고, 이에 대해 염왕은 다르지 않다고 대답한다. 귀신을 이기가 작용하는 조화의 자취라고 한다면 귀신은 천지 만물을 생성하고 소멸하게 하는 바른 기운이 된다.[15] 그런데 제사를 받는 귀신과 조화의 귀신이 서로 다르다면 제사는 천지 만물을 생성 소멸하는 바른 기운의 작용과는 무관하게 이루어지는 행위가 되어야 한다.

그러나 제사를 받는 귀신과 조화의 귀신이 서로 구별되지 않음으로써 제사는 귀신의 본질적 기능, 즉 음양에 의한 조화의 운동과 긴밀하게 연결되어야 하게 되었다. 그러므로 제사를 드리는 것은 음양의 조화를 존경하고 기(氣)의 변화에 보답하는 등 사람들로 하여금 세상의

---

14) 鬼者陰之靈야 神者陽之靈也 盖造化之迹 而二氣之良能也 生則曰人物 死則曰鬼神 而其理則未嘗異也(南炎浮洲志)

15) 김시습은 <鬼神>이라는 글에서도 귀신을 천지만물 사이에서 운행하는 바른 기운으로 보고 있다(鬼神者正眞之氣也 正眞之氣 運化兩間 下祐黎民 上順覆載(鬼神 第八,『梅月堂集』 卷十七, 세종대왕기념사업회 간)

바른 질서에 대해 공경하는 마음을 갖게 하기 위함이라고 하며[16) 염왕은 제사의 바른 법도가 어떠해야 하는가를 제시하고 있다.

이어서 박생은 요괴(妖怪)와 귀신에 대해서 물어보는데 이에 대한 염왕의 대답은 다음과 같다.

> 귀(鬼)는 굽힌다(屈)는 뜻이요, 신(神)은 편다(伸)는 뜻입니다. 굽히고 펴는 것을 모두 할 수 있는 것이 조화의 신이요, 굽히고 펴지 못하는 것은 울결된 요괴입니다. (조화의 신은) 조화와 어울린 까닭에 시종(始終)을 음양과 함께하여 자취가 없는 데 비해 (요괴들은) 울결되어 엉기어 있는 까닭에 인물과 혼동되고 사람들을 원망하며 모습을 갖고 있습니다. 산에 사는 요물을 소(魈)라 하고, 물에 사는 요물을 역(魊)이라 하며 …… 만물을 해치는 요물을 여(厲)라 하고, 만물을 괴롭히는 요물을 마(魔)라 하며, 만물에 붙어 있는 요물을 요(妖)라 하고, 만물을 유혹하는 요물을 매(魅)라고 합니다. 이들은 모두 귀(鬼)입니다. 음양의 변화를 측량할 수 없는 것을 신(神)이라 하여 신은 신묘(神妙)한 작용을 이르는 것이고, 귀(鬼)는 근본으로 돌아가는 것을 이르는 것입니다.[17)

조화의 신은 굽히고 펴는 것을 자유자재로 하며 음양과 함께 하여 자취를 드러내지 않는 것으로 보고 있다. 조화의 신은 귀(鬼)와 신(神)

---

16) 祭天地 所以謹陰陽之造化也 祀山川 所以報己和之升降也 享祖考 所以報本 祀六神 所以免禍 盖使人致其敬也(南炎浮洲志)

17) 鬼者屈也 神者伸也 屈而伸者 造化之神也 屈而不伸者 乃鬱結之妖也 合造化故 與陰陽終始而無跡 滯鬱結故 混人物寃懟而有形 山之妖曰魈 水之妖曰魊 .... 害物曰厲 惱物曰魔 依物曰妖 惑物曰魅 皆鬼也 陰陽不測之謂神 則神也 神者 妙用之謂也 鬼者 歸根之謂也(南炎浮洲志)

이 합쳐진 개념, 즉 귀신임을 알 수 있다. 그런데 요괴는 굽히고 펴지 못한다고 하여 귀(鬼)와 같은 것으로 보고 있다. 요괴의 종류를 다양하게 제시한 다음 이들을 모두 귀라고 한 데에서도 이것을 확인할 수 있다. 그러나 귀신이 조화의 자취를 드러내지 않듯이 귀는 본래 근본으로 돌아가 자취를 드러내지 않는 것으로 보고 있다. 그렇다면 요괴는 귀 가운데 특히 소멸되어 사라지지 않고 형체를 갖고 있는 것을 지칭하고 있다는 것을 알 수 있다.

귀신을 음양과 함께 하며 자취를 드러내지 않는 조화의 신으로 본다면 요괴는 귀신이 귀신이 되는 바른 이치가 지켜지지 않음으로써 나타나게 된 귀신이 이변(異變)이 되는 것이다. 그러므로 귀신의 바른 이치가 지켜지게 되면 요괴는 근본으로 돌아가 소멸되어 자취를 드러내지 않게 될 것이다. 그러나 귀신의 바른 이치가 지켜지지 않음으로써 다양한 종류의 요괴들이 생겨나 사람들을 원망하고 해치고 괴롭히고 유혹하며 세상의 질서를 어지럽히고 있을 뿐 아니라, 하늘의 질서마저 어지럽히고 있다고 하고 있다.

귀신과 요괴에 대한 질문에 이어서 박생은 천당과 지옥의 존재와 명부시왕(冥府十王)이 죄인을 문초하는 문제에 대해 물어본다. 염왕은 이에 대해 건곤(乾坤) 밖에 또 건곤이 없고, 천지(天地) 밖에 또 천지가 있을 수 없다고 하며 천당과 지옥의 존재를 부인했다.[18] 그리고 왕(王)은 본래 모든 백성들이 추대하는 군주를 지칭하는 이름이었고, 그러므로 삼대(三代) 이전에는 왕 이외에 군주를 지칭하는 다른 이름이 없었다고 했다. 그러나 진나라가 천하를 통일하고 황제라는 이름을 쓰게 되면서 너도나도 왕이라 칭하게 되어 왕의 명분이 어지러워지게

18) 夫如是則 豈有乾坤之外復有乾坤 天地之外更有天地乎(南炎浮洲志)

되었으나 신(神)의 세계에서는 존엄함을 숭상하기 때문에 하늘에 해가 둘이 아니듯이 한 지역에 왕을 그렇게 많이 두지 않는다고 했다.[19)]

지옥의 왕인 염왕이 지옥과 명부시왕의 존재를 정연한 이론적 체계를 갖추어 부정하고 있다. 자기가 자신의 존재와 자신이 거주하는 공간의 존재를 부정하는 모순을 범하고 있는 것이다. 그런데 염왕이 자신과 자신이 존재하는 공간의 존재를 아무리 정연한 이론적 체계를 갖추어 부정해도 박생이 지옥에서 염왕과 대화를 나누고 있다는 엄연한 사실이 부정되지는 않는다. 내가 나의 존재를 이론적으로 부정할 수는 있지만 그렇다고 해서 실재하는 내가 없어지지는 않는 것과 같은 이치인 것이다. 염왕은 지금 박생에게 이론적으로 부정되었던 것이 어떻게 실제적 가치를 갖고 있는가 하는 것을 자신의 존재를 통해 보여줌으로써 이론과 실제가 어긋날 수 있다는 것을 증명해 보여주고 있는 것이다. 염왕이 자신과 자신의 존재 공간을 부정하는 논리적 모순을 범하는 것도 이론과 실제가 서로 어긋나 있기 때문이다.

이론과 실제의 괴리를 보여준다는 점에서 염왕의 존재는 염부주의 존재와 상통한다. 염부주 또한 마땅히 지켜져야 할 당위적인 질서는 이론으로만 존재할 뿐 현실은 이론과는 달리 전개될 수 있다는 것을 보여줌으로써 존재해서는 안 되는 세계가 실재하는 논리적 모순과 이론과 실제의 괴리를 보여주고 있었던 것이다.

그런데 불의와 이단의 설에 의해 지배되는 현실세계는 그 자체에 이미 논리적 모순과 좁힐 수 없는 이론과 실제의 거리를 함유하고 있다. 다시 말해서 당위적 질서의 규범성에 의거해서 본다면 타락한 세

---

19) 至秦 滅六國 一四海 自以爲德兼三皇 功高五帝 乃改王號曰皇帝 當是時 参竊稱之者頗多 ...... 自是以後 王者之名分紛如也 .... 至於神道則尙嚴 安有一域之內 王者如是其多哉(南閻浮州志)

계는 존재해서는 안 되는 세계이다. 그러나 존재해서는 안 되는 타락한 세계가 존재한다는 것이 이미 논리적 모순을 드러내는 것이고, 이론과 실제의 좁힐 수 없는 거리를 보여주는 것이다. 그러므로 염부주가 당위적 질서를 이론으로만 존재하게 하는 현실 세계에 대한 상징적 공간으로서의 역할을 하고 있었던 것처럼, 염왕 역시 이론과 실제가 서로 어긋남으로써 논리적 모순으로 가득 차 있는 현실 세계의 질서를 상징적으로 보여주고 있는 존재라는 것을 알 수 있다.

염부주와 염왕에 대한 특이한 위상설정은 일찍부터 모순으로 인식되며 이것이 역설적 진리를 전달하기 위한 장치로 이해되기도 했고,[20] 근래에는 반어적 표현으로 이해되며 반어에 의한 의미를 추적해보려는 노력이 나타나기도 했다.[21] 모순으로 보는 것은 염부주와 염왕의 위상설정을 논리적인 측면에서 파악하려는 것이고, 반어로 보는 것은 의미적 괴리, 즉 말해진 것과 의미된 것 사이의 부조화를 드러내려 한 것으로 보는 것이다. 그런데 당위적 질서와 현실의 질서, 이론과 실제 사이에 나타나는 논리적 모순과 의미적 괴리는 모두 타락한 현실 세계가 가질 수밖에 없는 병리적 현상의 결과였고, 김시습은 현실 세계의 병리적 현상을 염부주와 염왕의 특이한 위상설정을 통해 드러내려 했다고 할 수 있다.

박생의 다음 질문은 재(齋)를 베풀어 지전(紙錢)을 사르는 등의 행위를 하며 제사를 드리게 되면 세상에서 지은 죄악이 사면되는가 하는 것이었다. 제사의 타락상을 다루고 있는 이 문제에 대한 질문과 대답은 먼저 박생이 염왕에게 질문을 하고, 거기에 대해 염왕이 다시 자세

20) 조동일, 『한국소설의 이론』(지식산업사, 1977, 236~237면).

21) 진경환,「남염부주지의 반어」(『고전문학연구』 13집, 한국고전문학회, 1998, 277~310면).

한 설명을 부탁하고, 염왕의 부탁에 대해 박생이 자세하게 대답을 하고, 박생의 이야기를 들은 염왕이 최종적으로 정리해서 대답을 하는 순서로 진행된다. 박생과 염왕이 몇 번에 걸친 질의 응답의 과정을 거치며 제사의 타락상을 자세하게 다루고 있는데 김시습이 이 문제를 중요하게 취급하고 있다는 것을 알 수 있다.

앞에서 박생과 염왕은 제사의 법도를 논하며 제사는 음양의 조화를 존경하고 기의 바른 변화에 보답하기 위하여 드리는 것이라는 데에 합의했었다. 그러나 박생은 세상 사람들이 금전과 곡식을 소모하며 제사를 드리는 것으로써 복을 구하고 재앙을 없애려 할 뿐만 아니라 이승에서 지은 죄까지도 용서받으려 함으로써 세상을 소란하게 하고 질서를 어지럽히는 것을 개탄한다. 제사가 개인의 사사로운 욕심을 채우는 도구로 이용됨으로써 제사의 바른 법도가 사라지고 세상이 타락하게 되었다는 말이다.

염왕은 먼저 상서(祥瑞)와 재앙(災殃)의 원리를 제시하는 데에서 해답에 도달하고 있다. 하늘로부터 받은 천성을 간직하여 삼강오륜과 같은 인간의 도리를 지켜 행동하면 상서롭게 되고 그렇지 않으면 재앙이 따르는 것이며 상서를 부르고 재앙을 물리치는 다른 방법은 없다는 것이 염왕의 대답이었다.[22] 또한 재란 정결하다는 뜻이고, 부처란 청정함을 이르는 것이며 왕은 존엄함을 이르는 이름이라고 하며, 깨끗하고 존엄한 부처와 임금이 인간들의 공양과 뇌물을 받고 이승에서 지은 죄악을 용서하는 일은 있을 수 없다고 했다.[23]

길흉화복이란 인간이 도리를 지켜서 행하느냐 그렇지 않느냐에 의

22) 由是五典有序 三綱不紊 順之則祥 逆之則殃 (南炎浮洲志)
23) 且齋者 潔淨之義 所以齋不齋 而致其齋也 佛者淸淨之稱 王者尊嚴之號 .... 那有以淸淨之神 而享世人供養 以王者之尊 而受罪人賄賂(南炎浮洲志)

해 결정되는 것이고, 부처와 명부시왕도 인간들의 타락한 뇌물은 받지 않는다는 것이 염왕에 의해 밝혀짐으로써, 사적인 욕심을 채우기 위해 제사를 이용하는 인간들의 행위가 잘못되었다는 것이 입증되었다.

지금까지의 논의를 통해 박생이 일리론에서 제기했던 삶의 이치가 모두 긍정되었다. 천지 만물은 음양 이기(二氣)의 조화로운 화생에 의해 생성되고 소멸되는 것이며 이 가운데 조리를 삶의 이치로 부여받게 되었다는 것이고, 인간의 길흉화복도 여기에 의거하여 결정된다는 것이다. 이론대로라면 천지만물의 생성과 소멸이 음양의 모이고 흩어짐에 따라 이루어지게 되고, 귀와 신이 음양의 변화를 자유자재롭게 하여 조화(造化)와 함께 하면서도 그 자취를 드러내지 않게 되며, 인간들은 조리를 삶의 이치로 삼아 인간다운 도리가 지켜지는 세상을 만들어가게 될 것이다.

그러나 실제적 삶은 그렇지 않아서 귀신 가운데는 요괴라는 것이 있어서 하늘과 세상의 질서를 어지럽히고 있고, 인간들은 온갖 악행을 저지르고는 편법을 사용하여 죄를 용서받으려 함으로써 역시 하늘과 세상의 질서를 어지럽히고 있었다. 그런데 도대체 이런 문제가 나타나게 된 까닭은 무엇이고, 이것은 해결할 수 없는 문제인가? 사실 긴 시간 동안 박생이 갖고 있었던 의문의 실체는 여기에 모아져 있었다. 삶의 바른 이치가 존재하는데 왜 세상은 타락한 가치에 의해 지배되고 있는가 하는 것이었다.

해결은 요괴가 나타나게 된 까닭을 찾아보는 데에서부터 시작되고 있다. 염왕은 횡사나 요절 등으로 정당한 죽음을 얻지 못했거나 원한을 품고 원망하는 혼령들은 그 기(氣)가 흩어지지 않고 울결되어서 원한이 맺힌 장소에서 모습을 갖고 사람들을 해치거나 미혹시킨다고 했다.[24]

요괴가 생기는 것은 사람들이 하늘로부터 받은 천성(天性)을 지키며 살지 못하고 다양한 이유로 정당한 죽음을 얻지 못했기 때문이라는 것인데, 정당한 죽음을 얻지 못한 것은 세상의 질서가 어지러워졌기 때문이다. 요괴의 작란은 하늘의 질서가 어지러워진 데에서 나온 것이 아니라 인간들이 만들어낸 결과였던 것이다. 그렇다면 요괴의 작란을 없애기 위해서는 인간세상의 질서를 바로 잡는 것이 선결 과제가 된다.

한편, 인간들이 세상에서 온갖 악행을 저지르고 제사를 동원하여 죄를 용서받으려 하는 등 세상의 질서를 어지럽히고 있는 것은 사사로운 욕심을 채우기 위해 하늘로부터 받은 삶의 바른 질서를 지키지 않기 때문이었다. 진시황이 왕이라는 명칭 대신 황제라는 이름을 사용함으로써 역사에서 왕의 명분을 어지럽힌 것도 자신의 위대함을 과시하기 위한 욕심에서 비롯된 것이고,[25] 제사를 드려 복을 구하고 이승에서의 악행마저 용서받으려 함으로써 제사의 법도가 무너지게 된 것도 제사를 욕망 충족의 수단으로 이용하려 했기 때문이었다. 인간들의 욕심을 자극한 구체적인 이유는 세상이 상서와 재앙을 부르는 삶의 바른 이치에 의해 다스려지지 않고 제사와 같은 것을 욕망 충족의 수단으로 사용하는 이단(異端)에 의해 지배되기 때문이었다.[26] 그러므로 인간들이 삶의 바른 이치를 어지럽히는 것도 인간 세상의 질서를 바로잡는 데에서 해결될 수 있는 문제라는 것을 알 수 있다.

하늘과 인간 세상의 질서를 어지럽히는 모든 형태나 이변들은 결국 인간 세상의 질서를 바로잡음으로써 해결될 수 있는 것들이었다. 그렇다면 인간 세상의 질서를 바로잡기 위해서는 어떻게 해야 할 것인가?

---

24) 且寃懟之魂 橫妖之鬼 不得其死 莫宣其氣 嗷嗷於戰場黃沙之域 啾啾於負命啣寃之家者 間或有之(南炎浮洲志)

25) 각주 19) 참조.

26) 인간들이 불전(佛前)에 재(齋)를 베풀어 죄를 사하려 했다(供佛設齋 以薦其魂 祀王燒錢 以贖其罪)고 비난하는 데에서 이런 생각이 드러나고 있다.

지금까지 박생과 염왕은 주공과 공자에 대한 질문에서 시작하여 제사의 타락상에 이르기까지 삶의 바른 이치란 무엇인가에 대해 두루 이야기를 나누었다. 그런데 인간 세상의 질서를 바로잡는 것이 모든 문제를 해결하는 요체가 되는 것이고, 이에 따라 이야기의 결론도 인간 세상의 질서를 바로잡기 위해서는 어떻게 해야 하는가 하는 문제로 수렴될 수밖에 없다는 것을 보여주고 있다.

박생과 염왕은 삶의 바른 이치에 대해 벌였던 긴 시간의 대화를 마치고 잔치를 벌인다. 이야기의 한 단락을 끝내려는 것이다. 그리고 박생과 염왕은 대화의 방향을 전환해서 역대 왕조의 변천에 대한 이야기를 한다. 잔치를 기준으로 해서 박생과 염왕의 대화가 새로운 국면으로 전환되고 있는 것이다. 이것은 잔치 이전의 주제였던 삶의 바른 이치란 무엇인가에 대한 논의가 결국은 역대 왕조의 변천에 대한 이야기, 즉 국가를 다스리는 문제로 연결될 수밖에 없다는 것을 보여주는 것이다.

그런데 국가와 백성을 다스려 인간 세상의 질서를 바로잡는 것이 바로 정치이다. 그러므로 백성들의 삶이 도탄에 빠져 천성을 지키기 어렵게 되고 이로 말미암아 세상의 질서가 어지러워지고 삶의 바른 이치가 지켜지지 않는 것은 정치의 정도(正道)가 지켜지지 않기 때문이었다.[27] 삶의 바른 이치에 대해 논해 왔던 박생과 염왕의 긴 문답이 마침내 나라를 다스리는 문제로 모아지는 까닭이 여기에 있었던 것이다. 정치의 정도를 회복하는 것이 모든 삶의 문제를 해결하는 최종적인 해

27) 김시습은 「古今帝王國家興亡論」(『梅月堂集』第十八卷, 세종대왕기념사업회 간)에서 진(秦)나라와 수(隋)나라의 예를 들어 제왕과 국가의 흥망을 살펴보며 정치의 타락이 어떻게 인간세상의 질서를 무너뜨리고 있는가 하는 것을 자세하게 살펴보고 있다. 정치가 인간세상의 질서와 맺고 있는 긴밀한 관계에 대해 김시습이 충분히 인식하고 있었다는 것을 알 수 있다.

법이 된다는 것이다.

4. 정치의 정도(正道) 회복에 대한 염원과 선위(禪位)의 의미

박생과 염왕은 정치를 논하기 전 먼저 역대 왕조의 변천에 대한 이야기를 나누는데 화제가 고려의 건국에 이르자 염왕은 탄식하고 서러워하며 나라를 다스리는 문제에 대해 자신의 견해를 밝힌다. 고려가 건국하는 이야기에 이르러 염왕이 탄식하여 마지않았던 것은 역대 왕조의 흥망성쇠와 백성들의 삶의 형태가 정치의 잘, 잘못에 의해 좌우되어왔던 현실에 대한 안타까움의 표현이라고 할 수 있다.

나라를 다스리는 데 대한 염왕의 견해는 다음과 같다.

> 나라를 다스리는 사람은 폭력으로 백성을 위협해서는 안 됩니다. 백성들이 두려워해서 복종하는 것 같지만 마음 속으로는 반역할 의사를 품고 있습니다. 그것이 시일이 지나면 마침내 큰일을 일으킵니다. 덕(德)이 없는 사람이 힘으로 왕위에 올라서는 안 됩니다. 하늘은 비록 말을 하지 않더라도 행사로써 보이는 것입니다 .... 서생은 다시 역대 제왕들이 이도(異道)를 숭상하다가 재앙을 받은 일은 얘기하니 왕은 문득 이맛살을 찌푸리며 말했다. 백성들이 노래를 부르면서 임금의 공덕을 칭송하는데도 수재(水災)나 한재(旱災)가 닥치는 것은 하늘이 임금에게 매사에 삼갈 것을 경고하는 것이며, 백성들이 임금의 정사를 원망하는데도 상서로운 일이 나타나는 것은 요괴가 임금에게 아첨해서 교만 방종하게 하는 것입니다.[28)]

---

28) 有國者 不可以暴劫民 民雖若瞿瞿而從 內懷悖逆 積日至月則 堅氷之禍起矣

염왕은 먼저 나라를 다스리는 자가 하지 말아야 할 일에 대해서 말하고 있다. 첫째, 나라는 백성들의 나라이니 폭력으로 백성을 위협하지 말라고 했다. 백성들이 궁극적으로 반역할 마음을 품게 됨으로써 민심이 떠나기 때문이라는 것이다. 둘째, 덕망이 없는 사람이 힘으로 왕이 되어서는 안 된다고 했다. 천명(天命)을 거스르는 일이기 때문이라는 것이다. 셋째, 이도(異道)를 숭상하지 말라고 했다. 하늘은 수재나 한재와 같은 자연의 재해로 경고하고, 요괴들이 나타나 변괴를 일으킴으로써 세상이 어지러워지기 때문이라는 것이다.

천명을 지키고 민심을 돌보며 이도를 배척하는 것이 나라를 다스리는 요체라는 것인데 염왕은 힘과 폭력 대신 덕(德)으로 나라를 다스려야 다스림의 요체를 실현할 수 있다고 하고 있다. 덕이란 사람들이 마음으로부터 우러나서 존경하고 복종하게 하는 인격적 가치라고 할 수 있다. 그런데 덕으로 나나를 다스리기 위해서 나라를 다스리는 자는 백성들이 하늘로부터 받은 본래의 성품인 인의예지(仁義禮智)의 성품, 즉 천성을 지키며 살 수 있게 해야 한다. 천성은 하늘로부터 받은 본래적 자질이므로 천성을 지키며 살게 될 때 사람들은 가장 자연스럽고 평화로운 상태에 놓이게 되고 이것으로 말미암아 마음으로부터 다스리는 자를 존경하고 따르게 되기 때문이다.

백성들이 천성을 지키며 살 수 있게 하는 구체적인 방법은 삼강오륜과 같은 조리가 일용생활에서 지켜지도록 하는 것이다. 사람들이 하늘로부터 조리를 천성으로 부여받고 있기 때문이다. 백성들이 천성을

有德者 不可以力進位 天雖不淳淳以語 示以行事 .... 又復敍歷代帝王 崇異道 致妖祥之事 王便蹙額曰 民謳歌而水旱至者 是天使人主 重以戒謹也 民怨咨而祥現者 是妖媚人主 益以驕縱也(南炎浮洲志)

지키며 살 수 있게 하는 것은 천명을 지켜 행하는 것이다. 또한 천성을 지켜 살게 되면 백성들이 마음으로부터 임금을 따르고 존경하게 됨으로써 민심이 떠나지 않게 된다. 그러므로 삼강오륜의 조리는 나라를 다스리는 자가 갖추고 있어야 할 덕목일 뿐만 아니라 일용 사물에서 지켜지도록 힘써야 할 최고의 덕목이라 할 수 있다. 더욱이 삼강오륜의 조리는 하늘로부터 부여받았으므로 반드시 지켜야 할 규범성과 당위성을 지니게 된다. 따라서 삼강오륜을 최고의 덕목으로 갖춘 자는 이단의 설에 귀 기울이지 않게 되어, 이도를 숭배하는 데에서 생기는 자연의 재해나 요괴의 재변으로부터도 나라를 보호하게 된다.

나라를 다스리는 자가 해야 할 일은 결국 박생이 주장했던 일리론과 맥이 닿아 있다는 것을 알 수 있었다. 일리론에서 내세웠던 삶의 바른 이치는 정치의 정도(正道)를 회복하기 위한 이치로도 이용될 수 있었던 것이다. 그러나 박생과 염왕의 다음과 같은 대화는 나라를 다스리는 바른 이치가 이론으로만 존재하고 현실은 전혀 다른 질서에 의해 지배되고 있다는 것을 보여준다.

> 박생이 말했다.
>
> "간사한 신하들이 벌떼처럼 일어나고 큰 난리가 자주 일어나는데도 임금이 백성들을 위협하고 그것을 잘했다고 여기며 이름을 얻으려고 한다면 (나라가) 편안할 수 있겠습니까?"
>
> 염왕이 한동안 말이 없더니 이윽고 탄식하며 말했다.
>
> "당신의 말이 옳습니다."[29)]

---

29) 日 姦臣蜂起 大亂屢作 而上之人脅威爲善以釣名 其能安乎 王良久歎日 子之言是也(南炎浮洲志)

위의 인용문은 박생과 염왕이 정치의 정도를 회복하기 위해 나누었던 문답의 마지막 부분이다. 위의 대화를 끝으로 정치에 대한 박생과 염왕의 대화는 일단락된다. 정치의 정도를 회복하기 위한 대화의 끝에 박생이 불쑥 내뱉은 이 말은 자신이 몸담고 있는 현실 세계의 실상에 대한 고백이다. 염왕이 한동안 대답을 망설이고 있는 부분에서 이것이 확인되는데, 염왕의 망설임은 현실정치에 대한 직접적 논평이 쉽지 않았던 사정을 대변하는 것이다.

박생은 염왕과 삶의 바른 이치에 대한 문답을 통해 정치의 정도를 회복하는 것이 불의와 이단이 지배하는 세상의 질서를 개조할 수 있는 최종적인 해법이 된다는 결론에 도달했었다. 그러나 간신들이 벌떼처럼 일어나서 현실의 정치는 정도가 아니라 불의와 이단적 방법에 의해 지배되고 있고, 임금은 덕이 아니라 폭력적 방법이 동반된 위력으로써 백성을 억압하고 있었다. 나라를 다스리는 바른 이치가 존재하고 이것을 실현시킬 방법도 명확하게 있음에도 불구하고 현실의 정치는 타락한 가치에 의해 지배되고 있었다.

정치에 대한 문답이 현실정치에 대한 부정적인 평가로 마무리되면서, 박생은 정치에서도 당위적 질서는 이론만으로 존재할 뿐이라는 것을 확인할 수 있을 따름이었다. 박생은 다시 한 번 삶의 바른 이치가 지켜지지 않는 데에서 생기는 인식의 혼란을 경험하게 되는 것이다. 그러므로 인용문에 나오는 염왕의 탄식은 혼란스러운 박생의 심중을 대변하는 것이기도 하다.

그러나 박생은 삶의 바른 이치가 우주 운행의 질서를 대변하고 있다는 생각을 갖고 있는 인물이었다. 사실이 그렇다면 삶의 바른 이치는 반드시 실현되어야 하는 것으로서, 현실이 타락한 가치에 의해 지배되고 있다고 하여 수정되거나 버려질 수 있는 것이 아니다. 더욱이 일만 년이 넘게 염부주를 통치하며 모든 일에 신령스러워 통하지 않음이 없다고 자부하는[30] 염왕이 자신의 생각에 공감하고 있는 것을 보며 박생은 자신의 생각에 더욱 큰 확신을 가질 수 있었다고 할 수 있다.

염왕은 박생과 대화를 나누는 가운데 박생이 장차 자신의 뒤를 이어 염부주의 왕이 될 것이라는 것을 알려주고, 그것을 기정 사실화 하기 위해 선위문(禪位文)을 지어 박생에게 준다. 먼저 염왕은 박생에게 선위의 뜻을 밝히며 박생이 염부주의 왕이 되어야 하는 까닭을 알려주고 있다. 박생이 정직하고 뜻이 굳어 지조를 굽히지 않는 달인(達人)임에도 세상에서 쓰이지 못한 것이 안타까워 그 뜻을 펼쳐보이게 하기 위함이라는 것이다.[31] 염왕이 다스리고 있던 염부주가 이제 박생이 세상에서 펼치지 못했던 뜻을 펼칠 수 있는 공간으로 전환되고 있다는 것을 알 수 있다.

> 염주(炎州)는 장려(瘴厲)의 병이 도는 땅이어서 우왕(禹王)의 발자취가 이르지 못하였고, 목왕(穆王)의 말발굽도 미치지 못한 곳입니다 .... 백성들의 풍속은 강하고 사나워서 정직한 사람이 아니면 그 간교함을 분별할 수 없고 지세는 높낮이가 심해 신령스런 위엄을 갖추지 않으면 교화를 베풀 수 없습니다. 아! 동국에서 온 박모(朴某)는 정직하고 사심이 없으며 강직하고 과단성이 있을 뿐만 아니라 아름다운 자질을 갖추어 몽매한 이들을 깨우칠 수 있는 재능을 갖고 있습니다 .... 마땅히 덕(德)으로 이끌어 주시고 예(禮)로써 다스려

30) 我名燄摩 言爲炎所摩也 爲此土君師 已萬餘載矣 壽久而靈 心之所之 無不神通 志之所欲 無不適意(南炎浮洲志)

31) 寡人聞 子正直抗志 在世不屈 眞達人也 而不得一奮其志於當世 使荊璞棄於塵野 明月沈于重淵 不遇良匠 誰知至寶 豈不惜哉 .... 司牧此邦 非子而誰(南炎浮洲志)

> 서 백성들을 지극히 선(善)한 곳으로 인도하며 몸소 실천하는 마음으로 깨달아 세상을 태평하게 해 주시기를 바랍니다.[32)]

위의 인용문은 염왕이 박생에게 준 선위문(禪位文)의 일부분이다. 여기에 나타난 염부주는 성인마저 접근하지 못할 정도로 거칠고 악독하며 강퍅한 공간이다. 이 때문에 성인들의 교화가 미치지 못하고 삶의 바른 이치가 전파되지 않아서 풍속은 사납고 백성들은 몽매하고 간교하여 제멋대로 살아가고 있다.

그러나 박생이 다스리게 되면서 염부주는 거칠고 사나운 것이 제거되어 태평한 세월을 누리게 될 것이 예고되고 있다. 박생이 덕(德)으로 이끌고 삼강오륜과 같은 예(禮)로 다스림으로써 백성들이 천성을 보존하여 지극히 선(善)한 곳으로 인도되었기 때문이며, 그런 성과를 낼 수 있었던 것은 박생이 정직하고 사심이 없으며 삶의 바른 이치를 터득해 몽매한 백성들을 깨우칠 수 있는 자질과 능력을 갖추었기 때문이다. 그러므로 박생이 염부주의 왕이 되는 것은 덕망과 능력을 갖추고 삶의 바른 이치를 지키려는 사람이 나라를 다스려야 한다는 소망을 실현하는 것이다.

염부주는 또한 전생에서 부모나 임금을 죽인 대역과 간흉들이 와서 염왕의 제어를 받으며 그릇된 마음을 고치는 곳이었다.[33)] 그리고 이곳에서 그들은 목이 마르면 구리를 녹인 쇳물을 마셔야 하고 주리면 뜨거

---

32) 炎州之域 實是瘴厲之鄉 禹跡之所不至 穆駿之所未窮 .... 民俗强悍 非正直無以辨其姦 地勢凹隆 非神威 不可施其化 咨爾 東國某 正直無私 剛毅有斷著含章之質 有發蒙之才 .... 宜導德齊禮 冀納民於至善 躬行心得 庶躋世於雍熙(南炎浮洲志)

33) 今居此地 而仰我者 皆前世弑逆姦兇之徒 托生於此 而爲我所制 將格其非心者也(南炎浮洲志)

운 쇳덩이를 먹어야 하는 고통을 감수하며 살아야 했다.[34] 구리를 녹인 쇳물과 뜨거운 쇳덩이를 먹고 마시는 고통을 겪으며 염왕의 제어를 받아야 하는 것은 그들이 전생에서 부모와 임금을 죽인 대역이고 간흉이기 때문이다. 이들의 죄는 불전에 제사를 드리는 등의 방법으로 사면되는 것이 아니라 그 죄의 값을 치루고 인간이 개조되어야 소멸되는 것이라는 생각을 드러내고 있다. 그러므로 박생이 염왕이 되어 가는 것은 죽어서라도 대역과 간흉들을 심판하고자 하는 염원을 실현하는 것이기도 하다.[35]

이렇게 본다면 박생이 염부주의 왕위를 물려받는 것은 정치의 정도를 실현해서 삶의 바른 이치가 지켜지는 세상을 만들어야 한다는 것에 대한 박생의 포기할 수 없는 염원을 염부주에 가서라도 실현하기 위한 장치이다. 박생은 꿈에서 깨어나 병을 얻고는 무당과 의원을 모두 거절하고 세상을 떠나고 만다. 자진해서 죽음을 선택한 것이다. 죽은 후 염부주의 왕이 되어 초현실의 세계에서라도 정치의 정도가 실현된 세상을 만들고 싶었기 때문이다.

박생이 자진해서 죽음을 선택한 것은 삶의 바른 이치가 실현되어야 한다는 자신의 신념을 죽음으로써 지키려 한 것이기도 하다.

> 나는 세상에 있을 때 임금에게 충성을 다 바치며 힘을 다해 도적떼를 토벌했습니다. 그리고 스스로 맹세하기를 죽어서 여귀(厲鬼)가 되어서라도 도적떼를 죽이리라고 하였는데 죽은 후에 도 그 소원이

---

34) 彤雲蔽日 毒霧障天 渴飲赫赫之洋銅 飢餐烘烘之融鐵(南炎浮洲志)

35) 이런 점에서 염부주의 설정은 왕위찬탈이 횡행하던 정치현실에서 상처 입었던 내면심사를 달래기 위한 장치로 이해되기도 한다(정출헌, 「15세기 귀신담론과 유명서사의 관련 양상」(『동양한문학연구』26집, 동양한문학회, 2008.2, 441~445면).

남아있었고 충성심도 사라지지 않았기 때문에 이 흉악한 곳에 와서 임금이 된 것입니다.[36)]

염왕이 염부주의 왕이 된 사연을 밝히는 위의 인용문에는 죽어서라도 삶의 바른 이치가 실현되어야 한다는 자신의 신념을 지키려 했던 사람의 고뇌에 찬 결단이 잘 드러나 있다. 비장한 어조와 분위기 속에서 토로되는 염왕의 고백은 죽어서라도 자신의 신념을 지키려 했던 박생의 심정을 대변해 주는 것이다. 이것은 또한 폭력으로 왕위를 빼앗은 것을 정당화하고 있던 불의한 세상과 어울리기보다 세상을 떠남으로써 자신의 뜻을 지키려 했던 김시습의 처지를 대변해 주는 것이기도 하다.[37)]

5. 맺음말

경주에 사는 박생은 마땅히 지켜져야 할 당위적 질서가 이론으로만 존재하고 현실은 불의와 이단의 설에 의해 지배되는 것에서 심각한 인식의 혼란을 겪고 있었다. 당위와 현실, 이론과 실제가 서로 어긋남으로써 파생되는 괴리와 논리적 모순에 직면했기 때문이다. 이런 점에서 <남염부주지>는 불의와 이단의 설에 의해 지배되는 시대의 타락상을 목도하며 그 속에서 삶의 방향을 잡아가야 했던 한 지식인의 고뇌를 보여주고 있는 작품이라고 할 수 있었다.

---

36) 我在世 盡忠於王 發憤討賊 乃誓曰 死當爲厲鬼 以殺賊 餘願未殄 而忠誠不滅 故托此惡鄉 爲君長(南炎浮洲志)

37) 박생이 염부주의 왕이 되어 간 것이 폭압적 현실구조에 맞서는 것으로 이해되기도 한다(윤주필, 『한국의 방외인 문학』, 집문당, 1999, 347~348면).

꿈에 염부주에 간 박생은 그곳에서 염왕과의 대화를 통해 삶의 많은 문제들에서 당위와 현실, 이론과 실제가 어긋남으로써 하늘에서는 요귀의 변괴가 나타나고 인간 세상은 타락한 질서에 의해 지배되고 있다는 것을 알게 된다. 그리고 요귀의 변괴는 인간 세상이 타락한 가치에 지배됨으로써 사람들이 하늘로부터 받은 천성(天性)을 지키며 살 수 없기 때문에 생긴 결과이고, 인간세상의 타락은 사람들이 편법으로 이기적 욕망을 충족시키려 함으로써 하늘로부터 받은 삶의 이치가 세상에서 지켜지지 않기 때문이라는 것을 알 수 있었다.

하늘과 인간 세상의 질서를 어지럽히는 모든 형태의 이변이나 타락상은 결국 인간 세상의 질서를 바로잡음으로써 해결될 수 있는 것이었다. 그런데 인간 세상의 질서를 바로잡는 것은 인간 세상을 바르게 다스림으로써 성취되는 것이기에, 박생과 염왕은 정치의 정도(正道)를 회복하는 것이 중요하다는 결과에 도달할 수 있었다. 정치의 정도는 덕(德)으로 나라를 다스려 천명을 지키고 민심을 돌보며 이도(異道)를 배척함으로써 회복되는 것이었고, 구체적인 실천 방안으로서는 하늘로부터 부여받은 이치인 동시에 백성들이 천성으로 부여받고 있는 삼강오륜의 조리가 일용사물에서 지켜지도록 하는 것이었다. 그러나 정치에서도 당위는 이론으로만 존재할 뿐 현실의 정치는 타락한 가치에 지배되고 있었다.

마침내 박생은 죽어서 염부주의 왕이 됨으로써 초현실의 세계에서라도 정치의 정도를 실현하려 한다. 삶의 바른 이치가 지켜져야 한다는 것에 대한 포기할 수 없는 염원을 염부주에 가서라도 실현하려는 것이다. 그러므로 박생이 염부주의 왕이 되어 간 것은 타락한 가치에 지배되어 있는 인간세상과 달리 초현실의 세계에서는 정치의 정도가 실현되는 태평성대의 세상이 만들어질 수 있다는 신념과 희망을 드러내는 것이라고 할 수 있다.

그러나 이러한 신념과 희망이 과연 초현실의 세계에서 실현되었는가 하는 것은 아직 확인되지 않았다. <남염부주지>에서는 그렇게 될 것이라는 희망을 드러내는 데에 머무르고 있을 뿐이다. 초현실의 세계에서는 정치의 정도가 실현되고 있는가 하는 문제는 <남염부주지>에 이어서 나오는 <용궁부연록>에서 다루어지고 있다.

제 5절
〈용궁부연록〉의 작품세계와 의미

1. 머리말

작품에서 시(詩)가 차지하는 비중의 과다함, 그리고 서사적 전개의 단조로움 등으로 해서 <용궁부연록>은 연구자들의 접근을 쉽게 허용하지 않는 작품이다. 『금오신화』에 수록된 다섯 작품 가운데 한 작품만을 따로 떼어 다룬 독립적인 연구 성과물이 가장 적게 축적되었다는 것은[1] <용궁부연록>을 이해하기 위한 접근의 통로가 만만치 않았다는 것을 보여주고 있다.

<용궁부연록>은 긴 시간 동안 김시습이 어린 시절을 회고하여 쓴 자서전적 성격을 지닌 작품으로 이해되어 왔다.[2] 그러나 한생이 용궁에서 가회각(嘉會閣)의 상량문을 지은 후에 벌어진 흥겨운 윤필연(潤

---

* 이 글은 『한국문학논총』53집(한국문학회, 2009)에 발표된 것이다.

1) 이 글 이전에는 경일남, 용궁부연록의 우의성 재고(『고소설연구논총』, 경인문화사, 1994, 257~280면) 한 편을 찾을 수 있었을 뿐이었다. 그러나 이후 여러 편의 논문이 나왔다. 그럼에도 불구하고 <용궁부연록>에 대한 연구 성과는 여전히 부족하다.

2) 이가원, 금오신화 해제(『금오신화』, 통문관, 1959, 27~28쪽).
정주동, 『매월당김시습연구』(신아사, 1965, 730~733쪽).

筆宴)의 시에 나타난 애조(哀調)의 정서에 주목하여 세속의 명리가 부질없음을 드러낸 작품이라는 평가가 나타나며 작품에 대한 새로운 이해의 시각이 열렸다.[3)]

<용궁부연록>은 "그 후 한생은 세상의 명예와 이익에는 생각을 두지 않고 명산에 들어갔는데 그가 어디서 세상을 마쳤는지 알 수 없었다"[4)]는 말로 끝나고 있다. 주인공의 부지소종(不知所終)과 죽음이 『금오신화』에 수록된 작품들의 공통된 결말임에도 그것을 "세상의 명예나 이익"과 결부시킨 것은 <용궁부연록>에만 나타나는 것이다. <용궁부연록>의 작품세계가 세상의 명예나 이익과 관련된 내용으로 짜여 있고, 그것을 통해 작품의 의미에 도달해야 한다는 것을 알 수 있다. 세속의 명리에 대한 부질없음을 드러내고자 했다는 것은 이런 점에서도 유익한 해석이라고 할 수 있다.

그러나 <용궁부연록>에 대한 이러한 해석은 작품의 서사적 전개과정과 연결되어 이해되지 않았다. 이 때문에 작품에 나타난 애조의 정서가 작품의 의미를 형성하는 과정도 또한 서사적 전개과정과 접맥되어 밝혀지지 않았다.

<용궁부연록>은 송도(松都)에 사는 한생(韓生)이 용궁에 초대되어 상량문을 짓고 윤필연에 참여했다가 잔치가 끝난 후 용궁을 구경하고 집으로 돌아왔다는 줄거리로 되어있다. 줄거리에 의거해 보면 <용궁부

---

3) 이혜순, 금오신화(『한국고전소설작품론』, 집문당, 1990, 24~26쪽)
안창수, 금오신화의 의미구조와 작품세계(『영남어문학』 26집, 영남어문학회, 1994. 12, 122~124쪽)
윤채근, 『소설적 주체, 그 탄생과 전변』(월인, 1999, 206~220쪽)

4) 其後 生不以名利爲懷 入名山 不知所終(<龍宮赴宴錄>, 『梅月堂外集』卷一, 세종대왕기념사업회간).
<용궁부연록>은 위의 문헌의 것을 대본으로 했으며, 앞으로 작품의 본문을 인용할 때 별도의 표시를 하지 않는다.

연록>은 ①한생이 용궁에 초대받아 상량문을 지었다 ②상량문을 지은 후 윤필연에 참여했다 ③잔치가 끝난 후 용궁을 구경했다 ④집으로 돌아왔다는 네 개의 서사 단락으로 구성되어 있음을 알 수 있다.

애조의 정서는 ①~④로 완결되어 있는 서사단락 가운데 ②에만 나타나는 현상이다. 그러므로 작품의 의미 형성에 기여하기 위해서는 단락 ②에 나타나는 애조의 정서가 의미하는 것이 단락 ①,③,④와 맺고 있는 서사적 관계의 맥락 위에서 밝혀져야 한다. 그렇지 않을 경우 부분으로 전체의 의미를 대신하게 되는 잘못을 범하게 되고, 그 결과 작품에 대한 해석에도 오류를 범하게 된다.[5)]

뿐만 아니라 서사적 맥락이 밝혀지지 않을 때, 독자들은 <용궁부연록>에서 단락 ③의 의미와 기능을 이해하는 과정에서 심각한 장애에 부딪히게 될 수 있다. 단락 ③은 한생이 윤필연이 끝난 뒤 용궁을 구경했다는 내용으로 되어있다. 그런데 사건전개의 측면에서 보았을 때, 단락 ③은 불필요한 부분처럼 보인다. 한생이 용궁의 인물들과 시를 창화하는 단락 ②의 행위와 용궁의 기물을 구경하는 단락 ③의 행위를 연결시켜주는 사건전개의 인과적 필연성이 작품에서 제대로 드러나고 있지 않기 때문이다. 그 결과 작품의 서사적 전개는 단락 ③을 제외한 단락 ①,②,④만으로 완결되어도, 즉 한생이 용궁에서 상량문을 지은 후 윤필연에 참여했다가 잔치가 끝난 후 바로 집으로 돌아와서는 부귀와 명예가 허망함을 알고 부지소종했다는 것으로 완결되어도 아무런 문제가 생기지 않는 것처럼 보인다.

그러나 <용궁부연록>에서 한생의 용궁체험은 윤필연에 참여하는 것과 잔치가 끝난 뒤 용궁을 구경하는 두 가지 사건으로 구성되어 있

5) 이런 점에서 "<용궁부연록>이 세속의 명리가 부질없음을 드러낸 작품"이라는 기왕의 견해도 새롭게 해석되어야 한다.

고, 단락 ③이 단락 ②와 대등한 비중으로 서술되고 있다. 단락 ③은 사족처럼 덧붙여진 것이 아니라 서사적 전개과정에서 중요한 기능을 담당하도록 설정되어 있고, 이에 따라 단락 ③의 의미를 찾는 것이 작품을 이해하는 중요한 열쇠가 된다는 것을 알 수 있다.

이것은 윤필연의 시에 나타난 애조의 정서가 갖는 의미 또한 한생이 용궁의 기물을 두루 구경하는 행위와 연결시켜 해석하게 될 때 온전하게 이해될 수 있다는 것을 의미하는 것이기도 하다. 그러므로 단락 ②와 단락 ③을 연결시켜주는 사건전개의 인과적 필연성을 찾는 것은 <용궁부연록>의 의미에 접근하기 위해 꼭 해결해야 할 과제이다. 그리고 이 과제는 윤필연의 시에 나타난 애조의 정서로부터 도출된 의미, 다시 말해서 세상의 명리가 부질없음을 드러내고자 했다는 의미를 작품의 서사적 전개과정과 연결시켜 이해하는 과정에서 해결될 수 있을 것이다.

2. 화려한 초대와 탁월한 능력의 발휘

<용궁부연록>은 어느 날 두 명의 관원이 공중으로부터 내려와 한생(韓生)에게 송도(松都)의 천마산에 있는 박연(朴淵)의 용왕이 모셔오라고 한다는 소식을 전하는 장면으로부터 시작된다. 한생(韓生)은 "젊어서부터 글을 잘 지어서 이름이 조정에까지 알려져 문사로서 이름을 얻고 있던"[6] 인물이었다. 작품에 소개된 한생에 대한 정보는 짧고도 간략하다. 그러나 이 대목은 앞으로 펼쳐질 <용궁부연록>의 사건전개 과

---

6) 少而能文 著於朝廷 以文士稱之(龍宮赴宴錄).

정을 함축적으로 보여주고 있다.

"글을 잘 지어 이름이 조정에까지 알려져 문사로 이름을 얻고 있었다"는 대목은 ①한생이 글을 잘 지었다, ②한생의 이름이 조정에까지 알려져 있었다, ③그러나 한생은 문사로서 평판을 얻고 있을 뿐이었다는 세 가지 정보를 제공하고 있다. ①과 ②에 의하면 한생은 마땅히 조정에서 자신을 능력을 펼칠 수 있는 위치에 있어야 했다. 그러나 한생은 이름만 조정에까지 알려져 있었을 뿐 관리로 등용되지 못하고 조용히 향리에 묻혀 선비로서의 삶을 살아가고 있었다. 문사로서 평판을 얻고 있었다는 ③의 정보가 그런 사실을 보여주고 있다.

능력 있는 선비였음에도 향리에 묻혀 있었다는 점에서 ①과 ②는 ③과 부조화를 이루고 있으며, 거기에서 생기는 길항관계를 보여주고 있다. 긴장감은 실력이 조정에까지 알려진 선비라면 마땅히 관리로 임명되어 능력을 발휘해야 한다는 당위와 그것이 실현되지 않는 현실 사이의 괴리에서 파생되는 것이다.

그러나 작품에서 당위와 현실 사이의 괴리나 부조화는 표면화되지 않는다. "문사로 이름을 얻고 있었다"는 말로 눙쳐지며 부조화로 인한 한생의 소외나 그로 인한 불만 등은 존재하지 않는 듯이 가려져 있다. 그럼에도 독자들은 ①과 ②의 결합이 ③으로 종결되어 있는 데에서, 당위와 현실 사이의 괴리와 부조화가 한생에게 부과된 삶의 조건이었다는 것을 알 수 있다. 이런 점에서 한생은 당시의 지배질서에서 소외된 인물이라고 할 수 있고,[7] 당위와 현실 사이의 괴리에서 파생되는 삶의 문제가 이 작품의 주된 화두로 다루어지게 될 것임을 알 수 있다.

당위와 현실 사이의 괴리로 인한 한생의 불만은 그가 용왕의 초청

7) 이런 관점에서 보았을 때 한생을 소외된 인물로 볼 수 없다는 일련의 논의들은 수긍하기 어렵다.

을 받는 대목에서 드러난다.

> 어느 날 한생은 거처하는 방에서 날이 저물도록 편히 앉아 쉬고 있었더니, 홀연히 청삼(靑衫)을 입고 복두(幞頭)를 쓴 관원 두 사람이 공중으로부터 내려와 뜰에 엎드리며 말했다.
>
> "박연못의 용왕께서 모셔오라 하십니다."
>
> 서생은 깜짝 놀라 낯빛을 바꾸며 말했다.
>
> "신과 인간 사이에는 길이 막혀있으니 어찌 서로 통할 수 있겠소. 또한, 용궁은 물길이 멀고 파도가 사나우니 어찌 갈 수 있겠소?"
>
> 두 사람이 말했다.
>
> "문 밖에 준마를 대기시켜 놓았습니다. 사양하지 마시기 바랍니다."
>
> 마침내 두 사람은 몸을 굽혀 서생의 소매를 이끌고 문 밖으로 나섰다.[8)]

용왕의 초청을 받은 한생의 반응은 깜짝 놀라서 낯빛을 바꾸어 정색을 하고, 신과 인간 그리고 용궁과 현실 세계 사이의 단절을 들어 용왕의 초청을 거절하는 것이었다. 깜짝 놀랐던 것은 용왕의 초청이 전혀 예기치 못했던 일이었기 때문인데, 이 대목에서 작품은 한생이 지배질서에 대해 어떠한 기대도 하지 않고 있었다는 것을 보여준다. 그리고 낯빛을 바꾸어 정색을 하고 말한 것은 용왕의 초청을 거절한 것이 형식적 예의를 갖추기 위해 의례적으로 한 말이 아니라 자신의 본심이었음을 알리려 한 것이다. 용왕은 지배질서의 정점에서 나라를 다

8) 嘗於所居室 日晩宴座 忽有靑衫幞頭郎官二人 從空而下 俯伏於庭曰 瓢淵神龍奉邀 生愕然變色曰 神人路隔 安能相及 且水府汗漫 波浪相噬 安可利往 二人曰 有駿足在門 願勿辭也 遂鞠躬挽袂出門(龍宮赴宴錄).

스리는 통치자이다. 그러므로 용왕의 초청을 거절한 것은 한생이 지배질서에 대해 부정적인 시각을 갖고 있었다는 것을 보여주는 것이다.

한생이 지배질서에 대해 부정적 시각을 갖고 있었던 것은 이어지는 행위를 통해서도 확인된다. 한생을 모시러 왔던 두 사람은 이계(異界)와의 소통이 불가능하다고 말하는 한생에 대해 사양하지 말라고 한 뒤 한생의 소매를 이끌고 밖으로 나선다.

이 부분에서 독자들은 소통의 불가를 말하는 한생의 의견은 무시되고 두 사람의 견해가 일방적으로 관철되고 있다는 것을 알 수 있다. 한생의 용궁행이 그의 의사와는 무관하게 진행되고 있는 것이다. 이것은 한생이 용왕의 초청에 긍정적으로 반응하지 않았다는 것을 보여주는 것이다. 당위와 현실 사이의 부조화를 온몸으로 겪으며 한생은 자신이 몸담고 있는 현실세계의 지배질서에 대해 강한 불만을 갖고 있었던 것이다.

그런데 문 밖을 나서자 거기에는 온갖 위엄과 격식을 갖춘 수행원들이 한생을 기다리고 있었다.

> 거기에는 과연 총마(驄馬) 한 필이 있었는데 금안장 옥굴레에 누런 비단으로 배띠를 두르고 있었으며 날개가 돋아 있었다. 수종자들은 모두 붉은 수건으로 머리를 두르고 비단 바지를 입고 있었는데 십여 인이나 되었다. 그들이 서생을 부축하여 말에 태우니 일산을 든 사람이 앞에서 인도하고 기악(妓樂)이 뒤를 따랐다. 그리고 두 사람도 홀(笏)을 들고 뒤를 따랐다.[9]

9) 果有驄馬 金鞍玉勒 蓋黃羅帕 而有翼者也 從者皆紅巾抹額而錦袴者 十餘人 扶生上馬 幢蓋前導 妓樂後隨 二人執笏從之(龍宮赴宴錄).

과거에 장원급제한 사람의 화려한 유가행렬(遊街行列)을 연상시키는 장면이다. 지배질서에서 소외되었던 지금까지와는 달리 한생이 이제 지배질서의 중심으로 초대되고 있다는 것을 알 수 있다.

그러나 용궁에 도착해서 받은 환대에 비하면 이것은 아무것도 아니었다. 용궁에 도착하자 용왕은 직접 뜰 아래로 내려와 한생을 맞이하고는 그를 이끌고 궁전으로 올라가 의자에 앉기를 청한다. 용왕과 대등한 자리를 권하는 것이다. 뿐만 아니라 용왕은 일찍부터 한생의 명성이 삼한(三韓)에 나타나고 재주가 백가(百家)에 으뜸간다고 하는 이야기를 듣고 흠모해 왔다고 하며,[10] 한생이 대단한 능력을 가진 인물임을 인정해주고 있다. 나아가서는 임금으로 추정되는 조강(祖江)과 낙하(洛河) 그리고 벽란(碧瀾)의 신(神)을 초청하여 자리를 함께 할 때에도 한생이 윗자리에 앉도록 배려한다. 신하가 아니라 스승의 예로 대접하며 무한한 신뢰와 애정을 보이고 있는 것이다.

당위와 현실 사이의 괴리로 인한 불만은 지배질서에서 소외된 인물에게 실력을 발휘할 기회를 부여함으로써 해소될 수 있다. 용왕은 성군(聖君)이 스스로 몸을 낮추어 초야에 묻힌 인재를 직접 불러서 등용하는 방법에 의해 한생의 소외와 그로 인한 불만을 해소하고 있다. 임금이 초야에 묻힌 선비를 직접 초빙하는 것은 국사(國師)로 모실 만한 인재를 등용하는 방법이다. 이것은 임금의 덕(德)을 천하에 드러내는 것이고, 실력이 있음에도 쓰이지 않았던 인재들의 소외를 해소하는 방법이다.

임금의 체(體)는 천지와 같아 크게 포용하여 소외된 자가 없고,

---

10) 側聞秀才 名著三韓 才冠百家 故特遠招,(龍宮赴宴錄).

해와 달과도 같아 정명(貞明)하여 넓게 비치고, 산악(山岳)과 같이 두텁고 무거워 옮기기 어렵고, 하해(河海)와 같아 자윤(滋潤)이 깊고 넓어 다함이 없다. (그러므로) 뭇 백성들이 우러러보고, 하늘과 땅의 신(神)들이 의부(依附)하는 바 되어 곤충과 초목에 이르기까지도 또한 각기 깊은 사랑과 두터운 은혜 속에서 스스로 화육(化育)하는 것이다.[11]

위의 인용문은 김시습의 글 <인군의(人君義)>에서 인용한 것이다. 천하를 크게 포용하여 소외된 자가 없게 하는 것이 임금이 갖추어야 할 마땅한 본분이라고 하고는 그러기 위해 갖추어야 할 임금의 덕성과 그 결과 나타날 아름답고 윤택한 세상의 변화를 차례로 보여주고 있다. 소외된 자를 없게 하는 것이 천하의 갈등을 없애고 임금의 덕을 드러내는 제일 중요한 과제임이 제시되고 있다.

<인군의(人君義)>가 임금으로서 마땅히 갖추어야 할 가장 이상적인 덕성이 무엇인가를 이론적으로 다루고 있다면, <용궁부연록>에서 용왕은 소외되었던 자를 등용함으로써 당위적 질서를 실현하고 있는 임금으로 형상화되어 있다는 것을 알 수 있다. 용왕은 당위가 삶의 현실에서 실현되어 둘 사이의 괴리로 인한 소외와 불만이 더 이상 문제되지 않는 세상을 만들었던 것이다.

용왕을 만나고 난 뒤 한생은 용왕의 부탁에 따라 용왕의 딸인 용녀의 결혼을 축하하기 위한 가회각(嘉會閣)의 상량문을 지어준다. 한생

---

11) 故人主之體 如天地焉 大包而無外 如日月焉 貞明而普照 如山岳焉 厚重而難遷 如河海焉 滋潤深廣而不竭 衆庶之所瞻仰 神祇之所依附 乃至昆蟲草木 亦各自化育於深仁厚澤之中矣(『梅月堂集』卷二十, 人君義, 세종대왕기념사업회간)

은 이제 더 이상 지배질서에서 소외된 인물이 아니라 그 중심부에서 능력을 발휘하는 인물로 변모하고 있는 것이다. 지배질서에 대해 부정적이었던 한생에게 이것은 대단한 변화이다.

한생의 이러한 변화는 그가 용왕의 환대를 받으며 용궁이 당위적 질서가 현실에서 실현된 태평성대의 세계임을 알고, 지배질서에 대한 자기의 생각을 바꾸어 아름다운 세상의 구성원으로 참여하려 했다는 것을 보여주는 것이다. 한생은 용왕에 의해 정치의 정도가 실현되며 소외와 불만이 없는 대평성대의 세상이 용궁에서 만들어진 것을 보았던 것이다. 그리고 초현실의 세계인 용궁에서 정치의 정도가 실현된 태평성대의 세상이 만들어짐으로써 <용궁부연록>은 초현실의 세계에서라도 정치의 정도가 실현되기를 바라는 것으로 종결되었던 <남염부주지>의 연장선 위에 서 있는 작품이라는 것을 보여주고 있다.

한생이 용궁을 어떤 공간으로 받아들이고 있었던가 하는 것은 용궁에서 그가 썼던 가회각의 상량문에 명확하게 나타난다. 한생은 가회각의 상량문에서 탁월한 문장력을 마음껏 발휘하여 용궁의 사람들을 감탄하게 한다. 상량문의 내용은 용왕의 덕성을 찬양하고 정치의 정도가 실현된 태평성대의 아름다운 모습을 드러내는 것이었다.

> 생각컨대 천지 안에는 용왕님이 가장 신령스럽고 인물 사이에는 배필이 아주 중한데 용왕님께서는 이미 만물을 윤택하게 하신 공로가 있으니 어찌 복을 받을 터전이 없으리. 그러므로 <시경> 관저장(關雎章)에서 요조숙녀(窈窕淑女)는 군자호구(君子好逑)라 함도 조화의 시초를 나타낸 것이며, <주역>의 건괘(乾卦)에서 비룡재천(飛龍在天)에 이견대인(利見大人)이라 함도 신령스런 변화의 자취를 나타낸 것이다.[12]

위의 인용문은 상량문의 첫 부분인데 용왕의 신령함과 사람들이 배필을 만나는 문제를 다루고 있다. 먼저, 한생은 용왕이 만물을 윤택하게 한 공로가 있다는 것을 칭송하고 있다. 만물을 윤택하게 했다는 것은 사람들 사이의 다툼과 갈등, 소외와 불만을 해소하고 태평성대의 질서를 이루었다는 말이다. 그리고 이런 업적을 이룰 수 있었던 것은 용왕이 신령스런 능력을 갖고 있기 때문이라고 했는데, 그렇게 되는 근거를 <주역> 건괘의 문구에서 찾고 있다.

비룡재천(飛龍在天)에 이견대인(利見大人)은 성군이 보위에 있으며 초야에 묻혀 있던 큰 인물을 등용하여 쓴다는 의미를 갖는다. 큰 인물은 만물을 윤택하게 할 만한 능력을 가진 사람이다. 그런데 큰 인물을 등용하기 위해서 임금은 먼저 그 능력을 알아볼 수 있는 안목을 가져야 하고, 그가 마음껏 능력을 펼칠 수 있는 여건을 만들어주어야 한다. 이것은 임금으로서의 덕성을 온전히 갖추었을 때 가질 수 있는 신령한 능력인 것이다. 그러므로 신령한 능력이 있을 때 임금은 큰 인물을 만나서 만물을 윤택하게 하는 공로를 이루게 되는 것이다.

상량문에는 용왕의 신령함 외에도 사람들이 배필을 만나는 문제의 중요성이 함께 다루어지고 있다. <시경> 관저장의 요조숙녀(窈窕淑女) 군자호구(君子好逑)는 남녀의 아름다운 만남을 다루는 것이다. 요조숙녀와 군자가 만나서 배필을 이루지 못하면 세상은 정상적인 화생(化生)의 도(道)가 무너져 어지러워지게 된다. 그러므로 이들이 만나 배필을 이루는 것은 세상의 질서를 세우는 조화의 시초가 되는 것이니 좋은 배필을 만나는 것이 중요하다는 것이다.

12) 竊以堪輿之內 龍神最靈 人物之間 配匹至重 旣有潤物之功 可無衍福之基 是以關雎好逑 所以著萬化之始 飛龍利見 亦以象靈變之迹(龍宮赴宴錄).

그런데 언뜻 보아 함께 묶어 다룰 만한 공통점이 없어 보임에도 용왕의 신령스러움과 배필의 중요함이 함께 거론되는 것은 무슨 이유일까. 겉으로 드러난 이유는 결혼할 용왕의 딸이 거처할 가회각의 상량문이므로 배필의 중요함을 다루었고, 그 부친인 용왕도 함께 다루었기 때문이라고 할 수 있다. 그러나 이렇게 해석하고 마는 것은 한생의 의도를 제대로 짚어내지 못하는 것이다.

용왕이 큰 인물을 만나서 만물을 윤택하게 하는 공로를 이루기 위해서는 큰 인물이 마음껏 능력을 펼칠 수 있는 여건을 마련해주어야 한다고 했다. 그런데 이 여건은 용왕과 인물이 서로를 깊이 이해하고 신뢰할 수 있게 될 때 조성되는 것이다. 이럴 때 임금과 신하는 남녀가 만나 사랑하고 이해하는 가운데 서로에 대한 깊은 신뢰를 바탕으로 아름다운 가정을 꾸려나가는 것과 같은 관계를 맺게 되는 것이다. 용왕의 신령스러움이 배필의 중요함과 함께 거론되는 까닭이다. 결국, 한생은 용녀의 결혼을 축하하기 위한 가회각의 상량문을 지으며 성군이 만물을 윤택하게 하여 태평성대를 이루기 위한 정치의 조건을 제시하고 있는 것이다.

용왕은 한생의 뛰어난 문장력을 사랑하여 그를 스승의 예로 극진하게 모시며 그가 마음껏 능력을 발휘할 수 있는 여건을 만들어 주고 있었다. 한생이 탁월한 능력을 가진 인재라는 것을 알아보았을 뿐만 아니라, 탁월한 능력을 가진 큰 인물을 쓰는 데 주저함이 없었고, 인물을 대접함에 있어서도 요조숙녀를 맞이하는 군자처럼 애정과 신뢰로 대하고 있었던 것이다. 용왕이 만물을 윤택하게 하기 위한 성군으로서의 조건을 충족시키며 정치의 정도를 삶의 현실에서 실현하고 있다는 것을 알 수 있다. 이에 따라 한생은 상량문에서 정치의 정도가 실현되어 태평성대의 번영을 누리고 있는 용궁의 질서를 칭송하고 있다.

> 풍운의 변화를 돕고 영원히 조화의 공덕을 나타내어 하늘에 있을 때나 못에 있을 때나 하민(下民)의 갈망을 구제하고 잠겨있거나 뛰어오를 때에도 상제(上帝)의 어진 마음을 도와서 기세가 천지에 떨치고 위엄과 덕망이 원근 지방에 흡족하여 검은 거북과 붉은 잉어는 기뻐 뛰면서 소리를 지르고 산괴물과 산도깨비도 차례로 와서 축하한다.13)

정치의 정도가 실현된 태평성대의 세계에서 임금은 하늘과 소통하며 신령스러움을 온 세상에 떨치게 되고, 세계의 구성원들은 비록 괴물과 도깨비같은 자일지라도 어느 누구도 소외되지 않고 성군이 구현한 태평성대의 질서에 동참하여 기쁨을 누리게 된다는 것이다. 이런 점에서 상량문을 지은 후 벌어지는 윤필연은 단순히 한생의 탁월한 문장력을 축하하기 위한 자리가 아니라 정치의 정도가 실현되어 사람들의 모든 불만과 갈등이 해소된 태평성대의 세상을 축하하기 위한 자축연의 성격을 갖는 것이다.

3. 윤필연의 환희와 애조의 정서

한생이 상량문을 지은 후 벌어진 윤필연은 십여 명의 미인이 춤을 추면서 벽담곡(碧潭曲) 한 곡조를 부르는 것으로 시작된다.

---

13) 用資風雲之變 永補造化之功 在天在淵 蘇下民之渴望 或潛或躍 祐上帝之仁心 騰翥快於乾坤 威德洽於遐邇 玄龜赤鯉 踊躍而助唱 木鬼山魈 次第而來賀(龍宮赴宴錄).

청산은 푸르고 푸른 못은 깊고도 넓은데	靑山兮蒼蒼 碧潭兮汪汪
우렁차게 치솟는 계곡물은 하늘의 은하에 닿았네.	飛澗兮泱泱 接天上之銀潢
물결 가운데 계신 님 패옥 소리 낭랑히 울리니	若有人兮波中央 振環佩兮琳琅
빛나는 위풍이요 걸출하신 기국이네.	威炎赫兮煌煌 羌氣宇兮軒昻
좋은 시절 좋은 날, 봉황이 우는 시절	擇吉日兮辰良 占鳳鳴之鏘鏘
나는 듯한 좋은 집에 상서도 신령스러운데	有翼兮華堂 有祥兮靈長
문사 모셔 글을 짓고 들보 위에 노래를 거네.	招文士兮製短章 歌盛化兮擧脩樑
술 부어 잔 돌리고 제비처럼 가볍게 봄볕을 밟으니	酌桂酒兮飛羽觴 輕燕同兮踏春陽
향로에는 상서로운 향기요 돌솥에는 미음이 끓고 있네	獸口噴兮瑞香 豕腹沸兮瓊漿
북소리 우렁찬데 피리 불어 행진하니	擊魚鼓兮郎當 吹龍笛兮趨蹌
높이 앉은 신이이서 지극한 덕 못 잊겠네.	神儼然而在床 仰至德兮不可忘

용궁의 장엄한 풍광과 용왕의 빛나는 위엄과 덕성을 칭송한 다음 평화로운 정경을 담아내며 태평성대의 세상을 노래하고 있다. 평화가 사람들에게 주는 충족감과 질서가 잡힌 세상의 안정감을 가볍고 유려한 필치로 그려내고 있어 흥겨운 잔치의 시작을 알리는 노래로 손색이 없다.

이어지는 노래는 십여 명의 총각들이 부르는 회풍곡(回風曲)이다. 벽담곡이 큰 틀에서 잔치의 전경(全景)을 담아내고 있는데 비해 회풍곡은 잔치판 안으로 들어가 그곳에서 벌어지는 놀이의 흥겨움을 노래하고 있다. 그런데 회풍곡은 잔치의 흥겨움을 노래하다 느닷없이 애조의 정서를 표출하는 것으로 끝이 난다.

손님 이미 취했으니 새 곡조를 불러 보세	賓旣醉兮顔酡 製新曲兮酣歌

서로 붙들고 서로 이끌며 손뼉 치며 껄껄 웃네　或相扶兮相拖 或相拍兮相呵
술병을 두드리며 남김없이 마시니　擊玉壺兮飮無何
맑은 흥취 다한 곳에 슬픈 마음 일어난다　淸興闌兮哀情多

태평성대를 축하하는 놀이판의 흥겨움을 노래하다 느닷없이 나타나는 애조의 정서가 갖는 의미를 이해하기 쉽지 않다. 억지로 해석하자면 놀이의 흥겨움 끝에 그것의 허무를 자각했다는 정도인데, 태평성대를 축하하는 잔치에서 그것도 태평성대의 위업을 이룩한 임금 앞에서 놀이의 흥겨움 끝에 허무를 자각했다고 노래하는 것이 문맥상으로나 논리로도 납득하기 어렵다.

더욱 이해하기 어려운 것은 회풍곡에 이어 용왕이 한생에게 술을 권하면서 부른 수룡음(水龍吟)에도 애조의 정서가 나타나는 것이다.

음악소리 울리고 술잔을 돌리니 향로에는 용뇌 향기　管絃聲裡傳觴 瑞麟口噴靑龍腦
옥피리 한 곡조에 하늘 구름 흩어지고　橫吹片玉一聲 天上碧雲如掃
물결이 철썩하니 풍월이 번복되네　響激波濤 曲翻風月
한가한 경치 속에 인생은 늙어가니　景閑人老
애달픈 세월 화살같이 빠르구나　悵光陰似箭
풍류도 꿈결 같아 즐거움이 또 번뇌를 낳네　風流若夢 歡娛又生煩惱

용왕은 먼저 태평성대의 흥겨운 음악 소리가 하늘에 닿을 만큼 세상의 질서가 안정되어 있다는 것을 노래하고 있다. 그러나 용왕은 갑자기 늙어가는 인생과 화살같이 빠르게 지나가는 세월에서 삶의 덧없음을 깨닫는가 하면 즐거움이 또 다른 번뇌를 만드는 것을 보고 슬픔에 잠겨있다. 만물을 윤택하게 한 위대한 공로를 이룬 뒤 긴장감이 풀리면서 인생의 무상과 허무를 자각하게 되었다고 해석할 수 있다.

그런데 용왕은 신령한 능력으로 태평성대를 이룩한 임금이다. 위대한 업적을 이룬 지금도 한생을 초청하여 능력을 발휘하게 하는 등 여전히 사람들의 불만과 소외를 해소하여 만물을 윤택하게 하기 위한 노력을 지속적으로 기울이고 있었다. 그런 임금이 갑자기 긴장이 풀려 허무의 무상감에 빠지게 되었다는 것은 납득하기 어렵다. 또한 임금이 허무의 무상감에 빠져있게 되면 삶에 대해 새로운 전망을 세울 수 없게 됨으로써 윤필연의 잔치도 퇴폐와 향락의 놀이판으로 변질되어야 한다. 그러나 잔치의 풍성함과 흥겨움을 드러내고는 있지만, 윤필연이 향락적 분위기로 흐른 흔적은 어디에서도 찾을 수 없다.

사실이 그렇다면 용왕이 느끼고 있는 애조의 정서는 어디에 근거하고 있는 것일까. 그것은 풍류의 즐거움 속에서 싹터오는 번뇌의 실체를 파악해 보는 데에서 실마리를 찾을 수 있다. 풍류의 즐거움은 태평성대의 세상을 이룬 것을 축하하기 위한 것이었다. 태평성대는 만물이 윤택하게 된 세상, 즉 삶의 모든 문제가 해결되어 구성원들이 걱정과 근심 없이 행복하게 사는 세상이다.

그러나 태평성대의 즐거움 가운데에 번뇌가 상존해 있다는 것은 용왕의 신령함과 위대한 업적으로도 해결할 수 없고 도달할 수 없는 문제가 여전히 남아있다는 것이고, 이것이 용왕을 힘들게 한다는 것이다. 그렇다면 용왕이 이루었다고 믿었던 태평성대의 업적도 사실은 허구적인 것이 된다. 용왕은 이 사실을 알고 있었던 것이고, 이 때문에 번뇌와 애상에 사로잡혀 있었다고 할 수 있다.

용왕의 뒤를 이어 등장하고 있는 곽개사(郭介士)와 현선생(玄先生)은 용왕이 느끼고 있는 번뇌와 애상의 실체가 무엇인가를 더욱 구체적으로 보여주고 있다. 곽 개사와 현 선생은 용왕을 좌우에서 모시고 있던 인물이었다.[14] 이들이 용왕을 측근에서 보필하는 신뢰받는 신하였음을 알 수 있다. 곽개사는 자신을 다음과 같이 소개하고 있다.

> 저는 바위틈에 숨은 선비요 모랫구멍에 사는 한가한 사람입니다. .... 속은 누렇고 겉은 둥글며 굳은 갑옷을 입고 예리한 병기를 가졌습니다. 늘 손발을 잘려서 솥에 들어가게 되고, 비록 정수리를 갈더라도 사람들을 이롭게 했습니다. 멋스러운 맛은 장사(壯士)의 얼굴빛을 기쁘게 했고, 조동(躁動)하는 모양은 부인들의 웃음거리가 되었습니다.[15]

자신의 거처를 바위틈과 모랫구멍으로 설정한 것은 게(蟹)의 실제 서식지를 드러낸 것임에도 여기에서는 곽개사의 검소한 삶의 자세를 보여주는 것이다. 뿐만 아니라 곽개사는 자신을 희생해서 다른 사람들을 이롭게 하는 것을 생활화하고 있음을 알 수 있다. 측근에서 임금을 모시고 있을 정도로 현달한 입장에 있음에도 곽개사는 자신의 욕심을 채우기보다 자신을 낮추고 남을 위하는 삶을 살고 있었다. 이런 점에서 곽개사는 권력의 핵심부에서 임금을 모시고 있는 신하가 갖추어야 할 이상적인 삶의 자세를 실현하고 있는 인물이라고 할 수 있다.

그런데 곽개사는 자신의 실제 삶이 다음과 같았다고 토로하고 있다.

강해(江海)에 의탁해 구멍 속에 살지라도	依江海以穴處兮
기운을 토하면 범과도 다투겠네	吐氣宇而虎爭

14) 顧謂左右曰 此間伎戲 不類人間 爾等爲嘉賓呈之(龍宮赴宴錄).
15) 僕巖中隱士 沙穴幽人 ...... 中黃外圓 被堅執銳 常支解以入鼎 從摩頂而利人 滋味風流 可解壯士之顔 形模郭索 終貽夫人之笑(龍宮赴宴錄).

신장이 구척이니 진상(進上)하기 넉넉하고	身九尺而入貢
종류가 열이니 이름도 다양하다	類十種而多名
기쁜 마음으로 신령스런 임금님의 아름다운 잔치에 참여해	喜神王之嘉會
발을 구르며 옆으로 걸어가네	羌頓足而橫行
……………	
은혜를 갚기 위해 울어 구슬 낸 것 아니요	匪酬恩而泣珠
원수를 갚기 위해 창을 뽑은 것도 아니건만	非報仇而橫槍
슬프다, 물에 사는 거족(巨族)들은	嗟濠梁之巨族
나를 비웃어서 무장공자(無腸公子)라 하는구나	笑我謂我無腸
그러나 군자에 비길 이 몸	然可比於君子
뱃속에 덕이 차 내장이 누렇네	德充腹而內黃

곽개사는 자신이 강과 바닷가의 구멍 속에 살고 있다고 했다. 출신과 처지가 미천하다는 말이다. 그러나 그는 호랑이와도 다툴 만한 기상을 지니고 있다고 자부하고 있었다. 그래서 구척(九尺)의 신장이 보여주는 탁월한 능력과 열 종류의 이름이 보여주는 다양한 재주를 바탕으로 기쁘게 임금님의 조정에 참여해 발을 구르며 능력을 발휘했다고 했다. 울어서 구슬을 토하고 창을 뽑아 들기도 했지만, 이것은 자신의 은혜를 갚고 자신의 원수를 갚기 위한 것이 아니라 임금과 백성을 위한 것이었다고 했다. 그러나 슬프게도 자신에게 돌아온 것은 칭찬이 아니라 배알도 없는 녀석(無腸公子)이라는 욕설과 비웃음뿐이어서 곽개사는 결국 세상과 사람들에 대한 기대를 버리고 자기 자신의 덕을 쌓는 데 몰두하는 삶을 살 수밖에 없었다고 했다.

충격적인 고백이다. 임금님의 측근에서 신뢰받는 신하로 있으면서 신하로서 갖추어야 할 이상적인 삶을 살고자 했음에도 세상은 그의 충심을 이해하려 하지 않았고, 이로 인해 곽개사는 세상의 중심에 있으면서도 오히려 소외된 자의 삶을 살 수밖에 없었다는 것이다. 신령스런 임금님이 다스리는 태평성대의 조정에서부터 소외와 불만, 사람들 사이의 갈등이 공공연하게 나타남으로써 만물을 윤택하게 하여 태평성대를 이룩했다는 것이 사실은 허구임을 드러내고 있다.

곽개사의 뒤를 이어 등장한 현선생은 자신을 "살아서는 세상을 기쁘게 하는 보배가 되고 죽어서는 도리를 예언하는 보물이 되었다"고[16] 소개하고 있다. 살아서나 죽어서나 모두 보배로운 인물로 추앙받으며 가장 고귀하게 살았으니, 불만이라고는 없을 것 같은 삶을 살았다고 할 수 있다. 그럼에도 현선생은 천 년 동안 마음속에 쌓였던 회포를 풀겠다고 하며 다음과 같이 노래하고 있다.

단약(丹藥)을 안 먹어도 오래 살 수 있고	匪鍊丹而久視
도리를 안 배워도 신령함이 넘쳤네	非學道而靈長
천년만에 성군(聖君)을 만나서	遭聖明於千載
온갖 상서로움 빛나게 드러내며	呈瑞應之昭彰
수족(水族)의 어른 되어	我爲水族之長兮
주역(周易)의 이치를 연구하고	助連山與歸藏
문자를 등에 지고	負文字而有數兮
길흉을 알려주어 계책을 이루게 했네	告吉凶而成策
그러나 지혜가 많다 하나 곤액에 빠진 바 되고	然而多智有所危困
재능이 많아도 미치지 못할 일 있어	多能有所不及
가슴을 가르고 등을 지지는 것 벗어나지 못해	未免剖心而灼背兮

16) 生爲嘉世之珍 死作靈道之寶(龍宮赴宴錄).

물고기며 새우와 벗하여 자취를 감추었네	侶魚蝦而屛迹
목을 빼고 발꿈치를 들어	羌伸頸而擧踵兮
임금님의 잔치에 참석하니	預高堂之宴席
………………	
어떤 이는 껄껄 웃고 어떤 이는 손뼉 치는데	或謔笑而撫掌
해 저물고 바람이니	日欲落兮風生
고기 뛰고 물결도 센데	魚龍翔兮波滃泱
좋은 때 자주 얻기 어려우니	時不可兮驟得
마음을 고쳐 먹고자 해도 슬픔만 가득하네	心矯厲而慨慷

현선생은 단약에 의지하지 않아도 오래 살 수 있고 배우지 않아도 신령스러웠다고 자신을 소개하고 있다. 타고 난 지혜를 바탕으로 힘껏 노력하여 세상의 모든 이치에 통달할 수 있게 되었다고도 했다. 더욱이 현선생은 천 년에 한 번 만날 수 있다는 성군을 만나서 자신의 타고난 재능을 마음껏 발휘할 수 있었다고 했다. 탁월한 재능을 타고 나서 하늘이 주신 때를 만나 자신의 재능을 마음껏 펼칠 수 있었으니 사람들이 도달하고 싶어 하는 가장 이상적인 삶을 살았다고 할 수 있다.

그러나 현선생은 세상의 이치에 통달해 뭇 사람들에게 길흉에 대비한 계책을 알려주는 입장에 있었음에도 자신이 곤액에 빠지는 것을 막지 못하고, 뛰어난 재능으로도 어찌할 수 없는 일에 부딪히기도 했다고 했다. 그래서 가슴을 가르고 등을 지지는 것과 같은 참혹한 일을 다시 당하지 않으려고, 물고기와 새우 등 보잘 것 없는 사람들과도 관계를 맺으며 자취를 감추기도 했다고 했다. 대단히 현달한 입장에 있으면서도 고난을 면하기 위한 노력을 다양하게 기울이며 피곤한 삶을 살아야 했다는 말이다. 또한 임금님의 잔치에서 뭇 사람들이 함께 기뻐

뛰노는 것을 보면서 갈등과 분쟁이 없는 태평성대의 세상은 드물게 찾아오는 행운일 뿐이니 세상을 살면서 곤액을 당하기도 하는 것을 안타깝게 여기지 말자고 생각을 고쳐먹으며 자신을 위로해 보기도 했지만, 가슴에 쌓이는 것은 슬픔뿐이었다고 했다.

모든 사람들이 도달하고 싶어 하는 가장 이상적인 삶을 살면서, 세상의 모든 이치에 통달하고 길흉에 대비한 온갖 방책을 모두 갖추고 있다고 자부하고 있던 현선생도 곤액에 빠지는 것을 막을 수 없었다고 하며, 자신들이 구현했다고 믿었던 태평성대의 세상이 사실은 허구였다는 것을 고백하고 있다.

용왕과 곽개사 그리고 현선생은 모두 가장 이상적인 삶을 실현하며 부귀와 명예를 이루었다고 자부하는 인물들이었다. 용왕은 만물을 윤택하게 하여 태평성대를 이룬 공로로 신령스러운 임금으로 추앙받고 있었고, 곽개사와 현선생도 임금님의 측근에서 신뢰받는 신하로서 자신들의 능력을 마음껏 발휘하여 태평성대의 질서를 이루는 데 기여하며 보배롭고 고귀한 삶을 살았던 인물이었다.

그러나 용왕은 신령스런 능력으로도 해결할 수 없는 삶의 문제로 번뇌에 빠져있고, 곽개사는 임금과 백성을 위해 자신을 희생하는 삶을 살았음에도 비웃음을 받아야 했으며, 현선생은 세상의 이치에 통달해 있었음에도 곤액에 빠지는 것을 피할 수 없었던 데에서 깊은 회의와 슬픔에 빠져있었다. 결국, 용왕과 그 주변의 인물들은 자신들이 필생의 공력을 쏟아부어 이룩했다고 자부하고 있었던 태평성대의 세상이 사실은 허구였음을 깨닫고 있었던 것이다. 태평성대의 잔치에서 용궁의 인물들이 비애와 애상의 정조에 빠질 수밖에 없었던 까닭이다.

곽개사와 현선생의 뒤를 이어 강하(江河)의 군장(君長)으로 있는 조강과 낙하 그리고 벽란의 신(神)이 시를 지어 드리는데, 이들도 끊임

없이 밀려오는 슬픔과 원망스런 일로 근심 속에 날을 보내는가 하면[17] 세상일에 쫓겨 바쁘게 살아야 하는 자신들의 고달픈 신세를 하소연하고 있다.[18] 한 지역을 다스리는 군장으로 있으며 온갖 부귀와 명예를 누리는 정점에 있음에도 이들의 삶이 밖에서 보는 것과 달리 행복하지 않다고 고백하고 있다.

강하의 군장들이 자신들의 삶이 힘들고 고달프다고 고백하는 것은 그들이 용왕과 곽개사, 현선생의 비애와 애상에 동조하고 있기 때문이다. 그러므로 이들의 진술은 용왕과 곽개사 그리고 현선생이 느끼는 비애와 애상이 박연못 용궁의 사람들만이 갖는 별난 감상이 아니라는 것을 보여주고 있다. 용궁이 아닌 외부의 인물들을 동원해서 박연못 용궁 사람들의 진술이 객관적으로도 타당한 것임을 입증하고 있는 것이다.

강하(江河) 군장(君長)들의 시에 이어 드디어 한생이 장편시 20운을 지어 윤필연의 마지막을 장식하고 있다.

높이 솟은 천마산 공중에 나는 폭포	天磨高出漢 巖溜遠飛空
바로 내려 숲을 뚫고 급히 흘러 시내 되네	直下穿林壑 奔流作巨淙
물속에 월굴(月窟)이요 못 밑에는 용궁이라	波心涵月窟 潭底閟龍宮
풍운의 변화 신기한 자취로 남고 하늘에 올라 공을 세워	變化留神迹 騰拏建大功
가는 안개 피어오르고 상서로운 바람 화창한데	煙熅生細霧 駘蕩起祥風
하늘에서 명령받아 청구에 배치할 제	碧落分符重 青丘列爵崇
구름 타고 조회하고 비를 내려 말 달리네	乘雲朝紫極 行雨駕青驄

17) 해마다 파도 속에 슬픈 일 많았는데　年年觸石多鳴咽
오늘 저녁 즐거움으로 온갖 시름 풀어졌네　此夕歡娛蕩百憂 (龍宮赴宴錄).

18) 흘러가는 세월 누가 알겠는가　流盡光陰人不識
예나 지금이나 세상 일은 너무도 바쁘네　古今世事太忽忙 (龍宮赴宴錄).

금궐(金闕)에서 잔치 열고 옥계(玉階) 앞에서 음악 아뢰어	金闕開佳燕 瑤階奏別鴻
찻잔에는 운기(雲氣) 뜨고 연잎엔 이슬 젖네	流霞浮茗椀 湛露滴荷紅
위의(威儀)가 정중하고 예법도 성대하네	揖讓威儀重 周旋禮度豊
의관 문채 찬란하고 패옥 소리 영롱한 데	衣冠文燦爛 環佩響玲瓏
물고기가 조회하고 물 신령도 모였구나	魚鼈來朝賀 江河亦會同
…………………………	
온갖 진미 배부르고 깊은 은혜 뼈에 스며	珍味充喉潤 恩波浹骨融
신선 기운 마신 듯 봉래산에 구경 온 듯	還如飧沆瀣 宛似到瀛蓬
즐거운 뒤 이별이라 풍류도 꿈 같구나	歡罷應相別 風流一夢中

천마산에 있는 용궁의 장엄한 풍광을 드러내는 데에서 시작하여 용왕이 신령스러운 능력을 바탕으로 위대한 업적을 이루어 상서로운 기운 가득한 태평성대의 기상이 하늘과도 교통하고 있는 것을 칭송하는 것으로 도입부를 장식하고 있다. 이어서 윤필연 잔치를 소개하며 위의(威儀)의 성대함과 그곳에 모인 용궁 사람들의 화려하고 축복받은 삶을 두루 열거하고 있다. 마지막으로 한생은 용궁에서의 경험이 신선의 기운을 마시고 봉래산에 구경을 온 듯이 감격스러웠다고 하며, 용궁 사람들과 이별한 후 그 화려했던 풍류가 한갓 꿈과 같이 사라지게 되는 것을 아쉬워하는 것으로 시를 끝내고 있다.

용궁 사람들이 윤필연의 흥겨움 속에서 자신들이 이루고 도달했던 업적의 허구를 자각하며 비애를 느끼고 있었던 것과 달리 한생의 시에는 어디에도 삶에 대한 애조의 정조가 나타나지 않는다. 오히려 용궁 사람들이 이룩한 태평성대의 업적과 그 화려하고 고귀한 삶에 대한 칭송과 동경으로 가득 채워져 있다. 돌아보니 용궁에서의 경험이 신선의 기운을 마신 듯이 감격스러웠다고 하며, 이별 후 용궁에서의 풍류가 꿈과 같이 사라지게 될 것을 아쉬워하는 것으로 시를 끝내고 있는 까닭이 이 때문이다.

삶에 대한 인식의 문제에서 용궁 사람들과 한생이 전혀 다른 입장을 취하고 있다는 것을 알 수 있다. 이것이 바로 <용궁부연록>이 윤필연이 끝나는 부분에서 종결되지 않았던 이유이다. 다시 말해서 이 부분에서 작품이 종결되면 한생은 꿈에서 깬 뒤 태평성대를 구현한 용궁세계의 평화롭고 아름다운 삶을 회상하고 동경하는 삶을 살게 될 수밖에 없고, 그럴 경우 용궁 사람들이 느꼈던 비애의 정서는 작품에서 불필요한 것이 되어버림으로서 작품이 형식 논리의 파탄에 이르게 되기 때문이다. 그러므로 용궁 사람들과 한생이 보여주고 있는 삶에 대한 인식의 거리를 줄일 필요가 있었고, 이것은 윤필연 후 한생이 용궁의 기물을 두루 구경하는 과정에서 해소되고 있는 것이다.[19)]

흥미로운 것은 정치의 정도가 실현된 태평성대의 세상을 제시한 뒤에 그 허상을 파헤쳐 드러내고 그 과정에서 감추어졌던 용궁의 실체가 서서히 모습을 드러내도록 하는가 하면, 삶에 대한 인식의 문제에서 용궁 사람들과 한생이 서로 상반된 입장을 취하게 하여 극적 긴장감을 조성하기도 하는데, 이러한 변화를 유발시키는 서사적 전개의 모든 과정이 전적으로 윤필연에서 토로된 인물들의 시(詩)에 의존하고 있다는 것이다. 작품에서 삽입시가 차지하는 비중이 상대적으로 과도했던 것도 시(詩)를 단지 정서를 토로하는 수단이 아니라 서사적 전개의 도

19) 물론 윤필연의 부분에서 작품이 종결되지 않은 것은 작품의 주제를 정하는 문제와도 연결되는 것이다. 윤필연 부분에서 종결될 경우, 한생은 태평성대의 세상에 참여했던 꿈속에서의 경험을 회상하며 자신의 능력을 알아주지 않는 세상에 반발하는 것으로 삶의 방향을 정하게 된다. 그러므로 작품의 의미를 이렇게 정하려 하지 않았던 것이 작가의 의도였기 때문에 윤필연 이후의 사건을 설정했다고 할 수 있다.

구로 사용했기 때문이라고 할 수 있다. 서사적 전개의 모든 과정이 전적으로 시를 통해 드러나도록 했다는 것은 서사 기법의 측면에서도 특이한 사례로서, 이것은 우리의 서사 문학사에서 이루었던 또 다른 성취로 기록될 만하다.

4. 용궁 구경과 삶에 대한 인식의 전환

윤필연이 끝난 뒤 한생은 용왕에게 부탁하여 용궁을 구경하게 된다. 한생이 처음 도착한 곳은 조원루(朝元樓)라 부르는 곳이었다. 전체가 파려(玻瓈)로 만들어져 구슬과 옥으로 장식되어 있는 십 층 높이의 누각이었다. 한생이 맨 위층까지 오르려 하자 안내하던 사자가 "(그곳은) 임금께서 신력(神力)으로 오르실 뿐이고 우리들도 다 구경하지 못했다"고[20] 만류하여, 한생은 칠 층까지 올라갔다가는 다시 내려와야 했다.

10층 높이의 누각에서 신하들에게는 7층까지만 개방이 허용되어 있고 나머지는 임금만이 사용할 수 있다는 것이다. 한생은 만물을 윤택하게 하는 태평성대를 이루기 위해서는 임금이 신하와 부부처럼 사랑과 신뢰로 묶여 있어야 한다고 믿고 있었다. 그래서 신하가 자신의 능력을 마음껏 발휘할 수 있도록 모든 것을 믿고 맡기는 것이 중요하다는 생각을 하고 있었다. 그런데 조원루에서 한생은 신령한 능력으로 태평성대를 이루었다고 생각했던 용왕이 사실은 신하들이 알 수 없는 자신만의 세계를 고집함으로써 신하들과 소통과 신뢰에 문제를 지니

20) 生欲盡登 使者曰 神王以神力自登 僕等亦不能盡覽矣 .... 生登七層而下(龍宮赴宴錄).

고 있다는 것을 확인할 수 있었던 것이다.

한생이 도착한 다음 행선지는 능허각(凌虛閣)이었다. 이곳은 용왕이 하늘에 조회할 때 의장(儀仗)을 정돈하고 의관을 치장하는 곳이었는데, 여기에는 상당히 많은 물건들이 보관되어 있었다. 한생은 그 가운데 북이 있는 것을 보고 쳐보려 했다. 그러자 사자가 나서서 이것은 뇌공(雷公)의 북이라서 한 번 치면 온갖 물건들이 진동하게 되니 치지 말라고 했다. 또 그 옆에 풀무와 같은 것이 있어 흔들어 보려 하니 바람을 일게 하는 풀무이니 만지지 말라고 하고, 물 항아리가 있어서 물을 뿌려 보려 하니 또한 세상이 홍수로 덮이게 된다 하며 만류했다. 능허각의 물건들을 시험 삼아 가동시켜 보려 했던 한생의 모든 시도가 차단되고 있는 것이다.

뇌공의 북이며 바람을 일으키는 풀무 그리고 비를 내리게 하는 물항아리 등은 세상을 다스려 질서를 세우게 하는 도구들이다. 이른바 국가를 다스리기 위해 필요한 다양한 권력기구와 같은 것들이라고 할 수 있다. 그런데 한생이 북이며 풀무 등을 시험 삼아 가동할 기회마저 부여받지 못했다는 것은 용궁에서 국가의 권력을 사용함에 있어 신하들이 아무런 권한을 부여받지 못하고 있었다는 것을 보여주는 것이다.

할 수 없이 한생은 우뢰를 맡은 뇌공(雷公), 번개를 맡은 전모(電母), 바람을 맡은 풍백(風伯) 그리고 비를 맡은 우사(雨師)를 만나보려 했다. 그러나 사자는 이들이 깊숙한 곳에 갇혀 있다가 용왕에 의해 소집되어질 뿐이라고 대답했다.[21] 뇌공과 전모 등은 국가의 권력을 책임지고 있는 각 기관의 수장(首長)들이라고 할 수 있다. 그런데 이들은 외부와의 접촉이 철저하게 차단된 채 오직 용왕의 지시를 받아서

---

21) 雷公電母風伯雨師何在 日天帝囚於幽處 使不得遊 王出則斯集矣(龍宮赴宴錄)

움직이고 있을 뿐이었다. 이처럼 신하들이 국가권력을 사용함에 있어서 아무런 권한을 가질 수 없었던 것은 권력이 오직 임금에게만 독점되어 있기 때문이었던 것이다.

용왕의 초청을 받아 분에 넘치는 대접을 받았던 한생은 용궁이 신령스런 임금에 의해 다스려지며 정치에 있어서 마땅히 지켜져야 하는 당위적인 질서가 실현된 공간, 그로 인해 사람들의 모든 소외와 불만 그리고 갈등과 다툼이 사라져 만물이 윤택하게 된 태평성대의 공간이라고 생각했었다. 가회각의 상량문과 윤필연의 장편시에서 용왕의 신령한 덕을 칭송하고, 용궁이 평화와 안녕 속에 상서로운 기운으로 덮여 있다고 노래한 것도 이 때문이었다. 그래서 한생은 용궁 사람들이 도처에서 토로하고 있었던 비애와 애상의 정조를 감지하지 못하고 오히려 그들의 화려하고 축복받은 삶에 길이 동참하지 못하는 것을 아쉬워했던 것이다.

그러나 조원루와 능허각을 둘러보며 한생은 용궁의 국가권력이 용왕에게 독점되어 있고 신하들은 아무런 권한을 부여받지 못하고 있는 것을 보게 된다. 임금과 신하가 모든 것을 믿고 맡길 수 있는 신뢰관계를 구축하지 못하고 그 때문에 소통에 심각한 장애를 드러내고 있는 것도 알게 되었다. 여기에 이르러 한생은 용궁에 대한 지금까지의 자기 판단이 너무 성급했었음을 깨닫고, 용궁 사람들이 느꼈던 비애의 실체를 볼 수 있는 안목을 갖게 된다. 용궁 사람들이 이룩했다고 믿었던 태평성대의 실체를 재조명해 보며 인식의 전환을 이루는 것이다.

곽개사는 차기를 희생하며 임금과 백성을 위해 온힘을 다 했으나 사람들에게 비웃음만 받았다고 했다. 자기를 희생하여 임금의 은혜에 보답하려 했음에도 임금으로부터 희생에 값할 만큼의 대접을 받지 못했기 때문이었다. 현선생은 세상의 이치에 통달했어도 곤액에 빠지는 것을 막지 못하고, 탁월한 재능으로도 해결하지 못할 일들이 많았다고 한탄하고 있었다. 그러나 그는 태평성대의 조정에서라면 그렇지 않을 수도 있었다고 안타까워하며,[22] 곤액에 빠진 것이 자신의 재능을 마음껏 펼칠 수 없었던 한계적 상황, 다시 말해서 임금의 전폭적인 신뢰를 얻는 데 실패했기 때문이었음을 드러내고 있었다. 곽개사와 현선생이 부딪혀야 했던 문제는 결국 임금과의 신뢰관계가 제대로 구축되지 않은 데에서 생긴 것이었음을 알 수 있다.

곽개사와 현선생은 모두 탁월한 능력을 갖고 자기를 희생하면서까지 임금과 백성을 위해 일했던 인물들이었다. 그러나 탁월한 능력과 희생적 보필에도 불구하고 이들은 임금의 전적인 신뢰를 얻는 데 실패하고 말았고, 그로 인해 소외와 갈등 속에서 깊은 비애를 느끼고 있었다. 이것은 뛰어난 인재로서도 자기의 능력을 드러낼 수 있는 태평성대의 시기를 만나는 것이 어려운 것이고, 때를 만났다 하더라도 자기를 알아줄 수 있는 임금을 만나기란 더욱 어려운 일이라는 것을 보여주고 있다.[23]

윤필연에서 지은 시의 내용으로 보면 용왕은 곽개사에게 신령스러운 임금으로, 현선생에게는 천 년 만에 만날 수 있는 성군으로 인식되고 있었다. 또한, 강하의 군장들에게는 위엄이 있을 뿐만 아니라 사람 보는 안목도 밝은 임금으로[24] 평가되고 있었다. 신하들뿐만 아니라 밖의 사람들로부터도 신령스러운 임금으로 칭송받고 있었던 것을 알 수 있다.

---

22) 앞에서 거론했던 현선생의 시를 참고할 것.

23) 人才亦然 生盛治之世 居揖讓之朝 然後可以自盡其謀猷 人謂之俊彥 而得伸其素負之志矣 .... 且天不悋才 世不乏人 不適其時 不可以遂出 雖遇其時 亦難以自衒(『梅月堂集』 卷二十, 人才說, 앞의 책).

24) 諸人曰 .... 神王威重 鑑人惟明 子必人間文章鉅公(龍宮赴宴錄).

그러나 용왕은 신령스러움에도 불구하고 신하들과 교감을 나누는 데 실패하고 말았다. 국가의 모든 권력을 독점하고 있었기 때문인데, 자신의 권력을 나누어 줄 만큼 신뢰할 수 있는 신하를 찾지 못한 것이 그 원인이라고 할 수 있다. 곽개사와 현선생이 대단한 인물임에는 틀림없지만 용왕의 입장에서 볼 때 모든 것을 믿고 맡기기에는 여전히 미흡한 인물로 인식되었다는 것을 알 수 있다. 그렇다면 용왕이 윤필연의 즐거움 속에서 번뇌를 느꼈던 것은 모든 것을 믿고 맡겨서 태평성대를 이룰 수 있는 신하를 만나지 못한 것을 근심하고 있었기 때문이라고 할 수 있다.

이러한 사실들은 용왕의 신령스러움에 경도되고 태평성대의 분위기 속에 묻혀 있을 때에는 볼 수 없었던 것이었다. 이제 한생은 자신이 보았던 태평성대의 세상이 허구에 지나지 않았다는 것을 알게 된 것이다.[25)]

그러나 용왕과 같은 신령한 임금이 보위에 있고, 곽개사나 현선생 같이 탁월한 능력을 갖추고 희생적으로 임금을 보필하는 신하가 조정에 있음에도 태평성대의 세상을 이루지 못했다는 것은 한생에게 충격적 사실이었다. 생각해 볼 수 있는 최고의 신하와 임금의 조합으로도 정치의 정도가 실현된 태평성대의 세상을 이루지 못했기 때문이다. 이것은 사람들의 소외와 불만이 사라지고 만물이 윤택하게 되는 태평성대를 이룬다는 것이 현실 세계에서는 실현되기 어려운 이상으로만 존재할 수밖에 없다는 것을 알려주는 것이다.

정치의 정도가 실현된 태평성대의 세상이라는 것이 결국 이상으로

---

25) 이런 점에서 필자는 용궁을 조화의 이상이 실현된 이상세계로 보는 아래의 견해에 동의하지 않는다.
경일남, <용궁부연록>의 우의성 재고(『고소설연구논총』, 경일문화사, 1994, 259~266쪽).
오대혁, 『금오신화와 한국소설의 기원』(역락, 2007. 8, 206~210쪽).

만 존재하는 세계일 뿐 이룰 수 없는 환상에 불과한 것이라는 결과는 성군을 만나 태평성대의 질서에 동참하려 했던[26] 한생의 꿈도 역시 부질없는 환상에 불과한 것이라는 것을 보여주는 것이기도 하다. 이것은 한생에게 평생의 신념과 꿈이 무너지는 깊은 절망이고 슬픔일 수 있었다.

그런데 한생은 깊은 절망과 비애를 자기를 파괴하는 허무의 감정으로 이어가지 않는다. 자기 파괴적인 허무는 삶의 전망을 상실하는 데에서 오는 것이지만, 한생의 절망과 비애는 미처 알지 못하고 있었던 삶의 진실을 발견하는 인식의 전환과 연결되어 있기 때문이다. 다시 말해서 태평성대의 세상이 이상으로만 존재할 수 있을 뿐 실제로는 이룰 수 없는 꿈에 불과하다는 것을 깨닫게 됨으로써, 한생은 이제 정치의 정도가 실현된 태평성대의 질서를 이루어야 한다는 집착에서 벗어나는 정신의 자유를 누리게 되는 것이다. 이것은 또한 당위적 질서가 실현되지 않는 현실을 바라보며 겪어야 했던 깊은 절망과 비애로부터도 벗어나는 정신의 자유를 획득하는 것이다. 이러한 변화는 자연스럽게 한생이 세속적인 가치며 욕망이 부질없음을 깨닫는 또 다른 인식의 전환을 경험하게 한다.

다음의 인용문은 한생이 조원루와 능허각을 돌아보며 용궁에서 이루었다고 믿었던 태평성대의 허상을 파악한 뒤 도달했던 사고의 종착지가 어디에 이르고 있는가를 보여준다.

또 긴 행랑이 수리(數里)나 연해 뻗어 있는데 문은 용의 형상을

---

26) 한생이 윤필연에서 지었던 장편시 20운에서 용궁 사람들이 이룩했던 태평성대의 질서에 동참하지 못하고 이별하게 되는 것을 아쉬워했던 데에서 이러한 생각을 갖고 있었음을 확인할 수 있다.

새긴 자물쇠로 잠겨있었다. 한생이 물어보았다.

"여기는 어떤 곳입니까?"

사자가 말했다.

"여기는 용왕께서 칠보(七寶)를 간직하여 두신 곳입니다."

한생은 한 시간 남짓 둘러보았으나 다 볼 수가 없었다. 한생이 말했다.

"그만 돌아가고자 합니다."

사자가 말했다.

"예, 알겠습니다." 27)

조원루와 능허각에 이어 도달한 곳은 용왕이 온갖 보물을 간직해 놓은 보물창고였다. 용왕의 보물창고이고 더욱이 문이 자물쇠로 잠겨 있을 정도로 용궁에서 소중하게 관리되는 곳이었으므로 여기는 사람들의 이목을 끌고 감탄을 자아내게 할 만한 보물들로 가득 채워져 있었을 것이다.

그러나 이곳에서 한생은 대단한 보물들을 보고도 한 마디의 감탄조차 하지 않고 말없이 한 시간 정도를 빙 둘러보고는 그만 돌아가겠다고 할 따름이었다. 조원루와 능허각에서 대단한 호기심을 드러내며 적극적으로 움직였던 것과는 판이하게 다른 모습이다. 이것은 한생이 용왕의 보물에 대해 아무런 관심도 드러내지 않았을 뿐만 아니라 한 시간 정도가 지나서는 더 이상 구경할 흥미마저 잃어버리고 있다는 것을 보여주는 것이다.

용왕이 심혈을 기울여 모으고 소중하게 간직하고 있는 보물을 보고

27) 又有長廊 連亘數里 戶牖鎖以金龍之鑰 生問此何處 使者曰 此神王七寶之藏也 周覽許時 不能遍見 生曰 欲還 使者唯(龍宮赴宴錄).

도 아무런 흥미도 드러내지 않는 한생의 무관심은 그가 더 이상 세속적인 것의 가치에 이끌리고 있지 않다는 것을 보여주는 것이다. 세속적인 가치의 부질없음을 깨달았기 때문이다. 윤필연에서 용궁 사람들의 화려하고 고귀한 삶과 그들이 이루었던 태평성대의 업적을 동경하던 한생이 이렇게 바뀌게 된 것은 조원루와 능허각에서 있었던 인식의 변화를 전제로 하지 않고는 설명하기 어렵다.

5. 각몽(覺夢)과 부지소종(不知所終)의 의미

용왕의 보물창고를 구경하던 한생은 그만 돌아가기를 청하여 집으로 돌아오며 꿈에서 깨어난다. 밖에 나와 보니 동방이 밝아오며 시간은 오경(五更)을 지나고 있었다. 용궁에서의 모든 체험이 꿈이었던 것이다. 이런 점에서 꿈에서 깨어나는 각몽(覺夢)의 사건은 그렇게 생생했던 용궁에서의 체험이 한 마당의 허망한 꿈이었음을 깨닫게 하는 순간이 된다. 이것은 한생에게 깊은 허무의 시간으로 다가오게 된다. 용궁에서의 모든 체험과 체험을 통해 도달했던 삶에 대한 인식의 전환마저 모두 허망한 것이 되기 때문이다.

한생은 급히 품속을 뒤져 용왕과 이별할 때 받았던 구슬과 빙초(氷綃)를 찾아본다. 용궁체험을 부질없는 한바탕의 꿈으로 돌리고 싶지 않았던 까닭이다. 다행히 품속에는 구슬과 빙초가 있었다. 한생은 이 물건들을 보배로 삼아 간직하고는 다른 사람들에게는 보여주지도 않았다.[28)]

28) 急探其懷而視之 則珠綃在焉 生藏之巾箱 以爲至寶 不肯示人(龍宮赴宴錄).

꿈에서 깨어난 뒤에도 품속에 남아있던 구슬과 빙초는 한생에게 용궁체험이 자신의 삶 속에서 실제로 일어났던 사건이었다는 것을 확인시켜 주는 물건이었다. 그래서 정치의 정도가 실현된 태평성대의 세상이라는 것이 사실은 도달할 수 없는 이상으로만 존재할 뿐이라는 것을 깨닫고, 이로 말미암아 세속적인 가치며 욕망이 부질없는 것이라는 깨달음에서 오는 정신의 자유가 불우한 처지를 합리화하고 자신을 위로하기 위해 억지로 지어낸 것이 아니라 실제 경험을 통해 최종적으로 터득한 삶의 진리라는 것을 보여주는 것이다.

한생은 더 이상 세상의 명예와 이익에 뜻을 두지 않고 명산(名山)에 들어갔는데 그가 어디에서 세상을 마쳤는지 알 수 없었다고 한다. 한생이 꿈에서 깨어나 세상을 등지고 명산에 들어간 것은 지금까지 자신을 얽어매고 있었던 세속적인 가치의 굴레에서 벗어나 자유인으로 살아가려는 것이다. 이것은 또한 한생이 지배질서에서 소외되었던 데에서 겪을 수밖에 없었던 모든 감정의 소용돌이에서도 벗어나 조용히 생 전체의 의미를 관조할 수 있는 시야를 확보하며 마음의 평화를 되찾게 되었다는 것을 보여주는 것이다.

이런 점에서 용왕이 지었던 수룡음(水龍吟)의 한 대목은 세속적 번뇌를 벗어버린 사람이 도달했던 자유로운 정신세계의 한 모습을 보여주고 있다.

풍류도 꿈결 같아 즐거움이 또 번뇌를 낳네	風流若夢 歡娛又生煩惱
서산에 끼인 채색 남기(嵐氣) 이제 막 사라지고	西嶺綵嵐初散
동산에 둥근 달이 기쁘게도 찾아오네	喜東峰氷盤凝灝
술잔 높이 들어 저 달에게 물어보자	擧杯爲問靑天明月
인간의 온갖 모습 몇 번이나 보아왔소	幾看醜好

금 술잔에 술을 두고 옥같이 좋은 풍채 비스듬히 취해 있네	酒滿金罍人頹玉山
누가 넘어뜨렸는가 아름다운 사람을	誰人推倒爲佳賓
십 년 동안 막혀있던 근심에서 벗어나	脫盡十載雲泥壹鬱
유쾌하게 푸른 하늘 올라보세	快登靑天

풍류의 즐거움 속에서 번뇌를 느끼고 있던 용왕은 서산에 끼었던 저녁 안개가 사라지고 동산에 둥근 달이 떠오르는 것을 보고 기쁨을 느낀다. 달은 긴 시간 동안 하늘에서 인간 세상의 온갖 영욕을 두루 내려다보며 세속적인 가치와 욕망이 부질없음을 깨달은 달관의 경지를 터득한 존재이다. 용왕은 달과의 교감을 통해 세속적인 삶의 목표가 달성되지 않는 데에서 생기는 번뇌에서 벗어나 정신의 자유를 느끼는 기쁨을 맛볼 수 있었던 것이다.

용왕은 또한 자신을 찾아와 술에 취해 비스듬히 누워있는 벗에게서 깊은 동류의식을 느낀다. 술에 취해 비스듬히 누워있다는 것은 자신의 모든 방어기제를 해제한 상태의 평온함을 드러내는 것이다. 용왕 앞에서도 이런 평온함을 유지할 수 있다는 것은 세속적 가치에 대한 욕망에서 벗어나 온전한 정신적 자유를 누리게 될 때 도달할 수 있는 경지인 것이다. 이것은 참으로 아름다운 것이어서 용왕은 비로소 긴 시간 동안 자신을 얽어매고 있던 근심에서 벗어나 유쾌하게 푸른 하늘로 오르는 듯한 정신의 자유를 누리는 방법을 터득한 것이다.

용왕은 태평성대의 세상을 구현함으로써 위대한 세속적 업적과 성취를 이루었던 인물이었다. 그러나 겉으로 드러난 것과는 달리 용왕은 가장 측근의 신하들도 온전하게 신뢰할 수 없음으로써, 정치의 정도를 실현하여 만물을 윤택하게 하는 태평성대의 세상을 만들어 보려 했던 자신의 이상이 이룰 수 없는 꿈에 불과했다는 것을 깨닫고 깊은 절망과 비애에 잠겨있던 인물이었다. 그런 용왕이 도달한 마지막 결론은 모든 세속적 욕망의 부질없음을 깨닫고 자연을 벗 삼아 정신의 자유를 누리는 것이었다. 인간의 세속적 욕망은 결국 번뇌를 불러 모을 뿐이었고, 자연과 벗함으로써 평안함을 누릴 수 있다는 것을 깨달았기 때문이었다. 용왕은 한생에 앞서 세속적인 가치와 욕망의 덧없음을 깨달은 사람이 도달할 수 있는 다음 단계의 정신세계를 미리 보여주고 있었던 것이다. 이것은 또한 한생이 최종적으로 도달했던 사고, 다시 말해서 세속적 가치의 굴레에서 벗어나 자연을 벗하며 자유인으로 살아가려 했던 판단이 객관적으로도 타당한 선택이었다는 것을 용왕을 통해 입증해 주는 역할을 하고 있다.29)

6. 맺음말

<용궁부연록>은 『금오신화』의 다섯 작품 가운데 마지막 작품이다. 이런 점에서 <용궁부연록>의 의미를 찾아보는 일은 『금오신화』를 통해 드러내려 했던 김시습의 생각이 최종적으로 어떻게 수렴되고 있는가를 알아볼 수 있다는 점에서 중요한 의의를 갖는다.

이 글에서는 윤필연의 시에 나타난 애조의 정서에 주목하여 애조의 정서가 갖는 의미를 <용궁부연록>의 서사적 전개 과정과 연결시켜 찾아보려 했다. 그 결과 <용궁부연록>은 능력은 있으나 쓰이지 못해 지배질서에서 소외되었던 한생이 용궁에서의 체험을 통해 세속적인 가

29) 이런 점에서 <용궁부연록>이 삶에 대한 전망을 완전히 상실한 작품이라거나, 전망의 상실로 인해 파생되는 고독과 우수로 삶에 대한 염세(厭世)의 감정을 드러내고 있는 작품으로 보는 견해(박희병, 금오신화의 소설미학, 『한국전기소설의 미학』, 돌베개, 1997, 223~225쪽)에 동조하지 않는다.

치며 욕망의 부질없음을 깨닫고 자연과 벗하여 살아감으로써 정신적 자유를 확보하려 한 작품이라는 것을 알 수 있었다.

이것은 세조의 정변 이후 깊은 절망과 비애에 사로잡혀 있던 김시습이 세속적 가치며 욕망의 부질없음을 깨닫고 자연과 벗하여 살아감으로써 정신의 자유를 확보하려 했던 심정을 작품화한 것이라는 것을 보여주는 것이다. 김시습은 <용궁부연록>을 통해 절망과 비애에 싸여 있던 감정의 소용돌이를 정리하고 자신의 생애와 인간들의 삶 전체를 관조하며 마음의 평정을 찾아가고 있는 모습을 보여주고 있는 것이다.

<용궁부연록>의 이러한 의미는 『금오신화』의 체제를 이해하는 데에도 중요한 단서를 제공하고 있다. 『금오신화』는 <만복사저포기>에서부터 시작된 치열한 내면적 갈등의 소용돌이가 <용궁부연록>에 이르러 종식되고 있는 과정을 보여주고 있는 것이다.

전체적으로 정리를 해보면, 『금오신화』의 첫 번째 작품인 <만복사저포기>는 김시습이 세종 임금과 가졌던 단 한 번의 만남이 자신의 삶에서 어떤 의미를 갖고 있었으며, 자신이 세종 임금과의 만남을 어떻게 받아들이고 있었던가 하는 것을 보여주려 한 작품이었다. 그래서 단 한 번이었지만 그 만남이 얼마나 밀도 있게 이루어졌고, 만남을 통해 자신이 세종 임금을 얼마나 깊이 신뢰하고 이해하며 사랑하게 되었는가 하는 것을 드러내려 한 작품이었다.

<이생규장전>은 <만복사저포기>에 이어서 역시 세종 임금과의 만남을 다루고 있는 작품이었다. 그러나 <만복사저포기>가 외부세계의 개입 없이 김시습과 세종 임금 사이에 이루어졌던 내밀한 사랑의 교류를 보여주고 있는 작품인 데 비해 <이생규장전>은 외부세계의 개입으로 세종 임금과의 만남이 사회적 질곡 속에서 비극적으로 종결될 수밖에 없었던 과정을 다루고 있는 작품이었다. 그래서 김시습은 <이생규

장전>을 통해서 사회적 폭력으로 개인의 삶이 파괴되는 어지러운 현실과 이것을 보고도 침묵하는 하늘에 대해서도 반발하며 삶의 바른 이치란 무엇인가에 대해 심각한 질문을 던지고 있었다.

<취유부벽정기>는 삶의 조건이 어긋나서 비틀어진 삶을 살 수밖에 없었던 홍생이 역사의 유적을 찾아 세상과 사회에 대한 자신의 문제의식을 해결해 보려 한 작품이었다. 사회의 어지러운 힘에 의해 개인의 삶이 비틀려야 하는 것에 대한 문제의식을 작품전개의 기본 축으로 삼고 있다는 데에서 <취유부벽정기>는 <이생규장전>에서의 문제의식을 이어받아 쓰인 작품이었다. 그러나 홍생은 역사에서는 인간들의 고통이 반복되어왔을 뿐이라는 것을 확인하고, 초현실의 세계에 가서라도 삶의 바른 이치를 확인하고 싶어 한다. 세조의 정변을 겪으며 김시습이 삶에 대해 심각한 문제의식을 갖고 전국을 유람하며 역사를 통해 문제에 대한 해답을 찾으려 했던 자신의 체험을 작품으로 드러낸 것이었다.

<남염부주지>에서 박생은 타락한 가치에 지배되는 현실 세계에 불만을 품고 삶의 바른 이치를 찾아보려 하며, <취유부벽정기>에서의 홍생의 관심을 이어받고 있다. 또한 초현실의 세계인 남염부주에서 박생이 염왕과 삶의 바른 이치를 논하고 있다는 점에서 <남염부주지>는 초현실의 세계에서 삶의 바른 이치를 찾아보려는 것으로 종결되는 <취유부벽정기>의 연장선 위에서 시작되는 작품이었다.

<남염부주지>에서 박생과 염왕은 하늘과 인간 세상의 질서를 어지럽히는 모든 형태의 타락상은 결국 인간 세상의 질서를 바로 잡음으로서 해결될 수 있고, 인간 세상의 질서를 바로잡기 위해서는 정치의 정도가 지켜져야 한다는 결론에 도달한다. 그리고 박생이 타락한 현실 세계에 반발해서 염부주의 왕이 되어 감으로써 초현실의 세계에서는

정치의 정도가 실현될 수 있다는 희망과 바람을 드러내고 있다.

<용궁부연록>은 신령스러운 용왕과 성실하고 유능한 신하들이 정치의 정도가 실현된 태평성대의 세상을 만들었다는 것을 보여줌으로써, 초현실의 세계에서는 정치의 정도가 실현될 수 있다는 믿음을 드러내는 것으로 종결되는 <남염부주지>의 관심을 이어받고 있었다. 그러나 <용궁부연록>은 태평성대의 세상을 만들었다는 것은 허상이었을 뿐이고, 정치의 정도를 실현하여 태평성대의 세상을 만든다는 것은 도달할 수 없는 이상일 뿐이라는 것을 깨닫고, 홍생이 세속적인 가치와 욕망에서 벗어나 자연과 벗하며 정신의 자유를 확보하는 모습을 보여주고 있다.

이처럼 <만복사저포기>에서 <용궁부연록>에 이르는 다섯 작품들은 의미적으로 긴밀하게 연결되어 있다. 이것은 김시습이 <만복사저포기>부터 <용궁부연록>에 이르는 다섯 작품을 의미적으로 연결하여 한 편의 완결된 작품을 구성했다는 것을 보여주는 것이다. 그리고 다섯 작품으로 이어지는 의미의 변화를 통해서 세조의 정변 이후 세상에서 이탈해 나가 삶의 진정한 가치를 찾기 위한 고통스런 시간을 보내다가 다시 마음의 평정을 되찾기까지의 자신의 삶 모두를 총체적으로 드러내려했다는 것을 보여주는 것이다.

15세기에 나타난 『금오신화』가 근대소설에서 추구하고 있는 삶의 총체성을 작품으로 구현하고 있다는 것은 놀라운 일이다. 삶에 대해 치열하게 성찰하고 온 몸을 던져 불의와 맞서려 했던 삶의 과정 모두를 담아내려 했기 때문일 것이다. 『금오신화』가 삶의 총체성을 작품으로 구현한 뛰어난 소설이라는 것 또한 『금오신화』 소재 다섯 편의 작품을 연결하여 하나의 완결된 작품으로 다룰 때 그 온전한 모습을 드러내게 된다.

『금오신화』는 <용궁부연록>이 끝난 뒤에 "서갑집후(書甲集後)"라는 제목 아래에 김시습의 자작시(自作詩) 두 수와 후기(後記)가 실려 있다. <용궁부연록> 이후 을집(乙集)으로 시작되는 또 다른 작품집이 있었을 가능성을 보여주는 것이다.[30] 『전등신화(剪燈新話)』와의 긴밀한 관계를 고려해 보더라도 갑집(甲集) 이후에 또 다른 작품집이 있었을 것이라고 추정해 보는 것은 충분한 개연성이 있다. 그런데 갑집 이후의 작품집은 발견되지 않고 있다. 유실된 것일까, 아니면 처음부터 존재하지 않았던 것일까.

<만복사저포기>에서 시작된 내면적 갈등의 소용돌이가 <용궁부연록>에 이르러 종식되고 있는 것으로 보아, 김시습은 <용궁부연록> 이후 새로운 작품을 쓸 동기를 부여받지 못했다고 할 수 있다. <용궁부연록> 뒤에 실려 있는 자작시 두 수는 이런 추정을 뒷받침해 줄 수 있는 근거 자료가 된다. 자작시에서 김시습은 세속적 가치에 대한 모든 관심을 끊고 마음의 평정을 되찾은 상태에서 자신의 삶 전체를 관조하고 있는 모습을 보여주고 있다. <용궁부연록>을 쓴 이후 찾아온 마음의 평화를 깨뜨리고 다시 세상과 치열하게 맞서야 하는 동기를 부여받기가 쉽지 않았음을 알 수 있다. 이것은 갑집 이후의 작품집이 존재하지 않았을 가능성을 보여주는 것이다. 또한, 존재한다면 그것은 소설이 아닌 다른 양식의 글로 채워졌으리라는 것을 보여주는 것이다.

30) 여기에 대해서는 아래의 글을 참고했음.
최용철, <금오신화> 조선간본의 발굴과 그 의의(『중국소설연구회보』 39호, 한국중국소설학회, 1999.9, 37~47쪽).

제 6절
〈하생기우전〉의 문제 해결방식과 작가의식

1. 머리말

『기재기이』에 실려 있는 네 작품 중 하나인 <하생기우전>은 1553년에 출간됨으로써 우리나라 초기소설의 모습을 보여줄 수 있는 작품의 하나로 주목을 받아왔다. 특히 『금오신화』의 <만복사저포기>와는 명혼(冥魂) 소설로 불려질 수 있는 동질성을 갖고 있다는 점에서 흥미로운 비교의 대상이 되어왔다.[1]

<만복사저포기>와의 비교는 <하생기우전>이 초기 소설사에서 차지하는 위상과 의의를 선명하게 제시해 줄 수 있다는 점에서 비중 있

---

* 이 글은 『한민족어문학』49집(한민족어문학회, 2006)에 발표된 것이다.

1) 김종철, 서사문학사에서 본 초기소설의 성립 문제(『고소설연구논총』, 다곡 이수봉 선생 화갑기념논총, 1988)
소재영, 하생기우전(『국문학논고』, 숭실대학교출판부, 1989.9)
유기옥, 하생기우전의 구조적 특성과 의미(『국어국문학』 01호, 국어국문학회, 1989.5)
박일용, 명혼소설의 낭만적 형식과 그 소설사적 의미(『조선시대의 애정소설』, 집문당, 1993.8)
이월영, 『만복사저포기』와 『하생기우전』의 비교연구(『국어국문학』 120호, 국어국문학회, 1997.12)

게 다루어질 수밖에 없었다. 그러나 비교 연구는 <만복사저포기>라는 거울에 비춰보게 함으로써 <하생기우전>이 지니고 있는 작품 자체의 문학적 특질을 간과하거나 왜곡시킬 수 있다는 가능성을 지니게 된다.[2] 이런 점에서 선입견 없이 <하생기우전>의 작품 내적 질서를 찾아보려 했던 일련의 시도는[3] <하생기우전>을 바라보는 새로운 관점을 제공해 줄 수 있었다.

이 글은 작가가 작품에서 문제를 해결하는 방식에 주목함으로써 작품의 내적 질서를 찾아보고, 이것을 작가의식과 연결시켜 해명해보기 위해 시도되고 있다. 소설의 인물들은 문제적 인간이고 소설은 인물들이 문제에 부딪혀서 해결에 이르기까지의 과정을 그리는 양식이다. 당연히 문제를 해결하는 방식은 작품마다 다르게 나타나게 되며 이것으로 해서 한 작품은 다른 작품과 변별되게 되므로, 문제의 해결방식을 추적해 보는 것은 <하생기우전>의 작품 내적 질서를 찾아보는 것이 된다.

---

2) 특히 비교연구가 두 작품의 문학적 가치평가의 문제와 연결되는 것을 경계해야 한다. 이 경우 독자들은 선입견을 갖고 작품에 접근하게 되어 작품의 본래적 가치를 볼 수 있는 기회를 놓치게 된다. 뿐만 아니라 가치평가는 종종 현재 우리의 가치기준에 의해서 재단될 수밖에 없다는 본래적 한계가 있으므로, 연구자는 작품의 내적 질서를 찾아내고 그것이 작품외적 조건과 맺고 있는 관계의 망을 추적해서 보여주는 데에 머물러야 할 것이다.

3) 박태상, 하생기우전의 미적 가치와 성격(『동방학지』89 · 90합병호, 연세대 국학연구원, 1995)
정운채, 『하생기우전』의 구조적 특성과 『서동요』의 흔적들(『한국시가연구』 2권, 한국시가학회, 1997)
최재우, 『하생기우전』의 결핍-충족 구조와 그 의미(『민족문학사연구』 15호, 민족문학사연구소, 1999.12)
최재우, 『기재기이』의 조화지향 인물관계의 형상(『동방고전문학연구』 2집, 동방고전문학회, 2000.8)
권도경, 16세기 『기재기이』의 전기소설사적 의의 연구(『한국고전연구』6집, 한국고전연구학회, 2000.12)

작품에서 문제를 해결하는 방식은 삶의 문제에 대한 작가의 의식을 보여주는 것이기도 하다. 신광한은 "덕기(德器)가 굉박(宏博)하고 학문에 연원(淵源)이 있어 일대의 당당한 사유(師儒)요 군료(群僚)의 올바른 의표(儀表)"라고[4] 평가받았던 인물이고, 10년 동안 문형(文衡)을 맡으며 당대 최고의 문장가요 학자로 추앙받았던 인물이다. 또한 <하생기우전>을 포함하여 『기재기이』의 작품들은 언어와 문자의 말단에 힘을 경주한 글들과 구분되는 가치를 지니고 있는 것으로 평가되고 있으므로,[5] <하생기우전>에는 삶의 문제에 대한 작가의 생각이 잘 드러나 있다고 할 수 있다.

2. 문제의 해결방식

<하생기우전>은 입신양명의 꿈을 안고 태학(太學)에서 공부하던 하생(何生)이 점쟁이(卜師)의 말을 듣고 죽은 여인과 만나 사랑을 이루는 한편 그 여인을 살려내어 결혼하고 입신양명의 꿈도 이룬다는 줄거리로 되어 있다.

줄거리의 내용으로도 알 수 있듯이 <하생기우전>에는 서로 다른 두

4) 惟卿 德器宏博 學問淵源 堂堂一代之師儒 挺挺群寮之儀表(『企齋集』卷十四, 趙士秀, 文簡公行狀). 『企齋集』은 민족문화추진회가 편찬한 『한국문집총간』 22에 수록된 것을 지칭하는 것이며, 앞으로의 인용은 모두 여기에 의거한다.

5) 신광한의 문하생으로 『기재기이』의 출판에 앞장섰던 신호(申濩)는 『기재기이』의 작품들이 지극함에 이르러는 사람들을 기쁘게 하고 놀라게 하며, 세상에 본보기가 되기도 하고 경계가 될 수 있는 것들이 있을 뿐 아니라 백성의 도리를 붙들어 세워 명교(名教)에 공로가 있는 것이 하나나 둘이 아니라고 하며, 『기재기이』의 작품들이 삶의 이치를 담아내고 있다고 하였다(及其至也 使人喜使人愕 有可以範世有可以警世 其所以扶樹民彝 有功於名教者 不一再『企齋奇異』跋)

가지 유형의 이야기가 공존하고 있다. 입신양명의 야망을 갖고 있던 하생이 마침내 꿈을 이루어 출세를 했다는 이야기가 서사의 한 축을 담당하고 있다면, 하생이 죽은 여인과 만나 사랑을 나누었다는 이야기가 서사의 또 다른 한 축을 담당하고 있는 것이다. 출세담이 강렬한 사회의식의 바탕 위에서 대사회적인 관계를 다루는 것이라면, 애정담은 두 사람 사이에서 벌어지는 내밀한 감정의 교류를 다룬다는 점에서, 두 유형의 이야기는 지향점이 서로 다르다고 할 수 있다.

서로 다른 유형의 이야기를 함께 보여줌으로써 <하생기우전>은 자신의 세계를 쉽사리 드러내지 않는다. <하생기우전>이 <만복사저포기>와 동일한 유형의 작품으로 분류되며 하생과 여인의 애정담을 다루고 있는 작품으로 널리 인식되고 있는 것도 이 때문이다.

그런데 서사의 전개과정을 보면 <하생기우전>은 하생의 출세담으로 시작된다. 그리고 하생이 죽은 여인과 만나는 부분부터 작품은 하생과 여인의 애정담으로만 전개되고 입신양명을 위해 몸부림치는 하생의 출세담은 작품에서 완전히 사라져 버린다. 서사의 분량에서도 애정담은 작품 전체의 대부분을 차지한다. 그럼에도 불구하고 <하생기우전>은 하생이 여인과 결혼하고 난 뒤 마침내 입신양명의 꿈을 이루는 것으로 종결된다. 출세담 → 애정담 → 출세담의 순서로 나타나며 하생의 출세담이 외곽 이야기가 되어 여인과의 애정담을 감싸고 있는 액자소설의 형식을 취하고 있다는 것을 알 수 있다.

출세담에서 시작해서 출세담으로 끝나고 있다는 것은 <하생기우전>이 사회에 대한 문제의식에서 출발하여 그 문제의식을 해결하는 과정으로 짜여져 있다는 것을 보여주는 것이다. <하생기우전>을 남녀 사이의 애정을 다루고 있는 작품으로 처리하는 것은 작품을 분해하여 일부분만을 다루는 것이다. 더욱이 이것은 작가가 작품을 창작한 창작의도마저 왜곡시킬 수 있게 된다. 그러므로 하생과 여인의 애정담을 하생의 출세담과 연결시켜 출세담에서 제기하고 있는 사회의식의 문제를 어떻게 해결하고 있는가 하는 과정을 추적해 보는 것이 <하생기우전>을 이해하는 중요한 출발점이 된다고 할 수 있다.

<하생기우전>은 하생이 어떤 인물인가를 소개하는 것으로 시작된다. 하생은 재주와 풍채가 뛰어났음에도 집안이 한미할 뿐만 아니라 궁핍한 데에 부모마저 일찍 잃고 스스로의 힘으로는 아무 것도 할 수 없는 처지에 있었다. 다행히 주위의 도움으로 태학에 입학하여 청운의 뜻을 가질 수 있었으나 이것마저도 조정의 정치가 어지러워짐으로써 기대하기 어렵게 되는 상황에 처하게 된다. 한생이 궁핍하고 한미한 집안의 재주 있는 자제로서 정치마저 정도를 찾지 못하는 어지러운 중세적 질서 속에서 입신양명을 위해 애쓰고 있는 인물로 나타남으로써, <하생기우전>이 심각한 사회의식을 드러내는 것으로 시작하고 있다는 것을 알 수 있다.

하생은 국학에서 선비들과 재주를 겨뤄 독보적인 능력을 인정받고 있었고, 다른 사람들의 학문을 비루하게 여길 정도의 대단한 학식도 지니고 있었다. 그러나 어지러운 세상을 만나 자신의 능력을 펼칠 기회를 잡을 수 없었으므로, 하생은 울적한 세월을 보내며 사회에 대해 대단한 불만을 지니고 있었다.6)

그런데 놀랍게도 자신에게 부딪힌 사회적 문제를 해결하기 위해 하생이 선택한 길은 점쟁이를 찾아가 자신의 명수(命數)를 알아보는 것이었다. 하생이 문복(問卜)을 한 것은 자신의 수요화복(壽夭禍福)을

---

6) 정치가 어지러워져 자신의 능력을 펼칠 수 없게 되자 하생은 답답하고 못마땅하여 울적한 세월을 보내게 된다(時朝政旣亂 選擧亦不以公 荏苒四五載 抱屈黌舍 常悒快不樂(何生奇遇傳)

알아봄으로써 탁월한 능력을 갖고 있음에도 불우하게 살아야만 하는 의혹을 해결하기 위함이었다.[7)]

> 점쟁이가 말했다. 부귀는 공께서 본래 가지고 있는 바이나 단지 요즈음(今日)이 매우 불길합니다. 점괘는 명이(明夷)가 가인(家人)으로 가는 것으로 나왔습니다. 명이(明夷)는 밝음이 땅속으로 들어가는 상(象)이고, 가인(家人)은 세상을 피해 한가롭게 사는 사람의 정절을 얻는 것이니 이롭습니다. 국도(國都)의 남쪽 문으로 나가 빨리 달려서 날이 저물도록 집으로 돌아오지 마십시오. 다만 재앙을 막을 뿐만 아니라 아름다운 배필을 얻게 될 것입니다.[8)]

위의 인용문은 점쟁이가 자신의 명수를 알아보려는 하생에게 한 말이다. 하생이 점쟁이를 찾은 것은 입신양명의 문제를 해결하기 위해서였다. 그러나 점쟁이는 입신양명에 골몰하여 읍앙불락(悒怏不樂)하고 있는 하생에게 지금의 상태가 매우 불길하다고 경고하며,[9)] 재앙을 피하기 위해서는 서울의 남쪽 문을 나가서 날이 저물도록 돌아오지 말 것을 권고한다.

서울의 남문을 나서서 저물도록 돌아오지 말라는 것은 세상과 일정 기간 격리되어 있을 것을 요구하는 것이다. 입신양명은 세상과의 관계

---

7) 蔡澤所不知者壽 從唐生決之 吾聞駱駝橋傍 有卜師 言人壽夭禍福 期以日月 吾將就之 以決孤疑(何生奇遇傳)

8) 卜師日 富貴公所固有 但今日甚不吉 占得明夷之家人 明夷者 明入地中之象 家人者 利見幽人之貞 可出國南門疾走 不至日暮 不宜還家 非但度厄 且得佳偶(何生奇遇傳)

9) 이런 점에서 인용문의 금일(今日)은 오늘이라는 협의적 개념으로 제한하지 않고, 요즈음이라는 포괄적 개념으로 받아들이는 것이 이야기의 합리적인 전개를 위해서 보다 적절할 수 있다.

속에서 성취되는 것이다. 그런데 입신양명을 추구하는 하생에게 오히려 세상과 격리되어 있을 것을 요구하는 것은 납득하기 어려운 제안이다. 그러나 점쟁이는 자신의 역설적인 제안을 받아들여야 문제를 해결할 수 있는 돌파구가 열리게 된다는 것을 이야기하고 있다.

점쟁이의 가르침에 따라 세상을 등지고 떠난 하생은 죽은 여인과 만나 아름다운 인연을 맺게 된다. 하생이 죽은 여인과 만난 곳은 여인의 무덤 속이었다. 점쟁이가 하생에게 뽑아 준 점괘, 즉 명이(明夷)가 가인(家人)으로 가는 점괘는 하생이 그날 밤 무덤으로 들어가 죽은 여인과 만나게 될 것이라는 것을 암시해 주는 것이었다.

무덤은 세상과 격리되어진 공간이다. 그곳은 격리됨으로 해서 세상과의 모든 관계가 단절되어 있다. 세상의 어느 한 지점이면서도 세상이 아닌 공간인 것이다. 세상과 격리된 곳에서는 현실과 비현실의 구분이 무의미해진다. 현실이 현실로서 존재의 의미를 가질 경우는 세상과 관계 맺고 있을 때이기 때문이다.

또한 현실과 비현실의 구분이 무의미해지면 사람과 귀신의 구분도 사라지게 된다. 사람은 현실 공간에서의 존재이고, 귀신은 비현실 공간에서의 존재이지만 공간의 구분이 사라지면서 사람과 귀신을 가르는 삶의 경계가 허물어지기 때문이다. 하생이 죽은 여인과 인연을 맺었다는 것은 이런 인식의 지평 위에 서 있는 것이다. 여기에서 산 사람이 죽은 여인과 만나 인연을 이루었다는 것이 불가능한 일이면서도 가능할 수 있게 되었다.

그런데 하생이 점쟁이에게 자신의 수요화복(壽夭禍福)을 알아보려 하고, 그의 말을 좇아 자신을 세상과 격리시키는 부분에서 작품은 운명론적인 사고방식을 드러내고 있다. 자신의 인생을 점쟁이가 알려주는 운명에 맡기고 있기 때문이다. 운명론적인 사고방식은 절대적인 결정권자에 의해 현실의 질서가 결정된다고 생각한다는 점에서 현실의 문제를 해결하기 위한 당사자의 노력을 일정하게 제한한다는 특징을 지니고 있다.

이런 측면에서의 운명론은 수동적인 수용의 측면만을 강조하게 되고, 하생은 자신의 불우를 운명으로 받아들여 체념함으로써 문제를 해결하게 된다. 체념함으로써 문제를 해결할 경우, 작품은 여기에서 더 이상의 서사적 운동력을 상실하고 종결되든가, 자포자기적인 퇴영적 분위기를 연출하는 것으로 이어지게 된다.

그러나 <하생기우전>은 하생이 점쟁이에게 자신의 운명을 알아본 뒤 자신을 세상과 격리시키는 것으로 종결되지도 않고, 하생과 여인의 애정담이 미래에 대한 희망을 상실한 퇴영적 분위기 속에서 전개되지도 않는다. <하생기우전>에서의 운명론이 속류의 운명론적 사고방식을 넘어서는 사유(思惟) 위에 구축되어 있다는 것을 알 수 있다.

> 망령되이 출세에 뜻을 두고 (그것을) 얻을 수 있다 여기며 공업(功業)을 가리켜 (그것도) 취할 수 있다 하고는, 부귀(富貴)가 하늘에 있으며 길흉(吉凶)이 사람에게서 말미암음을 알지 못했습니다. 오늘 지나다 점쟁이의 말을 듣고 마침내 이곳에 이르렀습니다.[10]

위의 인용문은 하생이 여인의 거처를 찾아온 이유를 밝히는 부분에서 인용한 것인데, 여기에서 하생은 점쟁이에게 자신의 명수를 알아보려 했던 진정한 이유를 밝히고 있다. 불우한 상황에서 점쟁이를 찾은 것은 단순히 자신의 운명과 미래에 대한 궁금증을 해소해보려 했던 것

---

10) 妄意青紫可收拾 功業可指取 不識富貴在天 吉凶由人 今日過聽卜師之言 乃至於是(何生奇遇傳)

이 아니라, 부귀와 길흉이 어떻게 결정되는가를 알고 싶었기 때문이라는 것이다. 자신의 운명에 대한 의문이 아니라, 삶의 진정한 이치를 알아보려 했던 것이 주된 목적이라는 말이다. <하생기우전>의 운명론이 퇴영적 분위기를 연출하지 않을 수 있었던 것은 이 작품이 삶의 이치를 탐구하려는 건강한 목적 위에 구축되어 있기 때문이었다.

그 결과 하생은 지금까지 삶의 진정한 이치를 알지 못했었다는 것을 고백하고 있다. 과거에는 알지 못했던 것을 이제 알게 되었다는 고백인 것이다. 하생이 알게 된 것은 "부귀가 하늘에 있으며, 길흉이 사람에게서 말미암는다(富貴在天 吉凶由人)"는 것이다. 그렇다면 이 사실을 아는 것과 모르는 것은 어떤 차이를 가져오게 되는가. 알지 못했다는 하생의 고백은 알게 됨으로써 삶에 대한 자신이 태도가 달라졌다는 것을 보여주고 있기 때문이다.

부귀재천(富貴在天)을 알지 못했을 때 부귀는 인간들의 힘으로 성취할 수 있는 대상으로 인식된다. 그리고 인간들의 힘으로 성취되는 대상이 될 때, 부귀는 종종 그 자체가 삶의 목적이 된다. 깨닫기 이전의 하생이 출세에 뜻을 두고 공업을 이룰 수 있다 하며 적극적으로 입신양명을 위해 노력했다는 것은 그가 부귀를 자신의 힘으로 얻으려 했었다는 것을 알려주는 것이다.

그러나 이때 하생은 생에서 가장 힘들고 어두운 시절을 보내야 했다. 국학(國學)에서 발군의 실력을 발휘하여 장래가 촉망되었음에도 불구하고 세상일이 뜻대로 풀리지 않아 4,5년을 헛되이 보내며 답답하고 못마땅하여 울적하게 살아야 했다.[11] 답답하고 울적했던 것은 부귀를 얻는 것이 존재의 목적이었음에도 목적이 실현되지 않았기 때

11) 旣赴國學 與諸生較藝 莫能或之先者 生以爲龍頭可捷 靑雲可步 鰲然有高世之志 時朝政旣亂 選擧亦不以公 荏苒四五載 抱屈甕舍 常悒怏不樂(何生奇遇傳)

문이다. 그러므로 부귀재천(富貴在天)을 깨닫지 못하는 것은 삶을 건강하게 만들지 못한다. 부귀를 얻지 못해 읍앙불락(悒怏不樂)함으로써 자신의 삶을 심각하게 왜곡시키며 파괴시킬 수 있기 때문이다. 흉(兇)이 사람으로 말미암아 나타나게 되는 것이다.

그러나 부귀재천(富貴在天)을 깨달은 사람은 부귀를 삶의 목적으로 삼지 않기에 부귀에 얽매이는 삶을 살지 않게 된다. 이런 사람은 세상을 관조하며 살 수 있는 여유를 갖게 된다. 무엇에 얽매이지 않는다는 것은 얽매임으로써 생기는 근심에서 자유롭게 되고, 이것은 사람을 행복하게 하고 삶을 건강하게 만든다. 길(吉)이 또한 사람에게서 말미암게 되는 것이다.

그렇다면 부귀재천(富貴在天)을 깨닫지 못했을 때 하생은 자신의 욕망에 이끌려 현실의 문제를 해결하기 위해 적극적으로 세상에 나아가고 참여하려는 입장에 서있었던 데에 비해, 깨달은 이후 물러서서 관조하는 자세를 터득했다고 할 수 있다. 입신양명을 삶의 목적으로 삼고 있었을 때 하생의 관심은 세상을 향해 열려있었지만, 자신의 명수를 알아보려 하면서 하생은 관심의 방향을 자신의 내부로 돌리게 되었고, 이 과정에서 삶의 진정한 이치를 깨닫게 되었고 살아가는 자세도 바꾸게 되었다는 것을 알 수 있다.

무덤은 세상 중에 있으면서도 세상과 가장 철저하게 격리되어진 공간이다. 그러므로 하생이 무덤으로 들어가 죽은 여인과 만나서 삶의 이치를 알게 되었다는 것은 세상과 철저하게 격리되어질 때 오히려 삶의 문제를 바라보는 새로운 인식의 지평이 열리게 되고, 그럼으로써 삶의 전환점을 맞이하게 된다는 것의 우의적(寓意的) 표현이라고 할 수 있다.

그런데 다른 경우와 마찬가지로 하생과 여인의 애정담 역시 두 사람이 애정을 성취해 가는 과정으로 짜여져 있다. 남녀가 만나서 문제에 부딪히고 그 문제를 해결해 가는 것이 애정담의 일반적인 전개 과정인 것이다. 그러므로 <하생기우전>이 애정담을 통해 드러내고자 하는 의미를 알기 위해서는 하생과 여인이 그들에게 부딪힌 문제를 해결하는 방식을 알아보는 것이 필요하다.

여인의 집(무덤)을 처음 찾아갔을 때 하생은 홀로 사는 여인이 함부로 외인을 들일 수 없다는 이유로 대문에서 쫓겨난다.[12] 그러나 산중에서 어려움에 처해 의탁해 온 사람을 거절해서는 안 된다는 여인의 배려에 의해 하생은 여인과의 첫 만남을 이루게 된다. 여인이 자신의 처지만을 내세우지 않고 다른 사람의 입장을 배려해주는 데에서 두 사람의 만남이 이루어질 수 있었던 것이다.

그런데 연분이 이루어진 날 밤 여인은 하생에게 자신의 정체를 밝힌다. 자신이 죽은 사람이며 누군가를 만나서 무덤에서 벗어나야 하는 절박한 처지에 있다는 것을 말하고, 하생에게 자신의 문제를 해결해 줄 것을 부탁하기도 한다.[13] 하생은 태학에서 성인의 가르침을 공부하며 유학자로 행세하는 자이다. 당연히 괴력난신(怪力亂神)을 배격하는 입장에 서 있었던 것을 알 수 있다. 이런 점에서 여인이 자신의 정체를 밝힌 것은 두 사람 사이에 찾아온 첫 위기가 된다.

그러나 두 사람 사이의 위기는 하생이 여인의 부탁을 흔쾌히 받아들임으로써 해소된다. 유학자로서 귀신과 정분을 나누었을 뿐만 아니라 무덤에서 자신을 꺼내달라는 해괴한 부탁도 들어주겠다고 나선다는

12) 侍兒咄曰 是處小娘子獨寓 固非客宿之所 便鎖門而入(何生奇遇傳)

13) 此實非人世 妾乃侍中某之女也 死而葬此 今已三日矣 ...... 期在曉日 過此則更無其蘇之望 今者邂逅郎君 是亦命也 欲托永好 終奉巾櫛 未識許否(何生奇遇傳)

것은 상상하기 힘들다. 그럼에도 불구하고 하생은 여인과의 연분을 계속 이어가길 원하며,[14] 부탁마저 들어주겠다고 했다. 여인의 처지를 이해하고 그 안타까운 처지에 공감했기 때문이다.

> 하생 역시 울며 말했다. 진실로 당신의 말과 같은 것이라면 마땅히 목숨을 걸고 당신의 소원을 이루어주겠소.[15]

위의 인용문은 여인의 부탁에 대한 하생의 반응을 보여주는 부분이다. 여인의 말을 듣고 하생이 눈물을 흘리며 그 부탁을 들어주겠다고 약속하고 있다는 것을 알 수 있다. 눈물을 흘렸다는 것은 하생이 여인의 처지를 이해했을 뿐만 아니라 충분히 공감하기도 했다는 것을 보여주는 것이다.

하생은 출세를 인생의 목표로 삼고 있는 사람이었다. 이때의 하생은 다른 사람의 학문을 하찮게 여겼으며, 자신의 능력을 알아주지 않는 세상에 강한 불만을 품고 있었다. 자신의 문제에 몰두하여 다른 사람이나 세상을 이해하려하지 않았었다는 것을 알 수 있다.

그러나 여인과 만나고 나서 하생은 여인의 처지를 이해하고, 공감하여 눈물을 흘리기까지 한다. 자기중심적인 사고에서 벗어나 다른 사람의 처지를 이해할 수 있게 된 것이다. 세상에서 물러나 관심의 방향을 자신의 내부로 돌린 뒤 자기성찰을 통해 사고의 폭이 넓어지고 유

---

14) 하생은 여인과 헤어지며 읊은 시에서 다음과 같이 다시 만나기를 원하는 심정을 밝히고 있다.
꽃은 비단 휘장에 숨고 푸른 구름은 잠겨있는데 花藏繡幕碧雲沈
벌의 노님을 허락한다 하니 다음에 다시 찾으리라 肯許遊蜂取次尋 (何生奇遇傳)

15) 生亦泣曰 苟若子言 當生死以之(何生奇遇傳)

연하게 되었다는 것을 알 수 있다.

여인은 당시 권력의 핵심부에 있었던 시중(侍中) 모씨의 하나밖에 없는 딸이었다. 이에 비해 하생은 한미한 집안의 자제였다. 탁월한 재능을 지니고 있었음에도 입신양명의 꿈을 이루지 못했던 것도 이 때문이었다. 그러므로 여인과의 관계를 지속시키는 것은 하생이 자신의 삶을 바꾸어 줄 수 있는 구원자를 자기편으로 만드는 것이었다. 자신의 꿈을 이룬다는 하생의 이기적 목적이 여인과의 관계를 지속하게 했다고 할 수 있다.

여기에서 작품은 논리적 궁지에 몰리게 된다. 지금까지의 논의에서 드러난 것처럼 하생과 여인이 만나서 아름다운 인연을 이어갈 수 있었던 것은 다른 사람의 처지를 이해할 수 있도록 사고의 폭이 확대될 수 있었기 때문이었다. 그러나 여인은 하생을 통해서 무덤에서 구출될 수 있었고, 하생은 여인을 통하여 입신양명을 꿈을 이룰 수 있게 된다. 이기적 목적이 두 사람 사이에 개입되어 있다고 할 수 있다. 두 사람의 관계가 서로의 필요에 의해 이루어진 이기적 목적의 결과라면 사고의 폭이 확대되었다는 것은 가식이고 허위가 된다. 가식과 허위는 진실이 아니므로, 사고의 폭이 확대되었다는 논리는 거짓이라는 결과에 부딪히게 되는 것이다.[16)]

이런 점에서 여인이 하생을 통해서 무덤에서 구출되고, 하생은 여인을 통해서 입신양명의 꿈을 이룰 수 있도록 짜여져 있는 것은 이 작품의 명백한 허점이다. 그러나 그럼에도 불구하고 이기적 목적성의 문

---

16) 이 때문에 하생과 여인의 애정담은 사랑의 애절함과 절실함이 이기적 목적에 의해 희석되어버림으로써, 사랑을 통하여 존재의 의미를 추구하려는 진지함이 결여되어 있다는 평가를 받기도 한다(윤채근, 『소설적 주체, 그 탄생과 전변』, 월인, 1999, 352~361쪽).

제에 초점을 맞추게 되면 이 작품의 의미가 왜곡되어진다. 무엇보다 두 사람이 자기의 이익을 위해 상대를 이용하려는 이기적 목적을 행위의 의도로 갖고 있지 않고 있으며, 작품의 분석과정에서도 계속 드러나고 있듯이 <하생기우전>은 자기중심적인 사고에서 벗어날 것을 지속적으로 강조하고 있고, 이것이 작품의 서사적 전개를 담당하는 핵심적인 장치로 기능하고 있기 때문이다.

<하생기우전>은 운명론을 적절하게 이용하여 이기적 목적성의 문제를 해결하기도 한다. 여인은 자신의 정체를 밝히고 자신을 무덤에서 구출해줄 것을 부탁하는 대목에서 하생과 자신의 만남이 운명이었다는 것을 말하고 있다.[17] 또한 첫 만남에서 연정을 품고 다가오는 하생을 받아들이면서도 업보(業報)의 인연을 거론하며 그들의 만남이 운명적인 것임을 밝히고 있다.[18]

하생과 여인의 만남이 운명에 의해 필연으로 예정되어 있었고, 만남 이후에도 연분을 이어갈 수 있도록 준비되어 있었다는 말이다. 하생과 여인의 관계가 운명에 의해 준비되고 예정되어 있었다면 그들의 만남은 이기적인 목적의 결과가 아니라 운명을 받아들이는 행위가 되는 것이다.

하생과 여인의 관계에서 운명이 강조되고 있는 것은 만남의 필연성을 강조하기 위함이었다. 그러나 필연성만을 강조하게 되면 만남의 모든 과정이 하늘에 의해 예정되어진 당연한 결과로 처리되므로, 만남을 온전하게 하기 위한 인간들의 노력이 무시될 수 있다. 그러므로 앞에서 살펴보았듯이 자신들의 만남이 운명에 의해 예정되어 있던 것이라고 할지라도, 하생과 여인은 그들의 만남을 온전히 하기 위한 노력을

17) 今者邂逅郎君 是亦命也(何生奇遇傳).
18) 業緣已成 不可躱也(何生奇遇傳).

기울이고 있다. 이 때문에 <하생기우전>은 도처에서 운명을 거론하고 있음에도 오히려 운명을 넘어서 삶의 진정한 이치를 추구하고, 그 결과 사고의 폭이 확대되어 아름다운 연분을 만들어 가는 인간들의 행위를 서사의 중심축으로 다루고 있다.

『기재기이』 소재의 다른 작품인 <최생우진기>에는 최생이 용궁에 가서 <용궁회진시(龍宮會眞詩)>를 읊는 대목이 있다. 이 부분에서 용왕은 최생이 삶의 이치에 통달해 있는 선비라고 칭찬하고 있다. 수재(水災)와 한재(旱災)를 하늘의 운수로 돌리지 않고 인간들이 할 수 있는 일을 공들여 행했다는 데에 요(堯)임금과 탕(湯) 임금의 위대한 점이 있다는 것을 최생이 지적했기 때문이다.[19] 운명과 인간들의 노력을 병치시킨 다음 운명을 필연으로 만들어 가는 인간들의 노력을 중요하게 취급하고 있다는 것을 알 수 있다. 운명을 거론하면서도 운명이 인간들의 삶을 지배한다고 하지 않고, 운명을 통해 삶의 진정한 이치를 추구해 가는 인간들의 행위를 다루는 것이 『기재기이』의 한 특징으로 나타나는 것을 알 수 있다.

하생과 여인의 관계는 여인이 무덤에서 환생한 후 여인의 부친이 문벌의 격차를 이유로 두 사람의 결합을 반대함으로써 또 다른 위기에 부딪히게 된다. 여인의 환생 후에 부딪힌 위기는 여인의 부친이 여인과 하생 사이에 개입함으로써 파생된다. <하생기우전>은 여기에서 처음으로 인물 사이에 대립과 갈등의 관계가 형성된다. 여인의 부친은 하생

---

19) 왕은 9년 홍수와 7년 가뭄의 구절을 거듭 음미하고 동선(洞仙)에게 말했다. 최생은 이치에 통달한 자라고 할 수 있지 않겠습니까. 세상의 유학자가 임금에게 아첨하는 자가 많아서 수재와 한재를 하늘의 운수에 맡기는데, 수재와 한재를 하늘의 운수로 여기고 사람들이 할 일을 하지 않는다면 어찌 요와 탕 임금을 위대하다 하겠습니까(王再吟九年水七載旱之句 謂洞仙日 崔生可謂達理者非也 世儒者諂其君者多 以水旱 委諸天數 如以水旱爲天數 而不修人事 則何貴乎堯湯<崔生遇眞記>)

과 딸을 결합시키는 대신 적당하게 대접하여 하생을 돌려보내려 하고, 하생은 이것을 불쾌하게 생각하며 여인이 자신에게 몸을 의탁하겠다는 애초의 약속을 저버린 것이 아닌가 하는 의심을 갖기도 한다.

인물 사이에 갈등이 생긴 것은 여인의 부친이 사태의 실상을 제대로 파악하지 못하고 하생과 여인의 관계를 떼어놓으려 했기 때문이다. 이제 하생과 여인은 그들의 운명적 결합을 이루기 위해서 여인의 부친과 대립해야 하게 된 것이다.

인물 사이의 대립관계를 풀어나가는 것은 여인이었다. 그러나 <하생기우전>에서 대립은 갈등이 표면으로 불거지며 다툼을 통해 결과를 이끌어내는 양상으로 나타나지 않는다.

> 더욱 소원해지는 것도 불효이고, 작은 것으로 격노하는 것도 불효입니다. 감히 소원하게도 못하거니와 격노하게 될까 두렵습니다.[20]

위의 인용문은 여인이 하생과의 결합을 가로막는 부친의 허물을 지적하기 전에 자신의 생각을 밝히고 있는 부분이다. 인용문에서 "더욱 소원해지는 것도 불효이고, 작은 것으로 격노하는 것도 불효입니다."는 말은 『맹자(孟子)』의 <고자장구(告子章句)>에서 소반(小弁)의 시를 논평하는 부분에서 인용해 온 것으로, 여인이 부친에 대해 어떤 입장을 취하고 있는가를 잘 보여주고 있다.

『맹자(孟子)』의 이 대목은 부모에게 허물이 있을 경우 자식이 부모에 대해 어떻게 반응해야 하는가를 다루고 있는 부분이다. 먼저, 부모

---

20) 愈疎不孝也 不可磯 亦不孝也 非敢爲疎 恐爲磯也(何生奇遇傳).

에게 큰 허물이 있을 경우 자식은 부모를 원망할 수 있어야 한다고 했다. 원망하지 않고 모른 체하는 것은 부모가 허물에 빠지는 것을 방치하는 것이니 이는 부모와 자식의 사이가 소원해지는 것이고 따라서 불효가 된다는 것이다.

이처럼 원망이 부모와 대립하기 위함이 아니라 부모가 큰 허물에 빠지는 것을 막기 위한 것이라면, 원망은 부모를 이해하고 사랑하는 안타까운 마음의 바탕 위에서 나와야 한다. 또한 자식은 부모에 대해 격노하지 말아야 하는데, 격노하는 것은 부모를 이해하고 용납하기보다 자기 본위로 부모를 대하기 때문이라는 것이다.[21)]

여인은 하생과의 사이를 가로 막는 부친을 원망하려 하면서도 소원하게 되는 것과 격노하는 것 모두를 경계하고 있다. 허물을 지적하되 부친을 사랑하는 안타까운 마음이 배어있어야 하고, 자신의 주장을 하되 부친의 처지와 입장을 이해하고 용납해야 하는 것이다.

이 상황에서 여인은 먼저 자신이 부모님의 사랑 속에서 성장했음을 밝히고 뜻하지 않은 재앙을 만나 죽음에 이르게 되었으나 아버님의 덕행에 힘입어 다시 살아날 수 있는 기틀이 마련될 수 있었다고 하며, 하생을 만나 살아나게 된 것은 하늘의 뜻이니 마음을 돌려 자신들의 결합을 허용해 달라고 했다.

여인은 먼저 자신이 부모님의 사랑 속에 살고 있음을 밝힘으로써, 부모님의 은혜에 감사하고 있다. 그리고 부친의 허물을 지적하면서도 대립관계를 조성하지 않고 자신들의 처지를 이해해 줄 것을 호소하고 있다. 이처럼 상대방에 대한 배려 위에서 이루어지는 여인의 호소는 부친에게 진정성을 전달할 수 있었고, 부친은 눈물을 흘리며 자신의

---

21) 이 부분의 해석은 주자(朱子)의 견해를 참고했다(原本備旨 孟子集註, 朝鮮圖書株式會社發行, 1922).

허물을 고백하고 있다.

> 시중은 눈물을 뿌리며 탄식하여 말했다.
>
> "나의 충성스럽지 못하고, 자애롭지 못한 것이 너로 하여금 이에 이르게 하였구나. 뉘우친들 미치겠느냐. 연분을 맺어 스스로 운명을 결정하였으니 마땅히 너를 위해 이루어주겠다."[22)]

시중이 눈물을 흘린 것은 진정으로 자신의 허물을 깨닫고 하생과 여인의 처지를 이해했기 때문이다. 이로써 여인의 부친이 개입하면서 형성되었던 인물 사이의 대립관계가 해소되었다. 대립관계가 해소된 것은 자기의 주장만을 내세우지 않고 상대방을 이해하고 배려하는 것을 인간관계의 지침으로 삼았기 때문이다.

부친과의 대립관계를 해소한 뒤 하생과 여인은 결혼하여 행복한 삶을 살게 된다. 이렇게 볼 때, 하생과 여인의 애정담에는 상대방에 대한 이해와 배려가 만남의 직접적 계기가 되었을 뿐 아니라, 관계를 발전시키고 위기를 해소하며 행복한 결말을 이끌어 내는 장치가 되고 있었다는 것을 알 수 있다.

남녀 사이의 내밀한 감정의 교류를 다루고 있고, 또 운명적인 만남으로 이루어졌을지라도 두 사람 사이의 애정이 행복하게 성취되기 위해서는 상대방을 이해하고 포용하려는 것을 인간관계의 중심에 두어야 한다는 것이다. 그리고 하생을 통해서 알 수 있듯이, 이해하고 포용하려는 자세는 관심의 방향을 자신의 내부로 돌리는 자기성찰을 통해 삶에 대한 올바른 이해에 도달했을 때 얻을 수 있다는 것을 보여주고 있다.

---

22) 侍中揮涕噫噫曰 我之不忠不慈 使汝至此 悔將及乎 紅繩繫足 自有定命 當爲汝成之(何生奇遇傳).

그렇다면 하생과 여인의 애정담은 인간관계의 바른 도리가 어떠해야 하는가를 보여주기 위한 목적 위에 서 있다는 것을 알 수 있다. <하생기우전>이 사랑의 절실함을 통해 존재의 의미를 추구하려 했던 것이 아니라, 하생과 여인이 맺어가고 있는 인간관계를 통해 이상적인 인간관계의 한 전범을 보여주려 했다고 할 수 있다.

이제 하생과 여인의 애정담을 하생의 출세담과 연결시켜주는 작품적 장치를 찾아보고, 애정담이 출세담에서 제기하고 있는 사회의식의 문제를 어떻게 해결하고 있는가 하는 것을 알아보기로 한다.

<하생기우전>은 여인의 부친이 하생과 여인의 결합을 반대하도록 설정함으로써 이 문제를 해결하고 있다.

> 시중은 성대한 잔치를 베풀어 하생을 위로하고는 집안의 내력과 결혼의 유무를 물어보았다. 하생은 장가들지 않았고, 아버지는 평원 향교의 생도로 돌아가신 지 오래되었다고 대답했다.
>
> 시중은 고개를 끄덕이고 들어가 부인과 상의하여 말했다.
>
> "하생의 용모와 재주는 실로 보통 사람이 아닙니다. 사위를 삼는데 무엇이 의심스럽겠소. 다만 집안이 대등하지 못하고, 일이 또 허탄합니다. 이 때문에 허여하게 된다면 세상의 평판을 놀랠까 두렵습니다. 나는 후히 대접하여 보낼까 합니다."[23]

위의 인용문은 여인의 부친이 하생과 여인의 결합을 반대하는 부분의 것인데, 이야기의 요지는 하생이 용모와 재주는 뛰어나지만 집안이

---

23) 侍中張盛宴以慰生 仍問家世 又問娶不 生答以不娶 父則平原校生 沒已久矣 侍中頷之 入與夫人謀曰 何生容貌才氣 實非常人 妻之何疑 但家世不敵 事又夢誕 因以與之 恐駭物論 吾欲厚遣之(何生奇遇傳).

한미하여 딸과 결혼시킬 수 없다는 것이다. 혼사 장애를 다루고 있는 이 부분은 작품의 처음 부분에서 하생이 탁월한 능력을 갖고 있었음에도 집안이 한미하여 입신양명의 야망을 이루지 못했던 내용과 동일하다. 다만 출세 대신 결혼으로 대상이 달라져 있을 뿐이지만, 애정담은 출세담과 마찬가지로 뛰어난 재주를 갖고 있음에도 집안이 한미하여 아무런 사회적 성취도 이루지 못하도록 조건 지워져 있다.

또한 과거시험이 공정하게 운영되지 않아 마땅히 과거에 급제해야 할 하생이 부당하게 탈락되었던 것처럼, 여인의 부친은 하생과의 결혼을 반대함으로써 딸의 목숨을 구해준 생명의 은인을 저버리는 부당한 횡포를 자행한다. 사회적 성취를 이루지 못한 것이 사회의 부당한 횡포 때문이라는 것도 애정담과 출세담의 공통점이다.

이런 점에서 하생의 애정담과 출세담은 서로 다른 유형의 이야기가 아니라 사실은 동일한 유형으로 묶여지는 이야기가 서로 다른 양상으로 드러난 것에 불과하다는 것을 알 수 있다. 출세담과 애정담이 성립되는 작품 내적 조건을 동일하게 설정함으로써, <하생기우전>은 이들을 동일한 유형의 이야기로 묶을 수 있었고 그럼으로써 한 작품 내에 공존시킬 수 있었던 것이다.

애정담과 출세담의 작품 내적 조건이 동일하게 설정되어 있다는 것은 <하생기우전>이 애정담을 통하여 사회의식을 우의적으로 드러내려 했다는 것을 보여주는 것이다. 입신양명의 꿈을 이루지 못해 읍앙불락(悒怏不樂)하고 있는 하생의 모습을 보여준 뒤, 여인과의 애정담을 통하여 하생에게 부딪힌 사회적 문제가 어떻게 해결되어야 하는가를 보여주려 했던 것이다.

그 결과 <하생기우전>은 뛰어난 재능을 갖고 있음에도 사회가 자신을 받아들이지 않는 문제에 부딪혔을 때, 자신의 입장만을 내세워 사회에 불만을 갖기보다 세상에서 한 걸음 물러서서 관심을 자신의 내부로 돌려 사고의 폭을 확장시켜야 하고, 대립과 투쟁이 아닌 이해와 포용으로 인간관계를 맺어감으로써 문제가 해결될 수 있다는 것을 보여주고 있다. 이런 점에서 하생의 출세담이 애정담으로 교체되고 있음에도 불구하고 <하생기우전>은 처음부터 끝까지 사회적 문제의식을 서사의 중심축으로 다루고 있다고 할 수 있다.

그러나 애정담을 통해 우의적으로 드러냄으로써, 사회적 문제의식은 직접 다루어지지 않고 간접화되어 나타난다. 이것은 세상일이 뜻대로 풀리지 않을 때 오히려 세상과 격리되어 자아 성찰에 힘써야 한다는 것과 동일한 논리로 해석되어 진다. 다시 말해서 세상과 격리되어 자아 성찰에 힘쓰라는 것은 세상과 직접 부딪히지 말고 간접적이며 우회적인 방식을 사용하여 문제에 접근하라는 것이다. <하생기우전>은 하생의 출세담과 애정담을 공존시킴으로써 사회적 문제를 다룰 때 직접적인 방식보다는 간접화시켜 우회적으로 다루는 것이 보다 생산적인 결과를 얻어낼 수 있다는 것을 보여주려 했던 것이다.

3. 작가의식과의 관계

<하생기우전>은 부조리한 사회에 대해 불만이 있을 때 오히려 세상과 격리되어 세상을 향해 열려있던 관심의 방향을 자신의 내부로 돌려 자기성찰에 힘쓸 것을 제시하고 있었다. 그리고 인간관계를 맺음에 있어서도 대립과 갈등을 일으키기보다는 이해하고 포용하려 해야 하며, 사회적인 문제를 다룰 때에도 직접적인 방식보다는 간접적이며 우회적인 방식을 사용할 것을 제시하고 있다. 그럼에도 불구하고 시종일관

사회적인 문제의식을 잃지 않고 문제를 해결하려는 노력을 끝까지 경주해야 한다는 것이 <하생기우전>에서 문제를 해결하는 몇 가지 방식이었다.

<하생기우전>에 나타나 있는 문제의 해결방식은 작가인 신광한의 삶과 의식구조를 이해할 때 납득되어진다. 신광한의 생몰연대는 1484(성종 15)년에서 1555(명종 10)년까지이다. 시기적으로 그는 네 번의 사화(士禍)를 모두 생애 중에 겪었다. 14세인 1498년 무오사화(戊午士禍)가 일어났고, 1504년 20세에 갑자사화(甲子士禍)가 있었다. 어린 나이에 두 차례의 사화를 보고 들으며 그는 일찍 사회적인 문제의식에 눈을 뜰 수 있었다. 유조사(有鳥辭)를 지어 연산군(燕山君)의 폭정에 강한 불만을 토로하였고, 연산군의 폭정으로 화(禍)가 집안에 미치는 것을 미연에 방지하는 민첩한 현실 대응력을 보여주기도 했다.[24)]

신광한은 1507(중종 2)년 24세에 사마시(司馬試)를 거쳐 27세가 되던 1510(중종 5)년에 승문원권지(承文院權知)로 처음 벼슬길에 오르게 된다. 환로(宦路)에서 그는 조광조(趙光祖)를 비롯한 신진 사류(士類)들과 행보를 함께 하며 사회변혁을 위한 일에 앞장선다. 내수사장리(內需司長利)의 혁파를 건의하는가 하면,[25)] 현량과(賢良科)의 설치를 건의하기도 하고,[26)] 소격서(昭格署)의 혁파를 주청하다 임금이 받아들이지 않자 사직을 청하기도 했다.[27)]

내수사장리(內需司長利)의 혁파와 소격서(昭格署)의 혁파는 중종임금 때에 새롭게 등장한 신진 사림(士林)들이 추진했던 개혁정치의

---

24) 조사수, 문간공행장(『기재집』권14).
25) 『중종실록』 권24, 11년 정축조(丁丑條), 무신조(戊申條).
26) 『중종실록』 권32, 13년 신해조(辛亥條).
27) 『중종실록』 권33, 13년 무술조(戊戌條), 기해조(己亥條).

하나로 궁중(宮中)과 연결된 훈구파의 지배기반을 약화시키고, 불교나 도교와 같은 이단적 사전체제(祀典體制)를 성리학적 체제로 대체시킴으로써 성리학적 질서를 지배적 질서로 구축한다는 등의 다양한 의미를 갖고 있는 것이었다.[28] 그러므로 사림 세력의 정계 진출을 목적으로 추진되었던 현량과의 설치를 주장하고, 내수사장리(內需司長利)의 혁파와 소격서(昭格署)의 혁파를 주장했다는 것은 신광한이 벼슬길에 들어서며 사회적 문제의식을 갖고 사회변혁에 앞장섰다는 것을 보여주는 것이다.

그러나 1521(중종 16)년 기묘사화(己卯士禍)에 연루되어 파직당한 후, 1538(중종 33)년 서용(敍用)되기까지 17년이라는 긴 시간을 신광한은 여주(驪州) 원형리(元亨里)에서 세상과의 관계를 온전히 끊고 칩거한다.

그런데 다시 정계에 진출한 신광한은 자신의 직임(職任)에만 충실할 뿐 일체의 정치적 행위를 하지 않는다. 사림파의 노선에 따른 사회변혁을 주장하지 않았다는 말이다. 오히려 그는 사회변혁에 앞장섰던 과거를 반성하고,[29] 이후로는 사회를 개조하기 위한 투쟁적 행위에 비판적 입장을 고수하고 있다. 더욱이 1545(명종 즉위년)년 을사사화(乙巳士禍) 이후 그는 낙봉(駱峰) 서쪽 기슭에 정사(精舍)를 짓고 그곳에서 도서(圖書)와 송죽(松竹)을 벗 삼아 신선처럼 살았다고 한다.[30] 신선처럼 살았다는 것은 그가 세상과의 관계를 절연하고 탈속적(脫俗的) 세계의 흥취에 빠져있었다는 것을 보여주는 것이다.

---

28) 이병휴,『조선전기 사림파의 현실인식과 대응』(일조각, 25~28쪽, 1999).

29) 서용(敍用)되던 해(1538년) 신광한은 중종 임금에게 자신의 과거 행위가 잘못되었음을 고백하고 있다(『중종실록』 권87, 33년 기축조(己丑條))

30) 홍섬, 문간신공묘지명(『기재집』권14).

신광한의 대사회적(對社會的) 행위를 검토해 볼 때, 젊은 시절의 그는 사회적 문제의식을 강하게 지니고 있었다는 것을 알 수 있다. 그러나 서용(敍用) 이후 신광한의 행위는 자신을 세상과 격리시켜 놓은 뒤 일체의 사회적 문제의식을 방기한 것처럼 보인다.

관료로서 정계에 진출한다는 것은 자신의 사회적인 문제의식을 실현시킬 수 있게 되었다는 것을 의미하는 것이라고 볼 때, 신광한의 행위는 납득할 수 없는 것이 된다. 신광한이 기묘년(己卯年)의 일로 혐의가 되어 자신의 일을 제대로 하지 않는다고 논박을 받은 것이나,[31] 다시 조정에 돌아와 건의한 것이 없고 후학들을 권장한 것도 없다거나,[32] 몸을 보전하고 벼슬자리를 지키기 위해 세로(世路)에 부침하였다고 평가를 받은 것은[33] 신광한이 사회적 문제의식을 상실했다고 보았기 때문에 나온 평가들이다.

신광한에게 나타난 이러한 변화는 <하생기우전>의 첫 부분에서 사회적 문제의식을 강하게 드러냈음에도 불구하고 출세담이 애정담으로 바뀌며 사회적 문제의식이 작품에서 사라지고 마는 것과 동일한 현상을 드러내는 것이다. 그러나 <하생기우전>이 애정담을 통해서도 사회적 문제를 해결할 수 있는 길을 제시해 주고 있듯이 신광한 또한 사회적 문제의식을 온전히 방기한 것이 아니었다.

신광한은 충후하고 인자하여 재상의 풍도가 있어 사류(士類)들이 모두 그를 의지하였으나 노병(老病)으로 벼슬을 사양하니 모두 애석하게 여겼다는 평가를 받기도 한다.[34] 사류들이 모두 신광한을 의지

---

31) 『중종실록』 권102, 39년 을축조(乙丑條).
32) 『명종실록』 권14, 8년 신사조(辛巳條).
33) 『명종실록』 권16, 9년 기축조(己丑條).
34) 『명종실록』 권13, 7년 경인조(庚寅條).

하였다는 것은 세력을 위해 빌붙었다는 것이 아니라 신광한의 주장과 생각에 많은 사류들이 공감했다는 것이다. 사회적인 문제의식을 방기한 것처럼 보이고, 그것으로 인해 많은 비난을 받았음에도 불구하고 신광한에게는 간단하게 배척될 수 없는 나름대로의 사회의식이 있었다는 것을 알 수 있다.

> 전하께서 간신들에게 기만당하신 이후로 아무도 믿을 만한 사람이 없다고 여겨 위에서 신하를 믿지 못하자 신하도 위를 믿지 못하여 상하 간에 정의가 미덥지 못 합니다 .... 대체로 임금이 (自然의) 재변(災變)을 만나 두려워하되 마땅히 가깝게는 자신을 살피고 멀리는 시정(時政)을 살펴야 합니다. 임금 자신이 바르면 정사가 어찌 바르지 않을 수 있겠습니까. 그러므로 자신이 바른 다음에 가정이 바르게 되고 가정이 바른 다음에 조정에 미칠 수 있을 것입니다....... 그런데 임금이 이런 일에 힘쓸 줄 모르고 밖으로 신하들이 할 자질구레한 일들을 세세히 살피려고 한다면 대체(大體)가 이미 상실되고 유익함이 없게 될 것이니 이 때문에 간흉들이 기탄할 것이 없게 되어, 그 사이에 함부로 뜻을 펴게 되는 것입니다 .... 임금의 위중(威重)한 위엄으로 진작되기 어려운 사기(士氣)를 누르면 꺾이지 않을 자가 거의 없습니다. 그러므로 오늘날처럼 사기가 매우 꺾였을 때에 그 폐단을 구제하려면 언로(言路)를 활짝 열어두는 방법만 한 것이 없습니다.[35]

위의 글은 신광한이 서용(敍用)되어 정계에 복귀한 그해에 시정(時政)의 폐단을 고치기 위해 중종 임금에게 올린 글의 일부분인데, 긴 시

35) 『중종실록』 권88, 33년 임신조(壬申條).

간의 은둔기를 거치며 형성되었던 사고의 변화를 알 수 있게 해준다.

글의 대체적인 내용은 자연의 재변을 통하여 국가 경영의 문제점을 파악하고 폐단을 고치자는 것이며, 고치는 방법을 제시하고 있다. 신광한은 위의 글에서 자연의 재변이 조정에서 임금과 신하 사이에 믿음이 사라진 재변 때문에 나타나는 것이라고 규정하고, 이를 고치기 위해서 임금은 먼저 자기 자신을 살펴서 바르게 해야 하고, 언로(言路)를 열어서 신하들이 임금에게 하고 싶은 말을 기탄없이 할 수 있게 해야 한다고 했다.

임금이 자기성찰을 통해 신하와의 관계를 바르게 설정해야 한다는 것이 요지인데, 재변을 가속화 하는 방법에 대해서도 언급하고 있다. 임금이 자기성찰은 하지 않고 신하들이 무엇을 하는가에만 관심을 갖고 일일이 간섭하여 살피는 것이다. 임금이 신하들을 믿지 못하고 자기 방식으로 세상을 변화시켜 나가려 한다는 말이다. 이것은 여러 가지 문제를 일으킨다. 무엇보다 자기성찰의 기회가 줄어들게 되어 문제의 핵심을 꿰뚫어 보고 처리할 수 있는 통찰력과 해결능력이 떨어지게 된다. 그리고 신하들의 말에 귀 기울이지 않고 모든 일을 독단적으로 처리하여 신하들과 대립적이며 적대적인 상태를 유발시키게 된다. 이때 조정은 재변에 휩싸이게 되는 것이다.

그러므로 자기 자신을 살펴서 바르게 하기를 힘써야 한다는 것은 세상일에 간섭하고 세상을 변화시키려 하기보다 외부(세상)로 향해 열려있는 관심의 방향을 자신의 내부로 돌려 자기 확충에 노력하라는 것이다. 그리고 언로(言路)를 열어두라는 것은 자기류의 독단적 판단으로 세상과 대립적이며 투쟁적 관계를 유지하지 말고, 다른 사람과 세상을 받아들이고 이해하려는 포용력을 기르라는 것이다.

이렇게 볼 때 신광한은 세상을 향해 열려있는 관심의 방향을 자신의 내부로 돌리고, 세상과 대립적 관계를 유지하기보다 세상을 받아들이고 이해하려는 포용력을 기르는 데에서 재변이 사라지고 시정의 폐단이 고쳐질 수 있다는 생각을 가졌었다는 것을 알 수 있다.

> 자신의 생각을 버리고 남의 의견을 따른 것은 순(舜) 임금이 성인이 된 까닭이었습니다. 사람의 상정(常情)으로는 자신을 지키는 자는 견고하고 남을 따르는 자는 경박합니다. 그러나 만일 자신만을 옳게 여기고 남을 따르려 하지 않는다면 끝에는 교인(驕吝)한 습성을 이룰 것입니다.36)

위의 인용문은 네 번에 걸쳐 일어났던 사화의 마지막을 장식한 을사사화(乙巳士禍)가 사림(士林)들에게 몰아친 피의 회오리를 가속화시켜 나가던 명종 1년, 어수선한 정국 속에서 신광한이 명종 임금에게 주청(奏請)한 말이다. 자신의 생각을 버리고 남의 의견에 귀 기울이라는 것이다.

을사사화는 윤원형(尹元衡) 일파가 명종의 왕위 계승권을 확고하게 하려는 문정왕후(文定王后)와 공모하여 자기류의 아집(我執)으로 세상을 바꾸려고 시도하면서 일어난 것이다. 이들은 다른 사람들의 말에 일체 귀 기울이지 않고 고집스레 자신들의 주장만을 내세워 기어이 대참화(大慘禍)를 일으키고 말았다.37)

그러므로 남의 의견에 귀 기울이라는 신광한의 주청은 시정(時政)의 폐단을 고치기 위해 중중 임금에게 올렸던 앞의 글에서처럼 자기의

36) 『명종실록』 권3, 1년 병진조(丙辰條).
37) 윤원형 일파가 다른 사람들의 의견을 일방적으로 묵살하고 자신들의 주장만을 내세워 사화를 일으키는 과정은 『명종실록』 권1에 자세하게 나와 있다.

주장만을 앞세워 세상을 바꾸려 하지 말고, 세상을 향해 열려져 있는 관심의 방향을 자신의 내부로 돌리고 다른 사람과 세상을 이해하고 포용하려는 자세를 가지라는 충고였던 것이다.

<하생기우전>에서 하생은 세상을 향해 열려있던 관심을 자신의 내부로 돌리고 자기중심적인 사고에서 벗어나 다른 사람을 이해하고 포용함으로써 문제를 해결할 수 있었다. 그렇다면 하생을 통해 보여주고 있는 이러한 문제해결방식은 신광한의 생각을 그대로 드러내고 있다는 것을 알 수 있다. 그리고 하생이 이러한 깨달음에 도달하기 위해 세상과 격리되는 과정을 거치고 있듯이 신광한은 기묘사화(己卯士禍)에 연루되어 세상과 격리되는 긴 은둔기를 거치며 인간과 사회에 대한 자신의 생각을 바꾸게 되는 것이다.

세상과 격리되면서 신광한은 관심의 방향을 자신의 내부로 돌려 심각한 자기성찰을 통해 세상과 삶에 대한 이치를 탐구하는데 몰두하고 있다. 나나니벌(蠃)이나 오이(瓜)의 상태를 관찰하고 이를 통해서 우주와 인간사의 섭리와 이치를 추구하는 진지한 자세를 보이기도 했다.[38] 관심의 방향을 내부로 돌리자 세상일에 몰두했을 때에는 그냥 지나쳤을 하찮은 사물에서도 삶의 이치를 발견하게 되었던 것이다. 아래의 글은 은거 시절의 신광한이 세상으로부터 격리되어 자기성찰에 이르고 있는 모습을 보여주고 있다.

> 이제 두 오이가 합하여 하나가 되었으니 이는 둘이 하나가 되는 육합(六合)의 형상이 아니겠는가. 둘이 하나가 되는 것은 음양(陰

38) 글의 내용을 보면 신광한은 삼척부사에서 파직된 2년 후인 1523년에 나나니벌의 상태를 관찰한 <蜾蠃化螟蛉記>를, 1531년에 오이의 상태를 관찰한 <圃田合歡瓜說>을 썼다는 것을 알 수 있다(『企齋集』文集 卷一).

陽)이 화합하여 하나가 되는 것이고, 육합은 상(上), 하(下), 사방(四方)이 하나로 합해진 것이다 .... 음양이 화합하고 상, 하, 사방이 하나가 되는 것은 진실로 촌부에게 일어나는 일이 아니다. 어찌 이제 현자(賢者)가 나와서 위로는 능히 임금의 덕(德)을 보필하고, 아래로는 인심(人心)을 따르게 하여 사방을 하나 되게 하는 것을 알 수 있지 않겠는가? 능히 임금의 덕을 보필하면 화합이 위로부터 나오게 되고, 인심을 따르게 하면 화합이 아래로부터 나오게 된다. 상, 하가 화합하면 음양(陰陽)이 합쳐지게 되고, 음양이 화합하면 나뉘어졌던 것이 합쳐지게 되고, 사방이 또한 좇아서 화합하게 되는 것이다.[39]

위의 글은 <포전합환과설(圃田合歡瓜說)>에서 인용한 것이다. 그의 나이 48세, 원형리(元亨里)에 은거하던 때의 글이다. 채마밭에 심었던 오이 중에 둘이 붙어서 하나가 된 것을 보고 인간사를 되돌아보며 생각을 정리하고 있다.

오이 둘이 하나가 된 것처럼 음양(陰陽)이 화합하고, 임금과 신하 그리고 백성들이 하나로 화합하여 임금의 덕을 드러내고 태평성대를 이루기를 바라는 마음이 나타나 있다. 오이를 통해 신광한은 조정(朝廷)이 더 이상 훈구파나 사림파 등으로 나뉘어서 대립하지 않고, 화합하여 하나가 되어야 태평성대의 온전한 이상이 실현되어질 수 있다는 깨달음에 도달하고 있는 것이다.

---

39) 今者兩瓜合而爲一 此兩一而六合之象歟 兩一者 陰陽和而爲一也 六合者 上下四方同而合也 .... 陰陽和而上下四方同者 固非野人之事也 安知今之時有賢者出 能上輔君德 下順人心 以同四方者乎 能輔君德則和自上生 能順人心則和自下生 上下和則陰陽和 陰陽和則分者可合 而四方亦從而和(『企齋集』文集 卷一).

이처럼 은거의 시기를 보내며 신광한은 세상과 사회에 대한 자기성찰의 기회를 가질 수 있었고, 그 결과 자신의 주장과 정의로 훈구파와 맞서 사회를 바꾸기 위해 앞장섰던 과거를 반성하고 있다는 것을 알 수 있다. 대립과 투쟁보다는 화합하여 하나가 되는 것이 중요하다는 새로운 이치를 터득하게 되었던 것이다. 여기에 이르러서야 우리는 신광한이 정계에 복귀한 후 중종 임금에게 훈구파와 대립하여 사회를 바꾸려 했던 자신의 과거가 잘못되었다고 고백한 배경이나 직임(職任) 이외의 일에는 망령되이 나서지 않았던 이유를 온전히 이해할 수 있게 된다.

그런데 연산조 이래 계속되어 온 사화는 비록 개별적 상황이 서로 다를지라도 모두 자기의 주장과 정의만을 내세워 사회를 개조하려는 사람들의 욕망이 부딪히면서 나타난 것이고, 결과는 늘 엄청난 사회 불안과 정국의 불안정으로 이어져 국가의 에너지가 불필요하게 소진되는 것으로 마무리되었다. 그렇다면 관심을 밖으로 돌려 자신의 정의로 사회를 개조하려는 것은 의도가 아무리 훌륭하다 할지라도 문제를 해결하는 바른 방법이 아니라는 결론에 도달하게 된다.

이 때문에 신광한은 사회적 욕구가 서로 부딪혀 세상이 어지러울 때 관심의 방향을 오히려 자신의 내부로 돌리고 대립과 투쟁이 아니라 이해하고 포용하는 데에서 올바른 사회개조의 에너지가 결집되어질 수 있다고 생각했다고 할 수 있다. 신광한은 세상과 격리된 은거의 시기를 거치며 사회에 대한 자신의 문제의식을 변화시켜갔던 것이다.

이런 점에서 신광한의 의식은 항상 사회와 연결되어 있다. 관심의 방향을 자신의 내부로 돌려 사회에 대한 문제의식을 상실한 듯이 보이고, 대립과 투쟁으로 사회적 쟁점을 드러내기보다 이해와 포용으로 문제를 덮어두려는 듯이 보이더라도 행위의 목표는 사회의 재변과 시정(時政)의 폐단을 해결하기 위한 것으로 모아져 있기 때문이다. 그의 시야는 언제나 사회의 저편을 향해 열려있었던 것이다.

하생의 출세담이 여인과의 애정담으로 바뀌며 작품의 첫 부분에 나타났던 사회의식이 소멸된 듯이 보일지라도, 궁극적으로 <하생기우전>이 사회적 문제의식을 다루고 있는 작품으로 평가받을 수 있는 것도 이와 같은 신광한의 의식세계를 작품으로 드러내었기 때문이다.

그런데 신광한은 조광조와 행보를 함께 했음에도 불구하고 기묘사화(己卯士禍)에서 희생되지 않고 살아남은 사림파(士林派) 가운데 한 사람이었다. 이것은 사화(士禍)로 타격을 받아 피폐해진 사림파를 재건해야 하는 역사적 사명이 그에게 부여되어 있었다는 것을 의미하는 것이다. 신광한이 권간(權奸)에게 배척을 받아 여러 해 동안 시골에 묻혀 사니 사림(士林)에서 애석하게 여겼다느니,[40] 기묘년 이후로는 한산(閑散)으로 시골에 사니 사림(士林)이 중히 여겼다는 것[41] 등은 모두 신광한이 사림파(士林派)의 재건을 감당할 인물로 평가되고 있었다는 것을 보여주는 것이다.

사림(士林)이나 사림파(士林派)는 역사적인 개념을 지니고 있는 용어이다. 사림(士林)은 주자학적 실천윤리를 강조하는 신진사류(新進士類)를 두루 지칭하는 용어이며, 사림파(士林派)는 이 가운데 네 번의 사화를 거치며 피해를 입었던 신진사류들을 지칭하는 용어로 사용되었다. 사림파가 집권 훈구파에 대한 대립적 개념으로 사용되었다는 것을 알 수 있다.[42]

그러므로 사림파의 재건은 훈구파와의 대립과 투쟁의 관계를 통해 성취될 수밖에 없는 태생적 한계를 지니고 있었다. 그러나 정계에 복귀

40) 『명종실록』 권14, 8년 신사조(辛巳條).
41) 『명종실록』 권16, 9년 기축조(己丑條).
42) 이수건, 『영남사림파의 형성』(영남대출판부, 18~22쪽, 1979).

한 신광한은 이미 사림파가 지니고 있던 대립적 사고의 한계를 넘어서 자신의 이념을 갖고 자기의 길을 가고 있었다. 신광한에게 쏟아졌던 여러 가지 부정적 평가들은 신광한에게 일어났던 인식의 변화를 고려하지 않고 훈구파와 대립하여 사림파를 재건해야 한다는 과제를 제대로 이행하지 않은 데 대한 반발이었던 것이다.

상대방을 배척하고 제거함으로써 사회적 정의를 실현시키려 했던 것은 당시 훈구파와 사림파 모두에게 공통적으로 나타나는 현상이었다. 그러나 배척하고 제거함으로써 문제를 해결하려 했던 사회 풍조에 희생되어 긴 은거의 시간을 보내며 신광한은 대립적 사고로는 사회문제가 해결되지 않는다는 것을 깨달았던 것이고, 이로 말미암아 이해하고 포용하는 것으로 시정(時政)의 폐단을 고치려 했던 것이다. 신광한이 정계에 복귀하여 대사간(大司諫)의 직책을 맡았을 때, 김안로(金安老) 일당을 추죄(追罪)하려는 의론(議論)을 힘써 진정시키려 하였던 것도[43] 이런 맥락에서 이해할 수 있다.

배척하고 제거하는 것은 문제를 공개적으로 노출시켜 놓고 직접적인 공격을 통해 해결하려 할 때 나타나는 현상이다. 그러나 이해하고 포용하는 것은 문제를 표면화시켜 직접 다룸으로써 생기는 대립과 충돌을 피하기 위해 우회적으로 문제를 해결하는 방식이다. 그러므로 이해하고 포용하려 했다는 것은 신광한이 사회적 문제를 다룸에 있어서 직접적인 방식보다는 간접적이며 우회적인 방식을 사용하고 있었다는 것을 보여주는 것이다. 직접적인 방식은 대립과 투쟁을 야기하며 사회적 불안을 조성한다는 것을 그는 경험으로 알고 있었던 것이다.

<하생기우전>이 사회적 문제의식을 다루고 있음에도 이것을 직접

43) 조사수, 문간공행장(『기재집』권14).

드러내지 않고 여인과의 애정담을 통해 우의적으로 드러내고 있던 까닭도 여기에 있다고 할 수 있다.

4. 문학사적 의미

작품에 나타나는 문제해결방식을 작가인 신광한의 의식과 결부시켜 보았을 때, <하생기우전>은 신광한이 갖고 있던 삶의 자세와 의식구조를 그대로 드러내고 있었다. 즉, 이해와 포용으로써 사회적 문제를 해결해야 한다는 명제를 소설화한 작품이라고 할 수 있다.

그러나 사회에 대한 불만을 사회를 이해하는 것으로 해소해야 한다는 역설적인 해결방식을 제시하고 있고, 작품의 첫 부분에서 심각한 사회적 문제의식을 드러내었음에도 불구하고 이것을 여인과의 애정담에 담아 우의적으로 드러내고 있는 것은 소설의 일반적 문법에 비추어보았을 때 쉽게 납득하기 어려운 현상이다. 소설이 인물 사이의 갈등을 본질적 속성으로 다루는 갈래임에도 불구하고, <하생기우전>에 나타나 있는 역설적 해결방식이나 우의적인 방식 등은 사회적 문제를 다루고 있음에도 이것을 직접 드러내지 않고, 갈등을 기본구도로 설정하여 출발하고 있음에도 갈등을 회피하도록 구조화시켜가고 있기 때문이다.

사회적 문제는 그 자체에 이미 갈등을 내포하고 있고 갈등은 상대에 맞서 자기의 주장을 관철시키려는 대립적 상황에서 나타나게 된다. 이에 비해 이해와 포용은 상대방의 입장에 서서 상대의 처지와 주장을 받아들이는 것이므로 대립을 넘어선 화해를 지향하는 것이다. 그러므로 이해와 포용으로 문제를 해결하기 위해서는 무엇보다 대립을 넘어서 화해에 이르기 위한 고통스럽고 힘든 인간적 노력이 전제되어야 한다. 대척적인 두 지점 사이의 거리를 줄이기 위한 길고도 어려운 매개 과정을 거치면서 사회적 조건과 존재의 의미에 대해 깊이 있는 성찰이 이루어질 수 있기 때문이다.

그런데 <하생기우전>에는 갈등과 포용, 대립과 화해 사이에 놓여 있는 거리를 줄이기 위한 노력의 과정이 생략되어 있다. 하생은 낙타교(駱駝橋) 옆에 있는 점쟁이에게 자신의 수요화복(壽夭禍福)을 알아본 뒤 불현듯 돈오(頓悟)의 상태에서 삶의 이치를 깨닫게 되고, 삶 전체를 포괄하여 바라볼 수 있는 객관적 거리와 여유를 확보하게 된다. 그래서 <하생기우전>은 삶의 이치를 깨달은 인물들에 의해 너그럽게 상대가 이해되고 포용되는 행복한 과정으로 채워지고 있을 뿐 사회적 조건에 맞서 존재의 의미를 추구하려는 인간들의 노력이 나타나지 않는다.

이런 사실들은 <하생기우전>에 대한 문학사적 평가를 인색하게 한다. 앞 시대의 소설인 『금오신화』에서 이룩했던 문학적 성과를 오히려 후퇴시켰을 뿐만 아니라, 그 시대의 소설이 짊어져야 하는 사회적 역할 또한 제대로 감당하지 못했다는 것이 이유이다.

그러나 문학사적 관점에서 볼 때, 문학작품이 앞 시대의 문학적 성과를 발전적으로 이어가지 못하고, 그 시대가 요구하는 정신적, 사회적 질량을 온전하게 감당하지 못했다는 것으로 해서 비난받아서는 안 된다. 보다 중요한 것은 문학의 온전한 사명과 같은 기준으로 작품을 재단하는 평가의 행위가 아니라, 문학작품이 그곳에서 왜 그와 같은 모습으로 서 있었으며 어떤 역할을 하고 있었던가 하는 것을 찾아내는 일이다. 그리고 해답은 16세기의 사회적, 문학적 배경 속에 신광한과 <하생기우전>을 비춰봄으로써 찾아지게 될 것이다.

하생이 사회와 심각한 갈등관계에 놓여 있었을 때, <하생기우전>은 사회를 향해 열려있던 관심의 방향을 자신의 내부로 돌려서 문제를 해결할 것을 제시하고 있다. 하생이 세상과 격리되어진 내밀한 공간에서 자기성찰을 통해 삶의 전환을 이룰 수 있었던 것은 그 결과적 산물이다. 그런데 세상에서 소외되고 격리된 인물이 자기만의 밀폐된 공간에서 삶의 새로운 의미를 찾는 것은 전기소설의[44] 중요한 특성이다. <하생기우전>이 전기소설의 양식적 특성을 물려받고 있다는 것을 알 수 있다.

신광한은 원형리(元亨里)에서의 은거 체험을 통해서 세상을 쳐다보는 시야를 바꾸고 자신의 생각도 바꿀 수 있었다. 세상과 온전히 격리된 자신만의 공간 속에서 세상을 향해 열려있던 관심의 방향을 내부로 돌리면서 삶에 대해 새로운 인식의 눈을 뜰 수 있었던 것이다. 이런 점에서 전기소설은 세상과의 거리두기가 필요하다는 것을 체험한 신광한이 자신의 체험에 입각한 깨달음을 작품으로 보여줄 수 있는 적절한 양식이었다.

신광한의 생각은 당시의 사림(士林)들에게 나타나기 시작했던 대사회적(對社會的) 태도와 연결되어 있었다. 16세기는 훈구파와 사림파가 충돌하며 지배이념에 대한 반발이 어느 정도 허용되고 있던 시기였다. <하생기우전>이 첫 부분에서 하생에 대한 사회의 부당한 횡포를 다루고 있고, 신광한이 벼슬길에 들어서며 부당한 지배질서에 강하게 반발했던 것도 이러한 사회적 분위기를 반영하는 것이라고 할 수 있다.

그러나 전후 네 차례, 시간적으로는 50여 년에 걸쳐 일어났던 훈구파와 사림파의 대결은 사림들의 피로 역사가 물들여지는 과정으로 나

---

44) 전기소설은 전기(傳奇)적 속성을 지니고 있는 소설을 지칭하며, 『수이전』 계열의 작품까지 포괄하는 용어로 사용하지는 않는다. 이 문제에 대해서는 안창수, 『태평통재』 소재 최치원의 소설성 검토(『영남어문학』 32집, 영남어문학회, 1997. 12)에서 검토한 바 있다.

타나게 된다.[45] 이 과정에서 개혁 의지가 뚜렷한 인물들은 모두 제거되었고, 사림파는 자체 반성을 통해 학문을 하는 큰 대강을 위기지학(爲己之學)에 두어야 하는데 선비들이 인물을 논하고 정치를 평하는 것을 일삼음으로써 화를 자초하였다고 하며, 앞으로는 자기 자신을 다스리는 심학(心學)에 힘써야 한다고 주장하기에 이르렀다.[46] 사림파가 훈구파와의 직접적인 대결을 피하고 서원의 건립에 주력하며 교육을 통한 세력의 확보에 힘을 기울이게 되었던 것은 이러한 변화의 결과였다. 신광한에게 나타났던 사고의 변화가 당시의 사림들에게 나타나고 있었던 반성적 경향과 접맥되어 있음을 알 수 있다.

그러나 훈구파와 맞서 사림파를 재건해야 하는 사명을 짊어져야 했던 신광한은 대립하고 갈등하기보다 이해하고 포용함으로써 문제를 해결해야 한다는 생각을 직설적으로 드러낼 수 없었다. 이 때문에 신광한은 전기소설을 이용해서 사회를 향해 열려있는 관심의 방향을 자신의 내부로 돌려야 한다는 메시지를 세상에 전달하려 했다고 할 수 있다.

이런 점에서 전기소설은 신광한의 고뇌를 보여주기에도 적합한 양식이었다. 전기소설의 양식적 특성은 사회와 맞설 수 있는 대중적 역량이 확보되지 못했던 시기에 사회와 맞설 수밖에 없었던 고독한 예외자가 사회를 향해 던지는 저항의 몸짓을 분신으로 하여 나타난 것이기 때문이다. 전기소설이 인간과 사회에 대해 심각한 문제를 제기하고 존재

---

45) 16세기 훈구파와 사림파의 대결 양상에 대해서는 아래의 글을 참고했다.
이태진, 『한국사회사연구』(지식산업사, 1986).
이병휴, 『조선전기 사림파의 현실인식과 대응』(일조각, 1999).

46) 『중종실록』 권101, 39년 을축조(乙丑條)를 보면 대사헌(大司憲) 민제인, 사간(司諫) 허백기 등이 선비들의 자세를 논하며 기묘년(己卯年)의 사화(士禍)가 선비들의 잘못된 자세에서 나왔다고 하며 이 같은 주장을 펼치고 있는데, 이런 주장이 공론화되고 있다는 것은 사화를 거치며 사림들의 생각이 변하고 있었다는 것을 보여주는 것이다.

의 의미와 깊이를 가늠하기 위한 행위로 채워지게 되는 이유이다. 그럼에도 불구하고 전기소설이 우의(寓意)를 중요한 소설적 장치로 사용하고 있는 것은 개인이 사회적 문제를 직접 다룰 수 있을 만한 역사적 조건이 갖추어지지 않았기 때문이다.

신광한은 원형리에서의 은거 생활을 통해 조화와 화합을 바탕으로 하는 사회의 변화가 필요하다는 생각을 하게 된다. 이것은 대립과 투쟁으로 의사를 관철시키고 사회를 변혁하고자 하는 행위에 대한 회의와 반동에서 출발한 것이었다. 그러나 훈구파와의 대결을 통해 존재의 의미를 실현시켜야 했던 사림파의 입장에서 볼 때 이와 같은 생각은 받아들이기 어려운 것이었고, 이 때문에 신광한은 사림의 동료들로부터 배척당하게 되었다. 신광한에게 부정적 평가를 내리고 있는 실록(實錄)의 기록들은 당시 신광한이 처해 있던 사회적 상황이 어떠했던가를 잘 보여주는 것이다.

벼슬 살던 때는 이미 지나가고	干祿時旣往
농사일을 배우며 머리가 희어졌다	學稼頭亦白
이 물건은 쓸 일이 없으니	此物無可用
어찌 괴로움과 즐거움을 알겠는가	安所識苦樂
기쁜 마음으로 방에 들어가	怡然一室內
종종 옛 서적을 읽으니	往往讀古籍
옛 서적에 스스로 맛이 있어	古籍自有味
문득 먹는 것을 잊게 한다	味至輒忘食
서늘한 바람이 나를 위해 불어오니	淸風爲我吹
백 년의 즐거움을 얻겠구나	百年欣有得

오래도록 나를 알아주는 선비를 생각하다가 永懷知音士
망연히 세상과 나 사이가 막혀있음을 깨닫는다 悵望世已隔
아내가 내 뜻을 잘 받아서 荊婦善繼志
보리술이 새로 익었다고 알려주어 麥酒報新熟
흐트러지게 마시고 땅에 누우니 頹然醉臥地
옛 일이 모두 북쪽 창가에 어리네. 47) 萬古一窓北

<하일서사(夏日書事)>라는 제목이 붙어 있는 위의 시는 원형리 은거기에 지은 것으로 보인다. 이 작품의 시상(詩想)은 전반부와 후반부로 나뉘어지며 급격한 변화의 양상을 보여준다. 전반부가 농사일과 독서의 재미에 빠져 일체의 근심과 걱정을 잊은 물아일체의 희열을 보여주고 있는데, 후반부는 사람과 나, 세상과 나 사이를 갈라놓는 격절(隔絕)로 인하여 방황하고 고통스러워하는 심사를 드러내고 있다.

그의 시에는 이 외에도 세상이나 사람들로부터의 격절(隔絕)과 이로 인한 고독과 비애를 드러내는 작품이 여럿 발견된다. 세상과 격절되는 것은 공간적인 것이기도 하고, 심리적인 것이기도 하다. 심리적으로 단절되지 않고 공간적으로만 격리되었을 때의 격절은 그리움의 정서와 접맥되게 된다. 그러나 술에 취해 흐트러진 자세로 땅에 누워 상념에 잠기는 것은 세상과 나, 사람과 나 사이의 심리적 거리를 줄일 수 없기 때문이다. 이 거리는 사람들에게 용납되지 못하는 데에서 생기는 소외의 거리감이기도 하다. 신광한의 시에서 격리가 그리움의 정서와 연결되지 않고 비애나 고독의 정서로 표출되고 있는 것은 이 때문이다.

---

47) 『기재집』 권3.

신광한이 느껴야 했던 소외와 고독은 자신의 생각이 동료들에게 이해되지 못한 때문이고, 그럼에도 불구하고 자기 생각의 정당성을 포기할 수 없었기 때문이다.[48] 사회에 용납되지 못했던 고독한 예외자의 고뇌가 전기소설의 양식에 그대로 녹아 들어갈 수 있었다는 것을 알 수 있다. 그러므로 <하생기우전>은 대립과 투쟁으로 문제를 해결해야 한다는 사람들에 맞서서 삶의 바른 이치란 무엇인가에 대해 치열하게 고민했던 신광한의 문제의식을 전기소설의 양식에 담아 드러낸 작품이다.

그럼에도 불구하고 앞 시대의 소설, 예컨대『금오신화』에서 전기소설은 사회에 대한 저항의 몸짓을 드러내기 위한 것이었다. 그러나 신광한에게 있어서는 대립과 투쟁 대신 이해와 포용으로 사회적 문제를 해결해야 한다는 생각을 전달하기 위한 것이었다. 세상에 대한 저항의 몸짓을 드러내기 위한 것이었을 때, 전기소설은 잘못된 세상의 질서에 맞서서 존재의 의미를 모색하고 가늠해 보기 위한 행위로 채워질 수 있었다.

그러나 이해와 포용으로 문제를 해결해야 한다는 생각을 전달하려 하면서 <하생기우전>은 이념이 실현되는 장(場)으로서의 기능을 담당하게 되었다. 다시 말해서『금오신화』와 <하생기우전>에는 모두 남녀의 애정담이 중요하게 다루어진다. 그러나『금오신화』에서의 애정담이 장애에 맞서 사랑을 이루려 함으로써 나타나는 사랑의 절실함을 통

48) 신광한이 사림파적 사고의 한계를 넘어서 자신의 이념을 추구하고 있었다는 관점에서 볼 때, 신광한을 사림파로서의 이념적 무장이 부족했을 뿐만 아니라 훈구계 가문의 일원으로서 당시의 정치적 파란을 정면으로 맞이할 실천적 용기도 부족했던 인물로 파악하고, 훈구계 사장문인이나 사림파 그 어느 쪽으로도 귀속시킬 수 없는 이념부재의 중간자적 존재로 보는 것(윤채근,『소설적 주체, 그 탄생과 저변』, 월인, 254~262쪽, 1999)은 적절한 평가라 하기 어렵다.

해 존재의 의미에 도달하려는 몸짓을 보여주는데 비해 <하생기우전>에는 인간관계의 바른 도리나 양상을 보여주는 데 초점이 맞추어져 있다.

인물들이 이해와 포용으로 상대방과 일체를 이루어 가는 행복한 과정으로 작품이 채워지고 종결되어 있는 것은 인간관계의 바른 도리가 어떠해야 하는가를 보여주기 위한 장치라고 할 수 있다. 바람직한 인간관계에 의해 이루어지는 이상적인 삶의 한 전범을 만들어 보여주며, 신광한은 소설을 자신이 지향하고 있는 이념을 실현하는 장으로 사용하고 있는 것이다.

그리고 삶의 이치를 깨달은 자에 의해 인물들이 상대방과 일체를 이루어 가는 행복한 과정으로 채워짐으로써, <하생기우전>에는 일체의 갈등이 거세되어 있다. 갈등은 사람들이 인간과 사회적 조건에 대해 눈뜨게 한다. 그리고 사회적 조건에 눈떠가는 과정을 통해서 작품은 삶의 현실과 밀착되는 것이다. 더욱이 하생은 자신의 불합리한 사회적 조건에 대해 답답한 마음을 품고 있던 인물이었다.

그럼에도 불구하고 <하생기우전>에는 하생을 세상과 격리된 공간으로 이동시킨 다음 이해하고 포용하는 것으로 문제를 해결하도록 하고 있다. 세상과 격리된 공간, 즉 삶의 현실과는 절연된 관념의 세계에서 이해와 포용으로 영위되는 당위적 삶이 실현되어지는 이상적 세계를 구축하고 있는 것이다.

<하생기우전>에 나타나는 이러한 특징은 16세기의 문학적 현상과 긴밀하게 연결되어 있다. 사화(士禍)를 거치며 나타난 사림파의 반성적 경향은 철학과 문학에도 상당한 영향을 주기에 이르렀다. 무엇보다 현실을 개조하기 위한 실천철학으로써의 역할을 감당해 오던 성리학이 16세기 중엽을 지나며 이기(理氣)를 논변하는 관념 철학으로 변모하였고, 문학도 자연과 벗하며 사는 사람들의 한정(閑情)을 읊은 문학,

이른바 강호가도(江湖歌道)라고 일컬어지는 독특한 문학적 경향을 드러내게 되었다.

16세기 강호가도(江湖歌道)의 경향을 주도하고 있던 인물들은 사림(士林)들이었다. 이런 점에서 16세기에 나타난 철학과 문학의 변모는 동전의 양면처럼 서로 맞물려 있었다. 다시 말해서 관념 철학으로 바뀌며 성리학이 자기성찰에 몰두하고, 이러한 변화를 주도했던 사림들이 자연을 문학의 대상으로 다루면서 문학은 자연 속에 담겨진 도의(道義)를 기뻐하는가 하면 자연을 스승으로 삼아 심성(心性)을 길러 즐기는 것을 중심과제로 삼았다. 자연에서 성리학적 질서가 실현되어지는 것을 발견하는 기쁨을 드러내고, 이것을 통해 수신(修身)의 자세를 가다듬는 것을 문학의 사명으로 삼았던 것이다. 문학이 이 시기에 와서 성리학의 이념이 실현되어지는 모습을 담아내는 장(場)으로서의 기능을 온전하게 담당하고 있었다는 것을 알 수 있다.

자연 속에 실현되어지는 도의를 기뻐하게 될 때, 나(自我)와 자연(세계, 세상)은 하나가 되는 일체감을 유지하게 되며, 문학은 물아일체(物我一體), 천인합일(天人合一)의 경지에서 나타나는 화합의 기쁨으로 충일되어 진다. 일체의 갈등과 그로 인한 정서의 일탈이 나타날 수 없었다. 그러나 16세기 사림들의 문학에서 다루어지는 자연은 인간들의 세상과 완전히 격리되어진 공간으로서 이곳에는 현실적인 삶의 문제가 끼어들 여지가 없었다. 이런 점에서 물아일체의 화합은 관념의 세계에서 실현되어진 이상적 삶의 모습을 나타낸 것이었다.[49)]

---

49) 16세기 강호가도와 사림파 문학에 대해서는 아래의 글들을 참고했다.
최진원, 『국문학과 자연』(성균관대출판부,1977)
임형택, 16세기 사림파의 문학의식(『한국문학사의 시각』, 창작과 비평사, 1984)
이민홍, 『사림파문학의 연구』(형설출판사, 1985)

<하생기우전>의 작품세계가 당시의 사림들이 추구했던 문학세계와 동일한 지평 위에 있었다는 것을 알 수 있다. 이념이 실현되어지는 모습을 담아내는 장으로서의 역할을 하게 된 것이 16세기 사림들의 문학과 <하생기우전>의 두드러진 특징이었는데, 이것은 사회적 조건이 악화되었을 때 문학이 이념을 강화시킴으로써 이에 대항하려 했다는 것을 보여주는 것이다. 물론 문학에서 이념이 강화된 것은 관도(貫道)의 문학관을 내세웠던 개국 이래의 일관된 흐름이었다. 그러나 16세기 사림들 문학과 <하생기우전>은 이념이 지향하는 바의 이상적인 삶의 모습을 작품으로 실현하고 있다는 특징을 지닌다. 이념이 강화되었다는 것은 문학에서의 이러한 변화를 의미하는 것이고, 이때 문학과 이념은 하나로 합일되며 이념이 문학을 이끌어 가는 관계가 형성되었던 것이다.

그런데 이상적인 삶이 실현된 세계는 현실과 격리된 공간에서였다. 이상적인 삶의 실현이 현실 세계에서는 불가능했던 탓이고, 그럼에도 불구하고 이상의 실현을 포기할 수 없었던 때문이다. 여기에서 <하생기우전>은 삶의 현실적 조건을 넘어서 관념의 세계에서 원망(願望)을 충족시키는 것을 소설의 한 기능으로 드러내게 되었다.

원망 충족이 문학의 목적이 되어 이상적이며 당위적 삶이 작품에서 실현되도록 하는 것은 17세기 후반 이후의 소설사에서 폭넓게 나타나는 현상이다. 임진왜란과 병자호란 이후, 사회의 질서가 급격하게 무너지며 문학이 이념을 강화함으로써 이에 대처하려 했기 때문이다. 그러나 이 때문에 소설은 사회적 위기 상황에서 존재의 의미를 탐색하려 하기보다 성리학적 이념을 통해 사회적 분위기를 바꾸고 사람들의 생각을 바꾸기 위한 도구로 사용되었던 것이고, <하생기우전>은 이러한 변화가 16세기의 소설에서부터 나타나고 있었다는 것을 보여주고 있다.

5. 맺음말

<하생기우전>에 나타난 문제해결방식을 찾아보고 이것을 작가의 의식과 연결시켜 살펴본 다음 작품의 문학사적 의의까지 찾아보려 했다. <하생기우전>에는 애정담과 출세담이 공존하고 있고, 이것이 출세담 - 애정담 - 출세담의 순서로 나타나며 출세담이 외곽 이야기가 되어 애정담을 감싸는 액자형식을 취하고 있었다. <하생기우전>이 사회에 대한 문제의식에서 출발하여 그 문제의식을 해결하는 과정으로 짜여져 있다는 것을 보여주는 것이다.

문제를 해결하는 방식을 찾아본 결과, <하생기우전>은 사회에 대해 불만이 있을 때 오히려 관심의 방향을 자신의 내부로 돌려 자기성찰에 힘써야 하고, 인간관계에서도 대립과 갈등보다 이해하고 포용하려 해야 하며, 사회적인 문제를 다룰 때에도 직접적인 방법보다는 간접적이며 우회적인 방법을 사용할 것을 제시하고 있다. 그러면서도 사회적인 문제의식을 잃지 않고 문제를 해결하려는 노력을 끝까지 경주해야 한다는 것을 보여주고 있었다.

문제해결방식을 신광한의 의식과 결부시켜 보았을 때, <하생기우전>은 신광한이 기묘사화에 연루되어 긴 은거의 시기를 거치며 형성되었던 삶의 자세와 의식구조를 그대로 드러내고 있으며, 이해와 포용으로 사회적 문제를 해결해야 한다는 명제를 소설로 실현하고 있다는 것을 알 수 있었다.

문학사적으로도 <하생기우전>은 16세기 사림파에 의해 주도되고 있던 문학적 현상과 긴밀하게 연결되어 있었다. 문학이 이념이 실현되어지는 장(場)으로서의 역할을 하게 된 것인데, 그 결과 <하생기우전>은 이념이 지향하는 바의 이상적인 삶의 모습을 작품으로 실현하고 있으며, 현실적인 삶의 조건을 넘어서 관념의 세계에서 원망(願望)을 충족시키는 기능을 드러내고 있었다.

제 7절
〈운영전〉에 나타난 규범과 일탈의 변증법

1. 머리말

<운영전>의 마지막 부분에는 운영과 김 진사가 유영에게 자기들의 애절한 사랑 이야기를 끝낸 뒤 수성궁의 황폐한 모습을 보고 안평대군의 몰락을 슬퍼하는 장면이 나온다. 수성궁은 자신들이 목숨을 바쳐서 지키려고 했던 사랑을 꽃피웠던 공간이라는 점에서 그곳의 퇴락한 모습이 이들의 감회를 자극했으리라는 것은 충분히 공감되는 부분이다. 그런데 안평대군은 운영과 김진사의 사랑이 비극적으로 끝날 수밖에 없는 억압장치를 부여한 장본인이라는 점에서 안평대군의 몰락을 슬퍼하는 이 장면의 진술은 독자들을 당혹스럽게 한다.

안평대군의 몰락을 슬퍼하는 부분이 자신들의 사랑을 회고하는 과정에서 무의식적으로 함께 진술되었다고 할 수도 있다. 그러나 이야기를 마치고 유영과 헤어지면서 읊었던 이별의 시에서도 이들은 다시 한 번 안평대군의 몰락을 슬퍼하는 것으로 만남을 마무리하고 있다.[1] 안

* 이 글은 『한민족어문학』59집(한민족어문학회, 2011)에 발표된 것이다.

1) 유영과 헤어지면서 김진사는 “곳써러진 궁듕에 연작이 나라시니(花落宮中燕雀飛) 봄빗촌 엣과 갓ᄒᆞᄃᆡ 쥬인은 아니로다(春光依舊主人非) ”라고 하여, 주

평대군의 몰락을 슬퍼하는 대목이 의도적으로 삽입된 것임을 알 수 있다. 이것은 운영과 김 진사의 사랑 이야기가 안평대군과의 사이에 형성되었던 인간적 교감이라는 맥락 위에서 해석되어야 한다는 것을 보여주는 것이다.

이런 점에서 운영과 김진사가 안평대군의 몰락을 슬퍼하는 것이 주군(主君)으로부터 인격적 가치를 인정받는 등의 대단한 은혜를 입었음에도 거기에 보응하지 못한 미안함이나 죄책감 때문이었다고 해석되거나,[2] 안평에 의해 강요된 억압적 상황마저도 주군에 대한 사랑으로 받아들이려는 중세적 사고의 한계로 해석되기도 한다.[3]

그런데 인물들 사이에 형성되었던 인간적 교감의 실체를 파악하기 위해 주의해야 할 것은 이들을 주종관계 위에서 재단하지 말아야 한다는 것이다. 주종관계에 의거해 보는 것은 결국 인물들의 행위나 사고를 중세적 이념의 가치나 사고의 틀로 재단해 버림으로써 인물들 사이에 형성되었던 인간적 교감의 실체를 파악하기 어렵게 하기 때문이다. 물론 이러한 노력이 <운영전>을 이 작품이 생성되었던 시공간적 배경

인(안평)이 사라짐으로써 적막해진 수성궁의 경치를 보며 안평대군을 회상하고 있다. 이에 대해 운영은 "고궁에 화류ᄂᆞᆫ ᄉᆡ 봄을 씌엿고(故宮花柳帶新春) 쳔ᄌᆡ에 호화ᄒᆞ믄 ᄌᆞ조 ᄭᅮᆷ ᄀᆞ온ᄃᆡ 드렷도다(千載豪華入夢頻)"라고 하여, 봄빛 속에서 생각나는 호화로웠던 옛 일을 그리워하고 있다. 자신들의 애절했던 사랑의 기억을 호화롭다고 하는 것은 잘못이므로, 운영도 안평의 영광을 반추하며 슬픔에 잠기고 있다는 것을 알 수 있다. 이것은 안평의 몰락을 슬퍼하는 대목이 의도적으로 설정된 것임을 알려주는 것이다.

2) 심치열, 운영전의 서사체계와 주제의식(『어문연구』 89호, 한국어문교육연구회, 1996. 3, 39~42면)
이상구, 운영전의 갈등양상과 작가의식(『고소설연구』 5집, 한국고소설학회, 1998, 150~151면)
전성운, 운영전의 인물성향과 비회의 정조(『어문론집』 56집, 민족어문학회, 2007, 133~135면)

3) 정출헌, 운영전의 중층적 애정갈등과 그 비극적 성격(『고전소설사의 구도와 시각』, 소명출판, 1999.5, 109~111면).

과 절연시켜 다루려는 것이 아니다. 오히려 당시의 작품 외적 환경은 <운영전>의 실체를 파악하는 데 중요한 요소로 작용할 것이다.

주종관계를 떠나서 이들이 나누었던 인간적 교감의 실체를 파악하기 위해서는 그들의 행위나 사고를 중세적 이념이나 가치로 재단되기 이전의 상태로 받아들여야 한다. 주군에 대한 의리나 충성, 또는 그에 입각한 죄책감 등이 아니라면, 운영과 김 진사가 안평대군의 몰락을 슬퍼한 이유가 무엇일까. 운영과 김 진사가 안평대군의 사고방식이나 삶의 방식을 이해하고 공감하며 안타까워했기 때문이라고 할 수 있다. 이것은 운영과 김 진사가 안평에게서 자신들과 삶의 동반자적 동질성을 느끼고 있었다는 것을 보여주는 것이다.

이러한 사실은 안평을 운영과 김 진사의 사랑을 가로막는 적대자 내지는 억압의 주체로 보는 지금까지의 관점에서 벗어나야 <운영전>에 대한 올바른 독법의 길이 열린다는 것을 알려주는 것이다. 그러나 이들이 서로의 삶에서 동질성을 발견한 것은 기쁨이지 슬픔이 될 수 없다. 그럼에도 운영과 김 진사가 슬픔에 잠긴 것은 무슨 까닭일까. 또한 운영과 김 진사의 사랑 이야기를 안평대군과의 인간적 교감이라는 관점에서 살펴볼 때, <운영전>이 갖고 있는 액자소설로서의 구성방식은 어떤 기능을 하는 것일까.

이 글은 이런 문제들에 대한 물음에 답하기 위해 쓰인다. 이런 점에서 <운영전>은 운영과 김 진사가 그들의 애절한 사랑을 통해 안평대군과 삶의 동질성을 발견하는 과정과 그 결과를 다루고 있는 작품이라고 할 수 있다.

2. 안평대군의 삶과 의식세계

운영과 김진사가 안평대군에게서 삶의 동반자적 동질성을 느끼고 있었다는 것은 작품의 전개양상을 통해서도 확인된다. 운영과 김진사는 자신들의 사랑 이야기를 안평대군의 몰락을 슬퍼하는 것으로 마무리하고 있다. 자신들의 사랑 이야기를 다른 사람을 끌어들여 마무리한다는 것은 납득하기 어려운 전개방식이다. 그러나 이것은 안평의 몰락을 슬퍼하는 것으로 마무리하여도 자신들의 애절한 사랑 이야기의 의미가 훼손되지 않는다고 생각했다는 것을 보여주는 것이다. 안평대군의 삶을 자신들의 삶과 하나의 범주로 묶어서 동일하게 취급하는 것인데, 이것은 운영과 김진사가 안평대군을 자신들과 삶의 동반자적 관계로 받아들이지 않고서는 생각할 수 없는 일이다.

운영과 김진사의 삶이 안평대군과 동반자적 관계 위에서 전개된 것이라면 안평대군이 어떤 인물인가 하는 것을 알아보는 것이 선행되어야 한다.

> (안평대군은) 년이 십삼에 샤궁에 출거ᄒᆞ시니 샤궁은 즉 슈셩궁이라. 유업으로써 ᄌᆞ임ᄒᆞ여 밤이면 글을 닑고 낮지면 혹 시부도 외오며 글시도 뻐 일ᄀᆡᆨ을 방과치 아니 ᄒᆞ시니 그ᄣᆡ 문인 ᄌᆡᄉᆞ들리 그 문에 모다 당단고하를 비교ᄒᆞ며 한가지로 노라 ᄆᆡ양 밤이 깁허 닭이 세홰 우도록 강논ᄒᆞ기를 게얼니 아니 ᄒᆞ시고 ...... 일일은 ᄃᆡ군이 궁인의게 말ᄒᆞ여 ᄀᆞᆯ오ᄃᆡ 텬하 ᄇᆡᆨ 가지 ᄌᆡ죠를 고요ᄒᆞᆫ 곳의 쳐ᄒᆞ여 공부ᄒᆞ여야 비로소 일우ᄂᆞᆫ지라 도문 박기 산쳔이 고요ᄒᆞ고 여염이 드문지라 이런 곳의셔 공부를 오로지 ᄒᆞ리라 ᄒᆞ고 즉시 십여간 정ᄌᆞ를 정결이 짓고 일홈을 ᄒᆞ여 갈오ᄃᆡ 비ᄒᆡ당이라 ᄒᆞ고[4)]

<운영전>에서 안평대군은 유학을 공부하는 자로 자처하며 밤낮으로 공부에 힘써 짧은 시간도 헛되이 보내지 않고 학업에 열중하는 인물로 나타난다. 뿐만 아니라 그는 도성 밖 마을에서 떨어진 곳에 자신의 거처를 마련한다. 학문에 더욱 정진하기 위함이다. 이렇게 볼 때 안평대군은 세속적인 것과는 절연된 자기만의 공간에서 오로지 학문에만 힘썼던 인물이라고 할 수 있다.

그렇다면 안평대군이 자기수련에 힘썼던 학문의 내용이란 무엇이었을까. 이것은 그의 삶의 방식과 사고방식을 아는 데 중요한 자료가 된다. 안평대군은 미색이 빼어난 궁녀 10명을 선발하여 이들에게 『중용』, 『대학』, 『논어』, 『맹자』, 『시경』, 『서경』, 『역경』 등을 가르친다. 유학의 경전인 사서삼경을 가르쳤다는 것은 안평대군이 유학의 이념을 사상의 중심축으로 삼고 있었으며, 이를 바탕으로 인간이 갖추어야 하는 삶의 바른 도리를 익히는 공부에 힘썼다고 할 수 있다.

유학의 이념을 바탕으로 삶의 바른 도리를 익힌다는 것은 또한 무엇을 뜻하는 것일까. 이 문제의 해답은 안평대군이 궁녀들을 통해 추구하려 했던 시의 세계를 보면 알 수 있다. 안평대군은 궁녀들에게 시를 가르치며 그녀들의 시가 임금을 사모하는 뜻을 드러내고 있다고 해서, 또는 격조가 아름답고 맑다고 하여 칭찬한다. 이 가운데에서 임금을 사모하는 뜻을 드러내고 있다는 것이 뜻하는 바는 분명한데 작품의 격조가 맑고 아름답다는 것이 의미하는 바가 무엇인지는 분명하게 드러나지 않는다.

---

4) <운영전>(이재수 소장본, 『고전소설선』, 한국어문학회 편, 형설출판사, 1988, 172면). 앞으로 <운영전>에 대한 인용문은 모두 이 책에서 인용하며 다만 인용문의 끝에 페이지 숫자만을 표시하기로 한다.

안평대군은 궁녀들이 지은 시를 때마침 찾아온 성삼문에게도 보여주는데 그는 궁녀들이 지은 시를 보고 총평을 하는 자리에서 안평대군이 칭찬한 격조의 높고 맑은 것의 실체가 무엇인가를 구체적으로 보여준다.

> ᄌᆡ조ᄂᆞᆫ 아모 ᄊᆡ나 잇것마ᄂᆞᆫ 젼조로붓허 우금 뉵ᄇᆡᆨ여 년에 글노뻐 동국에 일홈난 ᄌᆡ 몃 ᄉᆞ람인 쥴 아지 못ᄒᆞ되 모다 병이 만하 혹 흐리고 맑지 못ᄒᆞ거나 혹 맑으나 부잡ᄒᆞ여 모다 음뉼에 합지 못ᄒᆞ고 셩졍을 닐ᄂᆞᆫ지라 맛당ᄒᆞᆫ 글을 보지 못ᄒᆞ엿더니 이졔 이 글을 보ᄆᆡ 풍격이 쳥신ᄒᆞ고 의ᄉᆡ 초월ᄒᆞ여 조곰도 진셰 ᄐᆡ되 업ᄉᆞ니 이 필연 심궁 ᄉᆞ람의 글이라 외인으로 샹졉지 못ᄒᆞ고 다만 깁히 드러 고인의 글만 보고 외와 마음에 ᄌᆞ득ᄒᆞ미라(175)

우리나라에 시로써 이름을 날린 사람들이 많이 있는데 그들의 시가 갖고 있는 공통된 결점은 성정의 바름을 잃어버리고 있는데 있다고 했다. 그러나 궁녀들은 세속과 절연되어 있음으로써 세속적 욕망이나 더러움에 물들지 않을 수 있었고, 그 결과 성정의 바름을 유지함으로써 풍격이 맑고 생각과 뜻이 뛰어난 작품을 쓸 수 있었다고 했다.

격조가 높고 맑은 시는 성정의 바름을 드러내는 데에서 이루어지는 것이고, 성정을 바르게 하기 위해서는 세속적 가치나 욕망에 물들지 않아야 한다는 주장을 하고 있다. 그러므로 격조가 높고 맑은 시는 작가 스스로 세속적 욕망에서 벗어나 성정의 바름을 유지하는 것을 생활화하고 이것이 자연스럽게 작품으로 드러나는 데에서 만들어진다는 것이다.

세속적 욕망에 물들지 않고 성정의 바름을 유지해야 한다고 함으로써, <운영전>은 성리학적 이념에 근거하여 성정의 도야를 삶의 목표로 내세웠던 사대부들의 이념을 반영하고 있다고 해석되기도 했다.[5] 이것은 안평대군이 당시의 지배이념을 받아들여 성정의 바름을 유지하기 위한 심성 수양에 힘썼다는 것을 보여주는 것이다. 사실 안평대군은 시를 가르치기 위해 미색이 빼어난 궁녀를 선발하였음에도 "일즉 ᄒᆞᆫ 번도 쳡 등으로 갓가이 ᄒᆞ미 업ᄂᆞᆫ지라(172)"라고 하며 이들을 애정의 대상으로 대하지 않았으며, 짧은 시간도 헛되이 보내지 않고 유학의 공부에 열중하거나 시작(詩作)과 서예에 몰두하는 것으로 시간을 보내는 인물로 나타나 있었다. 지배이념을 생활화하기 위해 노력하는 일에도 게으르지 않았다는 것을 보여주는 것이다.

이렇게 보았을 때 안평대군은 유학, 그 가운데에서도 당시의 지배이념인 성리학의 이념을 규범적인 삶의 지표로 삼아 세상과 동떨어진 자기만의 공간에서 세속적 욕망에 물들지 않기 위한 심성 수양에 몰두하며 임금에 대한 의리와 충성을 지키기 위해 힘쓰는 인물로 나타나고 있다. 규범적 질서를 지키기 위해 독실하게 노력했던 인물로서의 면모를 드러내고 있는 것이다.

안평대군은 당대의 유명한 문인이나 선비들과 활발하게 교유하기도 했던 인물로도 나타나 있다.

> 그ᄯᅢ 문인ᄌᆡᄉᆞ들리 그 문에 모다 댱단고하를 비교ᄒᆞ며 한가지로 노라 ᄆᆡ양 밤이 깁허 닭이세 홰 우도록 강논ᄒᆞ기를 게얼니 아니 ᄒᆞ시고(172)
>
> 또 그 겻히 ᄒᆞᆫ 단을 무우고 일홈을 ᄆᆡᆼ시단이라 ᄒᆞ니 ᄃᆡ기 글을 힘

---

5) 박일용, 운영전의 비극적 성격과 그 사회적 의미(『조선시대의 애정소설』, 집문당, 1993, 172~173면)

뼈 ᄒᆞ고 의리를 ᄉᆡᆼ각ᄒᆞ란 뜻지러라 잇ᄯᅴ 문장거필이 모다 그 단에 모도이니 문장은 셩삼문이 위슈오 필법은 홍효ㅣ 위슈라(172)

인용문의 내용으로 보면 안평대군이 문인이나 선비들과 활발하게 교유한 것은 학문을 토론하고, 문장과 서예의 재능을 연마하기 위한 것이었음을 알 수 있다. 그리고 사람들과 교유함에 있어서도 안평대군은 명분을 돌아보고 의리를 생각하는 것을 행동강령으로 삼아 규범적 질서를 지키는 데 힘쓰는 인물로서의 면모를 보이고 있다.

그런데 이들이 모이는 회합의 분위기는 규범적 질서를 지키기 위해 독실하게 노력하는 안평대군과는 달리 흐트러진 모습으로 드러나고 있다.

그날 밤에 대군이 빈ᄀᆡᆨ을 모호고 슐을 ᄒᆡᆼ홀ᄉᆡ 김진ᄉᆞ의 ᄌᆡ조를 셩히 일ᄏᆞᆺ고 두 장 글을 ᄂᆡ여 뵈니 모다 셔로 들어보고 칭찬불이ᄒᆞ여 ᄒᆞᆫ 번 보기를 원ᄒᆞ거늘........ 제 ᄀᆡᆨ이 다 무릅을 ᄭᅮᆯ어 공경ᄒᆞ믈 닐우ᄂᆞᆫ지라 진ᄉᆡ 그 듕 나이 젹으므로 말셕에 좌ᄒᆞ여시ᄆᆡ 다만 ᄒᆞᆫ 벽이 ᄀᆞ리엿더라 밤이 임의 깁흐ᄆᆡ 듕빈이 다 취ᄒᆞ여 누엇거늘 쳡이 벽을 ᄯᅮᆯ코 여러보니 진ᄉᆡ 또ᄒᆞᆫ 그 뜻을 알고 모를 향ᄒᆞ여 안거늘 쳡이 봉셔로뼈 더지니 진ᄉᆡ 집어가지고 집의 도라가(178)

안평대군이 사람들과 교유하고 있는 자리는 술잔치가 벌어져 상하의 빈객들이 크게 취해 흐트러진 자세로 함께 어우러져 있는 공간으로 나타나고 있다. 여기에서 뿐만 아니라 "ᄆᆡ일 문ᄉᆞ드리 모도혀 쥬ᄇᆡᆨ를 난호고 시ᄌᆡ를 강논ᄒᆞ되(172)"라고 하거나, "금일 문ᄉᆞ로 더부러 슐 먹더니 믄득 한 쥴기 푸른 연긔가 궁즁으로 니러나 혹 셩쳡에 어롱지고 혹 산숫히 날니거늘(172)"이라고 하는 등 안평대군이 사람들과 교유하고 있는 공간은 항상 술잔치가 동반되고 있었음이 도처에서 나타나고 있다.

규범적 질서를 지키기 위해 독실하게 노력하는 모습과는 달리 안평대군은 학문의 토론과 재예의 연마를 빌미로 풍류를 즐기는 인물이기도 했음이 드러나고 있다. 더욱이 이 공간은 벽 틈으로 비밀리에 운영과 김 진사의 연서가 전달되기도 함으로써 철저하게 지켜져야 하는 금기가 깨어지는 일탈의 공간으로 나타나고 있다.

이와 같은 사실들은 안평대군의 내부에 규범적인 질서를 지키며 살고자 하는 욕구와 일탈의 공간에서 풍류를 즐기며 살려는 욕구가 공존하고 있었다는 것을 보여주는 것이다. 규범적 질서를 지키기 위해서는 심성 수양을 위한 엄격한 자기관리가 필요하고, 임금을 위하고 백성을 걱정하는 마음으로 세속적인 삶의 자세를 바로 세우는 데에도 힘써야 한다.

그러나 일탈의 공간에서 풍류를 즐기는 것은 일체의 구속에서 벗어나 자유를 누리려는 것이다. 이것은 세속적인 세계에서 벗어나 자기만의 공간을 꿈꾸는 것으로 나타나기도 한다. 안평대군이 도성 밖 마을에서 멀리 떨어진 곳에 비해당을 지은 것도 이러한 의식의 결과로 볼 수도 있다. 이런 점에서 규범적 질서를 지키려는 것과 일탈의 공간에서 자유를 누리려는 것은 상호부정적으로 작용하는 의식의 지향이라고 할 수 있다.

안평대군이 자신의 내부에 상반된 두 가지 성향이 공존하고 있었음을 알게 된 것은 김진사에게 이백과 두보에 대한 평가를 들으면서이다. 안평대군의 부름을 받아 수성궁을 찾아 온 김진사는 안평으로부터 역대 시인 가운데 종장(宗匠)을 가려보라는 질문을 받고는 이백(李白)

을 천상의 신선으로 지칭하며 그의 시가 보여주는 탈속한 미의식을 높게 평가한다. 안평대군이 두보(杜甫)를 으뜸으로 삼는 세평(世評)을 들어 반박하자 김진사는 현실적인 삶의 문제를 다루고 있는 두보의 시는 세속적인 선비들의 취향에나 맞을 뿐이라고 대답한다.

김진사와의 문답 끝에 안평대군은 마침내 "그ᄃᆡ 말을 드르ᄆᆡ 흉듕이 창활ᄒᆞ미 긴 바람을 타고 ᄐᆡ청궁에 오름 갓도다(177)"고 하며, 두보보다 이백을 높게 평하는 김진사의 의견에 동조한다. 이백의 시가 탈속한 미의식을 갖출 수 있었던 것은 그가 일체의 세속적 굴레에서 벗어나 자유인으로서의 일탈된 삶을 살았기 때문이다. 그러므로 안평대군이 김진사의 의견에 동조한 것은 자신이 일탈적 성향을 지닌 이백에게서 기질적 동류의식을 느끼고 있다는 것을 고백한 것이다. 일탈적 성향이 안평대군에게 생래적인 기질이었다는 것을 알 수 있다.

안평대군은 임금의 아들로서 규범적 질서를 수호해야 하는 중심적 위치에 있는 인물이었다. 규범적 질서를 지켜야 한다는 것이 외부로부터 안평대군에게 부과된 강제적 조건이고, 안평이 표방하고 있는 표면적인 삶의 양상일 수밖에 없다는 것을 알 수 있다. 그러나 일탈적 성향은 안평대군이 지니고 있던 생래적 기질이었다는 점에서 그의 내부에서 작용하며 보다 본질적으로 삶 전체에 영향을 미치게 될 것임을 알 수 있다.

<운영전>에서 안평대군의 일탈 행위는 수성궁에 열 명의 궁녀를 모아 시서(詩書)를 가르치는 것으로 나타난다. 안평이 "하늘이 ᄌᆡ조를 ᄂᆡ시ᄆᆡ 엇지 홀노 남ᄌᆞ의게만 잇고 녀ᄌᆞ의게ᄂᆞᆫ 업ᄉᆞ리오(172)"라고 하며, 여자와 남자의 재주를 평등하게 보고 열 명의 궁녀를 모아 글을 가르치는 것이 당시로는 일탈적 행위였다.

안평은 또한 "시녀 듕 만일 ᄒᆞ나히나 궁문 밧글 나간즉 그 죄 맛당

이 죽을 거시오 밧ᄉᆞ람이 궁인의 일홈을 알면 그 죄 ᄯᅩᄒᆞᆫ 죽으리라(172)"고 하며, 궁녀들을 철저하게 세상과 격리시킨다. 세상과 격리되었다는 데에서 수성궁은 규범적 질서의 구속에서 벗어난 일탈의 공간이었다. 일탈의 공간이라는 점에서 이곳은 규범적 질서나 가치에서 벗어나 자유로운 영혼이 숨 쉴 수 있는 공간이었다.

실제로 수성궁은 규범적 질서로부터 자유로운 곳이었다. 이곳에서 안평은 궁녀들이 학문적 성취를 이루게 했고 그 결과 그녀들이 자의식을 각성하여 규범적 질서의 굴레에서 벗어나기를 갈망하도록 했다.[6] 안평 스스로도 이곳에서 이름난 문인들을 모두 불러 모아 문사적 취향을 마음껏 충족시키며 자유분방하게 사는 일탈의 삶을 살았으며, 김진사의 일탈적 성향에 동조하기도 하는 등 일탈의 분위기를 수성궁에 도입했다.

그런데 세상과 격리된 공간에서 안평대군이 궁녀들에게 요구했던 것은 세속적 욕망이 거세되고 성정의 바름을 갖춘 삶을 살도록 하는 것이었다. 궁녀들을 통해 성리학적 이념이 실현된 이상세계를 구축하려 했고, 그것을 통해 외부로부터 자신에게 부과된 존재가치를 실현하려 했다는 것을 알 수 있다.

성리학적 이념은 당시의 사대부들에 의해 주도되고 있던 규범적 질서였다. 그러나 수성궁에서 궁녀들은 성리학적 이념을 실현하도록 교육받았음에도 오히려 교육을 통해 자의식을 키우며 규범적 질서로부터의 일탈을 꿈꾸는 존재로 변신해 가고 있었다. 이런 점에서 안평대

6) 운영은 "금셔를 젼일이 ᄒᆞ미 짓는 ᄇᆡ 더욱 깁흔지라 무릇 빈ᄀᆡᆨ의 지은 바 글이 하나도 눈에 드는 거시 업셔 ᄌᆡ조의 능통ᄒᆞ미 이럿틋ᄒᆞᆫ지라 시러금 남ᄌᆞㅣ 되여 입신양명치 못ᄒᆞᆷ을 한탄ᄒᆞ고 한갓 홍안박명의 몸이 되여 한 번 심궁을 다ᄃᆞᆫ미 맛참ᄂᆡ 고목과 ᄀᆞᆺ치 셕으믈 원ᄒᆞᆯ ᄯᆞᄅᆞᆷ이라(184~185)"고 하며, 학문적 성취를 통해 자의식을 키워나갔음을 고백하고 있다.

군이 꿈꾸었던 이상세계는 일탈의 공간에서 규범적 질서에서 벗어나고자 하는 사람들에 의해 추구됨으로써 자기모순에 의해 파괴될 수밖에 없는 조건을 갖추고 있었다.

이상세계의 파괴는 운영이 김 진사에게 사랑을 느끼게 되면서 시작된다. 안평이 감지하지도 못한 사이에 예기치 못했던 곳에서 파괴가 시작되고 있었던 것이다. 안평이 이상세계의 이상 징후를 처음 감지한 것은 운영의 부연시(賦煙詩)에 쓸쓸하게 사람을 그리워하는 뜻이 드러나 있는 것을 발견하면서이다. 안평대군은 "글은 본ᄃᆡ 셩졍으로 조ᄎᆞ 나미라(174)"고 하며, 글의 속성으로 미루어 운영이 누군가를 그리워하고 있다는 것을 알게 된다. 궁녀들에게 인욕이 거세된 성정의 바름을 갖출 것을 요구하고 있던 안평으로서 누군가를 그리워하는 운영의 일탈은 범상하게 처리할 일이 아니었다. 그러나 안평은 재주가 아까워서 더 이상의 추궁을 하지 않겠다고 하며 문제를 적당하게 얼버무리고는 운영의 일탈을 눈감아 준다.

안평은 지적하여 경계하는 것만으로도 문제가 해결될 것이라고 생각했을 수 있다. 그러나 안평의 처리 방식은 운영의 일탈을 가속화시켰을 뿐이었다. 운영은 멀리서 그리워하는 데 머무르지 않고 함께 지내는 궁녀들의 도움을 받아 가을철의 완사(浣紗)를 핑계로 김진사와의 만남을 추진했고, 마침내 김진사는 수성궁의 담을 넘어 운영과 만나게 된다. 뿐만 아니라 이들은 담을 넘어 몰래 만나는 것에 만족하지 않고 함께 도망할 것을 모의하기에 이르게 된다.

안평이 자기의 이상세계가 파괴되고 있는 위기를 구체적으로 느낀 것이 이 시점이었다. 안평대군은 비해당(匪懈堂)을 짓고 현판을 달 때 문사들을 모아 글을 받았는데 이 때 김진사의 시에서 이상 징후를 발견한다. 또한 운영이 지은 왜철쭉시에 지난 번의 부연시에서와 같이 사람을 그리워하는 마음이 드러나 있는 것을 보고는 마침내 둘 사이의 심상치 않은 관계를 발견하게 된다. 안평은 운영에게 두 사람의 관계를 캐어물으며 사실을 밝히려 한다. 그러나 운영이 자신의 결백을 주장하며 난간에 목을 매어 자살하려 하자 다시 운영을 용서하는 것으로 문제를 마무리 짓는다.

운영의 일탈을 안평이 거듭해서 용서하고 있는 것을 볼 수 있다. 안평이 운영의 일탈을 거듭해서 용서하고 있는 이 부분은 그냥 지나칠 수 없는 의미를 지니고 있다. 안평은 궁녀들을 통해 자신에게 부과된 규범적 질서를 수호하고 실현하려는 의지를 갖고 있었고, 운영의 일탈도 눈치채고 있었다. 그냥 둘 경우 자신의 이상세계가 무너지게 된다는 것을 알고 있었다고 할 수 있다. 그럼에도 안평은 이상세계를 지키기 위한 특별한 조치를 위하지 않고 얼버무리듯이 그냥 넘어가고 있었다. 왜 그랬을까?

안평이 운영의 일탈을 눈치채고도 그냥 넘어간 것은 운영의 일탈을 대수롭지 않게 여겼기 때문이라고 할 수 있다. 그러나 이러한 해석은 나중에 운영의 일탈이 백일하에 드러났음에도 안평이 또 다시 운영을 용서해 준 행위를 설명하지 못한다.

그렇다면 안평이 운영의 일탈을 눈감아 준 것은 사실을 밝혔을 때 나타날 수 있는 결과를 받아들이고 싶지 않았기 때문이라고 할 수 있다. 나타날 수 있는 결과란 규범적 질서의 이름으로 운영을 처벌하는 것이고, 처벌은 운영의 생명을 보장할 수 없는 심각한 것이어야 했다. 안평이 특별한 조치를 취하지 않은 것은 이런 결과를 받아들이고 싶지 않았기 때문이라는 것 외에 달리 설명할 수 없다. 이것은 안평이 운영을 아끼고 있고, 그로 말미암아 일탈을 감행하는 운영을 안평이 지속적으로 감싸고 있었다는 것을 보여주는 것이다. "글은 본듸 셩졍으로

조ᄎᆞ 나미라"고 하면서, 운영의 일탈을 눈치채고 있었음에도 운영을 용서하는 안평의 행위가 이러한 사실을 보여주고 있다.

그러나 운영의 일탈을 눈감아 준 것이 운영을 아끼고 있었기 때문이라는 것만으로는 아직 문제의 핵심이 드러나지 않는다. 운영을 아끼게 된 이유가 여전히 밝혀지지 않고 있기 때문이다. 이 때문에 우리는 안평대군의 내면세계로 한 발 더 들어가 보아야 한다. 안평대군은 지배질서의 최상층에 있었으며 그로 인해 지배질서를 수호해야 하는 책무를 지고 있는 인물이었다. 이 때문에 안평대군은 궁녀들을 통해 지배질서의 이념이 구현되는 이상세계를 실현하려 했었다.

> 일일은 ᄃᆡ군이 취ᄒᆞ믈 타 모든 시녀를 불너 ᄀᆞᆯ오ᄃᆡ 하늘이 ᄌᆡ조를 ᄂᆡ시ᄆᆡ 엇지 홀노 남ᄌᆞ의게만 잇고 녀ᄌᆞ의게ᄂᆞᆫ 업ᄉᆞ리오 금셰에 문장으로 ᄌᆞ허ᄒᆞᄂᆞᆫ ᄌᆡ 만치 아니미 아니로ᄃᆡ 쒸여난ᄌᆡ 업ᄂᆞᆫ지라 너희들도 ᄯᅩᄒᆞᆫ 힘쓰라 ᄒᆞ고 이에 궁녀 듕 나히 졈고 ᄌᆞ식이 잇ᄂᆞᆫ ᄌᆞ 십인을 ᄲᆡ ᄀᆞᄅᆞ칠ᄉᆡ(172)

안평은 당시의 뛰어난 문장가들과 교유하는 것으로 즐거움을 삼고 있는 인물이었다. 그러나 위의 인용문에도 나와 있듯이 그들에 대한 안평대군의 평가는 "문장으로 ᄌᆞ허ᄒᆞᄂᆞᆫ ᄌᆡ 만치 아니미 아니로ᄃᆡ 쒸여난 ᄌᆡ 업ᄂᆞᆫ지라"는 것이었다. 당시의 문장가들이 안평대군의 기대치를 충족시키지 못하고 있었다는 것을 알 수 있다. 우리나라의 문장가들에 대한 성삼문의 종합적인 평가에서처럼 당시의 문장가들이 성리학적 이념이 지향하는 바의 문학적 성취를 온전하게 이루지 못했기 때문이라고 할 수 있다.

안평이 열 명의 궁녀를 선발하여 문장을 가르친 것이 당시의 문장가들에 대해 느꼈던 실망감을 보상받기 위한 행위였다는 것을 알 수 있다. 그러나 여성의 사회적 행위를 엄격하게 제한하고 있던 당시의 시대적 상황에 비추어 볼 때 여성을 통해 지배질서의 이념을 실현해 보려는 것은 그 자체가 일탈적 행위여서 세상으로부터 인정받을 수 없는 것이었다. 안평이 궁녀들을 수성궁이라는 자신만의 공간 속에 가두어 두고, 자신과 교유하는 모든 문사들에게까지도 그녀들의 존재를 비밀로 부쳤던 것도 자신의 행위가 세상으로부터 인정받을 수 없다는 것을 알고 있었기 때문이라고 할 수 있다. 이런 점에서 안평대군은 규범적 질서를 지키며 살아야 했음에도 불구하고 세상에서 허용하지 않는 일탈을 꿈꾸며 일탈을 통해 자신의 이상세계를 구축하려 했던 인물이라는 것을 알 수 있다.

세상에서 허용하지 않는 일탈을 추구하려 했다는 것은 바로 운영이 지니고 있는 기질적 특성이었다. 안평은 운영과 기질적 동질성을 갖고 있었던 것이다. 그러므로 안평이 운영을 계속해서 용서하고 감싸주었던 것도 그녀에게서 자신과 닮은 기질적 동질성을 발견했기 때문이라고 할 수 있다. 그러나 기질적 동질성을 느끼는 것이 상대에 대한 호감을 불러일으킬 수는 있지만, 그것만으로 운영의 일탈이 온전하게 용서될 수 있는 것은 아니었다. 안평이 지배질서를 수호해야 하는 입장에 있었고, 지배질서의 이념을 실현하는 것을 꿈꾸고 있었기 때문이다.

그런데 김진사의 하인인 특(慝)에 의해 운영과 김 진사의 일탈이 백일하에 드러남으로써 안평과 운영의 관계는 새로운 국면으로 들어서게 된다. 운영의 일탈이 명백하게 밝혀지자 안평대군은 운영의 일탈을 더 이상 방치할 수 없는 상황에 부딪히게 된다. 이 부분에서 안평의 반응은 뜰에 형장을 갖추고 운영을 위시해 운영의 일탈에 동조한 궁녀들을 죽임으로써 문제를 해결하려 하는 것이었다. 환부를 도려냄으로써 지배질서의 이념과 자신의 이상세계를 지키려 한 것이다. 그러나 죽음에 앞서 궁녀들이 자신들의 소회를 드러낸 초사(招辭)를 올리자 안평대군은 놀랍게도 또 다시 운영을 위시한 궁녀들을 모두 용서해준다.

궁녀들이 올린 초사의 내용은 대체로 남녀의 정욕은 하늘로부터 받은 것이라서 귀천(貴賤)을 떠나 모든 사람이 갖는 자연스러운 감정인데 이것으로 운영에게 죄를 묻는 것이 부당하다는 것으로 되어 있다. 운영의 곁에서 운영의 감정과 처지를 가장 잘 이해하고 있었던 자란(紫鸞)은 한 걸음 더 나아가서 운영을 용서해 줄 뿐만 아니라 운영과 김 진사를 만나게 해서 그들의 원한을 풀어달라고까지 하소연하기도 한다.

궁녀들의 초사를 보고 난 뒤 또다시 운영을 용서했다는 것은 안평이 마침내 운영의 일탈을 이해하고 인정해준 것이다. 지배질서의 이념을 실현하려 했음에도 불구하고, 자신이 꿈꾸었던 이상세계가 인간의 생래적 본능을 억누르게 됨으로써 궁극적으로는 실현될 수 없는 것이었음을 스스로 인정한 것이기도 하다. 안평은 죽음을 무릅쓰고 자신의 사랑을 지키려 하는 운영을 통해서 규범적 질서를 넘어서 일탈을 추구하려는 생래적 기질이 사회적 책무를 넘어서는 가치를 지닐 수 있다는 것을 발견하고 있었던 것이다. 그러므로 운영의 일탈을 확실하게 알고도 용서해주었다는 것은 안평이 규범적 질서를 넘어서 자유로운 영혼이 숨 쉴 수 있는 새로운 세계의 가치를 인정한 것이기도 하다.

지배질서의 이념을 구현하려 했던 시도가 실패로 끝나면서 오히려 규범적 질서를 넘어서 자유로운 영혼이 숨 쉴 수 있는 새로운 이상세계의 가치를 인정하게 된 것은 안평에게 새로운 도전이요 모험이었다. 지배질서를 수호해야 하는 입장에 있던 안평이 이제는 오히려 지배질서의 가치를 부정하며 지배질서를 넘어서는 새로운 세계를 지향해야 되었기 때문이다.

그런데 지배질서를 넘어서는 새로운 이상세계를 지향하게 될 때, 안평은 지배질서의 수호자에서 지배질서에 반발하고 도전하는 인물로 바뀌게 되는 것이다. 이것은 안평이 운영이 처해 있던 것과 동일한 삶의 조건 속에서 운영이 부딪혀야 했던 것과 동일한 고민과 문제의식을 갖게 되는 것을 의미하는 것이다. 안평은 이제 운영과 기질적 동질성뿐만 아니라 삶의 동반자적 관계를 형성하게 되었던 것이다.

그러나 운영이 그렇게 되었던 것처럼, 안평에게 찾아온 이러한 변화는 안평을 운영이 처했던 것과 같은 위기적 상황에 빠뜨리는 것이기도 했다. 다시 말해서 궁녀들을 통해 세상에서 허용하지 않는 일탈을 꿈꾸었다 하더라도 안평은 그녀들을 통해 지배질서의 이념을 실현하려 했었다. 이것은 안평의 일탈이 지금까지는 지배질서 내에서의 일탈이었다는 것을 보여주는 것이다. 안평의 일탈이 왕자의 풍류로 너그럽게 설명될 수 있는 까닭이다. 그러나 운영과 삶의 동반자적 관계를 형성하면서 안평에게 찾아온 의식의 변화는 지배질서를 넘어서는 새로운 세계를 지향해야 하기 때문에 지배질서에 반발하도록 조건지워져 있었다. 안평이 위기적 상황에 부딪혀야 하는 까닭이다.

안평이 용서했음에도 불구하고 운영은 안평에게 용서를 받은 그 날 밤 스스로 목을 매어 자살하고 만다. 운영의 자살은 운영 스스로 자신의 일탈을 정죄한 것이다. 또한, 스스로의 존재를 지워버림으로써 자신의 일탈로 말미암아 야기되었던 지금까지의 모든 상황을 일거에 종식시켜 버리는 것이었다.

안평의 입장에서 보았을 때, 운영의 자살은 지배질서를 수호해야 하는 자신의 책무를 운영이 대신해서 처리한 것이기도 하다. 당연히 이것은 안평이 운영의 일탈을 용서하면서 감당해야 할 위기적 상황을 종식시키는 것이기도 했다. 그러나 운영의 자살은 안평이 원하던 것이 아니었다. 안평은 운영을 통해 자신이 지금까지 인식하지 못하고 있던 새로운 세계에 눈뜰 수 있었고, 그 결과 운영을 깊이 이해하고 운영과 삶의 동반자적 관계를 형성하게 되었기 때문이다.

그런데 운영의 자살 이후 안평의 행적은 작품에서 돌연히 사라지고 만다. 이 때문에 작품에는 운영의 자살에 대한 안평의 반응도, 지배질서를 넘어서는 새로운 세계의 가치에 눈을 뜬 이후의 행적도 나타나지 않는다. 지배질서를 수호하고 그 이념을 실현하기에 앞장섰던 안평이 운영과의 관계를 통해 지배질서를 넘어서는 새로운 세계의 가치에 눈을 뜨는 인물로 변모하기까지의 과정을 주도면밀하게 다룬 후 그 이후의 과정에서 안평을 제거한 것은 납득하기 어려운 전개방식이다.

안평이 작품에 다시 등장하는 것은 운영과 김진사가 유영에게 자신들의 애절했던 사랑 이야기를 끝낸 뒤 수성궁의 퇴락한 모습을 보며 안평대군의 몰락을 슬퍼하는 대목에서이다. 수성궁의 퇴락한 모습은 운영의 자살 이후 안평의 행적이 어떠했던가를 상징적으로 보여주는 것이라고 할 수 있다.

규범적 질서를 넘어서 자유로운 영혼이 숨 쉴 수 있는 새로운 세계의 가치를 인정한 안평이 걸어야 하는 행적은 당시의 안목에서는 이단으로 지탄받아야 하는 것이었다. 규범적 질서는 왕자의 신분으로서도 넘을 수 없는 견고한 벽으로 존재했던 것이고, 안평은 결국 그 벽에 부딪혀 몰락할 수밖에 없는 길을 걸어가야 했던 것이다.[7)]

---

7) 안평대군은 대부분의 기록에서 부정적인 인물로 그려지고 있고, 부정적인 평가로 말미암아 몰락의 길을 걸어가야 했던 인물이다. 안평이 이와 같은 과정을 밟아야 했던 것은 그가 규범적 질서를 넘어서는 자유분방한 행위를 일삼았기 때문이다. 이것은 사회의 규범적 질서가 왕자의 신분으로서도 넘을 수 없는 견고한 벽으로 존재하고 있었던 것을 보여주는 것이다.

그러나 수성궁의 퇴락한 모습을 통해 상징적으로 드러나 있을 뿐이고, 새로운 세계의 가치에 눈뜬 이후의 행적은 여전히 다루어지지 않고 있다. 이것은 이야기의 시작과 결말만 보여주는 것이다. 작품의 마지막 부분에 운영과 김진사를 통해 안평을 다시 등장시킴으로써, 안평에 대한 이야기는 시작과 결과만 나오고 결과에 이르기까지의 중간과정이 빠져있다는 것이 더욱 분명하게 드러나게 되었다. 이것은 작품의 형식 논리에 나타난 중대한 결함이라고 할 수 있다. 그러나 이것이 형식 논리의 결함이 아니라 작가에 의해 의도된 결과라면, 이 문제는 <운영전>의 구성방식과 작가의식을 이해하는 중요한 통로가 될 수 있을 것이다.[8)]

3. 운영과 김진사의 사랑

운영은 무녀의 집에서 김진사를 처음 만나는 날 편지를 전해주며 자신의 어린 시절에 대해 이야기하고 있다. 운영이 어떤 성향의 인물이었던가를 아는 데 이 부분은 중요한 정보를 제공해 주고 있다.

> 쳡의 본향이 남방이라 부ᄆᆡ 쳡을 ᄉᆞ랑ᄒᆞ미 제 ᄌᆞ녀 듕 편벽되여 나가놀ᄆᆡ ᄒᆞ고ᄌᆞ ᄒᆞᄂᆞᆫ 바를 모다 신쳥ᄒᆞ고 원림슈ᄋᆡ와 ᄆᆡ죽송음에 날마다 유완으로ᄡᅧ 일을 삼고 부ᄆᆡ ᄉᆞᆷ강힝실과 칠언당음으로ᄡᅧ 가ᄅᆞ쳐 ᄋᆡ지즁지 ᄒᆞ시더니(184)

8) 이 문제는 4. 액자소설의 기능에서 다시 다루어질 것이다.

운영은 어려서부터 부모의 사랑을 한몸에 받으며 자랐다고 했다. 그래서 "나가놀ᄆᆡ ᄒᆞ고ᄌᆞ ᄒᆞᄂᆞᆫ 바를 모다 신쳥ᄒᆞ고 원림슈ᄋᆡ와 ᄆᆡ죽송음에 날마다 유완으로뼈 일을 삼"으며, 사소한 행실에 구애받지 않고 자유분방하게 살아가고 있었다고 했다. 부모는 운영에게 "ᄉᆞᆷ강ᄒᆡᆼ실과 칠언당음"을 가르쳐 운영은 일찍부터 사회의 규범적 질서를 익히는 데에도 힘썼다고 했다. 그러나 규범적 질서가 운영의 삶을 규제한 흔적은 어디에도 없고 운영은 자유분방한 성향의 사람으로 양육되고 있었다는 것을 알 수 있다.

그런데 십삼 세에 수성궁에 궁녀로 들어오며 운영의 삶은 커다란 전환을 맞이하게 된다. 수성궁에서 운영에게 부과된 것은 "학문을 닉이ᄆᆡ ᄌᆞ못 의리를 알고 능히 음뉼을 ᄉᆞᆲ히ᄂᆞᆫ(184)" 것이었다. 학문과 기예를 배워 규범적인 삶의 질서를 익히는 것이 운영에게 부과된 가장 중요한 과제였다는 것을 알 수 있다. 과제란 물론 세상과 격리된 수성궁에서 인간의 욕망이 거세된 성정의 순수함을 도야하는 것이었다.

수성궁에서 운영은 학문을 익혀 안평대군을 찾는 문장가들의 글이 하나도 눈에 차는 것이 없다고 생각하는 경지에 이르는 성취감을 맛보기도 한다. 그러나 운영은 대단한 학문적 성취를 이루어도 이것을 세상에 나가 펼칠 수 없고, 다만 수성궁에 갇혀서 홍안박명의 몸으로 고목처럼 썩어 없어지게 되는 자신의 신세를 한탄하면서 규범적 질서가 부과하는 질곡에서 벗어날 것을 갈망하게 된다. 여려서부터 자유분방하게 살아왔던 운영이 수성궁에서의 삶을 견디지 못하고, 일탈을 꿈꾸며 일탈을 통해 자신의 존재가치를 확인하려 했다는 것을 알 수 있다.

김진사와의 만남은 운영이 일탈을 행위로 실천하는 결정적 계기가 된 것이었다. 김진사는 탈속(脫俗)적 취향을 갖고 있는 인물로서 시(詩)에 있어서도 역시 탈속한 미의식을 드러내고 있는 이태백을 최고의 시인으로 평가하는 인물이었다. 운영은 김진사를 처음 볼 때부터 "포의 혀ᄃᆡ로 츄진상계(趨進上階)ᄒᆞ니 ᄉᆡᆨ가 날ᄀᆡ 편듯ᄒᆞ고 당셕ᄇᆡ좌(當席拜坐)ᄒᆞ니 신션이 나림 ᄀᆞᆺᄒᆞᆫ지라(176)"고 하며, 김 진사의 탈속하여 매이지 않는 자유분방한 모습에 매료되었음을 고백하고 있다. 세속적인 가치와 평가에 매이지 않는 김 진사의 탈속적 취향과 일탈을 꿈꾸는 운영의 욕망이 결합되며 이들의 사랑이 시작되었던 것이다.

그러나 이들의 사랑은 처음부터 성립할 수 없도록 조건지워져 있었다. 운영은 수성궁에 들어오며 궁궐 밖의 사람과는 어떠한 형태의 교류도 할 수 없었고, 이것을 어길 경우 죽임을 당해야 하는 입장에 놓여 있었다. 뿐만 아니라 운영은 안평으로부터 세속적 욕망이 거세된 심성의 순수함을 간직하도록 교육받고 있었다.

육체적이며 정신적으로 부과되는 이러한 주문은 운영에게 목숨을 걸고 지켜야 하는 강제 규범으로 작용하며 운영의 삶을 규제하고 있었다. 이와 같은 상황에서 운영이 김진사와 사랑을 나눈다는 것은 자신에게 부과된 규범적 질서에서 벗어나 일탈을 시도하는 것이고, 이것은 목숨을 담보로 이루어지는 치열한 것이어야 했다.

수성궁에서 운영에게 부과된 강제 규범은 안평에 의해 주어진 것이었다. 안평이 운영과 김 진사의 사랑을 방해하는 억압자로 작용하고 있고, 운영이 안평에게 저항하는 관계가 형성된 것이다. 그러나 안평이 운영에게 부과한 강제 규범은 당시의 사회적 규범이기도 했다. 그러므로 운영과 김 진사의 사랑은 안평과의 인간적인 관계와 사회적 규범과의 관계라는 이중적 관계의 망을 복합적으로 살펴보는 데에서 온전하게 이해될 수 있을 것이다.

운영과 김진사의 사랑은 운영이 안평의 잔치에 참석한 김진사에게 아무도 모르게 자신의 마음을 담은 편지를 보내고, 운영의 편지를 받은 김진사가 수성궁에 출입하는 무녀(巫女)를 통해 답장을 보내는 과정을 거치면서 시작된다. 외부인과의 접촉이 철저하게 차단되며, 만일 그 이름이 대궐 밖의 사람들에게 알려지기만 해도 그 죄가 죽음에 해당된다는 금기가 지켜지는 수성궁에서 김진사에게 연서를 전하는 운영의 행위는 목숨을 걸어야 할 정도로 위험한 것이었다.

김진사의 편지를 받은 운영은 감정을 주체하지 못해 미친 사람 같았다. 운영은 이때의 상태를 "닙으로 능히 말을 못ᄒᆞ고 눈으로 능히 보지 못ᄒᆞ여 눈믈이 진ᄒᆞᄆᆡ 피가 나(179)"고, "(김 진사를) 니즐 길이 업셔 밋친 듯 취ᄒᆞᆫ 듯ᄒᆞ(179)"여 정신이 나간 사람처럼 지냈다고 했다. 일탈이 목숨을 담보로 이루어지는 것이기 때문에 억압의 강도가 컸던 것이고 억압을 상쇄하기 위한 사랑의 감정도 그만큼 강렬하게 일어났던 것을 알 수 있다.

절제하기 어려웠던 운영의 감정이 부연시에 나타나고 이로 인해 안평에게 주의를 들은 것이 이때였다. 안평은 운영의 시를 보고 "홀노 운영의 글은 현연이 초창ᄒᆞ여 ᄉᆞ람 ᄉᆡᆼ각ᄂᆞᆫ ᄯᅳᆺ지(174)" 있다고 하며, 자세히 추궁하여 진실을 밝혀야 하겠지만, 재주가 아까워서 그만둔다고 하며 주의를 준다. 이에 대해 운영은 우연히 그렇게 되었을 뿐 자신은 결백하다는 것을 주장한다. 거짓말로 안평을 속이며 진실을 은폐하고 있는 것이다.

운영이 거짓말로 안평을 속이려 했다는 것은 안평을 자신의 적대자로 간주했기 때문이다. 안평이 부과한 규범적 질서의 굴레에서 벗어날 것을 갈망하며, 운영이 안평을 자신의 삶을 질곡으로 몰아넣은 장본인으로 생각하고 있다는 것을 알 수 있다. 그러나 안평은 "글은 본ᄃᆡ 셩졍으로 조ᄎᆞ 나미라 가이 숨기지 못ᄒᆞᆯ거시나 그러나 너ᄂᆞᆫ 다시 니ᄅᆞ지 말라(174)"고 하며, 더 이상 추궁하지 않고 경계하여 머무는 것으로 운영의 일탈을 눈감아 준다.

일탈을 눈치채고 있었음에도 경계하는 것으로 문제를 가볍게 마무리 지은 것은 안평이 운영에게 호의를 갖고 있었다는 것을 보여주는 것이다. 그러나 규범적 질서의 굴레에서 벗어날 것을 갈망하며, 운영은 안평을 적대자로 생각할 수밖에 없었고 이에 따라 이 부분에서 안평의 호의는 운영에게 비껴 지나가고 있었다.

운영은 안평의 질책이 있은 그 날 궁녀들과 자기의 부연시에 대해 이야기하는 과정에서 창밖에 있는 포도(葡萄)를 제목으로 하여 시를 한 편 지어 자신의 마음을 드러낸다.

> 실ᄀᆞᆺ튼 ᄉᆞᄆᆡ로 난간을 ᄌᆞᆸᄋᆞ시니 ᄯᅳᆺ을 머무는 듯ᄒᆞ고 (抽絲攀檻如留意)
> 열ᄆᆡ ᄆᆡ친거시 구슬드리온 듯ᄒᆞ니 졍셩을 본밧고져 ᄒᆞ도다 (結果垂珠欲效誠)
> 만일 다른 ᄣᅢ를 기ᄃᆞ려 벅벅이 변화 ᄒᆞᆯ진ᄃᆡ (若待他時應變化)
> 모다 구름과 비ᄅᆞᆯ 타고 삼청궁에 오ᄅᆞ리로다(174) (會乘雲雨上三淸)

난간을 타고 하늘을 향해 올라가는 포도 넝쿨을 보고 언젠가 때를 기다려 현실 세계에서 탈출하여 세상의 질곡으로부터 벗어날 수 있는 신선들의 세계에 오르고 싶다는 생각을 드러내고 있다. 규범적 질서에서 벗어나는 것만을 생각하는 운영에게 일탈을 경계하는 안평의 말이 귀에 들어오지 않았다는 것을 알 수 있다.

안평대군이 주의를 주었음에도 불구하고 운영은 오히려 궁녀들의 도움을 얻어 궁궐 밖 무녀의 집에서 김 진사를 만나고, 김 진사를 수성궁 안으로 불러들여 밀회를 계속하며 일탈을 가속시켜 나간다. 연서를 주고받는 데 머무르지 않고, 김 진사가 수성궁의 담을 넘어 운영과 만났다는 것은 지배질서가 부여하는 금기체계를 완전히 무너뜨렸다는 것을 의미하는 것이다.

또한 운영과 김진사는 가을철 완사의 계절부터 이듬해 철쭉꽃이 피는 봄까지 수개월에 걸쳐 밀회를 계속하는데, 한 두 번의 만남으로 그치지 않고 긴 시간을 두고 밀회를 계속했다는 것은 규범적 질서에서 벗어난 일탈의 행위를 자신들의 질서로 만들고 있었던 것을 보여주고 있다. 이것은 안평대군과의 관계에서도 이들이 안평과의 거리두기를 본격화하여 자신들만의 이상세계를 구축하는 데 어느 정도 성공하고 있는 것을 보여주는 것이다.

그러나 밀회가 계속되면서 운영은 발각될 것을 두려워하여 김진사와 함께 도망할 것을 모의하게 된다. 운영이 도망을 가려 한 것은 안평대군과의 인간적 관계를 모두 정리하려는 것이고, 사회의 규범적 질서에서 벗어난 일탈의 공간에서 자신들만의 온전한 이상세계를 구축하려는 것이다.

이 무렵 김진사는 비해당(匪懈堂) 상량문(上樑文)에서, 운영은 왜철쭉꽃을 보고 지은 왜철쭉시에서 서로에 대한 사랑의 감정을 노출시킨다. 안평대군은 부연시 때에 이어 다시 운영을 꾸짖으며 김진사와의 관계를 따져 묻고, 이에 대해 운영은 자신의 억울함을 강변하고 난간에 목을 매어 자살하려는 것으로써 자신의 결백을 주장한다.

여기에서도 운영은 우선 거짓말로 안평을 속이는 것으로 위기에서 벗어나려 하고 있다. 그러나 운영은 속이는 데에 머무르지 않고 김진사와의 사랑을 지키기 위해 죽음조차도 두려워하지 않는 적극성을 보이고 있다. 운영이 거짓으로 속이려 할 뿐만 아니라 목숨을 걸고라도 자신의 사랑을 지키려 함으로써 이 부분에서 안평대군에 대한 저항의 강도가 최대치로 증폭되며 안평과의 인간관계도 파탄지경에 이르고 있음을 발견하게 된다.

도망을 모의함으로써 긴박감을 더해가던 사건의 전개는 김진사의 하인인 특(慝)의 간계로 운영과 김진사의 관계가 백일하에 드러나게 되며 급격한 반전을 거듭하다가 일순간에 종결된다. 처음의 반전은 안평대군이 규범을 어긴 운영과 궁녀들을 죽이려 하다가 그녀들을 모두 용서해 준 것이다. 운영을 위시한 궁녀들을 모두 용서해주었다는 것은 지금까지 규범적 질서를 대표하며 운영을 억압해 왔던 안평대군이 운영을 이해하는 사람으로 바뀌었다는 것을 의미하는 것이다.

물론 안평대군의 이러한 변화는 어느 순간 갑자기 닥쳐온 것이 아니라 그 자신도 일탈을 생래적 기질로 갖고 있었기 때문에 가능할 수 있는 일이었다. 그러나 가해의 중심인물이었던 안평대군이 운영을 이해하는 사람으로 바뀐 돌연한 변화는 지금까지 전개되어 왔던 사건의 흐름을 완전히 뒤바꾸어 놓는 기능을 하고 있다.

안평대군이 자신을 이해하는 사람으로 바뀜으로써 운영은 이제 김진사와의 사랑을 인정받게 되었다. 그런데 운영은 안평대군에게 용서를 받았던 그날 밤 스스로 목을 매어 자살하고 만다. 운영의 자살은 예고도 없이 갑자기 찾아와 사실상 운영과 김진사의 사랑이야기를 종결시키는데, 용서를 받았음에도 느닷없이 자살을 한 것이 두 번째 나타난 반전이다.

운영의 자살에는 동기가 나타나지 않는다. 안평대군이 용서해주던 "그 밤에 쳡이 나건으로뼈 스ᄉᆞ로 목ᄆᆡ어 죽엇ᄂᆞ이다(193)"고 간략하게 기술되어 있을 뿐이다. 운영의 자살은 상식적으로 보았을 때에도 납득하기 어렵다. 목숨을 걸고 지키려고 했던 사랑을 드디어 인정받았음에도 불구하고 오히려 사랑의 종말로 귀결되는 죽음으로 반응했기 때문이다.

그러나 자신의 일탈이 백일하에 드러나 안평대군에게 문초를 받으며 올린 초사를 보면 운영이 자살한 이유를 찾을 수 있다.

> 쳡의 초ᄉᆞ에 왈 쥬군의 은혜 산ᄀᆞᆺ고 바다ᄀᆞᆺ거늘 능히 그 졀을 직희지 못ᄒᆞ오니 그 죄 하나히오 젼일 지은 바 글에 의심되믈 쥬군긔 뵈오나 맛춤ᄂᆡ 직고치 아니 ᄒᆞ오니 그 죄 둘이오셔궁 무죄ᄒᆞᆫ ᄉᆞ람이 쳡의 연고로뼈 죄를 ᄒᆞᆫ가지로 입게 ᄒᆞ니 그 죄 셰히라. 이 셰 가지 죄를 짓고 ᄉᆞ라 무ᄉᆞᆷ 면목으로 ᄉᆞ람을 ᄃᆡᄒᆞ리잇고. 만일 혹ᄌᆞ 아니 죽이셔도 쳡이 맛당이 ᄌᆞ결ᄒᆞ리이다(193)

인용문을 보면 운영은 자살하기 전에 자신이 지은 세 가지 죄를 생각하고 있었고, 그것으로 말미암아 자살했다는 것을 알 수 있다. 운영이 지은 죄 세 가지는 다음과 같이 요약될 수 있다. ①안평대군으로부터 큰 은혜를 입었음에도 정절을 지키지 못한 죄, ②안평대군에게 의심을 받게 되었음에도 사실대로 말하지 않은 죄, ③자신으로 인해 서궁의 궁녀들을 죽음에 빠뜨린 죄이다.

세 가지 죄 가운데 ③의 죄는 궁녀들이 용서를 받았으므로, 자살의 원인에서 제외된다. 그러므로 운영이 자살한 이유는 ①과 ②에서 찾을 수 있다. ①은 안평으로부터 큰 은혜를 입었음에도 정절을 지키지 못한 죄이다. 여기에서 안평의 은혜는 여자임에도 학문과 시서를 가르쳐주고 물질적으로도 풍족하게 돌보아준 것을 지칭한다고 할 수 있다. 이것은 사실 아무나 누릴 수 있는 평범한 혜택이 아니므로 안평에게 받은 은혜라 할 수 있다. 그러나 보살핌과 배려의 은혜를 정절과 연결시키는 것은 납득하기 어렵다. 보살펴주고 배려해주었으므로 자신에게 정절을 지키라고 한다면, 이것은 또 다른 힘의 횡포라고 할 수 있고, 여기에 굴복하지 않은 것이 죄라는 논법은 성립하기 어렵기 때문이다.

그렇다면 운영이 생각했던 안평의 은혜란 무엇일까. 이 문제는 ②와 연결시켜 볼 때보다 온전한 이해에 도달할 수 있다. ②는 안평대군에게 의심을 받게 되었음에도 자신의 일탈을 사실대로 말하지 않은 죄이다. 자신이 주군으로 모시고 있는 안평에게 사실을 밝히지 않은 죄를 고백하고 있다고 할 수 있다. 주군에 대한 의(義)를 다하지 못한 것을 죄로 인식한다는 말이다. 수성궁에서 "학문을 닉이ᄆᆡ ᄌᆞ못 의리를 알고(184)" 있었던 운영이 의를 다하지 못한 것을 죄로 받아들였다는 것을 알 수 있다. 그러나 운영은 왜 하필 자신의 일탈이 백일하에 드러난 이 시점에서 이렇게 고백하고 있을까.

운영은 김진사와의 사실이 밝혀졌을 때 자신이 목숨을 보장받지 못하는 상황으로 내몰리게 된다는 것을 처음부터 알고 있었다. 주군에 대한 의를 알고 있었다고 할지라도, 사실을 밝힐 수 있는 처지에 놓여 있지 않았었다고 할 수 있다. 그러나 무엇보다 주군에 대한 의를 알고 그 의를 다하려 했으면 운영은 애초에 김 진사와의 사랑에 빠지지 말았어야 했다. 이런 점에서 안평에게 정절을 지키지 못한 것과 일탈을 사실대로 말하지 않은 것은 모두 의를 다하지 못한 죄로 수렴되는 것이다.

그런데 운영은 수성궁의 궁녀로 들어왔음에도 불구하고 처음에는 주군인 안평대군에게 의를 다하려는 마음을 갖고 있지 않았었다. 운영은 "부인이 ᄯᅩᄒᆞᆫ ᄉᆞ랑ᄒᆞ시미 긔출에 다ᄅᆞ미 업ᄉᆞ오며 쥬군이 ᄯᅩᄒᆞᆫ 심상이 보지 아니시고 궁즁 ᄉᆞ람드리 친ᄋᆡᄒᆞ믈 골육ᄀᆞᆺ치(184)" 하였음에도 불구하고 "한이 심곡에 ᄆᆡᆺ치고 원이 흉ᄒᆡ에 메여(185)" 수성궁에서 벗어날 것만을 생각하고 있었다고 고백하고 있다.

운영에게 수성궁과 그 주인인 안평대군은 자신의 길을 가로막고 있는 적대자로 인식될 뿐이었다는 것을 알 수 있다. 주군과 궁녀라는 주종관계의 틀은 운영에게 질곡으로 인식될 뿐이었고, 의를 지키기 위한 조건으로 작용하지 못했던 것이다. 김진사와의 사랑은 질곡에서 벗어나기 위한 일탈을 실현한 것이고, 사랑이 깊어지며 운영이 안평대군과의 거리 두기를 본격화하고 있었던 것도 안평을 적대자로 인식했기 때문이었던 것이다.

안평대군을 적대자로 인식하며 운영은 안평에게 정절을 지킬 필요도, 사실을 사실대로 고할 이유도 발견하지 못했던 것을 알 수 있다. 일탈을 통해 존재의 의미를 찾으려 했을 때, 운영은 안평에게 의를 다하지 않은 것을 죄로 인식하지 않았던 것이다. 그러므로 운영이 정절을 지키지 못하고 사실을 사실대로 밝히지 않은 것을 죄로 인식하고 있다는 것은 안평을 평가하는 운영의 생각이 바뀌었다는 것을 전제로 하지 않으면 성립하지 않는다.

자신의 일탈이 백일하에 드러나 죽음을 눈앞에 둔 상황에 처하기 전까지 운영은 안평대군이 자신의 일탈을 눈치채고도 눈감아주고 있다는 것을 깨닫지 못하고 있었다. 안평을 적대자로 삼아 자신의 문제를 해결하기에도 힘에 벅차서 안평이 자기에게 호의를 갖고 있다는 것을 생각할 여유가 없었다고 할 수 있다. 그러나 모든 사실이 밝혀진 뒤 다시 안평의 치죄를 받으며, 운영은 비로소 자신이 거듭해서 안평에게 용서를 받았던 것을 생각하고 안평이 자신의 적대자가 아니라 사실은 자신을 이해해주는 사람이었다는 것을 깨닫게 되었다고 할 수 있다. 안평에 대한 인식이 바뀌면서 운영은 지금까지 자신의 행동을 반성하게 되었고, 자신의 문제에 빠져서 사실을 제대로 파악하지 못한 어리석음을 후회하게 되었다고 할 수 있다.

안평에 대한 운영의 인식이 완전히 바뀐 것은 일탈이 모두 밝혀진 뒤에도 안평이 또 다시 자신을 용서하는 것을 보는 시점이었다고 할 수 있다. 안평이 운영과 궁녀들을 용서한 것은 그녀들의 초사(招辭)를 보고 나서이다. 궁녀들은 초사에서 남녀의 정욕이 하늘로부터 받은 것으로서 인위적으로 규제할 수 없는 것이라고 하며, 규범적 질서의 위엄으로 이것을 규제하는 것의 부당함을 항변하고 있었다.

세속적인 정욕의 발동을 악(惡)으로 규정하는 규범적 질서의 입장에서 볼 때, 궁녀들의 주장은 그 자체로 이미 용서받을 수 없는 것이었고, 이 사실을 운영도 잘 알고 있었다. 그러나 안평은 궁녀들의 초사를 보고 난 뒤 모두를 용서해준다. 이 순간 운영은 자신의 일탈을 용서하는 안평이 자기의 처지뿐만 아니라 고민의 깊이와 실체까지도 이해하며 감싸주는 것을 보게 된다.

새로운 사실에 눈뜨자 운영은 안평이 사실은 적대자가 아니라 자신을 깊이 이해해주는 사람이었다는 것을 깨닫게 되는 인식의 전환을 이루게 되었다고 할 수 있다. 안평이 자신을 깊이 이해하고 감싸주고 있었다는 것을 알았을 때, 운영은 안평에게 주종관계를 넘어서 존재하는 인간적 교감과 유대를 느끼게 되었을 것이다. 운영이 안평에게 느꼈던 은혜의 실체라고 할 수 있다.

여기에 이르러 운영은 안평이 이제 자신과 동일한 삶의 조건 속에서 동일한 고민과 문제의식을 갖고 있다는 것을 알게 된 것이다. 그러므로 정절을 지키지 못하고 일탈을 사실대로 고하지 않는 등, 안평에게 의를 다하지 않은 것을 죄로 인식하게 되었다는 것은 운영이 안평과 적대적 관계를 청산하고 인간적 교감과 유대를 느끼는 삶의 동반자적 관계를 형성하게 되었다는 것을 보여주는 것이다.

이처럼 운영의 초사는 운영이 적대자로 인식하던 안평을 마침내 삶의 동반자적 관계로 받아들이게 되었다는 것을 보여주고 있다. 적대자로 인식하며 훼손되었던 안평과의 인간관계가 신뢰와 애정을 바탕으로 하는 관계로 회복되었던 것이다.

운영에게 주어졌던 삶의 질곡이 안평으로부터 제공된 것이라는 점에서 안평과의 관계 회복은 질곡으로부터의 해방이라는 의미를 갖는 것이었다. 김진사와의 사랑이 허용되며 운영은 드디어 규범적 질서와 지배이념으로부터 자신의 자유의지와 존재의미를 지켜낸 것이다. 이것은 무엇으로도 바꾸기 어려운 벅찬 기쁨이고 감동이었다.

그러나 운영은 용서를 받은 그날 밤 자결을 하고 만다. 목숨을 걸고 지키려 했던 사랑이 성취되는 그 순간 운영은 놀랍게도 자살이라는 방법으로 자신의 사랑과 삶 모두를 마감했던 것이다. 이 문제는 안평과의 관계를 통해서 해답을 찾을 수 있다.

운영의 사랑은 안평의 승인을 전제로 성립되는 것이었고, 운영과 삶의 동반자적 관계를 형성함으로써 안평은 운영의 사랑을 인정하고 있었다. 이런 점에서 안평과의 관계 회복은 운영의 사랑이 행복한 결말로 끝나게 되었다는 것을 의미하는 것이었다. 그런데 안평과의 관계 회복이 문제의 끝이 아니었다. 운영은 안평과의 동반자적 관계를 통해 또 다른 절망을 보았던 것이다. 안평과 동반자적 관계를 형성하는 것 또한 억압에서의 해방이 아니라 새로운 억압의 시작일 뿐이라는 것을 깨달았기 때문이다.

> ᄯᅩ ᄎᆞᆷ아 바리지 못ᄒᆞᆯ ᄇᆡ 네 가지라 쥬군이 ᄯᅳᆺ을 기우리신 지 님의 오ᄅᆡᆫ지라 그 가히 바리지 못ᄒᆞᆯ 거시 하나이오 부인의 ᄉᆞ랑ᄒᆞ시미 지극간절ᄒᆞ시니 그 가히 바리지 못ᄒᆞᆯ 거시 둘이오 홰냥친게 밋ᄎᆞ리니 그 가히 바리지 못ᄒᆞᆯ 거시셰히오 죄 셔궁에 밋ᄎᆞ리니 그 가히 바리지 못ᄒᆞᆯ거시 네히라 이 가히 가지 못ᄒᆞᆯ거시오 ᄯᅩ 텬지 ᄉᆞ이가 ᄒᆞᆫ 그믈 속이라 승텬입지ᄒᆞ기 젼은 도 망ᄒᆞ여 어ᄃᆡ로 가리오(189)

위의 인용문은 운영과 김 진사가 도망을 모의하자 자란이 질책하며 한 말이다. 자란은 먼저 안평과 운영의 주종관계를 들고, 이것을 어길 경우 화가 부모에게 미치는 등의 징벌이 따르게 될 뿐만 아니라 어디로 도망가든 규범의 망을 피할 방도가 없다는 것을 강조하고 있다.

그런데 자란은 안평대군에게 초사를 올리며 "운영으로 ᄒᆞ여금 ᄒᆞᆫ번 김싱을 뵈야뼈 냥인의 원결ᄒᆞ믈 푸러주시면 쥬군의 젹션이 이에 크미 업ᄉᆞ오리이다(193)"이라고 했다. 안평대군이 마음만 먹으면 운영의 문제가 해결될 수 있다고 생각하고 있었던 것이다. 운영을 위시한 궁녀들에게 안평대군이 자신들의 삶을 실질적으로 지배하는 주군이요 또한 사회의 규범적 질서 자체로 받아들여지고 있었던 것을 알 수 있다.

이런 조건에서라면 운영이 부딪히고 있는 모든 문제는 안평과의 관계가 회복되면 해결될 수 있는 것이었다. 그러나 운영은 안평과의 관계가 회복되었음에도 자살을 선택했다. 안평과의 관계 회복으로도 바뀌어진 것은 아무 것도 없다는 것을 깨달았다는 것을 알 수 있다. 다시 말해서 운영은 안평과의 관계가 회복된 뒤 이제는 자신뿐만 아니라 안평의 뒤에 버티고 서서 왕자의 신분인 안평까지도 포함하여 사회조직 내의 그 누구도 일탈을 용납하지 않으려는 사회규범의 벽을 보았던 것이다. 운영과 동반자적 관계를 형성함으로써 안평은 규범적 질서에 반발하고 도전하는 인물로 변모해야 했던 것이고, 이것은 안평을 파국으로 몰아가는 것이었기 때문이다.

운영이 안평대군에게 의를 다 하지 못 한 것을 죄라고 고백한 것도 이 때문이다. 즉, 삶의 동반자적 관계를 확인하며 이제 운영에게 안평대군은 적대자가 아니라 지키고 보호해야 하는 사람이 된 것이다. 그러나 자신으로 인해 안평이 위기에 빠지게 되었던 것이고, 이것은 안평에 대한 의를 다 하지 않는 것이었다. 운영이 이것을 죄로 생각했었다는 데에서 운영에게 일어났던 의식의 변화를 알 수 있다.

그런데 운영이 안평의 뒤에 서서 모두의 삶을 억압하고 있는 사회규범의 벽을 인식하였는가 하는 것은 작품에 명확하게 나타나지 않는다. 그러나 운영이 안평을 자신의 삶을 지배하고 있는 사회규범으로 인식하는 수준, 즉 사회의 규범적 질서가 안평에게서 나온다고 인식하는 수준에 머물러 있었다면, 이 상태에서 운영이 자살했다는 것은 논리적으로 설명되지 않는다. 그러므로 운영이 자살했다는 것은 안평의 용서로도 문제가 해결되지 않는다는 것을 깨달았기 때문이라고 보아야 한다. 이것은 운영이 안평으로서도 넘어설 수 없는 사회규범의 벽을 보고 절망했다는 것을 의미하는 것이다.

운영은 이제 자신으로 말미암아 안평까지도 포함한 모두가 파멸에 이르게 된다는 것을 알게 되었던 것이고, 이것은 운영에게 감당할 수 없는 또 다른 절망으로 다가왔던 것이다. 운영이 자살할 수밖에 없었던 이유이다. 이런 점에서 운영의 자살은 자신의 자유의지를 용납하지 않으려는 사회규범에 대해 죽음으로써 항거한 것이라는 의미를 갖는다.

4. 액자소설의 기능

<운영전>은 꿈을 소재로 함으로써 입몽과 각몽 부분을 경계로 작품이 두 개의 서술공간으로 나누어지는 액자소설의 형태를 취하고 있다. 이른바 외부 액자와 내부 액자로 불리는 서술공간을 갖는 것이다. <운영전>이 액자소설의 형태를 취하고 있는 이유는 다양하게 논의되고

있다. 먼저 독자들에게 수성궁에서 벌어진 운영과 김 진사의 사랑 이야기가 실제로 일어난 것인 듯한 착각을 유도하기 위한 장치로 해석되기도 한다.[9] 그리고 운영과 김 진사의 이야기가 갖고 있는 반중세적인 의미가 갖고 있는 심중한 무게를 희석시켜 드러내기 위한 장치로 기능하고 있다고 해석되기도 하고,[10] 역사와 현실의 문제에 대한 작가의 의식을 은유적으로 드러내기 위한 장치로 해석되기도 한다.[11]

<운영전>에 나타난 액자소설의 기능이 다양하게 논의되고 있는 것은 이것이 <운영전>의 작가의식과 주제를 파악하는 것과도 긴밀하게 연결되어 있기 때문이다. <운영전>은 입몽과 각몽 부분을 경계로 유영이 수성궁을 구경하는 부분과 꿈 속에서 운영과 김진사를 만나는 부분으로 나누어져 있다. 꿈을 경계로 외부액자와 내부액자의 형태로 서술공간이 나누어져 있는 것이다. 그런데 입몽 이후의 서술공간은 유영이 운영과 김진사를 만나 대화를 나누는 부분과 운영과 김진사의 비극적인 사랑 이야기가 전개되는 부분으로 다시 나누어져 있다. 내부액자 속에 또 하나의 서술공간을 설정함으로써 내부액자가 다시 외부액자와 내부액자로 나누어지는 삼중구조의 액자소설의 형식을 취하고 있는 것이다.

---

9) 정희정, <운영전>의 액자 기능과 서술 상황(『한국언어문학』 44집, 한국언어문학회, 2000.5, 264~267면).
김익환, <운영전>에 나타난 공간 배경의 의미(『우리말글』 33호, 우리말글학회, 2005.4, 110면).

10) 신재홍, 운영전의 삼각관계와 숨김의 미학(『고전문학과 교육』 8집, 한국고전문학교육학회, 2004.8).
신경숙, 운영전의 반성적 검토(『한성어문학』 9집, 한성대학교 한성어문학회, 1990, 81면)

11) 박기석, 운영전(『한국고전소설작품론』, 집문당, 1990.10, 716~722면).
박일용, 앞의 글, 182~185면.
심치열, 앞의 글, 26~30면.

입몽 이전의 외부액자는 유영이라는 인물을 통해 안평대군의 이야기를 전달하는 기능을 하고 있고, 중간의 외부 액자는 안평대군의 성시(盛時)에 있었던 운영과 김 진사의 사랑 이야기를 유영에게 들려주는 기능을 하고 있다. 그러나 외부 액자의 기능은 단순히 내부 액자의 이야기를 전달하기 위한 데에 머무르지는 않는다. 그렇다면 액자소설의 형태를 취하며 서술공간을 나누어서 드러내려 했던 작가의 진정한 의도는 무엇이었을까.

입몽 이전의 외부 액자는 안평대군의 옛집이었던 수성궁의 빛나고 화려했던 모습과 퇴락하여 쓸쓸한 모습을 대조적으로 드러내는 것으로 시작된다.

> 슈셩궁은 안평대군 옛 집이라. 댱안셩 셔편이오 인왕산 아ᄅᆡ 잇ᄂᆞᆫ지라. 산쳔이 수려ᄒᆞ여 룡이 셔리고 범이 거려 안듯ᄒᆞ며 샤직이 그 남에 잇고 경복궁이 그 동에 잇셔 놉히 니러시니 비록 놉지 아니ᄒᆞ나 그곳의 올나 굽어본즉 아니 뵈ᄂᆞᆫ 곳지 업ᄂᆞᆫ지라. ᄉᆞ면으로 통ᄒᆞᆫ 길과 져ᄌᆡ거리며 쳔문만호 밀밀층층ᄒᆞ여 바독을 헷친듯ᄒᆞ고 별이 버렷ᄂᆞᆫ듯ᄒᆞ여 번화장려ᄒᆞ미 이로 형언치 못ᄒᆞᆯ거시오 동으로 궁궐이 표묘ᄒᆞ여 구름 ᄉᆞ이에 은영ᄒᆞ고 샹셔엣 구름과 맑은 안ᄀᆡ 항상 둘너잇셔 됴셕으로 고은 ᄐᆡ도를 ᄌᆞ랑ᄒᆞ니 진ᄌᆞᆺ 니ᄅᆞᆫ바 별유승지러라(170).
>
> 후원으로 드러가 ᄉᆞ람 업ᄂᆞᆫ 곳의 니ᄅᆞ러 놉흔 ᄃᆡ 올나 ᄉᆞ면을 바라보니 이ᄯᆡ 님진년 왜란을 갓 지난 ᄯᆡ라 장안 궁궐과 만셩뎨ᄐᆡᆨ이 탕연이 뷘 곳지 만코 문허진 담과 ᄭᆡ여진 기와며 폐ᄒᆞᆫ 웃믈과 것츤 셤돌에 슈풀이 ᄌᆞ옥ᄒᆞ엿고 님ᄌᆞ 업ᄂᆞᆫ ᄭᅩᆺ츤 졀노 퓌엿ᄂᆞᆫᄃᆡ 다만 동편에 슈간 ᄒᆡᆼ각이 규연이 나맛더라(170).

인용문에서도 드러나듯이, <운영전>은 안평대군이 거처했던 수성궁이 서울의 중심에 위치하고 있었고, 화려함이 지극했었다는 것을 이야기하는 것으로 시작되고 있다. 그런데 수성궁은 왜란을 거치며 퇴락하여 사람도 거처하지 않는 폐허로 바뀌었다고 했다. 수성궁의 이러한 변모를 보며 우리는 임금의 아들로서 권세와 영화의 극을 누리던 안평대군이 몰락하여 사사(賜死)되었던 모습을 어렵지 않게 떠올릴 수 있다.

후원으로 들어가 폐허가 된 수성궁을 보던 유영은 소동파(蘇東坡)의 시 <여산(驪山)>의 한 구절을 읊조리며 화려했던 수성궁이 퇴락하여 폐허가 되어버린 것에 대한 감회를 드러내기도 한다. 중국 섬서성(陝西省) 서안시(西安市)에 있는 여산(驪山)은 당 현종과 양귀비의 로맨스가 꽃피었던 공간이다. 이 때문에 소동파의 시 <여산(驪山)>은 이들의 로맨스와 연결되며 많은 사람에게 회자되었던 작품이다. 이 작품에서 소동파는 당 현종의 화려했던 영광을 반추하며 영화의 극을 보여주었던 공간이 퇴락하여 폐허로 변해버린 데에 대한 감회를 드러내고 있다. 유영이 수성궁의 퇴락한 모습을 보며 안평대군이 살았던 영욕(榮辱)의 삶에 대해 깊은 감회에 젖어있었다는 것을 알 수 있다.

수성궁의 화려했던 모습과 퇴락한 모습을 소개하며 유영이 안평대군의 삶에 대해 깊은 감회에 젖어들고 있다는 것은 <운영전>이 안평대군이 중심이 되는 안평대군의 이야기로 시작하고 있다는 것을 보여주는 것이다.

그런데 그 폐허가 된 수성궁에서 유영은 운영과 김 진사를 만나 이야기를 나누게 된다. 이야기하는 과정에서 유영은 운영과 김 진사가 계속해서 탄식하며 슬퍼하는 것을 보고 그들에게 "안평대군 셩시지ᄉᆞ와 진ᄉᆞ의 상회ᄒᆞᄂᆞᆫ 곡졀을 ᄌᆞ셔히(171)" 알려달라고 부탁한다. 운영과 김

진사의 사랑 이야기는 그렇게 하여 시작된다.

그런데 운영과 김 진사에게 이야기를 부탁하는 유영의 말에는 서로 다른 두 가지의 요청이 들어있다. 하나는 안평대군의 성시지사(盛時之事)를 말해달라는 것이고, 다른 하나는 그들이 슬퍼하는 까닭을 말해달라는 것이다. 우리는 유영의 말에서 그가 안평대군에 대한 이야기와 운영과 김 진사에 대한 이야기를 구분해서 말하고 있고, 유영은 두 가지의 이야기를 모두 듣고 싶어 했던 것을 알 수 있다. 수성궁의 퇴락한 모습을 보며 안평대군에 대한 관심이, 운영과 김 진사의 슬퍼하는 모습을 보며 그들에 대한 관심이 동시에 일어났다고 할 수 있다.

그러나 이 두 가지 부탁은 함께 제시될 수 있는 내용의 이야기가 아니었다. 유영의 부탁은 관심의 중심이 한쪽은 안평대군에게로, 다른 쪽은 운영과 김 진사에게로 쏠리고 있었기 때문이다. 다시 말해서 유영은 안평대군이 이야기의 중심이 되는 안평대군에 대한 이야기와 운영과 김 진사가 중심이 되는 그들에 대한 이야기를 듣고 싶었던 것인데, 이들은 중심인물이 서로 다른 별개의 이야기로 존재해야 하기 때문이다.

그런데 운영과 김 진사는 자신들이 중심이 된 그들의 사랑 이야기를 들려주는 것으로 응답한다. 이 때문에 안평대군이 중심이 된 안평대군의 이야기는 내부 액자에서 나타나지 않고, 안평대군은 운영과 김 진사의 사랑 이야기의 한 부분으로 등장하고 있을 뿐이다. 중심인물이 서로 다른 두 가지 이야기를 동시에 요구하고 있었음에도 안평이 중심이 된 안평에 대한 이야기를 하지 않은 것은 의도적인 결과일까, 아니면 형식 논리의 하자(瑕疵)일까. 이 문제는 <운영전>의 작가의식이나 주제를 파악하는 것과도 긴밀하게 연결되어 있다.

운영과 김 진사의 이야기가 시작되며 중단되었던 중간 외부 액자의 공간은 유영이 자신들의 이야기를 마친 뒤 슬픔을 억제하지 못하는 운영과 김 진사에게 그 비통해하는 까닭을 물어보는 것으로 다시 이어진다. 이 부분에 나타난 유영의 물음과 김 진사의 대답은 다음과 같다.

> 유영이 위로ᄒᆞ여 갈오ᄃᆡ 비록 유음지듕이나 냥인이 듕봉ᄒᆞ여시니 지원을 필의오 슈젹을 임의 졔어ᄒᆞ여시니 분완을 셜ᄒᆞ엿ᄂᆞᆫ지라 엇지 그 비통ᄒᆞ믈 긋치지 아니ᄒᆞᄂᆞ뇨. 뼈 시러금 인간에 다시 나지 못ᄒᆞ믈 한ᄒᆞᄂᆞ냐(194)
>
> 김ᄉᆡᆼ이 슈루이 ᄉᆞ 왈 우리 냥인이 다 함원이 ᄉᆞᄒᆞᆫ지라 명ᄉᆞ에셔 그 무죄ᄒᆞ믈 긍측이 넉이ᄉᆞ ᄒᆞ여금 인간에 다시 ᄂᆡ여ᄇᆞᄂᆡ고져 ᄒᆞ나 디하의 낙도 인간의 ᄂᆞ리지 아니커든 하물며 쳔샹에 낙을 니ᄅᆞ랴 이러므로뼈 셰샹에 나가기를 원치 아니ᄒᆞ엿노라. 다만 .... 녯일을 츄렴ᄒᆞᄆᆡ 비회............ ᄃᆡ군이 ᄒᆞᆫ 번 ᄑᆡᄒᆞᄆᆡ 고궁에 쥬인이 업고 오작이 슯히 울고 뼈 인젹이 니ᄅᆞ지 아니ᄒᆞ니 슯푸미 극ᄒᆞ미오(194~195)

조금만 주의를 기울여 살펴보면 인용문에 나타난 유영과 김 진사의 질문과 대답이 서로 완전히 빗나가고 있다는 것을 쉽게 알 수 있다. 즉, 처음 만날 때부터 운영과 김 진사는 까닭 모를 슬픔에 잠겨있었고, 유영은 그 까닭을 알려달라고 부탁했었다. 그리고 유영의 부탁에 대해 운영과 김 진사는 이루어질 수 없었던 그래서 죽음으로 끝날 수밖에 없었던 자신들의 애절했던 사랑 이야기를 들려주고 있었다. 당연히 유영은 이야기가 끝난 뒤 운영과 김 진사가 비통해하는 것이 사랑을 이루지 못한 슬픔에서 나온 것이라고 생각하고 그 때문에 비통해하느냐고 물어보았던 것이다. 그러나 김 진사의 대답은 유영의 예상을 완전히 빛나가게 하는 것이었다. 유영에게 자신들의 비극적인 사랑의 이야기를 들려주었음에도 불구하고 김 진사는 자신들이 비통해하는 것이 자신들의 비극적인 사랑 때문이 아니라 안평대군이 몰락한 것을 슬퍼하기 때문이라고 했던 것이다.

자신들의 비극적인 사랑 이야기를 진술하고 난 뒤 흐느껴 울며 비통해하는 사람에게 비통해하는 까닭을 물어보니 안평대군이 몰락했기 때문이라고 대답하는 이 대목의 착종(錯綜)은 많은 사람을 혼란스럽게 하고 있다. 이 문제는 유영이 운영과 김 진사를 처음 만났을 때 했던 두 가지 부탁과 연결되어질 때 해결의 실마리가 풀리게 된다.

유영은 운영과 김 진사에게 안평대군의 성시지사와 그들이 슬퍼하는 내력을 알려달라고 부탁했었다. 그러나 운영 등은 자신들의 이야기를 들려주었을 뿐 안평대군이 중심이 된 안평대군의 성시지사에 대한 이야기는 하지 않았다. 그럼에도 불구하고 이야기를 끝낸 뒤 비통해하는 곡절을 물어보았을 때에는 안평대군의 몰락을 슬퍼하기 때문이라고 했다. 안평대군에 대한 관심과 운영에 대한 관심을 동시에 제시한 뒤, 내부 액자에서는 안평대군에 대한 이야기를, 내부 액자에 이어 나타난 외부 액자에서는 자신들에 관한 이야기를 소거시켜버리고 있다는 것을 알 수 있다.

이 때문에 <운영전>에서 외부 액자는 안평대군이 중심인물로, 내부 액자는 운영과 김 진사가 중심인물로 설정되어 있음을 알 수 있다. 한 작품에서 아무런 설명이나 과정도 제시되지 않은 채 중심인물이 뒤바뀌는 것은 형식 논리의 중요한 허점으로 지적될 수 있다.

그러나 다시 살펴보면 이러한 구성방법이 주도면밀한 계획 아래 준비된 것임을 알 수 있다. 다시 말해서 외부 액자에서 내부 액자로 들어가며 안평대군에 대한 이야기는 운영의 사랑 이야기로 대체되고 있고,

내부 액자에서 외부 액자로 나오며 운영의 사랑 이야기에 대한 의미는 안평대군의 이야기에서 끄집어내고 있는 것이 <운영전>의 구성방식이었다는 것을 알 수 있다. 이것은 운영과 김 진사의 이야기가 안평대군의 이야기와 서로 대체되어도 아무런 문제가 생기는 않는, 즉 동일한 양상과 의미를 지니고 있는 이야기라는 것을 보여주려는 치밀한 장치였던 것이다.

<운영전>의 구성방식을 운영과 안평대군과의 관계를 분석했던 앞에서의 결과와 연결시켜 보면 작가가 의도했던 것의 실체가 더욱 분명하게 드러난다. 분석의 결과를 먼저 정리하면, 안평과 운영은 일탈적 성향을 갖고 있었다는 점에서 기질적으로 동질성을 드러내고 있었을 뿐만 아니라 삶의 문제에서도 동일한 삶의 조건 속에서 동일한 고민과 문제의식을 가짐으로써 동반자적 관계를 형성하고 있었다는 것이었다. 그리고 그 결과 안평과 운영은 사회의 규범적 질서와 이념을 넘어서 자신의 자유의지를 실현하기 위해 행동하다가 마침내 파멸하고 마는 동일한 삶의 과정을 걸어가게 되었다는 것이었다.

이제 <운영전>이 외부 액자와 내부 액자로 구성되며 운영의 이야기와 안평의 이야기가 동일한 의미를 갖고 있는 이야기라는 것을 보여주고 있다는 구성적 특징과 안평과 운영이 삶의 동반자적 관계를 형성하고 있었다는 작품 분석의 결과를 연결시켜 보면 피할 수 없는 하나의 결론이 나온다. 그것은 운영과 안평을 동일 인물로 보아도 아무런 문제가 생기지 않는다는 것이다. 다시 말해서 세상에서 허용하지 않는 일탈을 꿈꾸다 마침내 파멸하고 마는 운영의 삶에 안평대군을 삶을 대입시켜 보아도 아무런 의미의 차이가 나타나지 않는다는 것이다. 이런 점에서 운영은 안평대군의 삶과 인물 됨됨이를 우의적으로 보여주는 인물이었던 것이다.

<운영전>은 대체로 운영과 김 진사의 비극적 사랑 이야기를 다루고 있는 작품으로 이해되어 왔다. 그러나 남녀의 사랑 이야기를 표면에 내세우며 안평대군을 부정적인 인물로 보고 있는 세상 사람들의 잘못된 인식을 바로 잡으려는 의도를 지닌 작품이라는 해석이 나타남으로써[12] <운영전>의 작가의식과 주제가 새롭게 조명되기도 했다.

이 글에서는 운영과 김진사의 사랑 이야기를 안평대군과의 관계를 통해 분석해 보고, 그 결과를 액자소설의 구성방식과 연결시켜 보았다. 그 결과 운영과 안평은 동일 인물로 볼 수 있고, 이런 점에서 운영은 안평의 삶을 우의적으로 보여주고 있는 인물이라는 것을 알 수 있었다. 이것은 <운영전>이 운영의 사랑 이야기를 표면으로 내세워 사실은 일탈적 성향을 갖고 있던 안평대군이 사회의 규범적 질서와 이념을 넘어서 자신의 자유의지를 실현하기 위해 행동하다가 마침내 파멸하고 말았던 삶의 과정을 우의적으로 드러내려 했다는 것을 보여주는 것이다.

<운영전>에서 안평대군의 삶은 지배질서를 넘어서는 새로운 세계의 가치에 눈뜨는 부분과 몰락하여 사라진 이후의 부분만 나타나고 있었다. 시작과 결말 부분만 나타나고 새로운 세계의 가치에 눈뜨고 난 뒤 비극적 파멸에 이르기까지의 중간과정이 빠져있었다. 그런데 세상에서 허용하지 않는 일탈을 꿈꾸며 자유의지를 실현하려다 파멸하고 마는 운영의 삶이 안평대군의 삶을 우의적으로 보여주는 것이라고 한다면, 파멸에 이르기까지의 중간과정이 채워지며 안평대군에 대한 이야기가 비로소 온전한 형식적 조건을 갖추며 완결된다는 것을 알 수 있다.

운영의 사랑 이야기가 안평에 대한 이야기를 완결시키기 위한 기능

---

12) 박기석, 앞의 글, 718~720면.

을 하고 있다는 것은 안평대군이 <운영전>의 중심인물이었다는 것을 보여주는 것이다. <운영전>은 수성궁의 화려했던 모습과 퇴락하여 황폐해진 모습을 대비시키며 안평대군이 살았던 영욕의 삶에 대한 관심을 드러내는 것으로 시작하고 있었다. 이것은 <운영전>의 작가가 안평대군의 삶을 다루려고 했었다는 것을 보여주는 것인데, 안평대군의 성시지사(盛時之事)를 알고 싶어 하는 유영을 통해서도 이것을 확인해 볼 수 있다.

그러나 당시로써는 역적으로 몰려 처형되었던 안평대군의 삶을, 그것도 지배질서에 도전적인 삶의 과정을 바로 드러내어 다루는 것은 불가능한 일이었다. 이 때문에 작가는 운영의 사랑 이야기라는 우의적 장치를 사용했던 것이고, 운영이 안평의 삶을 우의적으로 드러내고 있다는 것을 알려주기 위해 액자소설의 구성방식을 사용했다고 할 수 있다.

5. 맺음말

이 글은 <운영전>이 왜 운영과 김 진사가 자신들의 사랑을 억압했던 안평대군의 몰락을 슬퍼하는 것으로 끝나고 있는가 하는 의문을 해결하기 위한 시도에서 집필되었다. 찾아낸 결과는 운영과 안평대군이 일탈적 성향을 갖고 자신의 자유의지를 실현하려 했다는 점에서 기질적으로 동질성을 갖고 있었다는 것이다. 그리고 이들은 억압과 이에 대한 저항의 관계를 거치면서 서로를 깊이 이해하게 되었고, 마침내 동일한 삶의 조건에서 동일한 문제와 고민을 갖고 있는 동반자적 관계에 있다는 것을 알게 되었다는 것이었다.

또한 이것을 <운영전>의 액자소설의 구성방식과 연결시켜 본 결과,

운영은 안평대군의 삶과 인간 됨됨이를 보여주는 우의적인 인물이었고, 이런 점에서 <운영전>은 운영의 사랑 이야기를 표면으로 내세워 일탈적 성향을 갖고 있던 안평대군이 사회의 규범적 질서와 이념을 넘어서 자신의 자유의지를 실현하기 위해 행동하다가 마침내 파멸하고 말았던 삶의 과정을 우의적으로 드러내려 한 작품이라는 것을 알 수 있었다.

<금오신화>와 <하생기우전>으로 이어지는 우리나라 전기소설(傳奇小說)의 중요한 특징은 역사와 사회적 문제를 우의적으로 드러내고 있다는 것이다.[13] <운영전>이 안평대군의 삶을 우의적으로 드러내려 한 작품이라는 것은 <운영전> 또한 이러한 전기소설의 소설사적 맥락을 이어받고 있다는 것을 보여주고 있는 것이다.

그러나 <운영전>은 우의만으로 된 작품은 아니다. 운영과 김 진사의 사랑 이야기는 그 자체로 독립적인 의미와 가치를 지닌 것으로 받아들일 수 있는 서사적 완결성을 지니고 있기 때문이다. <운영전>에 대한 논의의 대부분은 오히려 운영의 사랑 이야기가 갖는 비극적 성격과 의미를 찾아보려는 것이기도 했다. 이것은 <운영전>이 형성되었던 시기에 이미 전기소설이 갖는 우의적 성격이 상당히 퇴색해가고 있던 사실을 보여주는 것이다. 우의성의 퇴색은 전기소설이 더 이상 소설사에서의 역할을 감당하지 못하게 되었다는 것을 보여주는 것이다. 이런 점에서 17세기 이후 우리나라의 소설이 전기소설에서 이탈해 가는 조짐을 보이고 있고, 전기소설이 소설사에서 지배적인 위치를 상실해 가고 있었다는 지적은[14] 눈여겨보아야 할 대목이다.

---

13) <하생기우전>의 우의적 의미에 대해서는 안창수, 하생기우전의 문제 해결 방식과 작가의식(『한민족어문학』49집, 한민족어문학회, 2006.12, 151~192면)을 참고할 것.

<운영전>이 안평대군의 삶을 우의적으로 드러내려 한 작품이라고 할 때 해결해야 할 마지막 문제가 하나 있다. 그것은 과연 실제 인물 안평대군이 일탈적 성향을 갖고 지배질서와 이념에 맞서 자신의 자유의지를 실현하기 위한 삶을 살았는가 하는 문제이다. 역사적 사실과 평가에 대한 면밀한 검증이 필요한 대목이다. 그러나 그럼에도 불구하고 분명한 것은 <운영전>의 작가에게 안평은 그러한 인물로 받아들여지고 있었다는 사실이다.

14) 박희병, 한국한문소설사의 전개와 전기소설(『한국전기소설의 미학』, 돌베개, 1997.4, 91~95면).

참고문헌

강진옥, 금오신화와 만남의 문제,『고전소설 연구의 방향』, 새문사, 1985.
경일남, <용궁부연록>의 우의성 재고, 『고소설연구논총』, 경일문화사, 1994.
곽정식·이복자, 이생규장전의 우의적 고찰, 『인문과학논총』8집, 경성대 인문과학연구소, 2003.
권도경, 16세기『 기재기이』의 전기소설사적 의의 연구, 『한국고전연구』 6집, 한국고전연구학회, 2000.
김문희, 인물의 내면소설로서 만복사저포기와 이생규장전의 독법, 『고소설연구』32권, 한국고소설학회, 2011.
김수연, 「취유부벽정기의 경계성에 대하여」, 『한국고전연구』 19집, 한국고전연구학회, 2009.
김영모, 『조선지배층연구』, 일조각, 1977.
김용덕, 만복사저포기 연구,『동아시아문화연구』2권, 한양대 동아시아문화연구소, 1982.
김위경, 17세기 독서물로서 만복사저포기와 이생규장전, 『어문론총』59호, 한국문학언어학회, 2013.
김익환, <운영전>에 나타난 공간 배경의 의미, 『우리말글』 33호, 우리말글학회, 2005.
김일렬, 금오신화의 작품구조, 『조선조소설의 구조와 의미』, 형설출판사, 1984.
김정석, 금오신화에 나타난 김시습의 창작의식, 『한국어문연구』 6권, 한국어문연구학회, 1991.
김종철, 서사문학사에서 본 초기소설의 성립 문제. 『고소설연구논총』, 다곡 이수봉 선생 화갑기념논총, 1988.
김중렬, 한국소설의 발생고, 『어문론집』 22집, 고려대, 1981.
김창진, 금오신화의 순환체계 연구(1), 『국제어문』 4집, 국제어문학회, 1983.
김창현, 금오신화 체제에 나타난 창작방법과 비극적 낭만성, 『인문과학』4 5권, 성균관대 인문과학연구소, 2010.
--------, 『금오신화』, 이생규장전의 비극성과 그 미학적 기제, 『온지논총』 28권, 온지학회, 2011.
김태영, 조선초기 세조 왕권의 전제성에 대한 일고찰, 『한국사연구』 87권, 한국사연구회, 1994.
박기석, 운영전,『한국고전소설작품론』, 집문당, 1990.

박은화, 왕선의 연강첩장도와 문인산수화의
전통,『미술사학연구』,한국미술사학회,2003.

박일용, 소설의 발생과 <수이전> 일문의 장르적 성격,『조선시대의 애정소설』, 집문당, 1993.
--------, 운영전의 비극적 성격과 그 사회적 의미,『조선시대의 애정소설』, 집문당, 1993.
--------, 전기계 소설의 양식적 특성과 그 소설사적 변모양상,『민족문화연구』28집, 고려대 민족문화연구소, 1995.
--------,『취유부벽정기의 형상화 방식과 그 의미』,『고소설연구』14권, 한국고소설학회, 2002.
박일용, 만복사저포기의 형상화 방식과 그 현실적 의미,『고소설연구』18권, 한국고소설학회, 2004.
--------, 이생규장전의 밀회 장면에 나타난 환상성과 그 현실적 의미,『고소설연구』20권, 한국고소설학회, 2005.
--------, 이생규장전의 결혼과 절사(節死) 장면에 나타난 환상성과 그 의미,『고전문학과 교육』11집, 한국고전문학교육학회, 2006.
--------,『남염부주지의 이념과 역설』,『고소설연구』22집, 한국고소설학회, 2006.
--------,『취유부벽정기의 삽입 시와 서사 구조』,『고전문학과 교육』15집, 한국고전문학교육학회, 2008.
--------,『조선시대의 애정소설』, 집문당, 1993.
박태상, 태평통재 소재 최치원전 연구,『고소설연구』1집, 한국고소설학회, 1995.
--------, 하생기우전의 미적 가치와 성격,『동방학지』89 · 90합병호, 연세대 국학연구원, 1995.
박현서, 북방민족과의 항쟁,『한국사』4, 국사편찬위원회, 1977.
박희병, 전기소설의 장르 관습과 금오신화,『한국전기소설의 미학』, 돌베개, 1997.
--------, 금오신화의 소설미학,『한국전기소설의 미학』, 돌베개, 1997.
--------, 한국한문소설사의 전개와 전기소설,『한국전기소설의 미학』, 돌베개, 1997.
--------,『한국전기소설의 미학』, 돌베개, 1997.
백민정, 만복사저포기에 나타난 고독과 사랑의 심리학적 이해와 문학적 의미,『어문연구』55집, 2007.

서규태, 금오신화의 구조와 작가의식, 『어문논집』 24권, 민족어문학회, 1985.
설성경, 이생규장전의 구조와 의미, 『고소설의 구조와 의미』, 새문사, 1986.
--------, 『금오신화연구』, 고려대 민족문화연구소, 1983.
--------, 만복사저포기 : 분석심리학으로 읽어보기,『한국학연구』15집, 고려대 한국학연구소, 2001.
소인호, 라말~선초의 전기문학 연구, 고려대 박사학위논문, 1996.
소재영, 금오신화의 문학적 가치, 『국문학논고』, 숭실대 출판부, 1989.
--------, 하생기우전, 『국문학논고』, 숭실대학교출판부, 1989.
--------, 『기재기이연구』 ,고려대 민족문화연구소, 1990.
신경숙, 운영전의 반성적 검토, 『한성어문학』 9집, 한성대학교 한성어문학회, 1990.
신재홍, 초기 한문소설집의 전기성에 관한 반성적 고찰, 『관악어문연구』 14권, 서울대국어국문학과, 1989.
--------, 운영전의 삼각관계와 숨김의 미학, 『고전문학과 교육』 8집, 한국고전문학교육학회, 2004.
신형식, 유교사상의 변화, 『한국사』 11, 국사편찬위원회, 1996.
심치열, 운영전의 서사체계와 주제의식, 『어문연구』 89호, 한국어문교육연구회, 1996.
안창수, 금오신화의 의미구조와 작가의식, 『영남어문학』 26집, 영남어문학회, 1994.
--------, 태평통재 소재 최치원의 소설성 검토, 『영남어문학』 32집, 영남어문학회, 1997.
--------, 전기의 서설구조와 작가의식, 『한민족어문학』 33집, 한민족어문학회, 1998.
--------, 하생기우전의 문제 해결 방식과 작가의식, 『한민족어문학』 49집, 한민족어문학회, 2006.
--------, 남염부주지의 작품세계와 의미, 『한민족어문학』 53집, 2008.
--------, 용궁부연록의 작품세계와 의미, 『한국문학논총』 53집, 한국문학회, 2009.
--------, 운영전에 나타난 규범과 일탈의 변증법, 『한민족어문학』 59집, 한민족어문학회, 2011.
--------, 취유부벽정기에 나타난 역사의식과 초현실세계의 지향, 『한국문학논총』 68집, 한국문학회, 2014.
--------, 만복사저포기에 나타난 애정의 의미와 작가의식, 『한민족어문학』 71집, 한민족어문학회, 2015.

--------, 이생규장전에 나타난 사랑의 사회적 조건과 작가의식, 『한민족어문학』 73집, 한민족어문학회, 2016.
오대혁, 『금오신화와 한국소설의 기원』, 역락, 2007.
유권석, 만복사저포기에 나타난 해원의 구현 양상 연구, 『어문론집』 58집, 중앙어문학회, 2014.
유기옥, 하생기우전의 구조적 특성과 의미, 『국어국문학』 101호, 국어국문학회, 1989.
윤경희, 만복사저포기의 환상성, 『한국고전연구』 4권, 한국고전연구학회, 1998.
윤주필, 『한국의 방외인 문학』, 집문당, 1999.
윤채근, 『소설적 주체, 그 탄생과 전변』, 월인, 1999.
윤호진, 「취유부벽정기의 공간구조와 작가의식」, 『중국어문학』 18권, 영남중국어문학회, 1990.
이가원, 금오신화 해제, 『금오신화』, 통문관, 1959.
이기백, 신라통일기 및 고려초기의 유교적 정치이념, 『대동문화연구』 6.7집, 성균관대 대동문화연구원, 1970.
이기백, 고려 귀족사회의 형성, 『한국사』 4, 국사편찬위원회, 1977.
이동환, 고려 전기의 교육과 문화, 『한국사』 17, 국사편찬위원회, 1977.
이민홍, 『사림파문학의 연구』, 형설출판사, 1985.
이병휴, 『조선전기 사림파의 현실인식과 대응』, 일조각, 1999.
이상구, 이생규장전의 갈등구조와 작가의식, 『어문론집』 35집, 민족어문학회, 1996.
--------, 운영전의 갈등양상과 작가의식, 『고소설연구』 5집, 한국고소설학회, 1998.
이상택, 「취유부벽적기의 도가적 문화의식」, 『현상과 인식』 3권 1호, 한국인문사회과학회, 1979.
이성무, 조선초기의 향리, 『한국사연구』 5호, 한국사연구회, 1970.
이수건, 『영남사림파의 형성』, 영남대출판부, 1979.
이월영, 만복사저포기와 하생기우전의 비교 연구, 『국어국문학』 120권, 국어국문학회,1997.
이재수, 금오신화와 전등신화의 비교 연구, 『한국소설연구』, 선명문화사, 1973.
이주영,『금오신화』의 작품 구성 원리와 만남의 변주, 『어문연구』 40(3)집, 한국어문교육연구회, 2012.
이태진, 서얼차대고, 『역사학보』 27권, 역사학회, 1965.

--------, 『한국사회사연구』, 지식산업사, 1986.
이헌홍, 최치원전의 전기소설적 구조, 『수련어문론집』 9집, 부산여대, 1982.
이혜순, 『금오신화』, 『한국고전소설작품론』, 집문당, 1990, 22쪽.
임형택, 현실주의적 세계관과 금오신화, 『국문학연구 13』, 서울대, 1971.
--------, 나말여초의 전기문학, 『한국한문학연구』 5집, 한국한문학연구회, 1981.
--------, 16세기 사림파의 문학의식, 『한국문학사의 시각』, 창작과 비평사, 1984.

장효현, 전기소설 연구의 성과와 과제, 『민족문화연구』 28집, 고려대민족문화연구소, 1995.
전기웅, 『라말여초의 정치사회와 문인지식층』, 혜안, 1996.
전성운, 운영전의 인물성향과 비회의 정조, 『어문론집』 56집, 민족어문학회, 2007.
--------, 『취유부벽정기의 공간성과 서사 전개』, 『우리어문연구』 34집, 우리어문학회, 2009.
정병욱, 김시습 연구, 『한국고전의 재인식』, 홍성사, 1979.
정운채, 『하생기우전』의 구조적 특성과 『서동요』의 흔적들, 『한국시가연구』 2권, 한국시가학회, 1997.
정주동, 『매월당 김시습연구』, 신아사, 1965.
정출헌, 운영전의 중층적 애정갈등과 그 비극적 성격, 『고전소설사의 구도와 시각』, 소명출판, 1999.
정출헌, 『15세기 귀신담론과 유명서사의 관련 양상』, 『동양한문학연구』 26집, 동양한문학회, 2008.
정학성, 전기소설의 문제, 황패강 외 공편, 『한국문학연구입문』, 지식산업사, 1982.
--------, 만복사저포기와 이생규장전의 작품세계와 전기 미학에 대한 재성찰, 『고전문학연구』 44권, 한국고전문학회, 2013.
정환국, 금오신화와 전등신화의 지향과 구현화 원리, 『고전문학연구』 22권, 한국고전문학회, 2002.
정희정, <운영전>의 액자기능과 서술 상황, 『한국언어문학』 44집, 한국언어문학회, 2000.
조동일, 『한국소설의 이론』, 지식산업사, 1977.
--------, 수이전에 따르는 문제, 『한국문학통사』 1, 지식산업사, 1982.
조수학, 최치원전의 소설성,『 영남어문학』 2집, 영남어문학회, 1975.

진경환, 남염부주지의 반어,『고전문학연구』13집, 한국고전문학회, 1998.
최기숙, 귀신의 처소, 소멸의 존재론 -『금오신화』의 환상성을 중심으로-,『돈암어문학』16집, 돈암어문학회, 2003.
최삼룡, 금오신화의 구조적 특질,『국어문학』21집, 전북대 국어국문학회, 1980, 158~159쪽.
최용철, <금오신화> 조선간본의 발굴과 그 의의(『중국소설연구회보』39호, 한국중국소설학회, 1999.
--------,『금오신화의 판본』, 국학자료원, 2003.
최재우,『하생기우전』의 결핍-충족 구조와 그 의미,『민족문학사연구』15호, 민족문학사연구소, 1999.
--------,『기재기이』의 조화지향 인물관계의 형상,『동방고전문학연구』2집, 동방고전문학회, 2000.
최진원,『국문학과 자연』, 성균관대출판부, 1977.
한우근, 중세 귀족국가의 성립과 그 사회구조,『한국통사』, 을유문화사, 1970.
노신,『중국소설사략』, 정범진 역, 학연사, 1987.
사이드 필드,『시나리오란 무엇인가』, 유지나 옮김, 민음사, 1992.
William Miller,『드라마 구성론』, 전규찬 역, 나남출판사, 1995.

개정

한국 전기소설 연구

초판 1쇄 발행일 2016년 9월 9일
2판 1쇄 발행일 2017년 8월 31일

저　　자　안 창 수
발 행 인　전 호 환
펴 낸 곳　부산대학교 출판부
주소 – 부산광역시 금정구 부산대학로 63번길 2
전화 – (051) 510 – 1932~3
전송 – (051) 512 – 7812
등록 – 제카 11-2　1992. 9. 10.

ISBN 978-89-7316-563-6　　93810

「이 도서의 국립중앙도서관 출판예정도서목록(CIP)은 서지정보유통지원시스템 홈페이지(http://seoji.nl.go.kr)와 국가자료공동목록시스템(http://www.nl.go.kr/kolisnet)에서 이용하실 수 있습니다.(CIP제어번호: CIP2016021945)」